Professor Dr. Philipp Hübl hat Philosophie und Sprachwissenschaft in Berlin, Berkeley, New York und Oxford studiert und u. a. an der RWTH Aachen, der Humboldt-Universität Berlin und der Universität Stuttgart gelehrt. Er ist Autor mehrerer Bücher, darunter *Der Untergrund des Denkens. Eine Philosophie des Unbewussten* (2015), *Bullshit-Resistenz* (2018) und *Die aufgeregte Gesellschaft* (2019). Sein Bestseller »Folge dem weißen Kaninchen« wurde in mehrere Sprachen übersetzt.

Folge dem weißen Kaninchen … in der Presse:

»Hübls locker und luzide geschriebene Einführung ist wärmstens zu empfehlen.«
Frankfurter Allgemeine Zeitung

PHILIPP HÜBL

FOLGE DEM WEISSEN KANINCHEN

... IN DIE WELT DER PHILOSOPHIE

PENGUIN VERLAG

FSC
www.fsc.org
MIX
Papier | Fördert gute Waldnutzung
FSC® C014496

Penguin Random House Verlagsgruppe FSC® N001967

2. Auflage

in der Penguin Random House Verlagsgruppe GmbH,
Neumarkter Straße 28, 81673 München
Die Erstausgabe ist 2012 im Rowohlt Taschenbuch Verlag,
Reinbek bei Hamburg, erschienen
Covergestaltung: Bürosüd, München
Covermotiv: Getty Images/Mara Gellerstedt/EyeEm
Druck und Bindung: GGP Media GmbH, Pößneck
Printed in Germany
ISBN 978-3-328-10664-7
www.penguin-verlag.de

Dieses Buch ist auch als E-Book erhältlich.

Inhalt

Einleitung
Dem Kaninchen auf der Spur 7

Kapitel 1
Fühlen – Die Vernunft des Bauches 19

Kapitel 2
Sprechen – Das Spiel mit Bedeutung 49

Kapitel 3
Glauben – Der Gott im Gehirn 79

Kapitel 4
Träumen – Der Wahnsinn des Schlafes 109

Kapitel 5
Handeln – Die Freiheit des Willens 137

Kapitel 6
Wissen – Die Umwege der Wahrheit 165

Kapitel 7

Genießen – Die Kunst der Schönheit 193

Kapitel 8

Denken – Das Rätsel des Bewusstseins 221

Kapitel 9

Berühren – Die Entdeckung des Körpers 251

Kapitel 10

Leben – Der Sinn des Todes 279

Anhang

Literaturliste 307

Personenregister 339

Sachregister 343

Einleitung

Dem Kaninchen auf der Spur

Als Alice im Garten spielt, hoppelt plötzlich ein weißes Kaninchen vorbei, das irgendetwas vor sich hin murmelt. Sie rennt ihm nach, fällt in den Kaninchenbau und gelangt so ins Wunderland. Alice reist von der Wirklichkeit in eine Phantasiewelt. Und wieder zurück. Lewis Carroll, der Autor von *Alice im Wunderland*, war nicht nur Schriftsteller, sondern auch Logiker und Philosoph. So entpuppt sich das Wunderland beim zweiten Lesen als ein Ort voller philosophischer Rätsel: Kann man schon vor dem Frühstück sechs unmögliche Dinge denken? Kann Humpty Dumpty die Bedeutung seiner Worte selbst festlegen? Kann die Grinsekatze komplett verschwinden, während ihr Grinsen zurückbleibt?

Im Film *The Matrix* geht die Reise in die umgekehrte Richtung. Neo, die Hauptfigur, sieht auf seinem Computerbildschirm die Nachricht «Folge dem weißen Kaninchen». Kurz darauf klopft es an seiner Tür. Eine Frau, auf deren Schulter ein Kaninchen tätowiert ist, lädt ihn zu einer Party ein. Neo trifft den mysteriösen Morpheus, der ihn zwischen einer roten und einer blauen Pille wählen lässt. Neo nimmt die rote und reist aus seiner grünlich eleganten Phantasiewelt in die dunkle, rohe Wirklichkeit. Und kehrt mit geöffneten Augen wieder zurück. Wie Carroll haben die Regisseure Andrew und Lana (ehemals Laurence) Wachowski mit der Matrix einen Ort voller philosophischer Rätsel erschaffen: Könnte die ganze Welt eine Illusion sein? Können Maschinen denken? Haben wir einen freien Willen, oder ist alles Schicksal?

Wenn wir uns philosophische Fragen stellen, gehen unsere Gedanken auf Wanderschaft. In der Philosophie sind Metaphern der Fortbewegung wie «Wanderschaft» oder «Reise» allgegenwärtig.

Immanuel Kant beschreibt das Philosophieren als «sich im Denken orientieren». Ludwig Wittgenstein zufolge hat ein philosophisches Problem die Form «Ich kenne mich nicht aus». Ziel der Philosophie sei es, der «Fliege den Ausweg aus dem Fliegenglas» zu zeigen. Fliegengläser sind unten offen und oben geschlossen. Hat die Fliege sich einmal da hinein verirrt, ist sie gefangen, denn sie will immer nach oben. Aus dem Glas findet sie so schwer wieder hinaus wie Menschen aus dem Wunderland oder der Matrix.

In diesem Buch können Sie dem weißen Kaninchen in ein anderes Wunderland folgen: die Wirklichkeit. Denn wer durch die philosophische Brille schaut, sieht Altbekanntes mit einem schärferen Blick. Die besten Entdeckungsreisen sind nicht die, bei denen man fremde Länder bereist, sondern die, bei denen man die Welt mit anderen Augen sieht, wie es bei Marcel Proust sinngemäß steht. Es ist eine Jagd mit reicher Beute, hin und her, querweltein, durchs ganze Leben und zurück.

Wir können wie gewohnt in den Supermarkt gehen oder gleichzeitig darüber nachdenken, ob ein Einkauf unsere Willensfreiheit auf die Probe stellt. Wir können ganz unbedarft die Oper besuchen oder uns dabei überlegen, ob wir die *Walküre* vielleicht bloß deshalb schön finden, weil wir zu einer Gruppe dazugehören wollen. Wir können einen Joint rauchen und es einfach nur genießen oder uns zusätzlich fragen, ob wir so unser Bewusstsein verengen oder erweitern und was damit überhaupt gemeint sein soll.

Das Wunderland der Wirklichkeit

Dieses Buch ist eine Einführung in die moderne Philosophie. Zehn Kapitel geben klare Antworten auf große philosophische Fragen: Kann man ohne Gefühle leben? Gibt es Gott? Sind wir frei in unseren Entscheidungen? Was können wir wissen? Wie erhalten unsere Worte ihre Bedeutung? Kann man Bewusstsein wissenschaftlich erklären? Haben Träume eine Funktion? Wie erleben wir unseren Körper? Warum ist uns Schönheit so wichtig? Hat der Tod einen Sinn? Dabei steht jedes Kapitel für sich und ist unabhängig von den anderen verständlich.

Klassische Einführungsbücher haben mich immer gelangweilt. Ein Dutzend Mal las man etwas über die alten Denker* und deren schwerverständliche Theorien, ohne zu erfahren, wer eigentlich recht hatte und warum. Die spannenden aktuellen Debatten kamen so gut wie gar nicht vor.

Dieses Buch bietet Orientierung im Irrgarten der Philosophie, einschließlich der Abkürzungen und Schleichwege, die sich erst in den letzten Jahrzehnten auftaten. Bei den Ausflügen bleiben einige bekannte, aber konfuse Theorien auf der Strecke, viele Vorurteile und Mythen werden zurechtgestutzt. Das Buch ist also keine typische Einführung, in der alle möglichen Positionen aufgelistet sind, sondern eine, in der die guten Argumente im Vordergrund stehen.

In der Oberstufe haben wir in vielen Fächern philosophische Texte gelesen. Mich hat das begeistert, aber die geballte Wucht an grauer Theorie war sicherlich für zwei Irrtümer verantwortlich, denen ich damals aufsaß. Zum einen die Auffassung, dass ein Text umso «tiefsinniger» sei, je dunkler und unverständlicher er mir zuraunte. Im Studium zeigte sich bald, dass die Unverständlichkeiten oft nicht von mir, sondern von den Texten abhingen, und dass die vermeintlich «tiefen Weisheiten» entweder Banalitäten oder Unsinn waren.

Der zweite Irrtum: Ich glaubte, dass ich durch das Philosophiestudium einen Vorhang zur Seite ziehen und so in eine ganz neue Welt eintauchen könnte. Doch als Philosoph entdeckt man kein fremdes Wunderland, man sieht allenfalls die bekannte Welt klarer, zum Beispiel, indem man lernt, dass die Metaphern des

---

*Aus stilistischen Gründen stehen allgemeine Ausdrücke wie «Philosophin» oder «Student» und die Personalpronomen «er» und «sie» immer für Frauen, Männer und andere. Das grammatische Geschlecht spiegelt nicht das biologische wider.

«Vorhangs» und der «verborgenen Weisheiten» aus Platons Ideenlehre stammen, einer einflussreichen, aber unhaltbaren Theorie des Wissens. Tatsächlich ist da keine verborgene zweite Welt. Die Wirklichkeit ist das eigentliche Wunderland.

Gute Philosophen streben in ihren Texten nach einem Ideal von Klarheit und Verständlichkeit. Dafür setzen sie ihre sauber geputzten Begriffsbrillen auf. Manchmal gehen sie mit der Lupe ganz nah ran. Und manchmal arbeiten sie mit dem Weitwinkelobjektiv, um die großen Zusammenhänge in den Blick zu nehmen.

Dabei dürfen die begrifflichen Linsen den Blick nicht trüben. Viele nämlich, die sich intensiver mit einem Denker beschäftigen, fühlen sich nicht nur in dessen Vokabular und Gedankengängen heimisch, sondern nehmen auch immer nur eine Perspektive ein. Durch Nietzsches Sonnenbrille beispielsweise sieht die Welt düster aus, und mit Freuds pinker Brille auf der Nase entdeckt man überall Rosiges. Dieser Versuchung muss man widerstehen. Dann darf man auch sehenden Auges Bewegungsmetaphern für das Denken und visuelle Metaphern für das Wissen verwenden.

Staunen oder Begreifen: Was ist Philosophie?

Die Philosophie beginne mit dem Staunen, sagt Aristoteles, oder gar mit einem kindlichen Staunen, wie viele behaupten. Das stimmt allerdings nur, wenn man mit «Philosophie» wie die antiken Griechen «Wissenschaft» meint. Kinder sind von klein auf Forscher und bleiben es ein Leben lang, wenn es ihnen nicht abgewöhnt wird. Aber sie sind noch keine Philosophen. Die kindliche Neugierde ist eine naturwissenschaftliche. Kinder wollen wissen, wie die Welt funktioniert: Löffel fallen lassen, Geräusch, Löffel fallen lassen, Geräusch. Sie fragen, warum es dunkel wird oder wo der Wind ist, wenn er nicht weht, lange bevor sie wissen wollen, ob Gott existiert oder was Gerechtigkeit ist.

Während die Naturwissenschaft typischerweise Warum-Fragen beantwortet wie «Warum fällt der Stein zu Boden?», «Warum teilen sich die Zellen?» oder «Warum gefriert Wasser?», stellt die Philosophie die dazu passenden Was-Fragen: Was ist Verursachung? Was ist Leben? Was ist ein Naturgesetz? An der Form der Was-Frage allein kann man die Philosophie natürlich noch nicht erkennen, aber am Ziel: Philosophen fragen nach dem Wesen der Dinge.

Die Philosophie im heutigen Sinn ist eine Wissenschaft der Begriffe, also der Kategorien des Denkens, und zwar derjenigen, die so grundlegend und allgemein sind, dass wir ohne sie überhaupt nichts verstehen würden: Raum und Zeit, Sprache, Vernunft, Bedeutung, Wahrheit, Wissen, Verursachung, Objekt, Ereignis, Bewusstsein, Gut und Böse, Wahrnehmung, Handlung, Gefühl, Mensch, Gerechtigkeit, Schönheit.

Naturwissenschaftler wollen wie Kinder wissen, warum etwas passiert. Philosophen hingegen gehen in ihrer Neugier dem Alltäglichen, schon Bekannten auf den Grund. Sie suchen das Mysterium im Selbstverständlichen. Sie fragen, wie die grundlegendsten Begriffe zusammenhängen: Kann die Zeit auch vergehen, wenn es kein Universum gibt? Muss man Vernunft haben, um sprechen zu können? Können Schmerzen oder Gefühle auch unbewusst auftreten?

Natur- und Humanwissenschaftler wenden ihre Theorien auf Daten aus Versuchen und Beobachtungen an. Philosophen führen auch Versuche durch. Allerdings sind das Gedankenexperimente, für die man keine Apparaturen braucht. Den sauberen Unterschied zwischen Daten und Theorie gibt es in der Philosophie nicht: Jeder philosophische Gedanke oder Text kann wiederum Gegenstand eigener philosophischer Gedanken sein.

So begibt sich schon jeder Philosophiestudent auf Augenhöhe mit den großen Denkern der Geschichte. Das geht nur, weil wir Spätgeborenen Zwerge auf den Schultern dieser Riesen sind, wie der mittelalterliche Philosoph Bernhard von Chartres sagt. Der

Weg hinauf ist manchmal mühsam, aber von oben hat man einen fast unbeschreiblichen Ausblick. Oft kann man weiter sehen als die Riesen selbst. Man darf nur nicht vergessen, dass man ohne sie niemals so weit oben sitzen würde. Und man darf den langen Schatten des Riesen nicht mit der eigenen Größe verwechseln.

Philosophie als Wissenschaft

Der Titel «Philosoph» ist keine geschützte Berufsbezeichnung, so wenig wie «Detektiv», «Designer» oder «Journalist». Jeder kann ihn als Beinamen auf seine Visitenkarte schreiben. Diese Titelinflation irritiert einige seriöse Philosophen in der Wissenschaft genauso wie ausgebildete Journalisten oder diplomierte Abgänger von Kunstschulen. Aber man kann da großzügig sein: Wir sind alle Philosophen, so, wie wir alle Psychologen sind oder Fußballtrainer vor dem Fernsehschirm. Wie unter Fußballtrainern gibt es auch unter Philosophen gute und schlechte. Die guten arbeiten nach hohen wissenschaftlichen Standards. Sie schreiben klar und verständlich, argumentieren genau und wollen zum wissenschaftlichen Fortschritt beitragen.

Diesem Ideal verpflichtet sich unter anderem die *Analytische Philosophie*, die stark von der angloamerikanischen Forschung beeinflusst ist und der auch ich mich zuordne. Wie jedes Handwerk ist die Philosophie ein Kennen und Können: Man muss mit den Inhalten und den Methoden vertraut sein. Das Markenzeichen Analytischer Philosophen ist ihre Methode. Sie streben danach, sich so einfach wie möglich auszudrücken und Fachwörter nur dort zu verwenden, wo es nötig ist. Sie begründen ihre Argumente, wollen Probleme lösen, sind in der Logik geschult und bringen ihre Thesen präzise auf den Punkt. In der Analytischen Philosophie gibt es keinen falschen Respekt vor Autoritäten. Bei einem guten Argument ist es ganz gleich, von wem es stammt: von Aristoteles, Bertrand Russell oder einem Schüler aus der Oberstufe.

Analytische Philosophen schreiben mit einem unsichtbaren Augenzwinkern: Sie nehmen die fachlichen Fragen sehr, sich selbst aber nicht so ernst. Sie kultivieren keinen individuellen Jargon, um sich sozial abzugrenzen, sondern begreifen sich als Mitglieder eines Forschungsprojektes, zu dem jeder etwas beisteuert. Sie fassen es als Stärke auf, angreifbar zu sein, statt sich durch Unverständlichkeit gegen Kritik zu immunisieren. Sie denken gründlich nach und fragen sich, wie die Ergebnisse aller Wissenschaften zusammenpassen. Analytische Philosophen sehen ihre Aufgabe darin, die Redeweisen und Gedankengänge des Alltags und der Wissenschaften zu präzisieren.

In den Anfängen, vor etwa 100 Jahren, haben sich Analytische Philosophen vor allem auf die Sprachphilosophie und die Wissenschaftstheorie konzentriert. Heute diskutieren sie alle Themen, sei es aus der Ethik, Ästhetik, Kultur, Religion oder Politik.

Die philosophische Landschaft ist dichter bevölkert als jemals zuvor. Dafür hat die Landkarte auch einen feineren Maßstab bekommen, da viele Positionen früher gar nicht besetzt waren. In diesem Buch versuche ich, vor allem originelle Denker zu Wort kommen zu lassen, sei es aus der Philosophie oder aus angrenzenden Disziplinen wie Psychologie, Soziologie, Anthropologie und den Neurowissenschaften.

Micky Maus, Rotwein und Heißluftballon

Dem Ideal von Klarheit und Genauigkeit der wissenschaftlichen Philosophie folgen nicht alle. Im Gegenteil: Viele Philosophen haben sich weit davon entfernt. Auf drei Prototypen trifft man immer wieder.

Da sind zum einen die *Micky-Maus-Philosophen*, wie der amerikanische Philosoph John Searle sie nennt. Sie haben eine Vorliebe für steile Thesen: Es gibt keine Wahrheit, wir haben keine Willensfreiheit, Gefühle sind nichts als Hirnzustände. Anders als seriöse

Philosophen jedoch machen sich Micky-Maus-Philosophen nicht die Mühe, für ihre Behauptungen zu argumentieren. Sie kennen die Forschungsliteratur nicht und leiten ihre Schlüsse aus halbverstandenen Theorien ab. Statt gründlich nachzudenken, wollen sie lieber unser «Weltbild» revolutionieren. Meist können sie jedoch nicht einmal sagen, was sie damit überhaupt meinen.

Manchmal sind sogar Neurowissenschaftler oder Physiker unter ihnen, besonders jene, die in ihrem eigenen Fach Erfolg hatten, gleichzeitig aber verkennen, dass andere Wissenschaften auf einem ebenso hohen Niveau arbeiten. Sie glauben in Experimenten Antworten auf Fragen zu finden, die sie schon von vornherein falsch gestellt haben. Statt dem weißen Kaninchen zu folgen, schießen einige Micky-Maus-Philosophen mit Kanonen auf Spatzen in einem Wald, den sie vor lauter Bäumen nicht sehen.

Der zweite Typ sind die *Rotweinphilosophen*, die bei einem guten Glas Bordeaux einfach so drauflos reden oder schreiben. Viele sind sehr gebildet und gute Stilisten, die ungewöhnliche Metaphern am Fließband produzieren. Aber sie stellen ihr Sprachtalent nicht in den Dienst der Sache. Sie interessieren sich ebenfalls nicht für den Forschungsstand, durchdenken ihre Thesen nicht systematisch, schreiben assoziativ und stellen Fragen, wenn sie nicht weiterwissen. Unter ihnen sind oft Publizisten, die die «Schulphilosophie» angreifen, manchmal vielleicht, weil ihnen die Anerkennung der Fachwelt verwehrt blieb. Sie wirken für Laien gelehrt, weil sie immer ein passendes Zitat zur Hand haben und ihre Einzelbeobachtungen geschickt als große Thesen verkaufen. Die Rotweinphilosophen sind an ihrem Stil und ihrer Inszenierung erkennbar, aber nicht an den Inhalten. Viele ihrer Texte lesen sich schön, aber am Ende weiß man nicht mehr als zuvor, sondern eher weniger.

Den dritten Typ stellen die *Heißluftballon-Philosophen* dar. Vor allem französische Kulturwissenschaftler haben Sinnestäuschungen im Alltag, Mehrdeutigkeiten in Texten oder Machtspiele in der Wissenschaft entdeckt und kühn daraus geschlossen, dass die Welt nur eine Konstruktion sei, unsere Worte unendlich viele Bedeutungen haben und dass es keine methodische Wahrheitssuche geben könne. Der amerikanische Philosoph Jerry Fodor hat einmal gesagt, das sei so, als würde man sich bei Kopfschmerzen den Kopf abhacken, statt ein Aspirin zu nehmen. Wie die Micky-Maus-Philosophen lieben sie provokante und radikale Thesen, haben daraus allerdings methodische Konsequenzen gezogen: Sie wollen nicht mehr wissenschaftlich arbeiten, klar und widerspruchsfrei schreiben oder für ihre Behauptungen argumentieren, sondern nur Literatur machen. Dafür blasen sie ihre Thesen auf. Im Höhenflug, wenn die Luft ganz dünn wird, verwechseln sie dann ihre Halluzinationen mit echten Einsichten. Den Mangel an Sauerstoff machen auch sie wie die Rotweinphilosophen mit metaphorischem Süßstoff wett.

Weil es nicht um die Wahrheit geht, zählt in diesen Kreisen die Währung der Aufmerksamkeit mehr als anderswo: Sie müssen lauter schreien, um sich Gehör zu verschaffen, weil alle Themen nur Moden sind, die wie die Ballons schnell vom Winde verweht werden. Die Heißluftballon-Philosophen sammeln kein echtes Lehrwissen an, dafür grenzen sie sich durch ihre Wortwahl ab. Sie folgen nicht dem weißen Kaninchen, sondern ziehen es vor, im Land der Blinden als Kurzsichtige die Fremdenführer zu spielen.

Dagegen verorten sich unter anderem Analytische Philosophen im Idealfall in der Mitte eines Dreiecks mit den Eckpunkten: Text, Natur und Kultur. Sie kennen die einschlägigen Schriften genau, um nicht alte Debatten zu wiederholen. Sie verschaffen sich außerdem einen Überblick über die empirische Forschung, denn sie können nicht wie früher in ihrem sprichwörtlichen Lehnsessel versinken, bis nur noch der Kopf herausschaut, sondern müssen am runden Tisch auf die unbequemen Fragen der anderen Wissenschaften antworten. Wie die Kulturwissenschaftler schließlich sensibilisieren sich Analytische Philosophen für Moden und Machtspiele, für die soziale und kulturelle Dimension ihres Faches, ohne dafür jedoch die Genauigkeit, den Realismus und die wissenschaftliche Methode zu opfern.

Keine Wissenschaft ist so vielen Vorurteilen ausgesetzt wie die Philosophie. Manche glauben, Philosophie sei hauptsächlich Textkunde, also die Auslegung alter Schriften. Ihnen reicht es, wenn sie einen Gedanken geistesgeschichtlich einordnen können. Doch Philosophie beginnt erst dort, wo man sich fragt, ob eine Behauptung gut begründet ist.

Andere finden blumige Kalendersprüche besonders philosophisch, vor allem, wenn sie Begriffe wie «Freiheit» oder «Sinn» enthalten. Auch hier beginnt die Philosophie erst, wenn der Aphoristiker erklärt, was er mit seinem Ausspruch eigentlich meint.

Manche halten sich selbst für Philosophen, weil sie alles anzweifeln. Ganz gleich, was man sagt, sofort kommt ein «Woher willst du das wissen?». Dieser reflexartige Skeptizismus ist die Karikatur wissenschaftlicher Skepsis. Er verwechselt gesichertes Wissen mit Unfehlbarkeit. Ironischerweise kann man philosophisch zeigen, dass es unmöglich ist, alles gleichzeitig in Frage zu stellen.

Verwandt mit dem Zweifel ist die Kritik. So nehmen viele an, zu großen gesellschaftlichen Fragen müssten gerade Philosophen Stellung beziehen, weil sie besonders qualifiziert seien. Doch erstens kann sich jeder zu drängenden Themen ein kompetentes Urteil bilden. Und zweitens hat auch jeder die Pflicht, Missstände und Ungerechtigkeiten anzuprangern und zu beheben. Eine philosophische Ausbildung mag dabei helfen. Sie ist aber nicht der Königsweg zur politischen Mündigkeit.

Philosophen sind auch nicht von Haus aus Lebensberater, die uns sagen können, wie wir ein glückliches und erfülltes Leben führen, auch wenn einige in dieser Branche ihr Glück versuchen.

Und schließlich ist die Philosophie nicht an ihrem «Ende» angekommen und wurde auch nicht durch die anderen Wissenschaften ersetzt. Der englische Philosoph John L. Austin verglich die Philosophie einmal mit der Sonne, die nach und nach die Einzelwissenschaften ausgeworfen habe, die dann zu Planeten erkalteten.

Manche gehen weiter: Die Sonne habe aufgehört zu strahlen, und nur noch die Planeten seien übrig geblieben.

Das ist ein ansprechendes Bild, doch leider ist es schief. Aristoteles beispielsweise hat danach gefragt, was ein Wesen lebendig macht oder warum wir träumen. Das waren empirische Probleme: Aristoteles war eben auch Naturwissenschaftler, selbst wenn es dafür noch keine eigene Bezeichnung gab. Er diskutierte aber vor allem echte philosophische Fragen, zum Beispiel nach der Natur der Zeit oder der Verursachung. Das hat sich bis heute nicht geändert. Zwei Beispiele: Physiker formulieren Naturgesetze, aber was ein Naturgesetz ist, gehört nicht zu den Fragen der Naturwissenschaft. Und Psychologen erklären unser Verhalten, aber sie fragen sich selten, was eine gute psychologische Erklärung ausmacht. Wenn sie es tun, dann betreiben sie Philosophie.

Lassen Sie mich durch, ich bin Philosoph!

Wer auf einer Party zugibt, dass er Philosophie studiert oder gar unterrichtet, steht immer wieder einer Mischung aus Bewunderung und Befremden gegenüber. Manchmal überwiegt die Bewunderung, weil man die großen Rätsel der Menschheit in Angriff nimmt, manchmal das Befremden, weil man sich mit so wahnsinnig lebensfernen Themen befasst.

Darauf folgen immer die gleichen Fragen, zum Beispiel: «Wer ist dein Lieblingsphilosoph?», als seien Philosophen Schriftsteller, Schauspieler oder Regisseure. Die einzig passende Antwort ist «Woody Allen», denn der ist alles gleichzeitig.

Die zweite typische Frage lautet: «Warum Philosophie?» Ganz ehrlich: Das frage ich mich auch jeden Tag. Fodor hat eine gute Antwort. Er sagt: Die Bezahlung ist schlecht, der Fortschritt ist langsam, aber man lernt spannende Leute kennen.

Die dritte typische Frage ist oft von einem besorgten Blick begleitet: «Und was macht man damit?» Ich war viele Jahre Studienberater am Philosophischen Institut. Zuerst habe ich immer meinen Standardsatz aufgesagt: Philosophen arbeiten in Verlagen, in den Medien, in der Politik und in der Unternehmensberatung. Dann habe ich gemerkt, dass es wirkungsvoller ist, Absolventen der Philosophie aufzuzählen, die etwas aus ihrem Leben gemacht haben: Bruce Lee, Martin Luther King, Papst Benedikt XVI.

Wittgenstein, der immer eine starke Metapher aus dem Ärmel schütteln konnte, sagt, die Philosophie sei ein «Kampf gegen die Verhexung unseres Verstandes durch die Mittel unserer Sprache». Heute sind Philosophen Ärzte ohne theoretische Grenzen, die nicht nur Sprachverwirrungen therapieren, sondern Unsinn in allen Lebenslagen entlarven. Sie arbeiten mit einem Wahrheits-Detektor, der Alarm schlägt bei den Worthülsen der Politik, der Propaganda der Werbung, den Klischees des Kinos und den Fehlschlüssen in Fernsehsendungen und Zeitungsberichten.

Trotzdem ist die These weit verbreitet, die Philosophie erfülle keine gesellschaftliche Funktion. Philosophen haben selbst zu diesem Vorurteil beigetragen. Georg Wilhelm Friedrich Hegel meint, die Philosophie käme immer zu spät, nämlich dann, wenn schon nichts mehr zu ändern sei: Die «Eule der Minerva», also die allegorische Weisheit, beginne erst «mit der einbrechenden Dämmerung ihren Flug». Das weiße Kaninchen jedenfalls ist schon im Morgengrauen wach und schlägt bei Sonnenaufgang seine Haken.

Kapitel 1

Fühlen Die Vernunft des Bauches

Wir können nicht mehr zusammen sein, sagte sie. Ich verstand überhaupt nichts. Dann weinte sie, und plötzlich verstand ich alles. Ich erschrak. Ich wollte auch weinen, doch ich konnte nicht. Ich war sprachlos ... Mir ging es schlecht, doch es fällt mir schwer, genau zu beschreiben, wie sich das anfühlte. Es war kein Schlag in die Magengrube. Aber irgendwo im Brustkorb spürte ich ein flaues Ziehen, als ob der Herzschlag für einen Augenblick aussetzt. Zuerst hoffte ich, dass sie nur einen Scherz machte, obwohl ich längst wusste, dass es keiner war. Dann wurde ich wütend. Was findet sie an dem anderen?

Therapeuten sagen, bei einem Verlust ginge man durch mehrere Phasen: Schock, Verneinung, Wut, Traurigkeit und Akzeptanz. Die letzte Phase kam nie. Am Ende blieb nur die Sehnsucht: nach ihrem Duft, ihren neugierigen Augen, ihrer Wärme. Ich war verletzt, enttäuscht und eifersüchtig: Der andere würde sie jetzt küssen.

Es gibt kein typisches Gefühl des Verlassenwerdens, aber viele Gefühle, die es auslöst: Erschrecken, Angst, Eifersucht, Enttäuschung, Sehnsucht und vor allem Traurigkeit. Unsere Gefühle packen uns schnell und unmittelbar, wir erleben sie oft heftig, und sie sind typischerweise von kurzer Dauer: Nur selten halten Wut und Freude auch lange an. Gefühle sind außerdem Widerfahrnisse: Wir können sie normalerweise nicht willentlich hervorrufen oder abschalten, sondern sie stoßen uns zu. In alten Texten heißen sie deshalb auch «Leidenschaften», weil wir sie im alten Sinne des Wortes passiv «erleiden». Natürlich lernen wir, mit unseren Gefühlen umzugehen. Wir können tief durchatmen und uns beruhigen, wenn wir die Wut in uns aufsteigen spüren, und wir können uns klarmachen, dass unsere Angst unbegründet ist. Aber das ungewollte Element bleibt. Selbst der Schauspieler, der sich vor der Kamera seine schmerzlichen Erlebnisse so in Erinnerung rufen kann, dass er wirklich traurig wird, ist in diesem Gefühl dann gefangen.

Gefühle sind seit etwa zwanzig Jahren eines der meistdiskutierten Themen in der Neurologie, Psychologie und in der Philosophie. Die wissenschaftliche Begeisterung für Gefühle entbrannte erstaunlich spät, wenn man bedenkt, wie sehr sie unser Leben bestimmen. Viele Forscher sprechen von «Emotionen» statt von «Gefühlen». Ich verwende diese Ausdrücke gleichbedeutend. Oft ist allerdings eine sprachliche Genauigkeit wichtig, weil wir uns im Deutschen mit dem Wort «Fühlen» auf mindestens drei unterschiedliche Erlebnisse beziehen: Wir fühlen die Wut in uns aufsteigen, wir fühlen uns manchmal niedergeschlagen, und wir fühlen den Grashalm an der Nasenspitze. Wut ist ein *Gefühl* im Sinne einer *Emotion*, Niedergeschlagensein ist eine *Stimmung*, und das Kitzeln ist eine einfache *Körperempfindung*.

Während wir Empfindungen wie Kitzeln, Hunger oder Schmerz direkt am Körper spüren, sind Stimmungen und Gefühle komplexer: zwar allgegenwärtig, aber schwer zu fassen. Stimmungen wie Unbehagen oder Gereiztheit unterscheidet man traditionell von Gefühlen, denn Gefühle haben einen direkten Bezug zu ihrer Ursache: Wir sind eifersüchtig *auf* andere oder freuen uns *über* die Sonnenblumen. Man kann nicht einfach so eifersüchtig sein oder sich einfach so ärgern. Bei Stimmungen ist das anders: Wir können den ganzen Tag niedergeschlagen oder nach dem Sport beschwingt sein, ohne dass uns die Ursache präsent ist.

Stellen Sie sich vor, der schlechterzogene Dobermann des Nachbarn steht plötzlich ohne seinen Maulkorb knurrend vor Ihnen. Dann werden Sie das vermutlich typischste aller Gefühle erleben: Angst. Einige Philosophen konstruieren zwischen den Wörtern «Angst» und «Furcht» einen künstlichen Unterschied, aber in unserer Alltagssprache gibt es keinen, allenfalls dass «Furcht» etwas altertümlich klingt. Angst hat wie alle anderen Gefühle mindestens fünf typische Eigenschaften. Erstens den erwähnten *Bezug*: Man hat immer Angst vor etwas, zum Beispiel vor dem Hund. Zweitens eine automatische *Einschätzung* der Situation: Die Angst lässt den Hund gefährlich erscheinen. Drittens ein *Erleben*: Angst empfinden wir anders als etwa Zorn oder Freude. Viertens einen spezifischen *Gesichtsausdruck*: Unsere Augen weiten sich, die Lippen strecken sich geradlinig zu den Ohren, und das Kinn wandert zum Hals. Fünftens eine *Handlungsvorbereitung*: Adrenalin flutet das Hirn und erhöht unsere Aufmerksamkeit, Blut fließt in die Beine und bereitet uns auf die Flucht vor, und natürlich entsteht in uns auch der Drang, tatsächlich wegzulaufen.

Wer Angst und andere Gefühle mit einer Theorie erklären will, muss zwei wichtige Fragen beantworten. Erstens: «Was ist wesentlich für Gefühle?» Wesentlich ist ein Merkmal dann, wenn es nicht fehlen darf. Denken wir noch einmal an den Dobermann: Damit ein Tier ein Hund ist, muss es ein bestimmtes Genom haben. Das Genom ist für das Hundsein wesentlich. Die Anzahl der Beine ist nicht wesentlich: Ein dreibeiniger Hund ist immer noch ein Hund. Die Farbe des Fells ist auch nicht wesentlich. Man kann zum Beispiel einen Pudel rosa färben. Damit nimmt man dem Pudel nicht seinen Kern.

Auf Gefühle bezogen, lautet die Frage also: Welche der fünf Charakteristika dürfen nicht fehlen, damit ein Zustand ein Gefühl ist? Als sich meine Freundin von mir getrennt hat, war ich traurig. Was ist wesentlich für dieses Erlebnis? Die *Körpertheorien* sagen: Wesentlich ist eine Form von Körpererleben. Keine Traurigkeit ohne Tränen oder einen Kloß im Hals. Die *kognitiven Theorien*, also die Gedankentheorien, sagen: Gefühle haben immer etwas mit einer Interpretation oder Beurteilung zu tun. Keine Traurigkeit ohne das Wissen, dass man etwas verloren hat, zum Beispiel eine Partnerschaft oder auch die Großeltern. Die *Mischtheorien* sagen: Gefühle sind aus mehreren Elementen zusammengesetzt. Man kann Gefühlstheorien gut in diese drei Gruppen einteilen.

Die zweite Frage lautet: «Welche Funktion haben Gefühle?» Bei Angst scheint die Funktion offensichtlich zu sein: Vorbereitung und Motivation zur Flucht. Bei meiner Traurigkeit war das nicht so offensichtlich. Sie hat mich gelähmt, aber es ist schwer zu sagen, ob sie mich dadurch auf etwas vorbereitet hat.

Unsichtbare Schlangen und körperliche Alarmglocken

Doch zuerst zu den Theorien: Charles Darwin, der Begründer der Evolutionstheorie, beobachtete um 1870, dass Affen bei Überraschung die Brauen hochziehen und die Augen aufreißen. Dadurch vergrößert sich ihr Sichtfeld, sodass sie besser auf Beute oder Gefahr reagieren können. Ein klarer Überlebensvorteil. Wenn Katzen Angst haben, machen sie einen Buckel. Dadurch erscheinen sie größer. Auch das kann in der Evolution ein Vorteil gewesen sein, denn es mag Angreifer abgeschreckt haben. Nun könnte man meinen, dass Darwin auch die menschlichen Emotionen untersucht hat. Immerhin haben wir die gleichen wie andere Säugetiere und noch einige, die bei Tieren nicht vorkommen, zum Beispiel Scham oder Neid. Überraschenderweise hielt er den Ausdruck menschlicher Gefühle jedoch weitgehend für funktionslose Überbleibsel der Evolution. Eine Gefühlstheorie für Menschen entwickelte Darwin nicht. Dennoch kann er als ein früher Körpertheoretiker gelten, denn ihm zufolge sind Gefühle am Körper ablesbare Verhaltensmuster.

Die erste ausgearbeitete Körpertheorie begründeten zwei Wissenschaftler um 1900 unabhängig voneinander, nämlich der amerikanische Psychologe William James und sein dänischer Kollege Carl Georg Lange. Der *James-Lange-Theorie* zufolge sind Gefühle Wahrnehmungen von Körpervorgängen. Das klingt zunächst wenig überraschend, hat aber eine paradoxe Pointe: Laut James zittern wir nicht, weil wir Angst haben, sondern wir haben Angst, weil wir zittern. Wir weinen nicht, weil wir traurig sind, sondern wir sind traurig, weil wir weinen. Die Wahrnehmung der Körpervorgänge geht dem Gefühl nicht voran, sondern die Wahrnehmung *ist* das Gefühl. James lädt uns zu einem Gedankenexperiment ein: Wenn man alle Körpererlebnisse von der Angst wegnähme, bliebe nur ein blasser Gedankenrest übrig, der nichts mit dem Gefühl zu tun hat. Ein einfaches psychologisches Experiment scheint diesen Ansatz zu belegen. Setzen Sie sich einmal hin, und verziehen Sie Ihr Gesicht zu einem Lachen. Nach einiger Zeit werden Sie dann wirklich fröhlich. Inzwischen gibt es Seminare für Lach-Yoga, in denen die Teilnehmer den schmunzelnden Löwen oder den kichernden Pinguin imitieren und am Ende freudestrahlend nach Hause gehen. Diesen Effekt kann man so auslegen, als sei Freude nichts anderes als die Wahrnehmung der veränderten Gesichtsmuskulatur.

Dennoch hat die Theorie einen Haken: Sie sagt voraus, dass ein vermindertes Körpererleben zu einem verminderten Gefühlserleben führt. Sie ist also widerlegt, wenn Menschen ohne Körperempfindungen dennoch Gefühle haben. Dieses Problem hat schon James gesehen. Einige Querschnittsgelähmte klagen zwar, dass ihr emotionales Leben nach den Unfällen ärmer geworden sei. Aber das gilt nicht für alle. Ein eindrückliches Gegenbeispiel stellt der Journalist Jean-Dominique Bauby dar, ehemals Chefredakteur der französischen Zeitschrift *Elle*, der nach einem Schlaganfall am *Locked-In-Syndrom* litt. Bis auf sein linkes Augenlid konnte er seinen Körper nicht mehr bewegen. Daher musste er lernen, nur durch Blinzeln Buchstaben aus einer Reihe auszuwählen, die ihm seine Therapeutin hinhielt. Die Buchstaben waren nach Häufigkeit geordnet. Einmal blinzeln hieß «ja», zweimal «nein». Seite für Seite diktierte Bauby so das Buch *Schmetterling und Taucherglocke*, das der amerikanische Regisseur Julian Schnabel im Jahr 2007 verfilmt hat. In dem Buch spricht Bauby über sein Leben vor und nach dem Schlaganfall. Und über sein fast gänzlich ausgelöschtes Körpergefühl: Er spürt nichts als einen konstanten Druck von Kopf bis Fuß, so als sei er in einer alten Taucherglocke gefangen. Bauby ist todtraurig und doch voller Hoffnung, wieder zu genesen. Er ist stolz, als er sieht, wie sein Sohn und seine Tochter heranwachsen. Das erzählt Bauby mit wenigen Worten, aber doch so eindringlich, dass es einen berührt. Wer die James-Lange-Theorie verteidigen will, müsste behaupten, dass er sich all diese Gefühle nur einbildet, denn er hat ja keine Körperwahrnehmung mehr. Doch das ist schwer vorstellbar. Vor allem: Könnten wir uns überhaupt ein Gefühl einbilden, ohne es auch gleichzeitig zu haben?

Der portugiesisch-amerikanische Neurowissenschaftler Antonio Damasio hat sich von der James-Lange-Theorie inspirieren lassen. Damasio vertritt eine moderne Körpertheorie. Er unterscheidet zwischen *Gefühl* (emotion) und *Gefühlserleben* (feeling). Seine Pointe ist: Gefühle regulieren unser Verhalten, auch wenn wir sie nicht immer bewusst erleben. Das klingt zunächst eigenartig, immerhin steckt im Wort «Gefühl» schon das «Fühlen». Wie kann ein Gefühl nicht gefühlt sein? Passenderweise findet sich im alternativen Ausdruck «Emotion» das lateinische Wort «motio» für «Bewegung» und «Antrieb». Das sagt zwar noch nichts über die Natur der Gefühle, aber Damasio geht es genau um diesen zweiten Aspekt. Er glaubt, dass Gefühle uns auch dann antreiben, wenn wir sie nicht fühlen. Dafür sprechen seiner Meinung nach Experimente der Neurowissenschaft und Psychologie.

Ein Beispiel: Zeigt man Versuchspersonen das Bild einer Spinne für 50 Millisekunden, also nur eine Zwanzigstelsekunde, und gleich darauf das neutrale Bild eines Wohnhauses, so nehmen sie nur das Haus bewusst wahr. Niemand berichtet, dass er eine Spinne gesehen habe. Das zweite Bild «maskiert» das erste, daher heißen diese Versuche *Masking-Experimente*. Dennoch schlägt bei den Versuchspersonen sofort das Herz schneller, und Schweiß bildet sich an den Fingerspitzen: zwei typische Anzeichen für Angst, die fast so deutlich ausfallen, als hätten die Probanden die Spinne bewusst gesehen. Mehr noch: Die Versuchspersonen merken manchmal gar nicht, dass sie sich in diesem unruhigen Zustand befinden. Angst ist Damasio zufolge Teil unseres eingebauten emotionalen Alarmsystems, denn sie bereitet uns aufs Fliehen vor. Dieses System funktioniert auch dann, wenn wir die Alarmglocke gar nicht hören. Es ist, als ob unser Körper für uns reagiert, so, wie wir instinktartig zurückschrecken, wenn etwas großes Dunkles auf uns zukommt.

Damasios Kollege Joseph LeDoux konnte diese These neurologisch belegen: Im Hirn gibt es einen kurzen und einen langen Schaltkreis für Angst. Der kurze Schaltkreis reagiert unmittelbar und ohne unser Bewusstsein, ist aber auch fehleranfällig und löst oft falschen Alarm aus. Die zweite Verbindung läuft über Großhirnareale, die erst spät in der Evolution entstanden sind. Diese langsame Bahn ist zuverlässiger, und sie ist es, die unseren bewussten Urteilen zugrunde liegt. Darüber können wir auch die Informationen der anderen Verbindung stoppen. Wir erschrecken vor der Riesenspinne, merken dann aber, dass es nur ein Scherzartikel aus Gummi ist, und beruhigen uns schnell wieder. Manchmal ist diese bewusste Korrektur allerdings gestört. Menschen mit einer Spinnenphobie beispielsweise fürchten sich auch vor Attrappen, selbst wenn sie wissen, dass diese ungefährlich sind. Der kurze Schaltkreis ist bei ihnen offenbar so fest verdrahtet, dass sie nicht umschalten können.

Damasios und LeDoux' wichtige Entdeckung lautet: Gefühle können auch unbewusst auftreten und unser Handeln beeinflussen. Bewusste Gefühle sind demnach ein Sonderfall: nicht Körperwahrnehmungen wie bei James, sondern eher so etwas wie höherstufige Abbildungen von Körpervorgängen, genauer von Hirnprozessen. Von diesen Abbildungen bekommen wir Damasio zufolge im Bewusstsein nichts mit außer eben dem warmen Erleben der Freude oder dem brodelnden Erleben der Wut.

Allerdings bleibt offen, warum wir Gefühle so oft bewusst fühlen, wenn sie ihre Funktion auch jenseits des Bewusstseins erfüllen können. Es kann ja kein Zufall sein, dass wir Angst als unangenehm erleben und sie deshalb vermeiden wollen. Außerdem scheint Angst mehr als bloß ein automatischer Fluchtmechanismus zu sein.

Wenn wir uns ängstigen, dann haben wir auch Gedanken: Wir halten den zähnefletschenden Dobermann des Nachbarn für gefährlich. Auf diesen Aspekt zielen die kognitiven Theorien, denen zufolge Gefühle eine Form von Gedanken sind, nämlich Einschätzungen oder Beurteilungen. Viele kognitive Theoretiker geben zu, dass manchmal Gefühle auch etwas mit Fühlen zu tun haben, aber dieser Zusammenhang sei eher zufällig.

Das behauptet zum Beispiel die amerikanische Philosophin Martha Nussbaum. Wie könnte man von «Angst» sprechen, fragt sie, wenn es nicht eine Angst *vor* dem Dobermann ist, wie von Trauer, wenn es nicht die Trauer *über* den Tod des Großvaters ist? Damit Angst und Trauer diesen Bezug haben, müssen sie für Nussbaum Einschätzungen oder Urteile beinhalten. Nussbaum dreht James' Frage einfach um: Was bliebe von einer Wut übrig, wenn man alle Gedanken und Einschätzungen wegnähme? Laut Nussbaum nichts als ein undefinierbares Körpererleben, das nicht einmal bei allen Menschen gleich sei. Amerikanische Männer würden Wut eher als brodelnd empfinden, während die Frauen sie eher als eine Anspannung im Nacken spürten. Das könnte kulturelle Gründe haben: In der amerikanischen Mittelschicht dürfen Männer ihre Wut herauslassen, während man von Frauen erwartet, dass sie sich kontrollieren. Für Italienerinnen gilt das nicht, wie wir aus Filmen wissen. In jedem Fall zeigt dieser Unterschied laut Nussbaum, dass Gefühle wie Wut keine typische Physiologie haben. Sie seien vielmehr Urteile über das, was in unserem Leben Bedeutung hat oder was unsere Selbstzufriedenheit bestimmt.

Nussbaum ist mit einem Problem konfrontiert: Unsere Gefühle müssten sich ändern, sobald sich unsere Urteile ändern. Doch viele Menschen haben auch dann noch Angst vor Spinnen, wenn sie wissen, dass sie nicht gefährlich sind. Falsche Urteile können wir schnell verwerfen, unsere Gefühle aber nicht. Und oft ist die Angst schon da, bevor wir überhaupt begreifen, wovor wir uns fürchten. Ein überlegtes Urteil kann also nicht wesentlich für die Angst sein.

Vielleicht entstehen die «Urteile» unserer Gefühle aber auch gar nicht aus Überlegungen, sondern ganz automatisch. Wenn uns jemand anrempelt, sind wir sofort wütend, noch bevor uns der Gedanke kommt: Der hätte besser aufpassen können. Dieses Phänomen erklärt der amerikanische Psychologe Richard Lazarus mit seiner *Bewertungstheorie*, die weniger gedankenlastig ist als Nussbaums Ansatz. Auch Lazarus beginnt mit der Beobachtung, dass wir durch Gefühle Bezug auf unsere Umwelt nehmen. So, wie wir uns durch die Wahrnehmung ein Bild von der Welt machen, so zeigen uns Gefühle wichtige Faktoren für unser Zusammenleben in der Gruppe und für unser Überleben in der Wildnis an. Lazarus nennt diese Faktoren «Kernthemen». Man könnte auch von «grundlegenden Lebensthemen» sprechen. Die Angst vor der Schlange lässt uns nicht einfach nur die Schlange sehen, sondern vielmehr das Kernthema: eine Gefahr in Form der Schlange. Die Angst «bewertet» sozusagen die Schlange als Gefahrenquelle. Diese «Bewertung» darf man sich aber nicht als ein bewusstes Nachdenken vorstellen. Es ist eher ein automatisches und schnelles Einschätzen einer Situation.

Lazarus hat für alle Gefühle die entsprechenden Kernthemen aufgelistet: Traurigkeit zeigt beispielsweise Verlust an, Scham das Überschreiten einer sozialen Norm, Wut eine Beleidigung. So sichern wir unser Überleben, denn wir meiden Gefahr, suchen Schutz, und wir funktionieren in der Gruppe: Wir versuchen, Normen nicht zu überschreiten. Lazarus' Theorie ist innovativ und passt zu der Beobachtung, dass Gefühle unser Verhalten steuern, auch wenn er selbst die Kernthemen nicht immer genau trifft. Ein Beispiel: Beleidigungen als Auslöser unseres Ärgers sind zu speziell, denn wir ärgern uns auch, wenn der Computer abstürzt. Das Kernthema des Ärgers ist eher: Etwas hindert uns, unser Ziel zu erreichen.

Vor allem bleibt offen, warum wir überhaupt Körpererlebnisse brauchen, wenn die Kernthemen allein ausreichen würden. Es scheint, als hätten sowohl die Körper- als auch die Gedankentheorien Lücken. Haben beide nur zur Hälfte recht? Die Wahrheit liegt in großen Debatten zwar selten in der Mitte, aber oft in einer geschickten Kombination von Gegensätzen. Hier kommen die Mischtheorien ins Spiel. Sie fassen Gefühle als Bündel von Elementen auf.

Gemischte Gefühle

Der kleine Max ist wütend. Anton hat ihm sein Feuerwehrauto weggenommen. Max schreit. Er trommelt mit seinen kleinen Fäusten in den Sand. Dann geht er mit hochrotem Kopf auf Anton los und schubst ihn weg. Max spürt eine Wut in sich, sie bezieht sich auf Anton, bewertet ihn als Störenfried, drückt sich in seinen aufeinandergepressten Lippen aus und führt dazu, dass Max kämpfen will. All diese Elemente scheinen zur Wut zu gehören. Daher muss man sich vielleicht gar nicht auf ein spezielles festlegen. Der israelische Philosoph Aaron Ben-Ze'ev vertritt ebendiese These: Gefühle sind durch ein Bündel von Merkmalen charakterisiert. Typische Gefühle wie Wut oder Angst mögen alles haben: Bezug, Bewertung, Erleben, Ausdruck und Verhaltenssteuerung. Aber manchen Gefühlen mag der Bezug fehlen, wie der guten Laune, anderen das Erleben, wie den unbewussten Gefühlen, oder ein typischer Gesichtsausdruck, wie vielleicht der Eifersucht. Der Fehler der klassischen Theorien sei, dass sie an genau einem Merkmal festhalten, an dem man Gefühle erkennen muss. Laut Ben-Ze'ev liegt darin gerade die Stärke seines eigenen Ansatzes: Er spiegelt die Vielfalt unserer Erlebnisse wider. Aus philosophischer Sicht ist diese pluralistische Lösung aber unbefriedigend, denn einige Fragen bleiben offen: Welche Funktion hat jedes einzelne Element? Und wie hängen Erleben und Bewertung zusammen?

Eine Antwort auf diese Fragen gibt der amerikanische Philosoph Jesse Prinz mit seiner Theorie der *verkörperten Bewertungen.* Laut Prinz sind Gefühle Wahrnehmungen von Körperveränderungen, allerdings repräsentieren sie gerade dadurch Kernthemen wie Gefahr oder Verlust, und zwar, indem sie diese Kernthemen verlässlich anzeigen. Das Körpererleben eines Gefühls ist so etwas wie ein Hinweisschild. Das Schild für absolutes Halteverbot ist zum Beispiel einfach aufgebaut: roter Kreis, rotes Kreuz, blauer Hintergrund. Dieses Zeichen steht aber für einen komplexen Inhalt: «Hier darf man weder parken noch kurz halten, es sei denn verkehrsbedingt oder im Notfall.» Für viele sagt es auch noch: «Werde ich erwischt, bekomme ich einen Strafzettel.» Prinz zufolge sind Gefühle wie Straßenschilder. Das Herzklopfen und die Aufregung der Angst stehen für eine Gefahr und vermitteln uns so eine komplexe Information, obwohl sie nicht wörtlich sagen: «Da ist eine Gefahr. Ich sollte sie besser vermeiden, sonst riskiere ich Kopf und Kragen.»

Prinz führt beide Denktraditionen zusammen. Wie James und Damasio nimmt er an, dass Gefühle erlebte oder wahrgenommene Körperveränderungen sind. Wie Nussbaum und Lazarus glaubt er, dass Gefühle uns über unsere Umwelt informieren und eine Funktion in unserer Lebensführung haben. Prinz' Lösung ist verblüffend einfach: Über Gefühle als körperliche Erlebnisse erhalten wir automatische Bewertungen über unsere Umwelt – ein bisschen so, als würde unser Körper zu uns sagen: «Achtung, Gefahr!», ohne dass wir selbst den Gedanken fassen müssen.

Auf den ersten Blick scheint es, als stellten Fehleinschätzungen ein Problem für diesen Ansatz dar. Was ist, wenn man sich vor Mäusen fürchtet, obwohl sie harmlos sind, und was, wenn umgekehrt der Container mit radioaktivem Abfall keine Regung in uns auslöst, obwohl er gefährlich ist? Darauf hat Prinz eine einfache Antwort: Jede Theorie muss solche Fälle zulassen, denn sie treten tatsächlich auf. Um im Bild zu bleiben: Jedes Halteverbotsschild kann auch falsch aufgestellt sein oder dort fehlen, wo es gefordert wäre. Und wir können die Schilder auch übersehen. Manchmal führen uns Gefühle in die Irre, und manchmal bemerken wir sie nicht. In den meisten Fällen vermitteln sie uns jedoch verlässliche Einschätzungen unserer Umgebung.

Sind Gefühle angeboren?

Es geschah in den achtziger Jahren, in einer Zeit, als nur wenige Eingeweihte an Universitäten E-Mails kannten. Weil es gelegentlich zu Missverständnissen kam, schlug der amerikanische Informatiker Scott E. Fahlman in einer Nachricht an seine Kollegen vor, Witze mit Hilfe von drei Zeichen zu markieren: Doppelpunkt, Bindestrich und Klammer. Damit hatte er das elektronische Smiley erfunden, und zwar am 19. September 1982, genau um 11.44 Uhr, wie das alte Speicherband belegt. Schon der russische Schriftsteller Vladimir Nabokov hatte diese Idee. In einem Interview mit der *New York Times* von 1969 schlug er vor, ein typographisches Zeichen für Witze einzuführen. Doch erst Fahlmans Vorschlag setzte sich durch. Seitdem sind die Smileys nicht mehr wegzudenken. Inzwischen kann man mit ihnen dasselbe wie mit einem echten Lachen ausdrücken: Witz, Ironie, Freude, Glück oder einfach nur Freundlichkeit.

Alle glücklichen Menschen ähneln einander, und alle unglücklichen sehen auf die gleiche Weise unglücklich aus. Darum konnte das Smiley so schnell weltweit Erfolg haben. Unsere Gesichtserkennung ist angeboren, daher blicken schon Babys länger auf Gesichter mit Augen als auf solche ohne. Die Gesichtserkennung funktioniert so gut, dass wir in Wolken, Felswänden und Korktapeten Fratzen und Grimassen entdecken. Wie jedes Kind weiß, brauchen wir beim Zeichnen nur wenig: Punkt, Punkt, Komma, Strich. Auch die emotionalen Gesichtsausdrücke sehen überall auf der Welt gleich aus. Wenn wir lächeln, schmunzeln oder lachen, verändern sich unsere Gesichter nach demselben Muster: Der Jochbeinmuskel zieht die Mundwinkel nach oben, und der Augenringmuskel lässt die Lachfältchen entstehen. Wir können zwar Freude vortäuschen, indem wir absichtlich grinsen, aber ganz gelingt uns das nie, denn der Augenringmuskel ist nicht vollständig willentlich steuerbar.

Menschen freuen sich, wenn ihnen etwas Gutes widerfährt, und strahlen dabei über das ganze Gesicht. Das spricht dafür, dass das Gefühl der Freude angeboren ist und, mit anderen Vorzeichen, auch viele andere, oder vielleicht sogar alle Gefühle. Viele Gegner der Angeborenheitsthese machen den Fehler, «angeboren» mit «unveränderlich» zu verwechseln. Doch das Kriterium ist ein anderes: Eine Fähigkeit oder Eigenschaft kann als angeboren gelten, wenn sie sich *unabhängig* von individueller Prägung entwickelt. Ein guter Beleg ist daher, dass sie bei allen Menschen vorkommt, ein noch besserer, dass sie *nicht erlernbar* ist. Ein Beispiel zur Verdeutlichung: Die Farbwahrnehmung gilt als angeboren. Wir alle sehen die Welt in Farbe, ohne dass uns jemand gezeigt hätte, wie das geht. Ja, wir wüssten nicht einmal, wie man jemandem das Farbsehen beibringen könnte. Das heißt aber nicht, dass nichts dazwischenkommen kann, denn jede Fähigkeit hat eine Grundlage. Ist die Grundlage beschädigt, verliert man auch die Fähigkeit. Menschen können erblinden oder eine Genmutation haben wie die Inselbewohner im südpazifischen Pingelap-Atoll, die die Welt in Schwarzweiß sehen. Aber auch diese Genmutation ist selbstverständlich angeboren.

Wenn Eigenschaften oder Fähigkeiten angeboren sind, muss es Gene geben, die deren Entwicklung steuern. Und wenn sie als komplexe Fähigkeiten im Erbmaterial verwurzelt sind, haben sie sehr wahrscheinlich einmal einen Überlebensvorteil mit sich gebracht. Einige Tiere sichern das Überleben ihrer Spezies durch reichhaltigen Nachwuchs. Auch wenn der Hecht große Happen vom Froschlaich wegfrisst, bleiben immer noch genug Eier übrig, aus denen die Kaulquappen schlüpfen. Die meisten Säugetiere produzieren allerdings nur wenig Nachwuchs. Dafür haben sie viele Verhaltensweisen entwickelt, um ihre Jungen zu schützen. Der Mensch hat von allen Säugern nicht nur eine der längsten möglichen Lebensdauern, sondern auch die höchste durchschnittliche Lebenserwartung. Bei jeder angeborenen Fähigkeit kann man also fragen, welchen Vorteil sie bot, ihren Träger und seinen Nachwuchs zu schützen.

Doch bevor Wissenschaftler die evolutionären Funktionen von Gefühlen erforschen konnten, mussten sie erst einmal zeigen, dass alle Menschen die gleichen Gefühle kennen. Der amerikanische Psychologe Paul Ekman, einer der wichtigsten Emotionsforscher des letzten Jahrhunderts, wollte Ende der sechziger Jahre überprüfen, ob Gefühle universell sind. Das kam fast einer Provokation gleich, denn damals beherrschte der *soziale Konstruktivismus* die akademische Welt. Diesem Ansatz zufolge sind Gefühle «soziale Konstrukte», die nicht angeboren sind und dementsprechend zwischen Kulturen und Epochen stark schwanken. Noch heute ist «angeboren» vor allem unter Kulturwissenschaftlern ein Reizwort: Auf einigen Konferenzen wird man ausgebuht oder als «Proto-Faschist» bezeichnet, wenn man es nur in den Mund nimmt. Wer angeborene Eigenschaften propagiert, steht unter dem Generalverdacht, damit gesellschaftliche Missstände rechtfertigen zu wollen, oder gar Schlimmeres. Dennoch war die Frage nach angeborenen Eigenschaften schon immer eine Tatsachenfrage und nicht eine der politischen Korrektheit.

Ekmans Projekt war also eine Provokation, während seine Idee ganz einfach war. Im Anschluss an Darwins Untersuchungen zeigte er Menschen verschiedener Kulturen Fotos mit den Gesichtsausdrücken bestimmter Gefühle. Ordnen Versuchspersonen diese unabhängig von ihrer Kultur richtig zu, hat man einen starken Hinweis darauf, dass Gefühle angeboren sind. Dazu reiste Ekman zu den Fore nach Papua-Neuguinea, die damals kaum Kontakt mit anderen Zivilisationen hatten und in seinen Worten wie «Steinzeitmenschen» lebten. Die Fore waren oft nur mit Grasröcken bekleidet, und sie kannten keine Kameras. Ekman zeigte ihnen Fotos der westlichen Gesichtsausdrücke von Angst, Trauer, Ekel, Freude, Überraschung und Wut, die sie allesamt ohne Probleme identifizierten. Dann erzählte Ekman den Fore dramatische Geschichten und fotografierte dabei ihr Mienenspiel. Zurück in San Francisco, kam er zu dem Ergebnis: Amerikaner können die Gefühlsausdrücke der Fore ebenso klar zuordnen.

Ekman und andere Wissenschaftler haben diese Pionierarbeit systematisch ausgedehnt. Inzwischen gehen fast alle von angeborenen *Grundgefühlen* aus. Die Forscher streiten sich bloß um die genaue Anzahl. Ekman hielt es lange mit den oben genannten sechs. Inzwischen nimmt er an, dass alle Gefühle grundlegend sind. Seine vorläufige Liste: Freude, Wut, Verachtung, Zufriedenheit, Ekel, Scham, Peinlichkeit, Aufregung, Angst, Schuld, Stolz, Entspannung, Traurigkeit, Erfüllung und sinnliches Vergnügen. Nur die Überraschung sieht er nicht mehr als ein Gefühl an. Alle anderen Affekte sind Ekman zufolge nur Spielarten oder Kombinationen dieser grundlegenden Gefühle.

Neben dem weltweit gleichen Gesichtsausdruck finden sich noch weitere Hinweise: Blind Geborene haben dieselbe emotionale Mimik wie sehende Menschen. Wie aber sollten sie die gelernt haben? Nicht nur der Gesichtsausdruck, auch die Auslöser unserer Gefühle sind gut untersucht. Der schwedische Psychologe Arne Öhman fand heraus, dass Kleinkinder auf Bildern Schlangen schneller im Gras erkennen als Salamander, selbst wenn sie Schlangen noch nie zuvor gesehen haben. Das spricht dafür, dass der Begriff, also die mentale Kategorie «Schlange», angeboren ist. Außerdem hat Öhman in einem Versuch Affen sowohl Blumen als auch Schlangen gezeigt und ihnen dabei jeweils einen kleinen elektrischen Schlag verpasst. Schon bald hatten die Affen auch dann Angst, wenn sie bloß die Blumen oder Schlangen erblickten. Bei den Blumen verflüchtigte sich der Effekt jedoch schnell wieder, bei den Schlangen hielt er an. Jeder Reiz kann also im Prinzip Angst auslösen, aber bei einigen wie den Schlangen ist das Affen- und auch das Menschenhirn schon vorbereitet: Es wartet sozusagen nur auf den richtigen Auslöser.

Gefühle äußern sich in typischen Gesichtsausdrücken und haben alle Auslöser vom selben Typ. Auch die neuronalen Schaltkreise sind dieselben: Im *limbischen System* unseres Hirns entsteht unsere Angst genauso wie bei Tauben, Katzen oder Ratten. Zusammen genommen deutet das darauf hin, dass unsere Gefühle angeboren sind. Evolutionspsychologen vermuten, dass Angst schon bei den ersten Wirbeltieren vor rund 500 Millionen Jahren zu finden war. Aber welche Funktion hatten Angst und andere Gefühle dann im Überlebenskampf?

Überleben der Gefühlvollsten

Mit sechzehn Jahren habe ich im Sommer in einem Altenheim gearbeitet. Einmal musste ich am Hinterausgang der Küche entlang in den Keller gehen. Als ich an den Abfalltonnen vorbeilief, überkam mich plötzlich ein Brechreiz, ohne dass ich wusste, warum. Erst dann wurde mir klar, dass in einer Tonne Fleischreste lagen. Und es war ein wirklich heißer Tag. Auf dem Weg zurück war ich vorbereitet, doch es half mir nichts. Der Reflex war schlagartig wieder da. Als ein Pfleger mich sah, fragte er besorgt, ob es mir gutgehe. Mein Ekel hatte also mindestens drei Funktionen. Er beeinflusste mein Verhalten. Er informierte mich automatisch über meine Umwelt, noch bevor ich darüber nachdenken konnte. Und er deutete durch den Gesichtsausdruck anderen an, dass hier etwas nicht ganz koscher war. Gefühle erfüllen mindestens diese drei Funktionen: Sie sind ein automatisches Verhaltens-, Informations- und Kommunikationssystem.

Einige Beispiele für die Verhaltenssteuerung: Wut lässt das Blut in die Arme und in den Kopf schießen. Wir bekommen buchstäblich einen dicken Hals, ein knallrotes Gesicht und haben das Gefühl, dass uns der Kragen platzt. Nirgendwo ist das besser dargestellt als in den alten Zeichentrickfilmen mit *Bugs Bunny*, wenn seine Gegenspieler vor Wut in die Luft gehen. Wie andere Affenarten blähen wir manchmal zornig unsere Nüstern auf. Das könnte den Sauerstofffluss zum Gehirn erhöhen. Zusammen mit den durchbluteten Armen ist das ein klarer Vorteil im Kampf. Ekel hingegen lässt uns vor verdorbenem Essen, Kadavern, Körperflüssigkeiten und kranken Menschen zurückschrecken. Auch dieses Verhalten ist ein Vorteil, denn es verhindert, dass Krankheitserreger in unseren Körper gelangen. Gefühle motivieren uns außerdem zu Handlungen. Angst, Zorn und Ekel funktionieren direkt: Wir wollen fliehen, kämpfen oder uns abwenden. Andere Gefühle motivieren uns indirekt. Scham und Trauer erleben wir als unangenehm, also versuchen wir, sie zu vermeiden. Von Freude hingegen kann man nie genug haben, also versuchen wir alles, um uns zu amüsieren.

Auch unser emotionales Gedächtnis beeinflusst unser Verhalten. Der Körpertheoretiker Damasio nimmt nicht nur an, dass es unbewusste Gefühle gibt, sondern hat auch einen berühmten Gedächtnistest durchgeführt. Er untersuchte Patienten, die sich nach Unfällen keine neuen Informationen merken konnten, also an einer sogenannten *anterograden Amnesie* litten. Für sie ist jeder Tag wie der erste Tag nach ihrem Unfall. Die Hauptfigur aus Christopher Nolans Film *Memento* aus dem Jahr 2000 ist ein eindrückliches Beispiel für diese Gedächtnisstörung: Weil sich die Hauptfigur nichts Neues merken kann, lässt sie sich wichtige Informationen auf ihren Körper tätowieren.

Damasio führte mit den Amnesie-Patienten ein Guter-Arzt-Böser-Arzt-Experiment durch. Einer der beiden Versuchsleiter war herzlich zu den Patienten und erfüllte all ihre Wünsche, während der andere sie schon bei der Begrüßung in die Hand piekste oder ihnen langweilige Aufgaben erteilte. Am nächsten Tag konnten sich die Patienten weder an die Ärzte noch an die Erlebnisse erinnern. Doch wenn sie gefragt wurden, wer von den beiden ihr Freund sei, wählten sie fast immer den «guten» Arzt und nicht den «bösen». Dabei ließen sie sich offensichtlich von ihrem Bauchgefühl leiten. Unsere Erlebnisse hinterlassen also Spuren in unserem emotionalen Gedächtnis, die selbst dann unser Handeln leiten, wenn wir gar nicht mehr wissen, warum.

Wenn wir uns auf unser Bauchgefühl verlassen, können wir viel über uns und unsere Umwelt erfahren. Das ist die zweite Funktion von Gefühlen: Sie sind ein Informations- oder Frühwarnsystem. Wie uns Lust auf Schokolade Unterzuckerung anzeigt und Schmerz eine Verletzung, so zeigen auch Gefühle potenzielle Belohnungen oder Bedrohungen an. Als ich mich vor dem vergammelten Fleisch ekelte, musste ich nicht lange überlegen, ob es giftig ist, denn diese Einschätzung hat mein Körper für mich vorgenommen. Ein Versuch dazu: Würden Sie aus einem Glas Wasser trinken, in das Sie kurz zuvor gespuckt haben? Vermutlich nicht. Damit sind Sie nicht allein. Die meisten Menschen ekeln sich vor ihrem eigenen Speichel, sobald er den Körper verlassen hat. Auf den ersten Blick ist das eigenartig, immerhin war der Speichel ja noch Sekunden zuvor im eigenen Mund. Doch die meisten unserer Ausscheidungen enthalten Keime, so könnte es von Vorteil sein, sich vor dem zu ekeln, was aus dem Körper herauskommt wie zum Beispiel Blut, Kot, Eiter, Schweiß, Ohrenschmalz und eben auch Speichel, selbst wenn der eher ungefährlich ist. Der Ekel warnt uns so vor Keimen.

Aber nicht nur das. Andere Menschen können uns den Ekel vom Gesicht ablesen. Sie wissen dann, dass das Essen verdorben ist, ohne es selbst probieren zu müssen. Gefühle haben also auch diese dritte Funktion: Unser Gesichtsausdruck und unsere Körpersprache teilen anderen ganz automatisch mit, wie wir uns fühlen. Viele Theorien haben diesen Aspekt bisher vernachlässigt. Dabei scheint es offensichtlich, dass Gefühle nicht nur uns selbst informieren. Unsere Traurigkeit muss uns nicht mitteilen, dass wir jemanden verloren haben, der uns am Herzen lag. Das wissen wir ja schon. Traurigkeit sagt aber anderen etwas über uns. Das Baby weint, wenn die Mutter weg ist, und signalisiert ihr so, dass sie wiederkommen soll. In der Herde oder Gruppe könnte Trauer anzeigen, dass man Hilfe, Fürsorge und Schutz braucht, besonders weil Tränen offenbar keine eigene Körperfunktion haben: Bei vielen Säugetieren hält die Tränenflüssigkeit zwar die Augen feucht, aber nur der Mensch weint, wenn er traurig ist.

Einige Psychologen vermuten zwar, dass wir so Spannungen abbauen, da wir mit den Tränen Stresshormone ausscheiden und uns nach dem Weinen erleichtert fühlen. Wahrscheinlicher ist aber, dass Tränen vor allem ein Signal der Hilfsbedürftigkeit sind. Sie haben sich wohl im evolutionären Duett mit unserer Fähigkeit entwickelt, sie auch so zu deuten. Unser Lachen hat ebenfalls keine sichtbare Funktion für unser Handeln oder unsere Selbstkenntnis. Es zeigt aber anderen, wie wir uns fühlen. Wichtig für die emotionale Kommunikation ist, dass die Signale aufrichtig sind, wir sie also, wie Tränen und Lachen, schwer fälschen können. Menschen sind auf Zusammenarbeit angewiesen. Indem wir andere täuschen, können wir zwar ihre Gutgläubigkeit zu unserem Vorteil nutzen, sie unsere umgekehrt aber auch. Wenn jeder immer unehrlich und argwöhnisch wäre, käme keine Zusammenarbeit zustande. Daher zahlen sich Aufrichtigkeit und Durchschaubarkeit auf Dauer aus, wie viele Experimente zur menschlichen Kooperation zeigen.

Die drei Funktionen haben sich vermutlich in folgender Reihenfolge entwickelt: Am Anfang war nur das Verhalten, zum Beispiel das angewiderte Zurückschrecken. Dann lernten unsere Vorfahren, den Verhaltensausdruck anderer als Signal zu deuten: Wer die Muskeln neben der Nase hochzieht, ekelt sich. Als die Menschen schließlich denken konnten, haben sie aus ihren Gefühlen etwas über sich und ihre Umwelt gelernt. Nur wir wissen, dass unser Essen verdorben ist und Keime enthält. Affen wenden sich einfach nur ab. Wer Gefühle hatte, überlebte eher in der Wildnis und in der Gruppe. Und wer sie zeigen konnte, hatte noch bessere Chancen.

Empathie: Gefühle lesen

Ein einfacher Zeichentrickfilm, in dem sich ein kleines und ein großes Dreieck und ein kleiner Kreis hin und her bewegen: Diesen Film zeigten die österreichischen Psychologen Fritz Heider und

Marianne Simmel im Jahr 1944 ihren Versuchspersonen und baten sie, die Ereignisse zu beschreiben. Zur ihrer Überraschung behandelten die Versuchspersonen die geometrischen Figuren wie Menschen. Sie sagten Dinge wie: «Der kleine Kreis und das kleine Dreieck sind verliebt», oder: «Der Kreis hat Angst vor dem großen Dreieck», als ob die Figuren tatsächlich Gefühle hätten. Wer den Film sieht, kann sich dieser Suggestion nicht entziehen. Die Fähigkeit, uns in andere einzufühlen und hineinzudenken, nennen Forscher «mind reading», also das *Gedankenlesen*. Damit ist nicht Telepathie gemeint, sondern unsere angeborene Gabe, nur am Verhalten anderer zu erkennen, was sie denken, fühlen und beabsichtigen – die «soziale Intelligenz» könnte man sagen. Wir sind darin so gut, dass wir überall menschliche Neigungen erkennen, auch dort, wo gar keine Menschen sind. Ein Grund vielleicht, warum es schon Kindern leichtfällt, sich sprechende und denkende Steine, Bäume oder Tiere vorzustellen.

Im Heider-Simmel-Experiment hatten weder die Dreiecke noch der Kreis Gesichtszüge. Neben den Körperbewegungen erhalten wir vor allem aus der Mimik anderer Menschen Informationen, die wir ganz automatisch verarbeiten. Das sieht man am besten im Kontrast zu Patienten, die darin Defizite haben. Autisten zum Beispiel können Gesichtsausdrücke oft nicht voneinander unterscheiden. Gesunde Menschen sehen sofort, ob jemand wütend oder nur überrascht ist. Für Autisten ist das eine schier unlösbare Aufgabe. Patienten, die an einer schwachen Autismusform, dem *Asperger-Syndrom*, leiden, legen sich daher Hilfsregeln zurecht, beispielsweise: «Wenn ich jemandem den Parkplatz wegschnappe, dann ist er eher wütend als überrascht.» Manche werden darin so gut, dass sie im Alltag gar nicht auffallen. Etwas anders verhält es sich mit Menschen mit *dissozialer Persönlichkeitsstörung*, die man auch «Psychopathen» oder «Soziopathen» nennt. Soziopathen haben eine schwache Impulskontrolle, empfinden keine Schuld, sind aggressiv, genusssüchtig und lieben das Risiko und den Nervenkitzel. Dabei sind sie oft einnehmend charmant, behandeln andere Menschen aber entweder nur als Hindernisse oder als Instrumente, um ihre Pläne zu verwirklichen. Soziopathen wissen zwar oft indirekt, was in anderen vor sich geht, können sich aber nicht in sie einfühlen und haben auch kein Mitleid mit ihnen.

Schätzungen zufolge zeigen drei Prozent der Bevölkerung diese antisozialen Neigungen. Und das sind fast nur Männer. Bei Soziopathen sind die Strukturen im *Frontallappen* besonders unterentwickelt, also in dem Teil des Hirns, in dem Forscher den Sitz unserer Empathiefähigkeit ansiedeln. Nur wenige Soziopathen werden übrigens zu Serienmördern. Was machen die anderen? Einige Psychologen antworten: «Sie werden Extremsportler oder Investmentbanker.»

Nicht die Augen sind das «Tor zur Seele», sondern die Gesichtsmuskeln. Nur wer sie richtig deutet, kann andere verstehen. Ekman, der Entdecker der universellen Gefühlsausdrücke, wollte nicht nur die Grundgefühle erforschen. Er schätzt, dass wir mit unseren Gesichtsmuskeln mehr als 10 000 unterschiedliche Ausdrücke erzeugen können. Wer alle kennt, der weiß, was Menschen denken, wenn er sie nur ansieht. Mit Kollegen hat Ekman daher in jahrelanger Arbeit nicht nur alle Ausdrücke untersucht und systematisiert, sondern gelernt, sie selbst einzeln zu erzeugen. Sein Wissen macht ihn zu einem lebenden Lügendetektor, denn Lügen und Täuschungen zeigen sich oft in mimischen *Mikro-Ausdrücken*, die man ohne Training gar nicht erkennen kann.

Als junger Psychologe betreute Ekman eine Patientin, die mehrere Suizidversuche hinter sich hatte. In einem gefilmten Therapiegespräch gab sie an, glücklich und wohlauf zu sein. Alles deutete auf eine Genesung hin, bis Ekman den Film langsam laufen ließ. Die Rolle hatte 24 Einstellungen pro Sekunde. Nur auf zwei davon war das Gesicht der Patientin vor Verzweiflung verzerrt, für das ungeschulte Auge nicht erkennbar. Sie wollte ihre wahren Gefühle verbergen. Wie den meisten Menschen ist ihr das nicht ganz gelungen. Es liegt nahe, das Wissen über Signale der Täuschung für Verhöre einzusetzen. Ekman trainiert die amerikanische Polizei, den Zoll und die Geheimdienste. Und er hat eine eigene Software entwickelt, mit der man trainieren kann, Mikro-Ausdrücke zu erkennen.

Soziale Gefühle

Wenn sich Europäer schämen, dann schauen sie zu Boden oder wenden sich ab. Japanerinnen hingegen kichern und halten beide Hände vors Gesicht. Zudem kontrollieren Japaner ihren Gefühlsausdruck mehr als Europäer, besonders wenn Autoritäten in der Nähe sind. Auch das hat Ekman mit Kollegen herausgefunden. Diese kulturelle Variation findet sich besonders bei den sozialen Gefühlen wie Scham, Neid, Eifersucht und Schuld. Spricht das dafür, dass soziale Gefühle nicht angeboren sind, sondern erst erlernt werden müssen?

Dazu gibt es mindestens drei Vorschläge. Der erste sagt: Grundgefühle und soziale Gefühle unterscheiden sich ganz klar. Angst und Ekel sind angeboren, aber Scham und Eifersucht muss man erst lernen. Wenn dieser Ansatz stimmte, müsste man Kulturen finden, die weder Scham noch Eifersucht kennen, oder umgekehrt solche, die Gefühle kennen, die uns fremd sind. Ein vieldiskutiertes Beispiel: Männer der Gururumba in Papua-Neuguinea verspüren ein Gefühl, das sie als «wie ein Wildschwein sein» beschreiben. Sie laufen stürmisch umher und greifen andere Menschen an. Die Verteidiger sozial erlernter Gefühle halten das für einen klaren Beleg ihrer These. Allerdings ist fraglich, ob das Verhalten der Gururumba überhaupt einem bestimmten Gefühl zuzuordnen ist. Die Gururumba fühlen sich diesem Zustand zwar passiv ausgeliefert, aber das Verhalten erinnert eher an einen willentlich veranlassten Kontrollverlust. Um den zu beobachten, muss man nicht in ferne Länder reisen. Wer schon einmal auf dem Kölner Karneval oder auf dem Oktoberfest war, weiß, dass auch Westeuropäer willentlich die Sau rauslassen können.

Der zweite Vorschlag behandelt soziale Gefühle als *Mischgefühle* aus grundlegenden Gefühlen. Ekman hat beispielsweise herausgefunden, dass Ekel und Wut zusammen eine tiefe Verachtung ausmachen, die die häufigste Ursache für Gewalt und Aggressionen ist. Mittlerweile hält er zwar Verachtung für ein eigenständiges Gefühl, aber man könnte auch behaupten, dass es ein Mischgefühl ist. Sind Ekel und Wut angeboren, so ist es Verachtung auch. Der amerikanische Evolutionspsychologe Robert Plutchik vertritt diesen Ansatz. Nach dem Vorbild des Farbkreises hat er einen Gefühlskreis entworfen. Genau, wie es Mischfarben gibt, so existierten auch Mischgefühle. Laut Plutchik sind Scheu ein Mix aus Angst und Überraschung und Gewissensbisse eine Kombination aus Trauer und Ekel. Die Idee ist faszinierend, die konkreten Hypothesen aber wenig überzeugend. Man kann ein schlechtes Gewissen haben, ohne sich vor sich selbst zu ekeln. Wer Gewissensbisse hat, bedauert seine Tat, muss aber nicht unbedingt traurig sein.

Die dritte Möglichkeit ist die wahrscheinlichste: Soziale Gefühle könnten sich von Grundgefühlen darin unterscheiden, dass ihr Verhaltensausdruck kulturabhängiger ist. So wie jedes Kind mit einer angeborenen *Sprachfähigkeit* zur Welt kommt, mit der es Deutsch oder Japanisch lernen kann, ist es auch mit einer Gefühlsfähigkeit ausgestattet. Der Verhaltensinput kann zwischen Kichern und Zu-Boden-Schauen schwanken, genau wie die Wörter oder der Satzbau des Deutschen und Japanischen variieren. Kinder lernen so verschiedene Ausdrücke der Gefühle, denen aber dieselbe «Grammatik» zugrunde liegt. Während die stammesgeschichtlich alten Gefühle wie Angst, Wut oder Ekel sehr konstant sind, schwanken die jüngeren sozialen Gefühle wie Scham oder Neid stärker in ihrem Ausdruck. Die vielen Gefühlswörter bezeichnen dann eher Mitglieder von Gefühlsfamilien. Wut hat viele Spielarten: Zorn, Ärger, Aggression, Gereiztheit, Empörung und Rachsucht. Ebenso Angst: Panik, Nervenkitzel, Aufregung, Spannung, Lampenfieber, Schrecken und Nervosität. Im Kern fühlen sich alle gleich an, und sie haben auch dasselbe Kernthema, aber

Ursachen, Einschätzungen und die Intensität des Erlebens unterscheiden sich in Nuancen. Gilt das auch für das sozialste aller Gefühle, die Liebe?

Wer hat die Liebe erfunden?

Der Ritter wirbt um die Edelfrau, die für ihn unerreichbar ist. Er dichtet für sie, singt unter ihrem Balkon und schwört ihr ewige Treue. Doch die romantische Liebe bleibt meistens unerfüllt. War das nicht schon immer so? Der irische Literaturwissenschaftler C. S. Lewis, der als Autor der *Chroniken von Narnia* weltweit bekannt wurde, vertrat in den dreißiger Jahren die These, dass die romantische Liebe eine Erfindung des Mittelalters sei. In älteren Werken der Literatur, bei Homer und Vergil, würde nie davon berichtet, wie sich die Menschen verlieben. Im Mittelalter sei dann alles anders. Viele Kulturwissenschaftler, die Gefühle für soziale Konstrukte halten, haben diesen Grundgedanken wiederaufgenommen. Ihnen zufolge ist der mittelalterliche Minnesang in die Balzrituale der westlichen Welt gesickert. Noch heute schrieben Männer schwärmerische Textnachrichten und verschenkten Playlists als Liebespfand. Und noch heute hätten wir eine kulturell vermittelte Vorstellung davon, was echte Liebe ist. Der französische Schriftsteller François de La Rochefoucauld ist für den Ausspruch bekannt: «Es gibt Menschen, die nie verliebt gewesen wären, wenn sie nie von der Liebe hätten sprechen hören.» Die sozialen Konstruktivisten nehmen diesen Aphorismus wörtlich und verallgemeinern ihn: Wir hätten keine Gefühle, wenn wir sie nicht zuvor in unserer Kultur beobachtet hätten.

Zuerst: Ist Liebe überhaupt ein Gefühl? Gefühle erleben wir typischerweise bewusst, und sie halten meist nur wenige Minuten an. Liebe und Verliebtsein erleben wir ebenfalls, aber sie sind eher *emotionale Episoden*, in denen auch andere Gefühle auftauchen. Wir spüren die Liebe in Form von Sehnsucht, Lust, Wohlbefinden und Geborgenheit, wenn wir mit unseren Liebsten zusammen sind oder an sie denken, aber wir lieben sie auch, wenn wir schlafen oder uns über die Nachbarn ärgern. Eine Liebesepisode kann Wochen, Monate oder Jahre anhalten. Sie macht uns außerdem geneigt, auch andere Gefühle zu haben: sorgenvoll, eifersüchtig, enttäuscht oder glücklich zu sein. Verliebtsein färbt zwar auch unsere Grundstimmung: Wir sind wie in einem Rausch, weil unser Hirn die Stimmungsmacher Dopamin und Serotonin und später das Wohlfühlhormon Oxytocin ausschüttet. Aber dieser Aufruhr verwandelt sich bald in ein kaum vernehmbares Hintergrundrauschen. Liebe und Verliebtsein sind also episodische Gefühlsneigungen genau wie Trauer oder Hass. Sie sind ebenfalls Widerfahrnisse, weil sie uns zustoßen, aber weil sie länger dauern als normale Gefühle, sind sie stärker durch unser Handeln beeinflussbar.

Die sozialen Konstruktivisten fassen Gefühle und Gefühlsneigungen als Handlungsmuster auf. Ihrem Ansatz zufolge ist Liebe ein *Skript*, eine Art Mini-Drehbuch, das sagt, wie eine typische Liebesepisode abläuft. Tatsächlich ist in unserem Verhalten der Einfluss von Literatur, Film und Werbung unübersehbar. In vielen romantischen Komödien benimmt sich der verliebte Mann wie ein Trottel und ist doch irgendwie «süß» dabei, weil er alles versucht, das Herz der Frau zu gewinnen: fast wie im echten Leben. Und wer hat bei einem Dinner im Kerzenschein nicht Bilder im Kopf, die aus einem Werbespot für Tiefkühlpizza stammen?

Die Konstruktivisten begehen dennoch einen Fehlschluss, denn Gefühle sind keine Drehbücher, sondern körperlich erlebte Einschätzungen, die sich nicht ändern, nur weil das Verhalten schwankt oder wir unterschiedliche Bilder im Kopf haben. Zugegeben, ohne sozialen Input hätten wir keine Emotionen. Das ist aber ebenso unbestreitbar wie: Ohne Nahrung würden wir nicht wachsen. Indem die Konstruktivisten die feinen Unterschiede zwischen den Kulturen betonen, entgehen ihnen die großen Gemeinsamkeiten zwischen den Menschen. Außerdem: Sind Erzählungen wirklich Spiegelbilder unserer Zeit? Geschichten mit fiktiven Figuren stellen doch gerade den Kontrast zum Alltag dar. In der Literatur und im Film tauchen selten Durchschnittsmenschen auf. Und wenn, dann erleben sie etwas Außergewöhnliches.

Nicht einmal die These, dass erst die Dichtung des Mittelalters von der Liebe erzählt, ist richtig. In der Weltliteratur findet man viel frühere Zeugnisse, zum Beispiel im *Alten Testament*. Das *Hohelied Salomos* ist spätestens 500 Jahre vor unserer Zeitrechnung entstanden, vermutlich schon viel früher. Darin sagt eine Frau: «Deine Liebe ist lieblicher als Wein. Es riechen deine Salben köstlich; dein Name ist eine ausgeschüttete Salbe, darum lieben dich die Mädchen. Zieh mich dir nach, so wollen wir laufen.» Und der Mann spricht: «Deine Augen sind wie Taubenaugen hinter deinem Schleier. Dein Haar ist wie eine Herde Ziegen, die herabsteigen vom Gebirge Gilead ... Du hast mir das Herz genommen, meine Schwester, liebe Braut, du hast mir das Herz genommen mit einem einzigen Blick deiner Augen.» Man hat den Eindruck, dass die beiden verliebt sind, auch wenn die Sprachbilder aus einer uns fremden Kultur stammen. Wir verstehen, wie die beiden fühlen, weil sie genau wie wir fühlen, auch wenn heutzutage der Vergleich zwischen Ziegen und Haarpracht nicht das allerbeste Mittel ist, seine bedingungslose Zuneigung zu bekunden.

Lewis meint, bei Homer oder Vergil hätten sich die Menschen noch nicht verliebt. Das scheint auf den ersten Blick so zu sein, immerhin steht der Leser vor vollendeten Tatsachen. Die Paare sind schon zusammen oder finden sich schnell: Paris und Helena, Odysseus und Penelope, Aeneas und Dido. Thema der Epen ist nicht die Kennenlernphase, sondern Kampf und Abenteuerfahrten. Allerdings folgt daraus nicht, dass keine Liebe im Spiel war. Homer erzählt, wie Odysseus seine Frau Penelope und seinen kleinen Sohn verlassen muss, um gegen Troja zu ziehen. Nach zehnjähriger Belagerung und dreijähriger Irrfahrt strandet er auf der Insel der schöngelockten Nymphe Kalypso. Sie verliebt sich in den Helden und hält ihn weitere sieben Jahre auf der Insel fest. Obwohl sie Odysseus Unsterblichkeit und ewige Jugend verspricht, sitzt er jeden Tag am Strand und starrt aufs weinfarbene Meer hinaus, voller Sehnsucht nach Penelope, zu der er schließlich doch zurückkehren kann. Wenn Odysseus Penelope nicht liebte, dann hat nie ein Mann eine Frau geliebt.

Auch in der Volksliteratur fast aller Kulturen tauchen Motive und Handlungen auf, die für unsere «europäische» Vorstellung von Liebe einschlägig sind: Sehnsucht, Innigkeit, Lust und das Versprechen, sich zu binden. Die kulturelle Theorie schließt also von einem Literaturtrend des Mittelalters fälschlich auf das echte Leben. Dabei verwechselt sie Liebe mit der westlichen Choreographie der Partnerschaft: Kennenlernen, Komplimente, Kino, Kochen, Kerzenschein, Küsse, Koitus, Kirche, Kinder, Kombi.

Mit dem Bauch denken

Soziopathen empfinden keine Liebe und haben kaum Mitgefühl. Wie der Körpertheoretiker Damasio mit Kollegen gezeigt hat, haben sie auch Probleme mit praktischen Entscheidungen ebenso wie Patienten, deren Frontalhirn nicht nur unterentwickelt, sondern durch Verletzungen zerstört ist. In einem Versuch konnten diese empathiearmen Patienten aus zwei Stapeln mit Spielkarten wählen. Einige der Karten lieferten Gewinne, andere Verluste, doch die Probanden kannten die Regeln nicht. Das Spiel brach irgendwann unvorhergesehen ab, und sie erhielten ihren Gewinn bar ausgezahlt. Der «gute» Stapel brachte solide Gewinne und etwas schwächere Verluste. Der «schlechte» Stapel brachte hohe Gewinne, aber umso höhere Verluste. Während gesunde Menschen schnell ein Gefühl dafür entwickelten, welcher der Stapel der bessere war, noch bevor sie genau nachrechnen konnten, bevorzugten Soziopathen und Frontalhirngeschädigte immer die schlechten Stapel, selbst dann, wenn ihnen mitgeteilt wurde, dass sie damit auf Dauer verlieren würden.

Damasio und viele seiner Kollegen schließen daraus, dass unsere Gefühle auch unsere Entscheidungen vernünftig steuern. Diese positive Sicht auf Gefühle ist revolutionär, denn traditionell nahm man an, Gefühle stünden der Vernunft im Weg. Wir kennen einige Ausdrücke für diesen Widerstreit: «Vernunft gegen Gefühl», «Bauch gegen Kopf», «Herz gegen Verstand». Beides kann ein Vorwurf sein: «Du bist so emotional», wenn es um das vernünftige Handeln geht, «Du bist so rational», wenn es um einen Mangel an menschlicher Wärme geht. Nach den neueren Erkenntnissen scheint der erste Vorwurf oft fehl am Platz zu sein. Unsere positiven emotionalen Fähigkeiten sind unter dem Stichwort «emotionale Intelligenz» bekannt geworden. Der Titel ist irreführend, weil wir durch Training kaum intelligenter, dafür aber sehr wohl gefühlvoller und sensibler werden können. Der Grundgedanke gilt aber mittlerweile als gut gesichert.

Allerdings übertreiben es einige Psychologen mit ihrer Forderung, man solle sich immer auf das Bauchgefühl verlassen. Nur weil Gefühle in der Evolution einmal einen Vorteil als Warn- und Informationssystem darstellten, heißt das nicht, dass sie noch heute immer von Vorteil sind. Wir können uns nicht blind auf unsere emotionalen Ahnungen verlassen, denn manchmal sind sie hilfreich und manchmal nicht. Einige Menschen mögen wir vielleicht nur deshalb nicht, weil uns ihr Parfüm unbewusst an die böse Schwiegermutter oder ihre Gesichtszüge an den garstigen Sportlehrer erinnern. Oft genug sind wir auch aus den falschen Gründen eifersüchtig oder haben Angst vor Spinnen, die uns nichts tun können. Besonders die Aggression junger Männer hat heute keine Funktion mehr, sondern ist auf der ganzen Welt für großes Leid verantwortlich. Früher mag der testosterongetriebene Zorn bei der Jagd und der Verteidigung der Familie geholfen haben. In modernen Demokratien läuft die Kampfeslust ins Leere. Die aggressiven jungen Männer, die sich nicht kontrollieren können, jagen jetzt auf der Straße oder kämpfen in der Fankurve. Studien aus der Gewaltforschung legen nahe, dass besonders in den Regionen Gewalt und Krieg entstehen, wo ein Überschuss an Männern im Alter zwischen 15 und 24 Jahren herrscht.

Auch die Traurigkeit darüber, verlassen worden zu sein, bringt einem wenig. Und welche Funktion soll die Wut haben, die oft darauf folgt? Keines der beiden Gefühle hilft dabei, in der Zukunft besser mit Verlust umzugehen. Man weiß, warum man traurig ist, und kann trotzdem nichts dagegen tun.

Gefühlsmanipulationen

Unser Bauchgefühl ist nicht nur unzuverlässig und manchmal sogar funktionslos, sondern auch anfällig für Manipulationen. Nirgendwo wird das so schamlos ausgenutzt wie in der Werbung. Was hat Rauchen mit Sonnenuntergängen, Cowboys am Lagerfeuer oder nebligen Gebirgslandschaften zu tun? Gar nichts. Der Erfinder dieses Stimmungsbildes, der Werber Michael Conrad, hat sich von Caspar David Friedrichs Gemälden inspirieren lassen: die Natur, der Nebel und Männer, die in die Ferne schauen. In der Werbung erfahren wir kaum Fakten. Wenn wir ehrlich sind, wollen wir auch gar nichts über die Ventilsteuerung des Viertaktmotors wissen, sondern lieber sehen, wie der Geländewagen die Serpentinen entlangrauscht oder querfeldein durch Matsch und Schlamm schlittert, auch wenn wir mit diesem Auto später nur zum Einkaufen fahren.

Wir werden medial manipuliert, aber wir wollen uns auch emotional verführen lassen. Hollywood kann das am besten. Am Ende heulen alle. Als die Titanic sank und Jack sich für Rose opferte, sind selbst echten Kerlen vereinzelte Tränen die Wangen hinuntergelaufen. So, wie unsere Gefühle Kernthemen haben, so zielen die Filmgenres auf Kerngefühle: der Thriller auf Angst, der Horrorfilm auf Angst und Ekel, die Komödie auf Freude und Überraschung und die Teenager-Komödie auf Freude, Überraschung und Ekel. Bis heute kann keiner so genau sagen, warum wir Spaß an negativen Gefühlen haben. Irgendwie scheint es eine grundlegende Erfahrung zu sein: Wir erleben uns besonders dann als Menschen, wenn wir intensive Gefühle haben. Daher zahlen wir Geld, um auch negative Gefühle unter kontrollierten Bedingungen wohldosiert erleben zu dürfen. Das ist uns vielleicht nicht einmal klar, wenn wir die Kinokarte kaufen. Wie angenehm, dass dann der Bauch für uns entscheidet.

Kapitel 2

Sprechen Das Spiel mit Bedeutung

«Mami nell laufen, Bieback holen», habe ich als kleiner Junge gesagt. Offenbar wusste ich damals genau, was ich wollte. Wie alle Kinder hatte ich allerdings Schwierigkeiten, Reibelaute zu formen, bei denen Gaumen, Zunge und Lippen den Luftstrom verwirbeln. Durch diese Zungenfaulheit wird «schnell» zu «nell» und «Zwieback» zu «Bieback». Auch die Satzstellung des Imperativs beherrschte ich noch nicht, geschweige denn die Höflichkeitsform mit dem Konjunktiv. Die Bedeutung meiner Worte schien allerdings klar zu sein: Ich wollte, dass meine Mutter mir einen Zwieback holt, und zwar sofort. Auch über die Funktion der Äußerung gibt es keinen Zweifel: Es handelte sich nicht um eine Frage oder Behauptung, sondern um eine Aufforderung.

Diese vier Aspekte meiner kindlichen Äußerung entsprechen den großen Gebieten der Sprachwissenschaft: Die Lauttheorie untersucht die materielle Form der Sätze, denn außer mit Buchstaben, Gesten und Gebärden kommunizieren wir vor allem mit Lauten. Die Grammatiktheorie untersucht die Struktur der Sätze, die Bedeutungstheorie, oder auch *Semantik*, deren Bedeutung und schließlich die Sprachhandlungstheorie, oder auch *Pragmatik*, die Funktion von Äußerungen im Kontext.

Philosophen haben sich immer für die Bedeutung unserer Worte interessiert. So verwundert es nicht, dass viele Theorien der heutigen Sprachwissenschaft von Philosophen stammen. Überraschend ist dabei, dass die meisten Sprachtheorien heutzutage ohne Wissen in formaler Logik und Computertheorie nicht mehr verständlich sind.

Doch zuerst zur naheliegenden Frage: Was ist eine Sprache? «Sprache» ist ein schillerndes Wort. Wir kennen die Sprache der Blumen und der Bienen, außerdem Computersprachen, das Deutsche, wie es Goethe geschrieben hat, und dessen vermeintlichen Verfall. Wir meinen mit «Sprache» offenbar verwandte Phänomene, aber nicht immer dasselbe: den emotionalen Ausdruck, die Kommunikation der Tiere, den Programmcode, die natürliche Sprache wie Deutsch, Chinesisch oder Suaheli und manchmal den guten oder schlechten Stil.

Philosophen und Sprachwissenschaftler untersuchen vor allem die Sprachfähigkeit des Menschen, die Gabe, eine natürliche Sprache zu erwerben und zu beherrschen. Wenn außerhalb der Wissenschaft über die Sprache debattiert wird, denken die meisten an Wörter, und dabei besonders an Rechtschreibung und Stilkritik: vielleicht an verpönte Anglizismen wie «das macht Sinn», an unschöne Abkürzungen wie «Perso» und «Caipi» oder an die Worthülsen der Politik, die Eckhard Henscheid *Dummdeutsch* nennt, wie «zurückrudern», «zynisch und menschenverachtend» oder «Trauerarbeit».

Tatsächlich halten nur wenige Forscher einzelne Wörter, die Rechtschreibung oder den Sprachstil für wissenschaftlich ergiebig.

Erstens sind die meisten Sprachen der Welt nicht verschriftet. Auch wenn die Rechtschreibreform immerwährend, vor allem immer während der Schulzeit, die Gemüter der Deutschen in Aufruhr versetzt, ist die Verschriftung ein Randgebiet der Linguistik, zumal in vielen Schriftkulturen, wie zum Beispiel in England, gar keine Kommissionen für Rechtschreibung existieren.

Zweitens fehlen vielen Sprachen Wörter, wie wir sie kennen, als klar abgegrenzte sprachliche Einheiten, zum Beispiel dem *Shoshone*, einer Sprache der Ureinwohner Nordamerikas. Dort bestehen Sätze aus einem Verb, in das man die anderen Satzteile einsetzt, so als würde man aus «Romeo umarmt Julia» «Um-Romeoarm-Julia-t» machen. Nach diesem Prinzip funktionieren viele der nord- und südamerikanischen Sprachen und Hunderte andere, die unabhängig voneinander auf dem ganzen Erdball entstanden sind.

Drittens sind Wörter schnell gelernt und schnell wieder vergessen. Vor allem können wir sie austauschen und leicht aus anderen Sprachen importieren: Man kann einen «Tango» tanzen, eine «Orange» essen, eine «DVD» schauen oder sich einen «Shawl» umbinden, auch wenn die entsprechenden Wörter nicht aus dem Deutschen stammen. Was eine Sprache vor allem auszeichnet, ist ihre grammatische Struktur: ihre *Syntax*. Selbst tausend chinesische Wörter zu kennen reicht nicht aus, um Chinesisch zu sprechen. Man muss auch wissen, wie man sie zusammensetzt.

Und viertens ist die über den Sprachstil vermittelte soziale Rolle ein Nebenprodukt der Sprachfähigkeit. Ärzte formulieren ihre Diagnose in einem lateinischen Geheimcode, Jugendliche pflegen ihren Gruppenjargon, und die Mittelschicht drückt ihr Klassenbewusstsein in «richtigem» Deutsch aus, um sich nach unten abzugrenzen. Sprachwissenschaftler allerdings konzentrieren sich darauf, wie die Menschen *tatsächlich* sprechen, nicht, wie sie sich artikulieren *sollten*, um Nachrichtensprecher zu werden. Sie wollen anderen keine Vorschriften machen, sondern wie Physiker oder Biologen beschreiben und erklären, wie die Welt beschaffen ist.

Der Blick auf den ungeschönten Sprachgebrauch entspringt einer einfachen Idee: Wer einzelne Sprachen untersucht, untersucht damit indirekt eine mentale Fähigkeit, die alle Menschen auszeichnet, eben die Sprachfähigkeit. Diese phantastische Gabe macht unser Leben erst so abwechslungsreich. Damit stehen wir im Tierreich allein da. Einige Tiere können zwar *kommunizieren*, aber sie formulieren keine Sätze. Der Hund deutet vielleicht an, dass er Hunger hat, indem er einen mit großen Augen anschaut. Aber er stellt weder die Frage: «Kann ich Futter haben?», noch behauptet er: «Ich bin hungrig.» Das Nachtigallmännchen kann Hunderte von Melodien trällern, meint aber immer dasselbe: «Komm, paare dich mit mir!» Menschen hingegen können über alles reden: Vergangenes und Zukünftiges, Nahes und Fernes, Konkretes und Abstraktes, über Unmögliches und sogar über ihr Innenleben. Die Sprachfähigkeit ist dabei so universell wie der aufrechte Gang oder die Farbwahrnehmung.

Auch wenn man über Jahrhunderte glaubte, es gäbe primitive und elaborierte Sprachen, spricht vieles dagegen. Durch jahrelange Feldforschung in Regenwäldern, Bergdörfern, Trockensteppen sowie in Niederbayern haben Linguisten nahegelegt, dass alle Sprachen gleich ausdrucksstark sind.

Es scheint zwar so, als wäre beispielsweise Englisch leichter zu lernen als Japanisch. Doch das liegt nur an unserer Vorbildung, denn Deutsch und Englisch sind verwandte germanische Dialekte. Zudem ist Englisch diejenige Sprache, die man am einfachsten schlecht lernt. Man kann sich zwar schnell verständigen, weil man nur das Präsens braucht und kaum Beugungsformen lernen muss. The syntax, however, is so complex that one could barely dream of mastering it – wie ein englischer Freund einmal sagte.

Auf die Frage «Wie viele Sprachen existieren auf der Welt?» gibt es zwei Antworten. Die kurze lautet: etwa 6000. Die lange: Kommt darauf an, was man genau mit «Sprache» meint. Schon die Abgrenzung zum Dialekt ist schwierig. Der Sprachwissenschaftler Max Weinreich, ein Experte für das Jiddische, ist für den Ausspruch bekannt: «Eine Sprache ist ein Dialekt mit einer Armee und einer Kriegsflotte.» Weinreich betont den Zufall und den Aspekt der Macht. So, wie vor langer Zeit Raubritter mit Gewalt Land nahmen und sich dann «adelig» nannten, so hat irgendwann ein Herrscher seinen Dialekt zur Landessprache erklärt, und niemand hat ihm in einem anderen Dialekt widersprochen.

Doch wo hört eine Sprache auf, und wo fängt die nächste an? Und wie soll man gruppieren? Ein Vorschlag zielt auf gegenseitige Verständlichkeit, ein anderer auf Ähnlichkeit in der Grammatik. Beides ist problematisch: Bairisch und Schwyzerdütsch gehören grammatisch zum Neuhochdeutschen, sind aber selbst für einen sprachbegeisterten Hannoveraner nur äußerst schwer zu verstehen. Spanisch hingegen ist näher mit dem Portugiesischen als mit dem Italienischen verwandt. Dennoch verstehen Spanier Italiener besser als Portugiesen.

Viele Sprachwissenschaftler fragen sich deshalb, ob es überhaupt sinnvoll ist, von dem «Deutschen» oder dem «Berlinischen» zu sprechen, denn lohnende Forschungsobjekte seien nur die *Idiolekte*, also die Sprachen einzelner Menschen. Alle Menschen reden anders. Wenn zwei ähnlich genug sprechen, kann man der Einfachheit halber sagen, sie sprechen beispielsweise «Deutsch», doch mehr lässt sich davon nicht ableiten. Diese übertrieben wirkende Vorsichtsmaßnahme richtet sich gegen eine verbreitete, aber sehr fragwürdige Bedeutungstheorie, der zufolge Sprachen als abstrakte «Zeichensysteme» ein Eigenleben führen. Um das Problem daran zu sehen, muss man erst einmal wissen, was sprachliche Bedeutung ist.

Bedeutung

Im Wunderland trifft Alice irgendwann auf Humpty Dumpty, ein eitles Ei, das sprechen kann und auf einer Mauer sitzt. Humpty Dumpty will ihr weismachen, besser noch als Geburtstagsgeschenke seien «Ungeburtstagsgeschenke», die man bekommt, wenn man nicht Geburtstag hat. Er beendet seinen kurzen Monolog mit: «Da hast du deinen Ruhm.» Auf Alice' Nachfrage, was er denn mit «Ruhm» meine, entgegnet er: «Ich meine ‹da hast du ein schlagendes Argument›.» Sie bezweifelt diese Wortbedeutung, woraufhin Humpty Dumpty feststellt: «Wenn *ich* ein Wort gebrauche, dann bedeutet es genau das, was es nach meinem Belieben zu bedeuten habe – nicht mehr und nicht weniger.»

Diese Sprachtheorie, also die Auffassung, dass wir selbst festlegen könnten, was wir mit einem Wort sagen wollen, nennen Philosophen manchmal spaßhaft *Humpty-Dumpty-Theorie der Bedeutung*. Diese Theorie ist aus mehreren Gründen zweifelhaft, hat allerdings einen wahren Kern. Der Zusammenhang zwischen einem Wort und seiner Bedeutung ist *arbiträr*: Er ist beliebig, denn die Lautfolge «R», «uh», «m» könnte im Deutschen auch «schlagendes Argument» bedeuten.

Man kann sich dieses Phänomen anhand zweier Bedeutungen von «Bedeutung» klarmachen. Zum einen sagen wir: «Rauch bedeutet Feuer.» Oder: «Diese Flecken bedeuten Masern.» Zum anderen sagen wir aber auch: «Die Wörter ‹anfangen› und ‹beginnen› bedeuten dasselbe.» Jedes Mal erhalten wir Informationen: einmal über einen Brand oder eine Krankheit, das andere Mal über Wörter.

Die Fälle unterscheiden sich allerdings in einem wichtigen Punkt, den der amerikanische Philosoph H. Paul Grice so erklärt: Bei Feuer und Masern reden wir über *natürliche Zeichen*, speziell Anzeichen oder Symptome. Nur im zweiten Fall geht es um die Sprachbedeutung der *symbolischen Zeichen*. Mit Wörtern muss immer eine Person etwas meinen. Im Feuer-Fall ist niemand da, der mit Rauch etwas meint, denn Rauch ist eine natürliche Folge von Feuer.

Buchstaben, Wörter und Sätze sind also keine Anzeichen, sondern *Symbole*: Sie haben weder eine natürliche Verbindung zu ihrer Quelle noch eine Ähnlichkeit mit ihr wie Bilder. Das Bild eines Hauses ähnelt dem tatsächlichen Haus: Die Tür ist unten, das Dach oben. Die Lautfolge «H», «au», «s» hingegen hat keine Ähnlichkeit mit einem Haus. Der Zusammenhang zwischen Lauten und Bedeutungen ist, wie gesagt, *arbiträr*.

Wenn man so will, sind Symbole abstrakt, ein Grund, warum sie so ein hervorragendes Speichermedium abgeben: Ein kleines Repertoire an Lauten und Wörtern reicht aus, um unendlich viele Informationen zu verwalten, ganz unabhängig vom Inhalt. Nur in ganz wenigen Fällen ist die Sprache bildhaft, beispielsweise in der *Lautmalerei*: Die Hummeln summen, bei dem Wort «Stottern» gerät man ins Stottern, und es knarrt und ächzt die Treppe unterm dröhnenden Tritt. Doch abgesehen von solchen Ausnahmen ist die Sprache symbolisch. In diesem Punkt hat Humpty Dumpty also seinen «Ruhm», sprich: sein schlagendes Argument. Trotzdem ist es unwahrscheinlich, dass er sich eine eigene Sprache ausdenken kann. Selbst wenn es gelänge, würde ihn ja niemand verstehen. Er kann ohnehin nicht alle Wörter nach seinem Belieben verwenden. Wie sollte er sonst Alice erklären, was er mit «Ruhm» meint?

Wittgenstein hat diese Beobachtung thematisiert. Ihm zufolge legt der Gebrauch eines Wortes dessen Bedeutung fest. Wörter seien wie Instrumente. Wenn in Zukunft alle das Wort «Gummibärchen» verwenden, um damit Autos zu bezeichnen, dann bedeute «Gummibärchen» das, was jetzt «Auto» bedeutet. Mit seiner *Gebrauchstheorie* wendet sich Wittgenstein gegen die *Bildtheorie der Bedeutung*, die sagt: Wer die Bedeutung eines Wortes, beispielsweise «Auto», lernt, verbindet damit im Kopf die bildliche Vorstellung eines Autos. Der amerikanische Philosoph Willard Van Orman Quine nennt das den *Museumsmythos*: die Vorstellung, Wörter wären Namensschilder an einer Vitrine und die Bedeutungen Exponate darin.

Die Bildtheorie klingt für Nomen und Verben zunächst plausibel, weil uns tatsächlich oft Bilder in den Kopf schießen, wenn wir «Auto», «Sonne» oder «Lachen» hören. Doch schon für die funktionalen Wörter der Sprache verblassen diese Assoziationen. Was stellt man sich bei «aber», «die» oder «inzwischen» vor? Zudem sind unsere bildhaften Vorstellungen viel zu individuell, um eine systematische und erfolgreiche Kommunikation zuzulassen. Bei «Die Sonne scheint» mögen alle Menschen ähnliche Vorstellungen im Kopf haben. Aber bei «Mein Onkel ist Rechtsanwalt» sind sie, wenn überhaupt präsent, doch sehr verschieden. Trotzdem versteht jeder, was mit diesen Sätzen gemeint ist. Beim Sprachverstehen läuft kein Film von Bildern vor unserem inneren Auge ab. Die Bedeutung kann also nicht in Form von Bildern codiert sein.

Quine und Wittgenstein lagen in ihrer Kritik der Bildtheorie richtig, sind aber aus Scheu vor mentalen Bildern oder «Bedeutungen im Kopf» über das Ziel hinausgeschossen. Sicher, der Gebrauch gibt Aufschluss über die Bedeutung: Wenn der Gärtner

«Rauke» zu dem Gewächs sagt, das ich mit «Rucola» bezeichne, dann gebraucht er offenbar «Rauke» mit derselben Bedeutung wie ich «Rucola». Dennoch müssen Lautform und Bedeutung in unseren Gedächtnissen gespeichert sein, sonst könnten wir uns nicht wiederholt erfolgreich auf dieses bittere Kreuzblütengewächs beziehen. Das hat schon der Schweizer Ferdinand de Saussure um 1900 deutlich gemacht, einer der Pioniere der modernen Sprachwissenschaft. Die Bedeutung ist sicherlich nicht als mentales Bild, sondern anders abgelegt. Herauszufinden, in welcher Weise, ist Aufgabe der Bedeutungstheorie.

Mit seiner Gebrauchstheorie hat Wittgenstein die Bedeutung im Verhalten einer Sprachgemeinschaft verortet. Die Bedeutung von «Rucola» ist ihm zufolge keine Einheit in meinem *mentalen Lexikon*, sondern sie manifestiert sich in allen Gebrauchsweisen dieses Wortes im Deutschen. Eine Sprache besteht demnach aus Regeln der Sprachverwendung. Manchmal nennt man diese Regeln auch *Konventionen*, obwohl oft unklar bleibt, was damit gemeint ist. In jedem Fall sind Sprachen sicher nicht in der Weise konventionell, dass sich Menschen auf Bedeutungen «geeinigt» hätten. Unsere Vorfahren saßen nicht stumm um ein Lagerfeuer herum, bis plötzlich einer aufsprang und rief: «Lass uns ab heute mit dem Wort ‹Feuer› über Feuer sprechen!» Denn um sich so zu einigen, hätten sie schon eine Sprache beherrschen müssen.

Daher sprechen die heutigen Gebrauchstheoretiker von *impliziten Normen*, allen voran der amerikanische Sprachphilosoph Robert Brandom. Ihm zufolge ist die Sprache nicht nur regelmäßig, sondern regelhaft, also *normativ*, weil es ein «richtig» und «falsch» im Sprachgebrauch gebe. Wer beispielsweise sagt: «Hamburg liegt nördlich von München», der ist darauf festgelegt, auf Nachfrage auch «München liegt südlich von Hamburg» zu sagen. Ein essenzieller Bestandteil der Sprache sei, dass jeder Sprachgebrauch den Sprecher auf weitere Verhaltensweisen verpflichte. Man kann Brandom auch so verstehen, dass Sprachregeln *Vorschriften* sind und wir dementsprechend andere zu Recht verbessern, wenn sie etwas Falsches sagen.

Dieser Ansatz ist problematisch, denn bei näherer Betrachtung scheint das eher ein soziales Phänomen der Schriftkultur zu sein. Wir korrigieren zwar andere und lassen uns verbessern, aber das geschieht nicht systematisch, nicht einmal bei Kindern, wie Studien zum Spracherwerb zeigen. Außerdem unterstellt der Gebrauchstheoretiker stillschweigend, dass die «Normen» im Gedächtnis gespeichert sind – wie könnten wir sie sonst befolgen? Doch dann kann er gleich vom mentalen Lexikon sprechen und so, wie in der Sprachwissenschaft üblich, die *mentale* statt der *sozialen* Perspektive einnehmen.

Die Gebrauchstheorie gilt als ernst zu nehmender Kandidat für eine Bedeutungstheorie. Populär ist noch ein weiterer Ansatz, der allerdings unplausibel ist: die Vorstellung, die Geschichte eines Wortes, seine *Etymologie,* würde etwas über dessen Bedeutung verraten. In der Antike glaubte man, wer nur weit genug zurückginge, würde irgendwann das «etymon», die «wahre» oder «eigentliche» Bedeutung eines Wortes, finden. So weit zur Etymologie von «Etymologie». Doch stimmt das?

Selbst unter Akademikern hört man manchmal, *eigentlich* hieße «interessieren» so viel wie «dazwischen sein», und *wörtlich* sei der «Amateur» ein Liebhaber: von Lateinisch «amare», also «lieben». Tatsächlich heißt «interessieren» nichts anderes als «interessieren», und ein Amateur ist ein Amateur und kein Liebhaber. Beim ersten Hören sind solche Beispiele suggestiv, weil wir schnell einen Zusammenhang sehen. Dabei gibt es unzählige Gegenbeispiele: Das Wort «bisschen» ist sprachgeschichtlich die Verkleinerungsform von «Biss». In dem Satz «Ich will ein bisschen Leidenschaft» kann man da eine passende Verbindung konstruieren: Leidenschaftliche Küsse sind manchmal wie Bisse. Aber schon bei «Ich will ein bisschen Wasser» verdampft diese Suggestion.

Die Etymologie-Theorie kann man noch allgemeiner widerlegen: Fast niemand von uns kennt die Geschichte einzelner Wörter, aber wir wissen, was sie bedeuten. Wenn wir keine Etymologien dazu benötigen, dann sind sie fürs Sprachverständnis irrelevant. Was auch immer unsere Vorfahren mit denselben Lauten gemeint haben: Es spielt keine Rolle dafür, was wir jetzt mit ihnen meinen.

Etymologie-Theoretiker vertreten einen extremen Museumsmythos: Wort-Etiketten und Bedeutungen kleben auf ewig zusammen. Noch heute argumentieren Kulturwissenschaftler mit Etymologien: Wörter seien irgendwie mit Bedeutungen «aufgeladen», und ihnen würden Konnotationen, also Nebenbedeutungen, «anhaften». Sprachen als Ströme von Zeichen existierten unabhängig von uns und «flössen» irgendwie durch uns «hindurch». Dieser Ansatz verkennt jedoch die Tatsachen. Wörter führen kein magisches Eigenleben. Ohne Menschen mit Gedanken haben sie keine Bedeutung, sondern nur, wenn Sprecher sie äußern und verstehen. Und dazu müssen sie zum Großteil zuvor im Gedächtnis gespeichert sein.

Eine ähnliche Vorstellung steckt auch hinter der Sorge um den Verfall der Sprache. Keine Generation spricht wie die vorherige. Wer den natürlichen Sprachwandel selber miterlebt hat, kann zu dem Schluss kommen, dass es mit dem Deutschen bergab ginge, da es mit der Zeit Wörter oder Ausdrucksmöglichkeiten verlöre. Oft entspringen diese Diagnosen aus Unkenntnis der Fakten, wie etwa, dass der Konjunktiv ausstürbe, weil wir ihn oft mit «würde» bilden. Vor allem: Wie weit muss man zurückgehen, um das «beste» Deutsch zu finden: bis zu Thomas Mann, Goethe, Luther, Walther von der Vogelweide, Karl dem Großen?

Sprachen existieren nicht unabhängig von uns. Und Bedeutungen sind nicht selbst gewählt, keine inneren Bilder, keine Etymologien und auch nicht mit dem Wortgebrauch gleichzusetzen. Was sind Bedeutungen dann?

Stellen Sie sich einen Feldforscher vor, der in ein fremdes Land reist und auf einen Volksstamm trifft, dessen Sprache er nicht beherrscht. Es gibt kein Wörterbuch und keinen Dolmetscher. Der Feldforscher wird gastfreundlich aufgenommen. Abends am Lagerfeuer hoppelt plötzlich ein Kaninchen vorbei, und jemand ruft: «Gavagai.» Was könnte das bedeuten? Eine naheliegende Hypothese ist: «Da ist ein Kaninchen!» Vielleicht heißt es aber auch «Da ist unser Abendessen!», «Was für ein lustiges Tier!» oder einfach «Hinterher!».

Mit dieser Geschichte will Quine verdeutlichen, was es heißt, eine fremde Sprache zu verstehen. Da der Feldforscher keine Hilfsmittel hat, wird er eine *radikale Übersetzung* anstreben. Das geht ungefähr so: Zuerst muss er die Ausdrücke für «ja» und «nein» herausfinden. Er könnte zum Beispiel bei jedem Kaninchen probeweise selbst «gavagai» rufen. Wenn die Eingeborenen immer «bobo» sagen, könnte das «ja» bedeuten. Sagen sie allerdings manchmal «bobo» und manchmal «mi», könnte letzteres «nein» heißen. Daraus würde natürlich folgen, dass «gavagai» nicht «Da ist ein Kaninchen!» heißt.

Die Ausdrücke für «ja» und «nein» sind nichts anderes als die Ausdrücke für «wahr» und «falsch». Mit diesem Hilfsmittel hat der Forscher seinen Fuß in die Tür der unbekannten Sprache bekommen, wie Quine sagt, denn er kann nun Hypothesen über die Satzstruktur testen. Wörter haben isoliert nämlich keine Bedeutung, sondern nur, wenn sie in einem ganzen Satz auftauchen. Darauf hat schon der deutsche Logiker Gottlob Frege aufmerksam gemacht. Man kann dieses Phänomen testen, indem man in einem Gespräch einfach mal «Sandstrand» oder «Spinoza» sagt. Darauf wird unweigerlich ein «Was meinst du damit?» folgen. Es gibt zwar sogenannte *Einwortsätze* wie «Feuer!» oder «Party!», aber das sind Kurzformen für «Ein Feuer ist ausgebrochen!» oder «Ich freue mich darüber, dass wir eine Party feiern!».

Wie sehen die Hypothesen im Gavagai-Beispiel aus? Wenn die

Ureinwohner bei Tieren «gavagai» sagen und bei Menschen «gavagum», kann der Forscher annehmen, dass «gava» so viel wie «da ist» heißt, außerdem «gai» für «Tier» und «gum» für «Mensch» steht. Hat der Forscher die fremde Sprache auf diese Weise vollständig zerlegt, kann er schließlich ein Übersetzungshandbuch erstellen.

Quine ist für seine These der *Unbestimmtheit der Übersetzung* berühmt geworden: Würden zwei Forscher unabhängig voneinander Handbücher verfassen, könnten diese zwar korrekt, aber dennoch inkompatibel sein. Zum Beispiel sei der *Bezug* einzelner Wörter immer unbestimmt: Vielleicht bezieht sich «gavagai» auf Kaninchen, vielleicht auch nur auf lebende, bekannte, putzige oder weiße Kaninchen. Ganz gleich, wie viele Beobachtungen der Forscher macht, es könnte immer sein, dass eine zukünftige Äußerung seine Übersetzungshypothese widerlegt. Das behauptet Quine jedenfalls.

Es ist schwer, schlagkräftige Argumente für die Unbestimmtheit der Übersetzung zu finden, wenn dahinter mehr stecken soll, als dass einer der beiden Forscher «ja» und «nein» verwechselt und sich daher bei seinen Übersetzungen die Vorzeichen umkehren. Einschlägig dagegen ist Quines *Holismus der Bedeutung*. Ein Holist sagt: «Alles hängt mit allem zusammen», oder: «Alles ist wichtig.» Normalerweise markiert eine solche These das Scheitern der Wissenschaft, denn Forscher versuchen immer, die wichtigen Faktoren von den unwichtigen zu isolieren. Wer sagt: «Alles ist wichtig», könnte auch sagen: «Nichts ist wichtig.»

Bezogen aufs Sprachverstehen, ist Quines These allerdings entscheidend. Wir können andere nur verstehen, wenn wir ihren Wörtern Bedeutungen unterstellen und ihnen *gleichzeitig* Überzeugungen zuschreiben: Sprachverstehen und Weltverstehen gehören immer zusammen.

Quine hat vorgeschlagen, über Bedeutung zu sprechen, ohne das Wort «Bedeutung» zu verwenden. Man benötige nichts weiter als Zustimmung und Ablehnung, oder allgemeiner: «wahr» oder «falsch». Die Sätze «Es schneit» und «It is snowing» sind gleichbedeutend, weil beide in denselben Situationen wahr oder falsch sind. Dieser Gedanke findet sich auch in Wittgensteins Frühwerk, das er während des Ersten Weltkriegs im Schützengraben verfasst hat: «Einen Satz verstehen, heißt, wissen, was der Fall ist, wenn er wahr ist.» Demzufolge muss man bei Wörtern nur herausfinden, was sie zur Wahrheit des ganzes Satzes beisteuern: Das ist dann ihre Bedeutung.

Wahrheit statt Bedeutung

Quines Schüler, der amerikanische Philosoph Donald Davidson, hat diese Idee ausgearbeitet. Sein etwas verschrobenes Beispiel geht so. Jemand sagt: «Ich mag Hippopotami. Sie haben eine runzlige Haut, und ich presse mir morgens drei zum Frühstück aus.» Davidson zufolge haben wir jetzt nur zwei Möglichkeiten: Entweder wir schreiben dem Sprecher einen exzentrischen Umgang mit Nilpferden zu, oder wir nehmen an, dass er mit «Hippopotamos» das meint, was wir mit «Apfelsine» meinen. Davidson spitzt Quines radikale Übersetzung zu, indem er behauptet, dass wir *immer* in der Situation des Feldforschers sind: Aus der eigenen Sicht spricht jeder andere Mensch eine fremde Sprache.

Seine Theorie nennt Davidson *radikale Interpretation*. Wir versuchen normalerweise, andere immer so zu deuten, dass sie etwas Wahres sagen. Sie richtig zu verstehen ist dabei immer ein Balanceakt. Allerdings sind wir grundsätzlich *wohlwollend*: Bevor wir annehmen, dass unser Gegenüber das Blut von Nilpferden trinkt, gehen wir eher davon aus, dass er etwas anderes meinte, zum Beispiel sich versprochen hat. Ganz allgemein behandeln wir andere als vernünftige Wesen, die weitgehend diejenigen Auffassungen haben, die wir selbst haben.

Die Interpretation eines Sprechers hängt also von zwei Zuschreibungen ab: der Bedeutung seiner Worte und seinen Überzeugungen – von mehr nicht. Inspiriert durch die Arbeiten des polnischen Logikers Alfred Tarski, hat Davidson seine Bedeutungstheorie ausgearbeitet. Auch er verzichtet auf «Bedeutungen» und spricht nur von «Wahrheitsbedingungen», die mit Hilfe der Logik darstellbar sind.

Einige Wörter und Sätze kann man leicht aufschlüsseln. Schauen wir uns den Satz «Goliath ist groß, und David ist schlau» an. Das Wort «und» verbindet zwei Sätze und macht daraus einen neuen. Der neue Satz ist nur wahr, wenn beide Teilsätze wahr sind. Offenbar ist genau das der Anteil an Bedeutung, den «und» zu einem Satz beisteuert.

Davidson betont, dass Bedeutung und Wahrheit zusammenhängen, seine Theorie jedoch kein realistisches Modell der Sprachverarbeitung darstellt, wir also beim Zuhören nicht ständig darüber grübeln, unter welchen Bedingungen die Sätze des Gegenübers wahr sind. Dennoch haben Davidson und andere Bedeutungstheoretiker immer mehr Teile der natürlichen Sprache in den formalen Code der Logik übersetzt. Der Ansatz funktioniert zum Beispiel gut für Zahl- und Mengenwörter wie «drei», «alle» oder «einige». Auch die Zeitformen kann man formal darstellen. Wer sagt: «Es war schon dunkel, als ich nach Hause kam», trifft seine Äußerung in der Gegenwart und sagt, dass die Dunkelheit vor der Heimkehr und die Heimkehr vor der Äußerung auftrat.

Viele sprachliche Phänomene bereiten Philosophen und Linguisten bis heute Kopfzerbrechen. Ein Problemfall ist der *Irrealis*, also das «hätte» und «wäre». Die folgende Anekdote soll der frühere amerikanische Präsident Bill Clinton erzählt haben: Seine Frau Hillary und er hatten einen Jugendfreund von Hillary getroffen, der damals als Tankwart arbeitete. Bill zu Hillary: «Stell dir vor, wenn du ihn geheiratet hättest, wärst du jetzt die Frau eines Tankstellenbesitzers.» Darauf Hillary: «Nein, dann wäre er jetzt Präsident.»

Beide Aussagen könnten wahr sein. Wer hat recht? Der amerikanische Philosoph David Lewis, der in Fachkreisen als der scharfsinnigste Philosoph des letzten Jahrhunderts gilt, hat vorgeschlagen, Sätze dieser Art mit Hilfe *möglicher Welten* zu analysieren. Mit «Er wäre jetzt Präsident» sagt Hillary Clinton so viel wie: «Es gibt eine andere mögliche Welt, in der er jetzt Präsident ist.» Nun muss man nur noch die möglichen Welten von Bill und Hillary Clinton miteinander vergleichen. Es gewinnt diejenige erdachte Welt, die der unsrigen am ähnlichsten ist. Ist die Abweichung stark, heißt das nichts anderes, als dass es auch aufwendiger und damit unwahrscheinlicher wäre, dass sich unsere Welt so entwickelt hätte. Wer also die nächstmögliche Welt beschreibt, hat recht. Lewis hat seinen Ansatz technisch bis ins kleinste Detail ausgearbeitet. Umstritten ist allerdings bis heute, woran man die Ähnlichkeit von Welten genau festmachen soll.

Ein anderes vieldiskutiertes Problem entspringt der Unschärfe unserer Begriffe. Ein Beispiel: Harry hat volles Haar, Karl eine Glatze. Der Satz «Harry ist glatzköpfig» ist also falsch, «Karl ist glatzköpfig» hingegen wahr. Würden Harry nun nach und nach die Haare ausfallen, wäre er irgendwann so glatzköpfig wie Karl. Auf dem Weg dorthin wird es Fälle geben, bei denen wir nicht genau sagen können, ob Harry schon glatzköpfig ist. Kaum ein Begriff zieht nämlich eine scharfe Grenze, die zum Beispiel festlegt: «Wer weniger als 4135 Haare hat, ist glatzköpfig.» Doch kann der Satz «Harry ist glatzköpfig» dann in Grenzfällen überhaupt eindeutig wahr oder falsch sein? Einige sagen, das sei unbestimmt, andere, man müsse die Aussage präzisieren, wieder andere, dass es zwar immer eine Antwort gebe, wir sie aber nicht wissen können. Dieses Problem nennt man das der *Vagheit* der Begriffe. Auch wenn solche Beispiele zuerst nach Haarspalterei klingen, streiten sich die Gelehrten bis heute, wie sie zu lösen sind.

Es scheint, als stoße die formale Bedeutungstheorie irgendwann an ihre Grenzen. Ohnehin geht es darin vor allem um die wörtliche Bedeutung: den Beitrag einzelner Wörter zur Satzbedeutung. Doch unsere Sprache hat noch mehr zu bieten: Was ist mit Andeutungen und Anspielungen, Metaphern und Mehrdeutigkeiten, Witzen und Wortspielen, mit alldem, was unsere Kommunikation und vor allem Literatur und Dichtung so besonders macht? Mit diesen Phänomenen beschäftigt sich vor allem die Pragmatik, die Theorie der Sprachverwendung.

Die Spiele der Kommunikation

Als der englische Sprachphilosoph John L. Austin in einem Vortrag an der Columbia University in New York sagte, eine doppelte Verneinung ergebe immer eine Bejahung, aber eine doppelte Bejahung niemals eine Verneinung, rief sein amerikanischer Kollege Sidney Morgenbesser aus dem Publikum: «Ja, ja.»

Morgenbessers Witz spielt mit dem Unterschied zwischen Semantik und Pragmatik, oder anders gesagt: zwischen Wortbedeutung und Äußerungsbedeutung. Wörtlich drückt zweimal «ja» eine Bejahung aus. Doch in manchen Äußerungskontexten heißt «ja, ja» so viel wie «stimmt nicht» oder noch Stärkeres. Ironischerweise hat Morgenbesser Austin mit seinen eigenen Waffen geschlagen, denn jener hat immer den Unterschied zwischen der Bedeutung eines Wortes und seiner Funktion im Gespräch betont. Immerhin war er einer der Begründer der Pragmatik.

Die Erforschung pragmatischer Phänomene begann erst Mitte des letzten Jahrhunderts, vor allem in der Analytischen Philosophie, die im Gegensatz zu anderen Strömungen besonders systematisch, genau und argumentativ arbeitet. In ihren Anfängen vor etwa 100 Jahren ging es vor allem darum, eine exakte Wissenschaftssprache zu formulieren. Daraus entsprang auch die Idee, die natürliche Sprache mit Hilfe der Logik darzustellen. An diesem Projekt hat sich grundsätzlich nichts geändert, doch der Blickwinkel vergrößerte sich zusehends. Lange konzentrierten sich die Forscher nämlich nur auf Aussagesätze. Als einer der ersten hat dann Wittgenstein in seinem Spätwerk anhand vieler Beispiele deutlich gemacht, dass unsere Sprache zahlreiche Facetten hat. Mit Worten können wir so viel mehr tun: beten, fluchen, flirten, grüßen, schwören, dichten, rappen, Abzählreime aufsagen, Witze erzählen.

Wittgenstein nennt all diese Handlungen *Sprachspiele* und verbindet damit auch eine Selbstkritik: In seinem Frühwerk habe er sich wie viele Kollegen nur auf ein sehr spezielles Sprachspiel konzentriert, das Aussagenmachen, und so die Vielfalt der anderen Spiele missachtet. Austin macht einen ähnlichen Punkt, spricht aber von *Sprachhandlungen* statt von Sprachspielen: Sätze haben für sich genommen zwar eine wörtliche Bedeutung, aber wir tun immer noch mehr, wenn wir sie äußern: Wir behaupten, erfragen oder befehlen etwas, wir taufen ein Schiff, unterzeichnen einen Vertrag oder erklären ein Paar zu Mann und Frau.

Sprachhandlungen oder «Sprechakte», wie sie auch heißen, folgen einer Logik: Mit Behauptungen beispielsweise verpflichtet sich der Sprecher stillschweigend darauf, dass er die Wahrheit sagt, selbst wenn er diese Bedingung nur ausnutzt, indem er lügt. Dabei kann man an der Satzform die Sprachhandlung nicht eindeutig erkennen, denn sie ist unabhängig von der Grammatik. Mit einem Fragesatz kann man auch etwas behaupten, beispielsweise: «Bist du verrückt?»

Wenn wir miteinander kommunizieren, vollziehen wir Sprachhandlungen, ohne dass wir deren Bedingungen aufschreiben könnten. Im Gegenteil: Sie herauszuarbeiten und in einer Theorie zu formulieren war mühsam und langwierig, auch wenn die Thesen am Ende wie selbstverständlich klingen. Die Texte von Austin, Grice, Wittgenstein und ihren Kollegen sind damit auch einschlägig für einen inzwischen etablierten Studiengang: die Kommunikationswissenschaft. Allerdings ist darin der Begriff der Kommunikation oft sehr weit gefasst: als «Austausch von Informationen». Berühmt ist die Pointe des österreichischen Kommunikationstheoretikers Paul Watzlawick: «Man kann nicht *nicht* kommunizieren.» Watzlawick meint, es wäre naiv zu glauben, wer zum Beispiel einfach nur unterm Baum sitze und lese, würde nicht kommunizieren. Denn stillschweigend und unbewusst teile man anderen immer etwas mit, beispielsweise: «Ich will nicht gestört werden.»

Damit verwischt Watzlawick allerdings einen wichtigen Unterschied: zwischen tatsächlichen Sprachspielen und solchen, die wir anderen nur fälschlich unterstellen. Grice hat gezeigt, dass wir für unsere Sprachhandlungen immer Absichten benötigen: Um jemandem zu sagen: «Es regnet», reicht nicht aus, dass ich dafür sorge, dass er diese Information erhält. Ich kann das Rollo hochziehen, damit der andere weiß, dass es draußen regnet. Damit habe ich noch nichts gesagt. Erst wenn ich äußere: «Draußen regnet es», liest er die Information an meiner Handlung ab, weil er mir eine Doppelabsicht zuschreibt: die Absicht, Informationen zu vermitteln, und die Absicht, das durch Zeichen zu tun. Wenn ich also gedankenverloren unterm Baum sitze, kommuniziere ich nicht, wenn ich keine Absichten habe. Ein Beobachter kann mir zwar unterstellen, dass ich damit ausdrücken will: «Lasst mich in Ruhe!», aber ob das zutrifft, hängt von mir ab. Nur wenn ich mich demonstrativ wegdrehe oder absichtlich andere ignoriere, teile ich ihnen das mit, indem ich eine wortlose Sprachhandlung vollziehe.

Die Kunst der Andeutung

Wir müssen andere ständig als fremde Sprecher ansehen und deshalb radikal interpretieren. Doch warum kommunizieren wir dennoch so mühelos miteinander? Darauf hat Grice eine Antwort. Er hält fest, dass auch Sprecher für gewöhnlich wohlwollend sind. Sie folgen dem *Kooperationsprinzip*, das aus mindestens vier Maximen besteht, die in etwa Folgendes fordern: Sei informativ, sprich die Wahrheit, sag nur Relevantes und drück dich dabei klar und einfach aus!

Ein klassisches Beispiel. Die Autofahrerin sagt zum Beifahrer: «Der Tank ist fast leer», und lässt dabei aus: «Wir brauchen Benzin, sonst können wir nicht weiterfahren.» Der Beifahrer nimmt an, dass sie etwas Relevantes gesagt hat, und antwortet: «Hinter der nächsten Kreuzung ist eine Tankstelle.» Er lässt dabei aus: «Dort kannst du tanken.» Wir verständigen uns nur deshalb so gut, weil wir diese Auslassungen stillschweigend und automatisch ergänzen.

Verletzt nun ein Sprecher eine dieser Maximen, so interpretiert der Hörer das als eine Andeutung oder Anspielung oder, wie Grice sagt, als eine *Implikatur*. Der Sprecher will mit seinen Worten etwas zu verstehen geben, was er nicht wörtlich sagt. Ein Beispiel. Ein Mann spricht eine Frau in einer Bar an: «Wie findest du die Musik?» Sie antwortet: «Fürchterlich, aber mein Freund geht voll drauf ab.» Mit dieser Antwort verletzt sie die Maxime der Relevanz, denn es ging um ihren Musikgeschmack und nicht um den ihres Freundes. Der Mann deutet diese Verletzung als Hinweis: «Ich bin vergeben, also versuch's gar nicht erst.»

Arbeitszeugnisse sind ein Paradebeispiel für andeutungsreiche Texte. Traditionell sollte der Inhalt wahr, aber lobend formuliert sein. Da beides nicht immer zugleich einlösbar ist, entstanden berüchtigte Formulierungen wie: «Er war immer pünktlich und tadellos gekleidet», was so viel hieß wie: «Alles andere war eine Katastrophe.» Da dieser Bewertungsstil in manchen Branchen veraltet ist, könnte eine vorsichtige Chefin auch schreiben: «Er war immer pünktlich. Und damit will ich nicht sagen, dass er nicht auch kreativ, zuverlässig und leistungsbereit war.» Eine wichtige Eigenschaft von Implikaturen ist also, dass man sie *löschen* kann. Bei Schlüssen aus der wörtlichen Bedeutung ist das nicht der Fall. Aus «Caesar wurde ermordet» folgt «Caesar ist tot». Das kann man nicht löschen, indem man sagt: «Caesar wurde ermordet, aber damit will ich nicht sagen, dass er tot ist.»

Wie Davidson gezeigt hat, muss nicht nur der Sprecher, sondern auch der Hörer kooperativ sein. Das fällt uns oft erst dann auf, wenn Menschen absichtlich die Kooperation verweigern. Ein alter Scherz: Ich frage jemanden: «Wissen Sie, wo der Marktplatz ist?» Er antwortet: «Ja», und geht weiter. Er hat mich absichtlich wörtlich genommen, obwohl er natürlich wusste, was ich wollte. Ein anderes typisches Beispiel stammt aus dem Baumarkt: «Wo finde ich Schraubenzieher?» – «Schraubenzieher haben wir nicht.» – «Wo finde ich Instrumente, um Schrauben zu ziehen?» – «Ach so, Sie meinen Schraubendreher.» An dieser Stelle sollte man sich nicht auf eine terminologische Diskussion einlassen. Einfach nicken und den Schraubendreher kaufen.

Wenn wir miteinander kommunizieren, greifen wir auf unser gesamtes Wissen zurück: über Bedeutung, Kooperation, andere Menschen und den Rest der Welt. Daher läuft oft alles so reibungslos, selbst wenn wir suggestiv und anspielungsreich sprechen. Man vergleiche «Ich war noch nicht am Buffet» und «Ich war noch nicht im Himalaya». Im ersten Fall ergänzen wir sofort stillschweigend «heute», im zweiten «in meinem Leben». Die Sätze selbst geben das nicht her, sondern allein unser Erfahrungswissen.

Unsere Interpretationsmaschine arbeitet dabei so effizient, dass uns die vielen Grammatikfehler, Versprecher und unvollständigen Sätze oft gar nicht auffallen, nicht einmal die eigenen. Wer schon einmal die Mitschrift seiner eigenen Rede gelesen hat, erschrickt darüber, wie lückenhaft die eigenen Äußerungen sind. Ohne es zu merken, erzeugen und verarbeiten wir Sätze, in denen einzelne _____ fehlen. Wxr kxnnxn sxgxr Wxrtxr xhnx Vxkxlx vxrstxhxn. Oedr wnen die Buhcsteaben vrederht snid.

Ist die Sprache angeboren?

Helen Keller war 19 Monate alt, als sie durch eine unbekannte Krankheit taubblind wurde. Sie lebte im US-Bundesstaat Alabama im ausgehenden 19. Jahrhundert. Ohne fremde Hilfe entwickelte sie bis zu ihrem sechsten Lebensjahr eine eigene Zeichensprache, wurde aber nicht immer verstanden. Erst als die Sprachtrainerin Anne Sullivan anfing, ihr Wörter in die Hand zu buchstabieren, änderte sich Kellers Leben schlagartig. In nur kurzer Zeit lernte sie auf diese Weise Englisch. Später konnte sie sogar Wörter erfühlen, indem sie lediglich die Hände auf die Lippen und den Kehlkopf ihres Gegenübers legte. Keller besuchte die Universität und war die erste Taubblinde, die einen Bachelor machte. Sie lernte sprechen, wurde eine weltberühmte Rednerin, schrieb zwölf Bücher und setzte sich als politische Aktivistin für das Frauenwahlrecht in Amerika ein.

Ebenso beispiellos wie ihr Lebensweg war die Tatsache, dass sie Englisch nicht über die Laute und Wörter lernte, sondern direkt über Buchstaben, die sie fühlte. Wie kann das sein, wenn doch gesunde Kinder viel Zeit und Fleiß darauf verwenden, die Laute der Sprache in Buchstaben zu übertragen? Wäre diese Übertragung einfach, gäbe es nicht so viele Rechtschreibfehler. Kellers Fall spricht dafür, dass unsere Sprachfähigkeit angeboren ist. Das kindliche Hirn ist so flexibel, dass der Sprachinput nicht nur aus Lauten, sondern auch aus Gesten und Berührungen bestehen kann.

Die Angeborenheitsthese hat der amerikanische Linguist Noam Chomsky Mitte des letzten Jahrhunderts als erster exakt formuliert. Chomskys Lebensgeschichte ist ebenfalls beeindruckend: Mit 29 Jahren veröffentlichte er ein Kapitel aus seiner Doktorarbeit und revolutionierte damit nicht nur die Sprachwissenschaft, sondern die gesamte Psychologie. Seine linguistischen, philosophischen und politischen Schriften sind bis heute so einflussreich, dass er der meistzitierte lebende Autor ist und auf Tabellenplatz sieben der Meistzitierten aller Zeiten liegt: hinter Aristoteles, Platon und Marx, aber noch vor Hegel und Cicero.

Chomskys These lautet: Wir alle kommen mit einer angeborenen *Universalgrammatik* auf die Welt, die den Erwerb der einzelnen Sprachen steuert. Das Revolutionäre an dieser These kann man nur vor dem Hintergrund der Psychologie der fünfziger Jahre verstehen. Damals herrschte der *Behaviorismus* vor, der besagt, dass eine wissenschaftliche Psychologie nur über das Verhalten von Menschen sprechen darf, nicht aber über deren Innenleben. Der Behaviorismus ist vor allem für das *Konditionieren* bekannt, das wir vom Pawlow'schen Hund kennen: Der russische Psychologe Iwan Pawlow wies nach, dass man bei Tieren Reflexe mit neuen Reizen kombinieren kann. Bekommen Hunde Futter, läuft ihr Speichel besonders stark. Hören sie dabei immer eine Klingel, fließt der Speichel bald auch dann, wenn nur die Klingel ertönt. Pawlow hat seine Hunde durch Reizverstärkung auf den Ton der Klingel konditioniert.

Die Behavioristen glaubten nun, dass auch wir Menschen alles über diese Art von Konditionierung erwerben: Gefühlsausdrücke und Sprache ebenso wie Fahrradfahren oder Umgangsformen. Der Mensch hat demzufolge nur einen einzigen angeborenen Lernmechanismus: die Verstärkung.

Um die Verstärkungsthese zu widerlegen, greift Chomsky eine Idee des deutschen Philosophen Wilhelm von Humboldt auf: Wenn wir sprechen, machen wir von «endlichen Mitteln unendlichen Gebrauch». *Endlich*, weil unser Gedächtnis begrenzt ist und wir nur eine begrenzte Anzahl von Wörtern und Grammatikregeln gelernt haben können. *Unendlich*, weil wir damit Sätze erzeugen und verstehen können, die wir nie zuvor gehört haben, wie: «Der schwermütige Prinz fliegt auf seinem rotweißen Greif über die Nebelwälder des Felsenlands.» Obwohl der Satz neu ist, wissen wir sofort, dass er grammatisch korrekt ist.

Unsere Sprache ist in dieser Weise kreativ und produktiv, weil sie *rekursiv* ist: Wir können Teile wieder in andere einsetzen. Aus «der Prinz» wird so «der schwermütige Prinz», und daraus könnte «der schwermütige und von allen bewunderte Prinz» oder «der schwermütige, von allen bewunderte und niemals verstandene Prinz» werden und so weiter. Unser Sprachzentrum im Kopf kann man als ein Programm ansehen, das beliebig lange Sätze des Deutschen erzeugt und verarbeitet. Chomskys brillante Idee war, zu zeigen, dass den Grammatiken aller Sprachen derselbe Bauplan zugrunde liegt: die angeborene Universalgrammatik.

Hätte das Kind keine Universalgrammatik, sondern bloß die Reizverstärkung der Behavioristen, so Chomsky, könnte es anhand der Sprachdaten von Eltern und Verwandten unendlich viele falsche Grammatiken entwickeln. Das tun Kinder aber nicht. Unabhängig von Intelligenz, Aufmerksamkeit und Interesse, beherrscht jedes Kind schon im Grundschulalter alle wesentlichen Strukturen seiner Muttersprache. Das ist umso erstaunlicher, weil der Kontakt mit sprachlichen Daten ganz individuell ist, denn jeder hört andere Sätze. Außerdem sind die Sprachdaten oft unvollständig und fehlerhaft. Und Kinder werden nicht konsequent und systematisch korrigiert. Sie können also gar nicht gelernt haben, dass ein Satz wie «Die scheint Sonne» ungrammatisch ist. Umgekehrt deuten Sprachfehler von Kindern oft auf ein Verständnis der grammatischen Regeln hin. Mit «Er reitete» statt «Er ritt» machen sie die Sprache regelmäßiger, als sie ist.

Mit diesem *Argument von der Armut des Stimulus* hat Chomsky entscheidend zum Untergang des Behaviorismus beigetragen. Man kann das Argument auch als Frage formulieren: Wie können wir so viel wissen, obwohl wir nur so wenige Hinweise haben? Wenn unser grammatisches Wissen nicht erlernbar ist, müssen wir es schon vorher gehabt haben. Mit anderen Worten: Es ist angeboren. Unser Sprachzentrum im Kopf kann man sich als ein Organ wie das Herz oder die Leber vorstellen: Es arbeitet im Zusammenspiel mit anderen Fähigkeiten, hat aber seine eigene autonome Funktionsweise. Chomskys Kollege, der Entwicklungspsychologe Steven Pinker, spricht von einem *Sprachinstinkt*. Die Idee eines angeborenen Organs, das wie ein Computerprogramm abläuft, haben Psychologen bald auf andere mentalen Fähigkeiten angewandt wie zum Beispiel unsere Wahrnehmung von Gegenständen oder Gesichtern.

Bei «Sprachorgan» denkt Chomsky allerdings nur an unsere mentale Grammatik, nicht an unsere gesamte Sprachfähigkeit. Unsere grammatischen Intuitionen sind robust und verlässlich: Wir wissen bei vielen Sätzen sofort, ob sie syntaktisch wohlgeformt sind oder nicht, auch wenn wir nicht sagen können, warum. Für die Autonomie der mentalen Grammatik spricht also vor allem, dass sie unabhängig von den übrigen Anteilen des Sprachverstehens arbeitet. Zwei Beispiele: Ein Bekannter aus Osteuropa hatte einmal folgende Ansage auf seinem Anrufbeantworter: «Das ist AB, ich sprech von Band und du nach Piep.» Dieser Satz ist absolut verständlich, auch wenn er grammatisch nicht ganz korrekt ist. Der umgekehrte Fall ist auch denkbar: «Der Hund, der die Katze, die die Mäuse, die den Käse stahlen, fraß, jagte, schläft» ist ein grammatisch korrekter Satz des Deutschen, auch wenn er beim ersten Hören kaum verständlich ist.

Für die Angeborenheitsthese sprechen noch weitere Argumente. Erstens ist die Sprachfähigkeit *universell*: Jeder gesunde Mensch spricht eine Sprache. Zweitens ist Sprachlernen *unabhängig* von der Art der Wahrnehmung, wie Helen Kellers Beispiel zeigt. Drittens erwerben Kinder eine Sprache *mühelos*: Sie saugen neue Wörter und Strukturen auf wie Schwämme, ohne dass man mit ihnen üben müsste.

Viertens zeigen vor allem Krankheiten, Hirnschäden und Entwicklungsstörungen, dass auch Intelligenz und Grammatik unabhängig voneinander sind: Auf der Welt gibt es immer noch Kaspar-Hauser-Kinder, die isoliert ohne Sprachinput aufwachsen. Die junge Amerikanerin Genie ist einer der traurigsten Fälle. Ihre Eltern sperrten sie von Geburt an gefesselt in ein Zimmer ein. Als Genie mit dreizehn Jahren befreit wurde, bellte sie wie ein Hund. Doch trotz dieser grausamen Behandlung und ihrer unvorstellbar beeinträchtigten Kindheit hatte sie eine solide Grundintelligenz. In der Therapie lernte sie schnell die Wörter des Englischen und konnte komplizierte Spielzeugmodelle nachbauen. Aber ihre Sätze waren bloße Wortreihen, frei von jeglicher Grammatik. Die Syntax, die Jugendliche ihres Alters mühelos beherrschten, blieb Genie für immer verschlossen. Offenbar kann man das Zeitfenster verpassen, innerhalb dessen sich die mentale Grammatik in den Hirnstrukturen ausformt.

Bei Menschen mit dem seltenen *Williams-Beuren-Syndrom* ist die Lage genau umgekehrt. Sie haben oft einen so niedrigen Intelligenzquotienten, dass sie lebenslang Hilfe benötigen. Doch schon als kleine Kinder sind sie kontaktfreudig, musikalisch und lieben seltene Wörter wie «Säbelzahntiger». Später sprechen sie äußerst wortgewandt, fast poetisch. Auch dieser Fall spricht dafür, dass die Grammatik nicht an die Intelligenz gekoppelt ist. Die allgemeine Lernintelligenz kann dann auch nicht für den Spracherwerb verantwortlich sein.

Chomskys Theorie blieb nicht unwidersprochen. Einer seiner prominentesten Kritiker ist der amerikanische Anthropologe und Primatenforscher Michael Tomasello, der am Max-Planck-Institut für evolutionäre Anthropologie in Leipzig forscht. Wie Chomsky lehnt auch Tomasello den Behaviorismus ab, argumentiert aber gegen ein eigenständiges Sprachorgan. Er glaubt, dass der Mensch durch seine Fähigkeit zur Kooperation den Tieren die Sprachfähigkeit voraus hat. Statt einer Universalgrammatik nimmt Tomasello eher universelle Denkstrukturen an, speziell angeborene Nachahmungsprinzipien.

Kinder können sich nämlich schon im jungen Alter auf Objekte außerhalb ihrer Reichweite beziehen, und sie können anderen etwas zeigen. Affen hingegen jagen und essen zwar gemeinsam, kommunizieren auch mit ihren Artgenossen und beeinflussen deren Verhalten, aber sie zeigen weder mit den Händen, wo Futter liegt, noch lenken sie zusammen mit anderen ihre Aufmerksamkeit auf Futter. So halten sie auch nie Objekte in die Höhe, damit andere sie betrachten können. Kurz: Im Gegensatz zu Menschen kommunizieren Affen nicht mit dem Ziel, anderen etwas mitzuteilen – auch wenn das in Tierdokumentationen für den Laien oft den Anschein hat.

Tomasello geht davon aus, dass Sprachlernen nur im Kontext der Kooperation funktionieren kann, also wenn wir unsere Handlungsabsichten und unsere Aufmerksamkeit aufeinander abstimmen und mit anderen teilen. Daher nimmt Tomasello auch an, dass nicht Laute, sondern Gesten die entscheidende Rolle bei der Entstehung der menschlichen Sprachfähigkeit spielten. Alle menschlichen Normen, zu denen er auch die Sprachregeln zählt, seien aus dieser Kooperation durch zweckorientierte Verallgemeinerung entstanden.

So wichtig Tomasellos Forschung ist, um die menschliche Kooperation zu verstehen, sie geht an Chomskys These eines angeborenen Sprachorgans vorbei, denn man kann mit ihr nicht erklären, warum unsere Grammatik rekursiv und daher produktiv ist, und vor allem, warum bestimmte Satzkonstruktionen unmöglich sind. Ein Beispiel: Zum Zweck des Kontrasts können wir im Deutschen betonte Satzteile nach vorne stellen: «*Er* ist dein Vater (und nicht der andere)» oder «*Dein* Vater ist er (und nicht ihrer)» und so weiter. Doch der Satz «Dein Vater er ist» ist ungrammatisch, auch wenn Meister Yoda aus *Star Wars* so spricht. Chomskys Grammatiktheorie kann dieses Phänomen erklären. Tomasello und seine Kollegen haben aus prinzipiellen Gründen keine Erklärung dafür, denn ihnen zufolge führt die mentale Grammatik kein Eigenleben.

Es spricht also viel dafür, dass zumindest unsere Grammatik angeboren ist, vermutlich aber noch weitere Teile unserer Sprachfähigkeit. «Schlau wir dank der Sprache sind, angeboren sie ist», würde Yoda sagen.

Philosophie als Sprachtherapie

Sprachwissenschaftler und Philosophen untersuchen die Sprache mit Werkzeugen der Mathematik. Die Philosophie bestimmt bis heute die Grundlagenforschung in der Sprachtheorie. Umgekehrt spielt die Sprache auch eine große Rolle für das Handwerk der Philosophie, denn sie ist nicht nur Gegenstand, sondern gleichzeitig Medium der Forschung.

Wittgenstein war nicht nur einer der einflussreichsten Sprachphilosophen, er hat auch lange über eine zentrale Frage nachgedacht: Was ist eigentlich ein philosophisches Problem? In seinem Spätwerk vertrat er die Auffassung, dass Philosophie vor allem in einer genauen Untersuchung der Alltagssprache bestehen solle.

Dieser neue Impuls wird manchmal *linguistic turn* genannt, die *sprachliche Wende* in der Philosophie. Ein echter Drehpunkt war das jedoch nicht, denn gute Philosophen haben sich schon immer mit unseren allgemeinsten Begriffen beschäftigt, die nach moderner Auffassung die Kategorien unseres Denkens sind. Philosophen unterscheiden zwischen Begriffen und Wörtern. Im Deutschen ist «hungrig» das Gegenteil zu «satt», aber für das Gegenteil von «durstig» kennen wir kein gebräuchliches Wort. Dennoch haben wir den Begriff: Wir wissen, was es heißt, nicht mehr durstig zu sein. Um über Begriffe zu diskutieren, benötigen wir Wörter, insofern war die Philosophie schon immer an der Sprache ausgerichtet. Neu war jedoch Wittgensteins Einsicht, dass unsere eigenen Wörter uns vom klaren Denken abhalten und in die Irre leiten können.

Traditionell sahen Philosophen Begriffe als Definitionen an. Ähnlich wie in einem Lexikon könnte dann in unserem Gedächtnis bei «Junggeselle» «unverheirateter junger Mann» stehen. Aufgabe der Philosophie war daher, diese Definitionen aufzuschlüsseln, etwa indem man Gerechtigkeit als «Balance» analysiert oder «Wissen» als eine «wahre, gerechtfertigte Überzeugung». Philosophische und psychologische Studien haben aber gezeigt, dass nur wenige Begriffe als Definitionen in unserem Gedächtnis abgelegt sind. Das neue Projekt der Philosophie liegt deshalb darin, die innere Struktur von Begriffen und ihre Verbindung zu anderen aufzudecken, beispielsweise dass «Zeit», «Veränderung» und «Verursachung» eng zusammenhängen.

Wittgenstein betont neben der Begriffsanalyse eine zweite Aufgabe der Philosophie, und zwar die *Therapie*: Schlechte Philosophie ist dieser Metapher zufolge eine Krankheit, die man durch Rückgriff auf die Alltagssprache kurieren kann.

Besonders große Nomen wie «das Ich» oder «die Differenz» haben wie ein Virus die Gedankengänge vieler Philosophen befallen. Ein Beispiel: Martin Heidegger zufolge muss die Philosophie nach dem «Sinn von Sein» fragen, wobei das «Sein» nichts ist, was man beschreiben oder kategorisieren kann. Um uns herum gebe es nur «Seiendes», also Dinge und Ereignisse wie Bakterien, Autos oder das Weihnachtsfest. Heidegger nahm die Unausdrückbarkeit so ernst, dass er Studenten aus seinem Seminar hinauswarf, wenn sie fragten, was denn eigentlich mit «Sein» gemeint sei. Dabei ist die Frage entscheidend. Im Deutschen hat das Hilfsverb «sein» drei Funktionen: die *Verbindung* von Nomen und Adjektiv in «Das Gras ist grün», die *Identität* in «Der Gärtner ist der Mörder» und nur äußerst selten die *Existenz* wie in «Großvater ist nicht mehr». Aus dieser letzten Verbalform machte Heidegger ein Nomen und gründete darauf seine ganze Philosophie.

Heidegger formulierte auch Sätze wie: «Der Platz ist je das bestimmte ‹Dort› und ‹Da› des *Hingehörens* eines Zeugs.» Das klingt sicherlich gelehrter als «Alles hat seinen Ort», aber es sagt dasselbe. In seinem Spätwerk ist er noch kreativer: Der «Einblick» wird zum «Einblitz», das «Ereignis» zum «Eräugnis». Die Bedrohung der Technik: «Das Gestell west *als* die Gefahr.» Dabei handelt es sich allerdings nicht um Wortspiele, und schon gar nicht um Humor oder Ironie, die Heidegger fremd waren. Wittgenstein vertrat die Auffassung, dass bei solcher Fabulierlust nur schlechte Philosophie herauskommen könne. Wenn auch nicht auf Heidegger gemünzt, war Wittgensteins Diagnose: Wenn die Sprache *«feiert»*, entstehen Scheinprobleme.

Auch andere philosophische Strömungen waren nicht vor einem hochtrabenden Fachjargon gefeit. Der österreichische Philosoph Karl Popper analysierte Aussagen der *Frankfurter Schule*, die sich vor allem mit sozialen und politischen Themen befassten, und übersetzte sie in einfaches Deutsch. Aus Theodor W. Adornos «Die gesellschaftliche Totalität führt kein Eigenleben oberhalb des von ihr Zusammengefassten, aus dem sie selbst besteht» wird «Die Gesellschaft besteht aus den gesellschaftlichen Beziehungen». Und Habermas' These «Sie erweisen sich für einen speziellen Gegenstandsbereich dann als brauchbar, wenn sich ihnen die reale Mannigfaltigkeit fügt» wird einfach «Sie sind auf ein spezielles Gebiet anwendbar, wenn sie anwendbar sind».

Aus eigener Erfahrung kann ich sagen, dass gerade auf junge

Studenten eine starke Sogwirkung von dieser fremden Wortwahl ausgehen kann: nicht nur eine elitäre Geheimsprache zu beherrschen, sondern Bekanntes und Triviales mit kleinen Aha-Effekten wiederzuentdecken, meist verbunden mit der Zuversicht, im unverständlichen und teils absurden Rest würden tiefe Weisheiten schlummern.

Es braucht einige Zeit, diesem Sog zu widerstehen: manchmal so lange, bis man merkt, dass die geschraubte Ausdrucksweise wie ein falsches Gebiss wirkt. Wittgenstein und Popper helfen dabei, einige Giganten der Philosophie als Scheinriesen zu entlarven, indem man ihre Einschüchterungsprosa entzaubert.

Die Magie der Sprache liegt anderswo: Wir haben nur eine endliche Zahl an Wörtern, Bedeutungen und grammatischen Regeln in unserem Gedächtnis und können damit unendlich viel sagen und verstehen. Unsere Sprachfähigkeit ist angeboren und hebt uns von anderen Tieren ab. Wenn wir kommunizieren, nutzen wir all unsere Fähigkeiten: unsere Sprachfähigkeit und unser Wissen über andere Menschen und den Rest der Welt. Sie ermöglichen uns etwas, das von klein auf Spaß macht: mit der Sprache zu spielen.

Glauben Der Gott im Gehirn

Als ich etwa dreizehn Jahre alt war, hatte ich eine Erleuchtung. Damals spazierte ich auf eine eigentümliche Weise von der Schule nach Hause, denn ich stellte mir vor, die herabgefallenen Herbstblätter seien Tretminen, die ich nicht berühren dürfte. Während ich so im Zickzack die Straße hinunterlief, ging auch mein Geist auf Wanderschaft. Damals war ich überzeugt, dass Gott die Gedanken aller Menschen hören könne. Ich versuchte oft, einen Gedanken zu fassen, ohne ihn lautlos im Geiste zu sprechen. Irgendwie hoffte ich, dass solche Gedanken Gott verborgen bleiben würden. Ich entwickelte sogar eine Methode, im Vordergrund meines Gedankenraumes lautlos zu sprechen, zum Beispiel ein Gedicht aufzusagen, während ich im Hintergrund ungestört meinen eigentlichen Gedanken nachging, so wie Geheimagenten im Film die Musik lauter drehen, damit sie nicht abgehört werden können. Doch mir wurde schnell klar, dass alle Tricks vergeblich waren. Wenn Gott allmächtig ist, dann kann er auch die Hintergrundgeräusche wahrnehmen. Doch dann kam mir plötzlich ein anderer Gedanke: Warum soll ich überhaupt annehmen, dass mir jemand zuhört? Darauf gab es keine Antwort. Und so wurde ich Atheist.

Vielleicht hat es geholfen, dass ich nicht in einer religiösen Familie aufgewachsen bin, denn die meisten Gläubigen glauben das, was ihre Eltern glauben. Der Nichtglaube fällt leichter, wenn man niemals gebetet hat oder von den Nachbarn komisch beäugt wurde, weil man sonntags nicht in der Kirche war. Natürlich gehört zu einem ausgereiften Atheismus mehr als nur der Zweifel daran, dass man von ganz oben abgehört wird. Doch die Frage «Warum soll ich diese Annahme machen?» charakterisiert ein

Grundmotiv der atheistischen Skepsis. Weitaus komplexer ist die Frage: Warum glauben überhaupt so viele Menschen an höhere Wesen oder eine höhere Kraft? Die elterliche Autorität allein kann das nicht erklären. Aber vor allem: Wer ist das eigentlich, Gott?

Gott und Götter

Der Glaube an einen einzigen Gott, der *Monotheismus*, kommt in mindestens drei Spielarten vor. Dem *Theismus* zufolge hat Gott die Welt erschaffen und greift auch in den Weltlauf ein. Der *Deismus* besagt, dass Gott die Welt zwar erschaffen hat, aber nicht in den Weltlauf eingreift. Laut *Pantheismus* mag Gott die Welt erschaffen haben oder nicht, in jedem Fall ist er im gesamten Universum vorhanden.

Die meisten Gläubigen sind sicherlich Theisten im engeren Sinne. Wer meint, seine Gebete würden manchmal erhört, und wer glaubt, es geschähen noch Wunder, der nimmt zumindest stillschweigend an, dass Gott mit den Menschen und dem Universum interagiert: Er lauscht, schaltet sich ein und spricht zu seinen Auserwählten. Der Theismus wirft schwierige Fragen auf: Warum mischt Gott sich nur manchmal ein? Warum erhört er manche Gebete und andere nicht?

Aber vor allem: Warum hat er die Welt nicht gleich perfekt geschaffen und muss ständig nachjustieren? Diese Frage betrachten Deisten als Einwand gegen den Theismus. Man kann sie anhand eines Uhrenvergleichs verdeutlichen. Schon die Antike war von der Harmonie des Weltlaufs fasziniert, vor allem von den Sternenbildern. Das altgriechische Wort «Kosmos» steht für «Ordnung», «Schmuck» und «Weltall». Bevor man Computer kannte, war die Uhr lange Zeit das raffinierteste Wunderwerk der Technik. Sie war Ordnung und Schmuck zugleich. Es lag nahe, das Weltall als eine große Uhr anzusehen. Das tat auch der Deist Leibniz, als er Newton für dessen theistische Position kritisierte. Leibniz hält das Universum für eine Art Schweizer Präzisionsuhr, die man weder aufziehen noch neu stellen muss. Er fragt Newton sinngemäß, warum Gott in seiner Allmacht nur eine batteriebetriebene Quarzuhr hinbekommen haben soll, die nicht einmal wasserdicht ist.

Doch auch der Deismus ist problematisch, denn was bleibt von Gott, wenn er keine Gebete erhört und keine Wunder vollbringt? Für viele Gläubige reicht ein Deismus wie der von Leibniz, Voltaire oder Lessing nicht aus. Denn bei einem abwesenden Gott wären Gebete bloß private Meditationen. Der Deismus ist eine theologische Sparversion, die der Praxis und Vorstellung der meisten Gläubigen nicht entspricht, seien es Juden, Christen oder Muslime.

Der Pantheismus klingt da auf den ersten Blick wie eine großzügige Alternative: Gott ist alles oder in allem. Bei genauerer Betrachtung ist fraglich, was das überhaupt für eine Position ist. Wenn wir über alles sprechen, sagen wir «All», «Welt» oder «Universum». Wer sagt, das Universum sei mit Gott identisch, den möchte man fragen, ob er eine Sprachreform plane: Will er das Wort «Universum» durch das Wort «Gott» ersetzen? Zugegeben, die Vorstellung, selber göttlich zu sein, ist herzerwärmend. Aber da die Menschen Teil des Weltalls sind, hätte das die eigenartige Folge, dass Gläubige sich selbst anbeten. Pantheisten weichen manchmal so aus: Gott ist das Ordnungsprinzip oder die Urkraft des Universums. Doch das hat noch weniger mit dem Gottesglauben zu tun. Religiöse Menschen beten nicht das Gravitationsgesetz an oder das Periodensystem der Elemente. Der Pantheismus ist eine Art Ehrfurcht vor oder Faszination gegenüber den unendlichen Weiten des Weltraums, aber kein echter Glaube.

Man kann auch behaupten, dass alle Religionen eigentlich demselben Gott huldigen, nur eben auf unterschiedliche Weise. Das ist jedoch allenfalls ökumenische Lagerfeuerromantik. Brahman ist nicht Wotan, Zeus ist nicht Allah, und Jahwe ist nicht Manitu. Selbst bei den nahe verwandten abrahamitischen Religionen lassen sich die Götter nicht überblenden. Christen glauben, Gott habe seinen Sohn auf die Erde geschickt, damit er für unsere Sünden stirbt. Für Muslime ist Jesus aber nur einer von vielen Propheten, und für Juden ist er weder Prophet noch Gottessohn. Gott kann nicht gleichzeitig einen und keinen Sohn gehabt haben. Mindestens eine der Positionen muss also falsch sein. Daraus folgt selbstverständlich nicht, dass die anderen wahr sind. Zwei einander widersprechende Positionen können zwar nicht gleichzeitig wahr, aber dafür gleichzeitig falsch sein.

Monotheisten beschreiben Gott auf zwei Arten: als *Übermenschen* oder als abstraktes *unvorstellbares Wesen*. Der personale Gott, der zürnt, zuhört und vergibt, ist nach dem Modell des Menschen ins Unendliche gesteigert. Er hat unendlich viele Sinnesorgane, unendliches Wissen und unendliche Macht. Nur: Wie zwängt er der Welt seinen Willen auf, wenn er selbst nicht Teil der Welt ist? Unserem menschlichen Tun und Wahrnehmen liegen kausale Prozesse innerhalb der Welt zugrunde. Wenn wir etwas sehen, treffen Lichtstrahlen auf unsere Netzhaut. Aber Gott ist außerhalb der Welt. Hat er eine Riesennetzhaut, oder braucht er keine? Hier wechselt die erste Vorstellung oft unmerklich in die zweite über: Gott als abstraktes Wesen, als Macht, als unendlicher Geist. Nur: Abstrakta wie beispielsweise geometrische Formen können nichts in der Körperwelt verursachen, denn sie sind nicht in Raum und Zeit ausgedehnt. Wie kann also Gott abstrakt sein und dennoch etwas in unserer konkreten Welt ausrichten?

Diese Frage bleibt auch dann drängend, wenn man den alttestamentarischen Gott mit seiner allzumenschlichen Rachsucht und Eitelkeit außen vor lässt. Nach Auffassung vieler moderner Christen ist der Gott des *Neuen Testaments* allmächtig, allwissend und allgütig. Aus diesen drei Eigenschaften folgt jedoch das Problem der *Theodizee*, also der Rechtfertigung Gottes angesichts des Bösen in der Welt. Wenn Gott nämlich ohne Einschränkung Gutes tun will, tun kann und auch weiß, wie es geht, dann dürfte es auf der Welt kein Leid geben. Vielleicht ist der Mensch frei erschaffen worden und deshalb an seinem Unglück selbst schuld. Aber diese Überlegung ist schwer auf Naturkatastrophen oder den Tod unschuldiger Kinder anwendbar. Und selbst wenn der Mensch für einige Theologen frei ist: Warum hat Gott ihn nicht gleich mit genug Vernunft ausgestattet, um all die Katastrophen vorherzusehen und sich selbst so im Griff zu haben, dass er fromm und rechtschaffen ist? Es könnte natürlich sein, dass Gott gar nicht allmächtig ist. Diese Lösung des Theodizee-Problems schlagen Theologen erstaunlicherweise selten vor, obwohl schon die mittelalterliche Philosophie vermutete, dass der Begriff der Allmacht widersprüchlich ist: Kann Gott einen Stein erschaffen, der so schwer ist, dass er ihn selbst nicht heben kann? Ganz gleich, ob man die Frage mit «ja» oder «nein» beantwortet, sie rüttelt an der himmlischen Omnipotenz.

Für viele monotheistische Religionen vereint Gott mehrere Aspekte: Er ist der Schöpfer der Welt, eine moralische Autorität, ein unendlicher und unbegreiflicher Geist, jemand, der dem Leben einen Sinn gibt, und eine Art weiser Vater, der einem zuhört, wenn es sonst niemand tut. Braucht man ein solches Wesen, um religiös zu sein? Bevor man Gott genauer unter die Lupe nimmt, muss man fragen, was es überhaupt heißt, religiös zu sein.

Spiritualität und Welterklärung

Eine Weltanschauung ist dann eine Religion, wenn ein Bündel der folgenden Elemente zusammenkommt: der Glaube an übersinnliche Kräfte und höhere Wesen wie Götter, Geister oder Dämonen, spirituelle Gefühle, Mythen und Geschichten, sakrale Bauten und Objekte, ein Moralkodex, geistige Oberhäupter und eine ritualisierte Lebensweise. Das Judentum, das Christentum und der Islam sind demnach prototypische Religionen, denn sie beinhalten all diese Elemente. Aber auch Systeme mit nicht so einschlägigen Charakteristika zählen für die meisten Menschen als Religionen. Im Buddhismus gibt es kein höheres Wesen, sondern in einigen Strömungen nur einen als heilig angesehenen Führer, den Dalai Lama. Der japanische Schintoismus kennt keine geistigen Führer, sondern nur den spirituellen Moment am Gebetsschrein: Zwar existiert kein Schöpfergott, Gottheiten können sich allerdings in unendlich vielen Weisen manifestieren, beispielsweise als Tiere oder Menschen. Quäkern in England sind heilige Objekte, Rituale oder Liturgien weitgehend fremd. Sie nehmen nicht einmal die Bibel besonders ernst. Ihnen ist aber die spirituelle Erfahrung wichtig.

In weiten Teilen der Religionstheorie ist der Gottesglaube das zentrale Merkmal jeder Religion, daher bezweifeln einige, dass beispielsweise der Buddhismus eine Religion ist. Doch das ist sehr aus der westlichen Perspektive gedacht. Wir sind in einer Kultur aufgewachsen, in der der Glaube an ein allmächtiges Wesen typisch für eine Religion ist. Aber warum soll das das Kriterium sein? Evolutionäre Anthropologen wie der Amerikaner Scott Atran und der Franzose Pascal Boyer weisen darauf hin, dass die meisten Religionen auf der Welt gar keinen abstrakten Schöpfergott kennen, sondern eher an örtlich gebundene Geister, Hexen und verstorbene Vorfahren glauben, mit denen sie kommunizieren und denen sie konkrete Taten zuschreiben.

Mehr noch, je weiter ein Glaubenssystem von unserer Kultur entfernt ist, desto eher sind wir geneigt, von «Aberglaube» oder «Mythos» statt von «Religion» zu sprechen. Dabei erfordern Engel wie die sechsflügligen Seraphim der Bibel nicht weniger Mythologie als andere aus Mensch und Tier gekreuzte Fabelwesen wie die Sphinx oder der hinduistische Ganesha, ein drolliges Dickerchen mit Elefantenkopf. Manche lösen den Disput daher terminologisch, indem sie zwischen Religionen mit Gott und ohne Gott unterscheiden.

Wichtig zum Verständnis von Religionen ist allerdings eine andere Unterscheidung, nämlich zwischen einem *spirituellen Grundgefühl* und der *Welterklärung*. Mit «Spiritualität» oder einem «spirituellen» oder «mystischen» Gefühl ist nicht die Überzeugung gemeint, dass es eine höhere Macht oder ein höheres Prinzip gibt, sondern vielmehr eine gar nicht sprachlich oder begrifflich verfasste Ahnung, die viele erst nachträglich so in Worte fassen: «Da ist noch etwas, alles ergibt einen Sinn, es herrscht eine höhere Ordnung, ich fühle mich aufgehoben.» Auch andere Erfahrungen kann man als spirituelle Erlebnisse deuten. Wie Kant erfasst viele Menschen eine tiefe Ehrfurcht, wenn sie in den Sternenhimmel blicken. Andere empfinden *ozeanische Gefühle*, als gäbe es keine Grenze mehr zwischen dem eigenen Körper und dem Rest der Welt, als verschmölze alles zu einem einzigen Ganzen.

Der Soziologe Max Weber hat in einem Brief geschrieben: «Ich bin ... religiös absolut ‹unmusikalisch› und habe weder Bedürfnis noch Fähigkeit, irgendwelche seelischen ‹Bauwerke› religiösen Charakters in mir zu errichten.» Der Satz scheint sich auf das ganze Erklärungsmodell einer Religion zu beziehen. Analog zur religiösen Musikalität kann man von einer *spirituellen Empfänglichkeit* sprechen, einem Hang zu spirituellen Gefühlen. Spirituelle Menschen sind viel eher geneigt, die religiösen Welterklärungsmodelle zu akzeptieren, die zu ihrem Gefühl passen. Was für nicht spirituelle Menschen logisch dissonant klingt, erzeugt in ihren Ohren die richtige Melodie.

Spiritualität ist ein Kernelement jeder Religion. Welterklärungsmodelle und Moralsysteme sind zunächst davon unabhängig. Das spirituelle Gefühl wird einfach mit dem jeweiligen Glaubenssystem vereint. Deshalb verspüren unspirituelle Menschen in einer religiösen Kultur ebenso ein Unbehagen wie spirituelle Menschen in der modernen naturwissenschaftlichen Gesellschaft. Die einen zweifeln an der Erklärungskraft der religiösen Modelle, während die anderen hoffen, sie fänden im naturwissenschaftlichen Weltbild Lücken, in denen ihr besonderes Gefühl Platz hat.

Spiritualität im Hirn

Auf der Suche nach den Grundlagen spiritueller oder mystischer Erfahrungen dringen Wissenschaftler seit einigen Jahrzehnten immer tiefer in unsere Hirnwindungen vor. Der amerikanische Neurologe Michael Persinger berichtet von einer Patientin, der Eigenartiges widerfuhr. Tief in der Nacht spürte die erfolgreiche Akademikerin immer wieder die Gegenwart eines Wesens, das ihre Gebärmutter stimulierte. Manchmal vermeinte sie dabei die Umrisse eines Babys oberhalb ihrer linken Schulter wahrzunehmen. Die Patientin war sich sicher, dass sie «auserwählt» war. Kein Psychiater konnte ihr helfen. Persinger und seine Kollegen fanden heraus, dass hier nicht Geister oder Gott am Werk waren, sondern ein schlichter Nachttischwecker. Die elektronische Uhr hatte ein schwaches Magnetfeld erzeugt, das die Melatonin-Ausschüttung im Gehirn der Patientin hemmte und so epileptische Anfälle begünstigte. Diese Anfälle waren die Grundlage für ihre bizarren körperlichen Halluzinationen.

Epileptische Anfälle werden in Neuronenhaufen durch synchrone elektrische Entladungen verursacht, die sich ungehemmt ausbreiten. Nicht jeder Epileptiker hat Halluzinationen. Patienten, deren Entladungsherd in den Schläfenlappen liegt, haben jedoch besonders oft spirituelle oder mystische Erfahrungen. Selbst gesunde Menschen mit einem überdurchschnittlich empfindlichen Schläfenlappen können durch Veränderungen im Magnetfeld Gruseliges erleben. Persinger berichtet von einem jungen Paar, das nachts im gemeinsamen Schlafzimmer fremde Atemgeräusche hörte und eine Erscheinung sah, die sich auf ihr Bett zu bewegte. Persingers Kollegen fanden heraus, dass die elektrischen Leitungen des Hauses schlecht geerdet waren und so komplexe Magnetfelder erzeugten. Mit der Erdung verschwand auch der Poltergeist – ein Happy End, das man den Protagonisten vieler Horrorfilme gewünscht hätte.

Der Zusammenhang zwischen Magnetfeldern und Epilepsie ist schon seit Jahrzehnten bekannt. Das Erdmagnetfeld ist täglichen Schwankungen unterworfen. Liegt es in einem bestimmten mittleren Bereich, steigen epileptische Anfälle deutlich an. Deshalb kam Persinger auf die Idee, die Felder im Labor künstlich zu erzeugen. Dazu konstruierte er einen *Gott-Helm*, einen gelben Motorradhelm, in dem durch elektrische Spannung ein schwaches Magnetfeld entsteht. Hunderte Versuchspersonen hat Persinger so in seinem Labor auf einen spirituellen Pfad geschickt. Einige «spürten» die Präsenz von Dämonen, andere von den Geistern ihrer Vorfahren, von Außerirdischen und viele von Gott selbst. Der Wissenschaftstheoretiker Michael Shermer berichtet, wie er die aufkeimenden mystischen Gefühle nur mit Mühe unterdrücken konnte. Bei dem englischen Evolutionsbiologen und leidenschaftlichen Atheisten Richard Dawkins tat sich allerdings gar nichts. Persinger erklärt das mit Dawkins' schwacher Empfänglichkeit im Schläfenlappen.

Der indische Neurowissenschaftler Vilayanur S. Ramachandran konnte zeigen, dass Menschen mit Schläfenlappensensitivität auch deutlich stärker auf religiöse als auf sexuelle Reizwörter oder Zeichen reagieren. Bei der Vergleichsgruppe von unempfindlichen Testpersonen war es umgekehrt. Als man Nonnen des Karmelitenordens bei der Meditation untersuchte, fand man ebenfalls eine erhöhte Aktivität in dieser Region.

Daraus folgt allerdings nicht, dass Gott in den Schläfenlappen schlummert, sondern vielmehr, dass dort vermutlich eine der vielen Formen von Spiritualität ihren Sitz hat. Die Versuchspersonen meinten ein fremdes Wesen zu spüren und haben das dann zu Gott gemacht, das Erlebnis also ganz automatisch in ihr Weltbild eingepasst. Dabei hängt es von der kulturellen Prägung ab, wie diese Einpassung vonstatten geht. Die spirituelle Süditalienerin deutet ihre Erfahrung beim Gebet vielleicht als die Nähe der Heiligen Jungfrau Maria, während der jemenitische Sufi durch Verinnerlichung etwas spürt, das er als die Anwesenheit Allahs beschreibt. Bei Dämonen oder Außerirdischen hat sicherlich Hollywood stilbildend gewirkt. Der Gott-Helm ist also eher ein Spiritualitätsverstärker. Persingers Ergebnisse sind noch umstritten. Eine schwedische Forschergruppe konnte sie nicht wiederholen und vermutet daher einen *Placebo-Effekt*. Aber auch ein Placebo-Effekt ist ein Effekt. Immerhin hatten viele Probanden eine Höllenangst während der Experimente. Konfrontiert mit Erscheinungen wie dem leibhaftigen Teufel, verließen einige panikartig die

Sitzung. Die Placebo-Befürworter und Gott-Helm-Kritiker müssten also behaupten, dass pure Einbildungskraft zu diesen Erlebnissen geführt hat. Der Effekt ist in jedem Fall erstaunlich, ganz gleich, ob ihn Gedanken oder Magnetfelder herbeigeführt haben.

Vermutlich neigen Menschen ohnehin dazu, ganz unterschiedliche Erlebnisse als Stütze ihrer religiösen Welterklärungsmodelle anzunehmen. Persinger beschreibt nur einen Aspekt spiritueller Erfahrung, nämlich die oft als bedrohlich empfundene «Präsenz» eines höheren Wesens. Viele Mystiker und buddhistische Mönche spüren aber eher ein angenehmes «Einswerden» mit einer höheren Macht oder eine «Auflösung» ihrer Körpergrenzen. Der amerikanische Neurologe Andrew Newberg verfolgt deshalb einen anderen Ansatz. Mit Hilfe bildgebender Verfahren konnte er zeigen, dass sich bei der Meditation buddhistischer Mönche auch in anderen Gehirnregionen die Aktivität ändert, und zwar im Scheitellappen. Dort vermuten Forscher den Sitz des Gefühls für unsere Körpergrenzen. In Gebeten und Meditationen kann die Aktivität in dieser Region schlagartig abnehmen und so eine Körperillusion erzeugen: Die Meditierenden fühlen nicht mehr, wo sie aufhören und die restliche Welt anfängt. So haben sie den Eindruck, sie würden eins mit allem.

Auch Drogen können spirituelle Gefühle erzeugen. Weltweit sind Rauschmittel Bestandteil religiöser Rituale. Der amerikanische Psychologe William James und seine Kollegen beschrieben vor mehr als hundert Jahren, wie Lachgas, Äther oder Alkohol mystische Erlebnisse verursachen können. Ein anderes Beispiel: Amazonas-Indianer trinken einen halluzinogenen Tee, der Dimethyltryptamin (DMT) enthält, einen Stoff, der ähnlich wie LSD wirkt, jedoch auch vom menschlichen Körper produziert wird. Schon Alexander von Humboldt hatte am Ende des 18. Jahrhunderts DMT-haltige Pflanzen von seiner Südamerikareise mitgebracht. Der amerikanische Psychiater Rick Strassmann spritzte Freiwilligen eine konzentrierte Dosis dieses Mittels und bescherte ihnen so starke psychedelische Erlebnisse. Die Versuchspersonen hatten den Eindruck, sie wechselten in andere «Sphären», die von Außerirdischen, Elfen oder Rieseninsekten bevölkert waren. Einige dieser Wesen waren freundlich und liebevoll, andere verstümmelten oder vergewaltigten ihre «Besucher». Viele der Probanden hatten auf DMT auch ein ganz allgemeines Gefühl von «Zeitlosigkeit», «Glückseligkeit» oder des Verschwimmens von «Gegensätzen». Strassmann hält DMT daher für das Mystik-Molekül.

Ob diese besonderen spirituellen Erlebnisse der Schlüssel zum Verständnis von Religionen sind, bleibt dennoch fraglich, denn viele Menschen sind weltweit religiös, ohne extreme Erfahrungen zu machen. Sie beschreiben ihre Spiritualität eher als eine undeutliche Ahnung oder ein Vertrauen auf eine höhere Kraft.

Spiritualität ist zudem nicht dasselbe wie religiöser Glaube, auch wenn viele Wissenschaftler das suggerieren. Wer einen Gott-Helm aufsetzt, hat andere Erlebnisse als jemand, der in die Kirche geht. Und die DMT-haltigen Hautdrüsensekrete der berüchtigten Aga-Kröte abzulecken erzeugt andere Erlebnisse als das Beten. Bei vielen Religionen kommen zu spirituellen Gefühlen noch andere Elemente hinzu, nämlich ganz konkrete Annahmen über die Entstehung oder die Ordnung der Welt, die Anerkennung einer Autorität und das Hoffen auf einen höheren Sinn. Diese Elemente folgen nicht aus neblig-mystischen Empfindungen, sondern aus komplexen Gedankengängen. Vielen Theisten reicht die bloß gefühlte Ahnung des Göttlichen ohnehin nicht aus, sie würden Gottes Existenz gerne beweisen. Aber kann man das?

Gottesbeweise

Ob Gott existiert, ist eine *metaphysische* Frage. «Metaphysisch» heißt nicht «übersinnlich» oder «unwissenschaftlich», sondern bezeichnet eine Teildisziplin der Philosophie, in der es um die allgemeinste Beschaffenheit der Welt geht, zum Beispiel um Raum und Zeit oder darum, was Naturgesetze sind. Fragen nach der Existenz oder dem Ursprung des Weltalls sind klassische metaphysische Fragen. Sie gehören nicht zu den *empirischen* Wissenschaften, weil naturwissenschaftliche Methoden darauf keine Antwort liefern können. Viele metaphysische Kategorien sind ja gerade Voraussetzung für Beobachtungen oder Experimente. Raum und Zeit kann man nicht beobachten, sondern nur Dinge oder Ereignisse, die in Raum und Zeit ausgedehnt sind.

Die Argumente für die Existenz Gottes heißen traditionell «Gottesbeweise», denn sie stammen aus einer Zeit, als man noch glaubte, man könne metaphysische oder empirische Thesen beweisen. Heute denkt man anders. Beweise gibt es in der Mathematik und der Logik, also in den formalen Wissenschaften. In den empirischen Wissenschaften wie der Physik, der Biologie oder der Soziologie versucht man, eine These mit Hinweisen zu belegen oder zu begründen. Man fragt nicht: «Wie kannst du beweisen, dass UV-Strahlen Hautkrebs verursachen?», sondern: «Was spricht dafür? Was sind die Hinweise?» Man fragt: «Hast du das beobachtet oder systematisch getestet?», oder: «Kennst du die kausalen Vorgänge, die zur Zellwucherung führen?» Dabei gilt: Die Hinweise mögen auch noch so gut und zahlreich sein, es ist immer möglich, wenn auch unwahrscheinlich, dass man sich trotzdem irrt. In der Metaphysik geht man ähnlich vor. Man fragt, welche Argumente oder Gründe für eine Annahme sprechen. Eine metaphysische These darf weder den empirischen Daten entgegenstehen, also den Experimenten und Alltagsbeobachtungen, noch darf sie methodische Grundprinzipien verletzen wie Widerspruchsfreiheit, Widerlegbarkeit und vor allem Einfachheit.

Die Argumente für die Existenz Gottes sind oft so dürftig, dass sie in philosophischen Einführungsseminaren dazu dienen, logische oder argumentative Fehlschlüsse zu veranschaulichen. Obwohl die meisten Gläubigen keine Beweise im strengen logischen Sinn anstreben, tauchen die «Argumente» in Varianten immer wieder auf, weil sie den spirituell Empfänglichen doch irgendwie stimmig erscheinen.

Das *ontologische Argument* stammt von dem mittelalterlichen Gelehrten Anselm von Canterbury. Es lautet ungefähr so: «Wir haben den Begriff oder die Vorstellung eines perfekten Wesens, das allwissend, allmächtig und allgütig ist. Ein existierendes Wesen dieser Art ist noch perfekter als ein nicht existierendes. Also folgt aus dem Begriff des perfekten Wesens schon dessen Existenz.» Ein eigenartiger Gedankengang. Mit derselben Inbrunst könnte man behaupten: «Wir haben den Begriff des perfekten Pegasus, eines weißen Pferdes mit wilder Mähne und gewaltigen Flügeln. Ein existierender Pegasus ist perfekter als ein nicht existierender, also muss der perfekte Pegasus tatsächlich existieren.» Kant hat dieses Argument als Fehlschluss entlarvt, indem er gezeigt hat, dass Existenz keine Eigenschaft ist. Anders gesagt: Warum sollte aus einem Begriff irgendetwas für die Wirklichkeit folgen?

Das *kosmologische Argument* ist für viele das überzeugendste. Es stammt von dem mittelalterlichen Philosophen Thomas von Aquin und lautet ungefähr so: «Alles muss eine Ursache oder einen Grund haben. Das Universum kann nicht einfach nur so da sein, sondern es muss erschaffen worden sein. Der Einzige, der dafür in Frage kommt, ist Gott.» Nun stellen sich gleich zwei Fragen. Erstens: Ist das eine gute Begründung für das Bestehen des Universums? Und zweitens: Ist damit auch die Existenz Gottes bewiesen?

Begründungsketten haben ein Ende. Das merken alle Eltern, wenn ihre Kinder in die Warum-Phase eintreten. Frage: «Warum fallen wir nicht von der Erde herunter?» Antwort: «Weil uns die Gravitationskraft an der Erde hält.» Frage: «Warum gibt es die Gravitationskraft?» Schon hier fällt die Antwort schwer, aber nicht nur Eltern, sondern auch Physikern und Philosophen, denn auf eine so grundlegende Frage kann man nichts Gescheites mehr sagen. Wittgenstein hat dafür folgendes Bild entworfen: Man kann immer tiefer graben, aber irgendwann stößt der Spaten auf festen Stein. Wenn es in Begründungen hart auf hart kommt, hat man nur wenige, unbefriedigende Möglichkeiten. Man kann die Begründung zum Beispiel *dogmatisch abbrechen*, indem man wie die

Hanseaten sagt: «Isso.» Ob das die Kinder ruhigstellt, ist eine andere Frage. «Was hat Gott getan, bevor er die Welt erschuf?» Darauf hat der Kirchenvater Augustinus geantwortet: «Er schuf die Hölle für diejenigen, die solche Fragen stellen.» Geistreich, aber ebenfalls ein dogmatischer Abbruch.

Mit dem Abbruch vermeidet man zwei andere unbefriedigende Alternativen der Begründungskette, nämlich den *Zirkel* und den *unendlichen Regress*. Denn wenn alles verursacht sein muss, dann muss das auch für Gott gelten. Wer hat also Gott erschaffen und wer denjenigen, der Gott erschaffen hat? Und so weiter. Das ist der Haken am kosmologischen Argument. Bei näherer Betrachtung ist es also weder ein Argument für die Entstehung des Universums noch ein Beweis der Existenz Gottes. Es überzeugt nur diejenigen, die sich nicht im Klaren darüber sind, was eigentlich eine Begründung ausmacht.

Hier kommt eines der wichtigsten Prinzipien der Wissenschaft ins Spiel: *Ockhams Rasiermesser*. Dem mittelalterlichen Philosophen Wilhelm von Ockham schreibt man den Ausspruch zu: «Man soll Seiendes nicht ohne Not vermehren», oder kürzer: «Die einfachste Erklärung ist die beste.» Einfach ist eine Erklärung vor allem, wenn sie mit wenigen Annahmen auskommt. Man drückt dieses Prinzip oft im Vokabular des Geldhandels aus. Begründungen sollen *sparsam* sein, denn wer eine Annahme macht, ist seinem Gegenüber die Begründung *schuldig*. Wer zum Beispiel behauptet, Zeus schleudere Blitze, ist in der Pflicht, zu zeigen, dass dieser olympische Gott existiert. Und wer behauptet, Blitze seien elektrische Entladungen, muss nachweisen, dass Elektronen existieren.

In diesem Sinne fragte das Nachrichtenmagazin *Der Spiegel* in einem Interview im Mai 2007: «Bei wem liegt die Beweislast für die Existenz oder Nichtexistenz Gottes?» Walter Brandmüller, damals führender Historiker des Vatikans, antwortete so: «Die liegt nun in der Tat beim Atheisten. Sie staunen? Ich meine, aber, doch! Denn: Wenn ich die Existenz eines unendlichen Geistes, aus dessen Gedanken und Willen die gesamte Wirklichkeit hervorgegangen ist, leugne, dann muss ich doch wohl erklären können, wieso dann Welt und Mensch überhaupt existieren ... Insbesondere aber müssten Sie erklären, wie es denn kommt, dass menschliche Vernunft und Makro- wie Mikrokosmos so aufeinander- beziehungsweise ineinanderpassen wie Schloss und Schlüssel. Das heißt, wie es möglich ist, dass Astronauten zu einem präzisen Zeitpunkt auf einem genau bestimmten Planquadrat des Mondes landen können.»

Diese Antwort offenbart gleich mehrere Probleme. Der erste Teil greift eine Frage von Leibniz auf, nämlich warum es eher *etwas* als *nichts* gebe. Die Existenz eines «unendlichen Geistes» beantwortet diese Frage allerdings nicht, sondern vergrößert nur noch die Unklarheit. Wenn man etwas erklärt, dann will man immer etwas Unklares, Komplexes oder schlecht Verstandenes durch etwas ersetzen oder beschreiben, das klarer, einfacher oder besser verstanden ist. Die Annahme eines göttlichen Geistes dreht diese Abhängigkeit aber um. Das Argument beruht auf einem Fehlschluss, der in der Philosophie traditionell *obscurum per obscurius* heißt, nämlich etwas Dunkles, Obskures durch etwas zu ersetzen, das noch dunkler und obskurer ist. Niemand weiß, wie das Universum entstanden ist. Es hilft aber nicht weiter, wenn man zu diesem Rätsel noch einen «unendlichen Geist» auf den Plan ruft, aus dessen Wille und Vorstellung die Welt hervorgebrochen ist. Denn entweder man unterstellt, dass alles erschaffen sein muss. Das gilt dann aber auch für den Erschaffergott selbst. Oder man will die Erklärungskette durch einen *unbewegten Beweger* dogmatisch abbrechen. Aber das kann man schon früher tun. In diesem sparsamen Fall hat man das Universum und das ungelöste Rätsel seiner Entstehung. Im anderen Fall hat man das Universum, Gott, das Rätsel seiner Entstehung und die willkürliche Behauptung, er sei der Erschaffer des Universums. Die sparsamere Variante ist auch die redlichere. Es ist besser zuzugeben, dass es keine Erklärung geben kann, als vollkommen beliebig zu behaupten, es existiere ein höheres Wesen. In Quentin Tarantinos Film *Kill Bill* aus dem Jahr 2003 sagt der Waffenschmied zur Hauptfigur Beatrix

Kiddo, ihr Samuraischwert sei so scharf, dass selbst Gott sie nicht aufhalten könne. Ockhams Klinge ist noch schärfer. Sie schneidet Gott komplett aus dem Film heraus.

Der zweite Teil von Brandmüllers Antwort hat überhaupt nichts mit der ursprünglichen Frage zu tun. Wir wissen ziemlich genau, wie es zur Mondlandung kommen konnte. Die technische Anwendung der Erkenntnisse über Gravitation, Impulserhaltung, elektromagnetische Wellen und andere Naturphänomene hat die Landung ermöglicht. Die Vorstellung, es bräuchte einen göttlichen Geist, damit der Mensch seine Denkfähigkeit nutzt, klingt schon fast nach dem *teleologischen Argument*, das besagt: «Alles hat einen höheren Sinn oder Zweck. Gott muss existieren, denn nur er kann dem Universum Sinn verleihen.» Das ist ein offensichtlicher *Anthropomorphismus*, eine Übertragung menschlicher Ziele und Zwecke auf die Natur oder das Universum. Der Mensch baut Uhren zu einem Zweck, aber Tiere oder Planeten sind nicht nach einem Bauplan entworfen. Sie sind durch die Evolution oder andere kausale Prozesse entstanden. Wir haben zwar die Neigung, alles zu vermenschlichen, indem wir Pläne, Absichten und Zwecke in alles hineindeuten, aber daraus darf man keine substanziellen Thesen ableiten. Der Computer «spinnt» nicht buchstäblich, und wenn der Motor mal nicht anspringen «will», dann hat er deshalb noch keinen Verstand.

In subtilerer Form taucht die anthropomorphe Sichtweise in der These vom *intelligenten Design* wieder auf, die Brandmüllers These ähnelt. Anhänger dieser Auffassung meinen, die Entstehung des Universums sei so unwahrscheinlich gewesen, dass der Entwicklung nur ein göttlicher Bauplan zugrunde gelegen haben kann. Wären nur winzigste Variablen in den ersten Hundertstelsekunden nach dem Urknall oder in der frühen Erdbiosphäre anders gewesen, es hätte niemals geistbegabte Wesen im All gegeben. Das Problem an dieser Auffassung ist: Wahrscheinlichkeiten sind nur auf Prozesse innerhalb des Universums anwendbar, nicht auf das Ganze. Bei einem exakten Würfel ist die Chance, eine Drei zu würfeln, eins zu sechs. Stellen Sie sich vor, Sie würden mit Gott um ein bewohnbares und fünf unbewohnbare Universen würfeln. Dann wäre Ihre Chance, das bewohnbare zu bekommen, ebenfalls eins zu sechs. Aber wir haben keine anderen Universen vorliegen, und Gott würfelt bekanntermaßen nicht. Wir haben lediglich unsere Phantasie, in der wir unser Universum verändern. Wir können uns düstere unbewohnbare Welten in Millionen Variationen vorstellen, aber daraus folgt nicht, dass die Chance, in einer bewohnbaren zu leben, eins zu einer Million ist. Und selbst wenn: Warum sollte unser komplexes Universum eher für Gott sprechen als ein weniger komplexes?

Gottes Wort in unserm Ohr

Gläubige lassen sich außer von den genannten Argumenten noch von weiteren Überlegungen einnehmen. Viele überzeugt beispielsweise das Alter, der Duktus oder der Inhalt der religiösen Schriften. Immerhin steht in der Thora, der Bibel und dem Koran, dass es sich um Jahwes, Gottes und Allahs Wort handele. Aber auch in der fabelhaften Welt der Odyssee bittet der Sänger Homer, eine göttliche Muse möge ihm eine Geschichte erzählen, und das etwa 800 Jahre vor den Evangelien und 1400 Jahre vor dem Koran. Und selbst wenn eine der Schriften von Gott selbst diktiert worden wäre: Welche heutige Ausgabe ist die richtige? Nach dem Stille-Post-Prinzip des Abschreibens haben sich die Fassungen immer wieder geändert. Noch schwerer wiegt der Einwand der Widersprüchlichkeit und der historischen Fehler, beispielsweise im *Neuen Testament*. Die römische Volkszählung und Herodes' Massaker an den Neugeborenen sind frei erfunden. Bei Matthäus liegen 28 Generationen zwischen Jesus und seinem Urahnen David, bei Lukas sind es 41. Nicht einmal über die Namen der Großeltern herrscht bei beiden Einigkeit. Wer hat nun Gottes Wort korrekt in menschliche Prosa übertragen? Das Motiv der jungfräulichen Geburt und des Täufers kursierte ohnehin schon Jahrhunderte zuvor in den mediterranen Mythen. Warum war Gott, der sonst auf Einzigartigkeit so viel Wert legt, da nicht etwas exklusiver? Wer schließlich meint, im Duktus der Bibelübersetzung Gottes Stimme zu vernehmen, der muss sich fragen, ob er nicht vielleicht schon als Kind konditioniert wurde, eine gewisse Ehrfurcht dem biblischen Tonfall gegenüber zu empfinden.

Wenn man an Wunder glauben will, dann entdeckt man sie zuhauf, nicht nur in der Bibel, sondern auch in der Gegenwart. Aber natürlich gibt es Wunder nur in der Lesart von «großem Glück». Wer die Rettung eines Babys nach dem asiatischen Tsunami vom 26. Dezember 2004 für eine himmlische Intervention hält, der soll auch erklären, warum über 200 000 Menschen sterben mussten, damit Gott uns dieses Zeichen sandte. Wieso überhaupt der Umweg über Wunder: Könnte er nicht einfach zu allen Menschen sprechen? Dann wäre doch die Sache ein für alle Mal geklärt. Die Bibelwunder kann man ohnehin nicht ernst nehmen. Wenn wir eines sicher wissen, dann das: Niemand kann seinen eigenen Tod überleben, genauso wenig, wie Büsche sprechen können, ganz gleich, ob sie nun brennen oder nicht. Das gilt auch für die wunderliche Geschichte von Marias jungfräulicher Geburt, nachdem der Heilige Geist über sie gekommen ist.

Nicht jeder glaubt an Wunder, aber viele verlassen sich immerhin auf ein *Autoritätsargument*, nämlich dass die klügsten Denkerinnen und Denker der Geschichte religiös waren. Dawkins verwendet viel Mühe darauf, diesen Mythos zu entlarven. Nur weil Albert Einstein das Wort «Gott» in einigen Beispielen verwendet hat, war er nicht gläubig. Im Gegenteil, er hat sich vehement gegen diese Vereinnahmung gewehrt. Tatsächlich sind nur wenige Nobelpreisträger gläubig. Und selbst wenn Einstein an einen personalen Gott geglaubt hätte, machte das Gott genauso wenig real wie die vom Mesmerismus behauptete Heilkraft der Magnete, an die beispielsweise der kluge Schopenhauer glaubte. Bei Autoritätsargumenten handelt es sich schlichtweg um Fehlschlüsse.

Bleibt noch der direkte Draht zu Gott. Hat er nicht immer wieder zu Auserwählten gesprochen? Man fragt sich, warum diese Unterredungen stets im stillen Kämmerlein stattfanden und nie vor großem Publikum. Aber Gottes Kommunikationswege sind unergründlich. Immerhin behauptet ein ehemaliger US-Präsident, Gott persönlich habe ihm einen völkerrechtswidrigen Krieg gegen den Irak empfohlen, bei dem nach Schätzungen über 100 000 Zivilisten starben. Für diese Aussage kann man natürlich Gott nicht verantwortlich machen, aber sie verdeutlicht die Beliebigkeit dieser Erkenntnisquelle.

Ein altes Bonmot sagt: «Wenn du zu Gott sprichst, dann ist das ein Gebet. Wenn Gott zu dir spricht, dann ist das Schizophrenie.» Im *Neuen Testament* steht passend dazu: «Wenn sie euch nun hinführen und übergeben werden, so macht euch vorher keine Sorgen, was ihr reden sollt; sondern was euch in dieser Stunde eingegeben wird, das redet. Denn ihr seid's ja nicht, die reden, sondern der Heilige Geist.» Für die englischen Psychiatrieprofessoren Simon Mullins und Shaun Spence ist das eine präzise Beschreibung schizophrener Gedankeneingebung. Schizophrene leiden nämlich nicht an einer «gespaltenen Persönlichkeit», wie es manchmal im Volksmund heißt, sondern sie haben außer Wahnvorstellungen starke Halluzinationen, die oft verbal sind. Viele haben den Eindruck, ihre Gedanken stammten nicht von ihnen, sondern wären irgendwie in ihren Kopf gesendet worden, unter anderem von Gott. Einige Wissenschaftler vermuten, dass Schizophrene, ohne es zu merken, leise vor sich hin murmeln und dann ihre eigene Stimme als fremde wahrnehmen. Wie im Gott-Helm-Experiment deuten sie das eigenartige Gefühl der Fremdheit dann rückwirkend um. Je nach kultureller Prägung wählen die Betroffenen als Quelle der Stimmen mächtige Wesen wie Gott und Außerirdische oder das dominierende Elektrogerät ihrer Epoche: Radio, Fernseher, Computer.

Auch Noah, Abraham und Moses haben Stimmen gehört. Hat Gott persönlich zu Ihnen gesprochen? Wenn heute jedenfalls jemand behauptet, Gott habe ihm befohlen, seinen Sohn zu töten, dann würden wir ihn eher in Behandlung schicken, als ihn als Heiligen oder Propheten zu verehren. Nach christlicher Auffassung ist das *Neue Testament* vom Heiligen Geist diktiert. Vermutlich ist auch hier die Situation etwas anders. Markus, Matthäus, Lukas und Johannes litten nicht an verbalen Halluzinationen, sondern sie und nicht der Heilige Geist waren die tatsächlichen Ghostwriter: Sie haben die Geschichten selbst erfunden, auch wenn jemand anders dafür all den Ruhm eingestrichen hat.

Wer also spirituelle Gefühle hegt oder Gottes Stimme hört, der muss sich immer fragen, ob er ein ganzes Weltbild darauf aufbauen möchte. Ron Howards Film *A Beautiful Mind* aus dem Jahr 2001 zeigt, wie der Ökonomienobelpreisträger John Nash mit seiner Schizophrenie umgeht. Er sieht Personen, weiß aber, dass sie nicht existieren, weil sie über die Jahre nicht gealtert sind. Das ist sicherlich filmisch zugespitzt, aber es zeigt, dass manchmal die Vernunft doch Oberhand über die Unvernunft behalten kann.

Einige Gläubige wollen sich aber auf eine rationale Argumentation gar nicht erst einlassen. Sie wählen eine von zwei Rückzugspositionen. Die erste sagt: «Natürlich *weiß* ich nicht, ob Gott existiert, deshalb *glaube* ich ja an ihn und *hoffe* auf das Himmelreich.» Aber das ist eine sprachliche Selbsttäuschung. «Glauben» heißt «für wahr halten». Wenn ich glaube, dass sich die Erde um die Sonne dreht, dann halte ich es auch für wahr. Und wenn ich an Gott glaube, dann halte ich es für wahr, dass er existiert. Wenn man auf die Auferstehung nach dem Tod hofft, dann hält man sie zumindest für möglich. Und wieder fragt sich, warum man sein ganzes Leben gerade an dieser Hoffnung ausrichten soll und nicht an der vom Nirwana.

Die zweite Rückzugsposition folgt vordergründig dem Prinzip «Angriff ist die beste Verteidigung». Manche Theologen sagen: «Wer bist du, kleiner Mensch, dass du meinst, du könntest dir in deiner lächerlich banalen Endlichkeit Gott vorstellen?» Martin Luther spricht in diesem Zusammenhang von der Vernunft als der «Hure» des Teufels. Doch hinter diesem Einschüchterungsmanöver verbirgt sich ein intellektueller Offenbarungseid. Erst behauptet man, es gebe ein höheres Wesen. Wenn sich herausstellt, dass dessen Eigenschaften widersprüchlich oder uneinlösbar sind, behauptet man, dieses Wesen liege jenseits der menschlichen Vorstellungskraft.

Seelen, Paradiese und Wiedergeburten

Wir kommen auf die Welt, durchleben eine Zeit voller Leid und Schmerz und sterben dann. Da ist es nur natürlich, von einer Sphäre zu träumen, in der es weder Leid, Schmerz noch den Tod gibt. Der römische Dichter Ovid beschreibt das goldene Zeitalter, in dem Milch und Honig in Strömen flossen. Im Garten Eden herrschen ewiger Friede und Glückseligkeit. Den muslimischen Gotteskriegern ist eine Oase verheißen. Je nach Quelle warten dort zwischen 23 und 48 Jungfrauen auf sie. Solche Phantasien mögen auf viele verlockend wirken. Oft bleibt dabei allerdings unklar, ob man als ganzer Mensch oder bloß als Seele in diesen Paradiesen wohnt.

Die Idee der unsterblichen Seele stammt nicht aus der jüdischen Tradition der Heiligen Schrift, sondern von Platon, der glaubte, dass der Körper nur das vorübergehende «Grab» der Seele sei, von dem sie sich nach dem Tod loslöse. Die Seele selbst sei unzerteilbar, unzerstörbar und ewig. Die christliche Vorstellung einer Seele ist also eine neuplatonische Umdeutung der eigentlichen Bibelmetaphysik, denn die Auferstehung der Toten meint ursprünglich den ganzen Menschen aus Fleisch und Blut. Das Reich Gottes ist eine Herrschaft auf der Erde und nicht in einem wolkigen Himmelsgewölbe.

Aber selbst wenn wir annähmen, die wilde und völlig unbegründete Behauptung, wir hätten eine unsterbliche Seele, wäre tatsächlich wahr, dann kann man sich immer noch fragen, ob *wir* überhaupt etwas mit unserer Seele zu tun haben. Unser Leben ist durch unsere ganze Persönlichkeit geprägt: unsere Empfindungen, Gedanken, Wünsche, Erinnerungen, Sehnsüchte, Pläne und Taten. All diese sind an unseren Körper gebunden. Ohne Gehirn und Körper könnten wir nichts fühlen, denken oder tun. Wenn wir sterben, ist all das vorbei. Das ist auf eine tiefe Weise tragisch, aber die Existenz einer Seele ändert daran nichts. Was bringt es mir, wenn meine Seele weiterexistiert, *ich* aber tot bin? Man müsste schon behaupten, dass unsere Seele genauso fühlt, denkt und handelt wie wir und dazu noch unabhängig von unserem Körper existiert. Damit schluckt man die bittere Pille des Dualismus, dem zufolge die Seele weder körperlich-räumlich ist, noch vom Gehirn abhängt und trotzdem mit der Körperwelt interagiert. Das ist eine widersprüchliche Position, denn nichts kann gleichzeitig körperlich und unkörperlich sein.

Die Geschichte mit der Wiedergeburt ist ganz analog erzählt. Angenommen, ich wäre wirklich die Wiedergeburt eines Wurmes, den ein Wanderer im 18. Jahrhundert zwischen Wüstheuterode und Witzenhausen schicksalhaft zertreten hat. Da ich mich an meine Wurmexistenz nicht erinnern kann, noch sonst etwas aus dem Wurmleben in mein jetziges Hominidenleben hinüberstrahlt, ist es vollkommen irrelevant, wo meine Seele früher gehaust hat. Verwunderlich ist auch, dass alle vermeintlich Wiedergeborenen in ihrem früheren Leben Prinzessinnen oder Piraten waren und nicht einfache Bauersfrauen, Torfstecher oder Tagelöhner. Den offensichtlichsten Einwand gegen die Reinkarnationslehre stellt natürlich die Evolution der Arten dar. Im Archaikum vor etwa 4 Milliarden Jahren gab es auf unserem Planeten nur einige wenige Einzeller und Bakterien. Nehmen wir an, dass die allesamt beseelt waren. Heutzutage gibt es unzählbar viele Lebewesen. Wo kommen all die neuen Seelen her?

Angesichts der Bedrohung durch Verliese und Hinrichtungen ließ das erste Coming-Out eines Atheisten bis ins späte 18. Jahrhundert auf sich warten. Erst in der Aufklärung erschienen freimütig atheistische Werke, wenn auch oft unter Pseudonymen oder posthum. Zwei der prominentesten Atheisten unserer Zeit sind Dawkins und der Journalist und Stand-up-Comedian Bill Maher. Dawkins argumentiert in seinem Weltbestseller *Gotteswahn* so scharfsinnig gegen alle Aspekte der Glaubenssysteme, dass man dem kaum noch etwas hinzufügen kann. In seinem Dokumentarfilm *Religulous* aus dem Jahr 2008 entlarvt Maher bissig und doch humorvoll die Vertreter der großen Weltreligionen.

Mit einem Augenzwinkern schreibt Dawkins, dass eigentlich jeder Mensch Atheist sei. Auch der hingebungsvollste Katholik glaubt nicht an Baal, Apoll, Osiris oder Odin. Der langen Götterliste, so Dawkins, füge er selbst nur noch einen weiteren Eintrag hinzu: Gott. Im Übrigen sprechen vor allem repräsentative Studien dafür, Atheist zu sein: Je höher Bildung und Intelligenz, desto seltener sind Menschen gläubig, auch wenn der Ausdruck «Schriftgelehrter» einen gegenteiligen Zusammenhang nahelegt.

Auf den ersten Blick mag der von der Wissenschaft inspirierte Atheismus wie ein weiteres Glaubenssystem wirken, das auf derselben Stufe wie beispielsweise das Christentum steht, immerhin verteidigen Vertreter beider Strömungen leidenschaftlich ihre Überzeugungen, von deren Wahrheit sie überzeugt sind. Einige Sozial- und Kulturwissenschaftler, denen zufolge die Wissenschaft das «Wahrheitsprimat» von der Religion übernommen hat, sind an dieser Gleichstellung nicht ganz unschuldig.

Religion und Wissenschaft haben jedoch allenfalls oberflächliche Gemeinsamkeiten. In der Wissenschaft stellt man aufgrund von Hinweisen Hypothesen auf, die man mit methodisch kontrollierten Experimenten und unabhängigen Studien überprüft. Man verwirft Theorien, die *falsifiziert* sind, sich also als falsch erwiesen haben. Im Wissenschaftsbetrieb werden diejenigen geächtet, die

Ergebnisse fälschen oder andere Prinzipien der Redlichkeit verletzen. Religionen gehen genau umgekehrt vor. Sie stellen Behauptungen auf, ohne jegliche Hinweise zu haben, sie erkennen keine Gegenbeispiele an und sind nicht falsifizierbar. Zumindest im katholischen Religionsbetrieb werden diejenigen entlassen, die die Lehre in Frage stellen wie der katholische Professor Hans Küng, der sich mit der *Stiftung Weltethos* international für den religiösen Dialog einsetzt. Immerhin nur entlassen, muss man hinzufügen, denn früher drohten Folter, Verstümmelung oder Exekution. In anderen Erdteilen können Religionskritiker noch heute froh sein, wenn ihnen die Obrigkeiten bloß den Mund verbieten.

Eine falschverstandene Toleranz gegenüber «alternativen Erklärungsmodellen» kann ganz handfeste Folgen haben, vor allem wenn es um den Biologieunterricht geht. Mit zunehmender Vehemenz verschaffen sich Kreationisten Gehör, die überzeugt sind, die biblische Schöpfungsgeschichte sei wörtlich wahr. Einer Umfrage des amerikanischen Meinungsforschungsinstituts *Gallup* zufolge halten etwa die Hälfte aller Amerikaner den Kreationismus für wahr und nur ein Fünftel die reine Evolutionstheorie. In einer Umfrage des Nachrichtenmagazins *Newsweek* aus dem Jahr 2007 gaben etwa 16 Prozent aller Biologielehrer in den USA an, den Kreationismus statt der Evolutionstheorie für wahr zu halten. Auch in Europa geht einiges schief. Im Jahr 2004 hat die serbische Bildungsministerin die Evolutionstheorie aus den Schulbüchern streichen lassen, weil sie «dogmatisch» sei. Im Jahr 2006 sprach sich Polens Bildungsminister offen gegen die Evolutionstheorie aus. Selbst eine hessische Kultusministerin glaubte, die Schöpfungsgeschichte stelle eine Alternative zur Evolutionslehre dar. Damit ist sie nicht allein. In Deutschland leben nach Schätzungen des Biologenverbandes etwa 1,3 Millionen Kreationisten.

Von weiteren «Alternativen» scheinen die Kreationisten allerdings nichts wissen zu wollen. Man könnte in Zukunft die alchimistische Lehre vom Stein der Weisen als Alternative zum Chemieunterricht anbieten oder Hesiods *Theogonie* statt Physik auf den

Lehrplan setzen. Hesiod zufolge sind der Tag, die Nacht und das Firmament aus dem Götterurvater Chaos entsprungen, dem personifizierten Nichts. Chaos' Tochter, die Erde Gaia, gebiert nach einer unbefleckten Empfängnis ihren Sohn Uranos, mit dem sie wiederum Kronos zeugt, der seinen Vater und Halbbruder mit einer Sichel entmannt. Das klingt doch mindestens so spannend wie das Gesetz des freien Falls.

Maher mahnt sein Publikum eindringlich, an Religionen zu zweifeln, und fordert die überzeugten Atheisten auf, sich öffentlich zu bekennen. Dawkins argumentiert manchmal so, als handele es sich beim Theismus um eine Position, die man rein naturwissenschaftlich widerlegen könne. Doch der Begriff des Zweifels ist noch zu schwach, und die Empirie kann nur Teile des theistischen Gedankengebäudes zerstören. Die einzig vernünftige Haltung ist, metaphysische Behauptungen so lange vehement als willkürlich zu bestreiten, bis Argumente für sie sprechen. Als der Philosoph und Literaturnobelpreisträger Bertrand Russell einmal gefragt wurde, was er als Atheist sagen würde, wenn er nach seinem Tod Gott von Angesicht zu Angesicht gegenüberstünde, antwortete er: «Du hättest mir mehr Hinweise geben sollen.»

Viele glauben, man müsse Gottes Existenz annehmen, weil man sie nicht widerlegen kann. Aber wenn dem so wäre, dann müsste man auch die Existenz des fliegenden Spaghettimonsters annehmen, wie es der *Pastafarianismus* tut, eine parodistische Bewegung von Atheisten. Man müsste auch die Existenz des unsichtbaren rosa Einhorns mit den heiligen Hufen annehmen, das man leider nicht nachweisen kann, weil es eben unsichtbar ist.

Tugend ohne Gott

Hohe Kirchenvertreter und konservative Politiker behaupten in Talkshows gerne, dass unsere «westlichen Werte» aus dem Christentum stammen und daher die Gesellschaft ohne Gottesglauben in eine herzlose und egoistische Anarchie verfalle irgendwo zwischen Sodom, Gomorra, Römerorgie und Endzeitfilm. Das ist eine von den Behauptungen, von denen Karl Kraus gesagt hat, sie seien so falsch, dass selbst ihr Gegenteil falsch sei.

Zunächst: Keiner kann in der Diskussion genau sagen, was Werte sind. Manche denken dabei an preußische Sekundärtugenden wie «Ordentlichkeit» und «Pünktlichkeit», andere an universelle Normen wie das Tötungsverbot oder den Schutz der Menschenwürde. Und selbst wenn man unter «Werten» alle moralischen Grundsätze fasste, die wir gutheißen: Unsere Vorstellungen von Demokratie, Meinungsfreiheit oder der Gleichstellung von Mann und Frau stammen nicht aus der Bibel, sondern aus dem Humanismus, der Aufklärung und aus späteren Freiheitsbewegungen. Demokratie und Gleichberechtigung sind den meisten Religionen fremd. Der Vatikan ist eine der letzten absoluten Monarchien der Erde. Doch auch die tibetanische Mönchsherrschaft und fast alle islamischen Staaten sind weit von einer freiheitlich demokratischen Grundordnung entfernt. Frauen können nicht Päpstin, orthodoxe Patriarchin oder orthodoxe Rabbinerin werden und nur in äußerst seltenen Fällen Imam. Bisher war auch noch kein Dalai Lama weiblich. Als bekehrende Religion ging besonders das Christentum unerbittlich mit seinen Kritikern um. Diese Haltung entspringt dem Dogmatismus der Alternativlosigkeit. Erschreckend ist dieser Dogmatismus noch heute, wenn der Vatikan aus dem alttestamentarischen Bibelspruch «Seid fruchtbar und mehret euch» und Onans Koitusverweigerung ableitet, dass es eine Sünde sei, sich mit Kondomen vor HIV zu schützen – mit verheerenden Folgen für die überwiegend gläubigen Menschen in Afrika.

Natürlich muss man die Bibel gegen die Kirchengeschichte in Schutz nehmen. Aber selbst eine genaue Bibelkunde jenseits klerikaler Machtpolitik führt nicht zu den universellen Menschenrechten. In den Zehn Geboten steht nichts über den Schutz vor Folter oder vor Pädophilen. Dafür fällt unter die schlimmsten Vergehen der Ehebruch, der beispielsweise in Deutschland schon seit dem Jahr 1969 nicht mehr rechtlich sanktioniert wird.

Jesus hat Vergebung gepredigt und Mitgefühl gegenüber den Schwachen. Seinem Beispiel folgen noch heute viele aufopferungsvolle Gläubige in der Diakonie, in den Pflegeheimen und den internationalen Hilfswerken. Diese Form der Nächstenliebe kann man nur bewundern. Doch für Mitgefühl und Menschenliebe braucht man keinen Gott. Und in der moralischen Bilanz der christlichen Kirchengeschichte überwiegt leider der Schrecken bei weitem die Barmherzigkeit. Verallgemeinern lässt sich die neutestamentarische Nächstenliebe ohnehin nicht. Manche Verbrecher, fast ausschließlich Männer, haben so grausame Taten begangen, dass sie zu Recht lebenslange Haftstrafen erhalten und danach in Sicherungsverwahrung genommen werden. Aber nicht nur der Schutz der Gesellschaft verbietet hier zu vergeben. Auch die Normverletzung selbst und die Rechte der Opfer und der Angehörigen fordern eine Sühne der Tat.

Das offensichtlichste Gegenargument gegen die These «Ohne Gott keine Moral» sind schlicht die Tatsachen. Viele Atheisten führen ein gutes und gesetzestreues Leben. Sie unterscheiden sich darin in keiner Weise von Gläubigen. Mehr noch: Wir leben in Europa heutzutage nach den höchsten ethischen und demokratischen Standards der Menschheitsgeschichte, und gleichzeitig gibt es so viele Atheisten wie niemals zuvor. Auch die Deutschen verrohen nicht und befinden sich nicht in einer vermeintlich moralischen «Orientierungslosigkeit», sondern sie werden immer friedlicher: Die Kriminalitätsrate ist in den letzten fünfzig Jahren kontinuierlich gesunken, übrigens parallel zur Rate der Neugetauften und der Kirchenmitglieder. Es wäre kühn, zwischen beiden Entwicklungen einen Kausalzusammenhang zu konstruieren, aber noch kühner ist es, die umgekehrte Beziehung zu behaupten.

Der Philosoph Herbert Schnädelbach hat im Jahr 2000 durch den Artikel «Der Fluch des Christentums» in der Wochenzeitung *Die Zeit* eine hitzige Feuilletondebatte entfacht, ohne Gott überhaupt zu thematisieren. Die Empörung auf der Gegenseite war groß, die Gegenargumente fielen allerdings eher dürftig aus.

Schnädelbach stellte vor allem klar, dass die christliche Ethik der Erbsünde eine Zumutung ist. Warum soll man allein schon aufgrund seiner Geburt ein Sünder sein? Die Bildgewalt von Hölle und Apokalypse steht dieser Zumutung in nichts nach. Dutzende Generationen haben, so Schnädelbach, «im Schatten dieser Panikvisionen» gelebt. Er schließt damit, dass der größte Segen des Christentums in dessen Verschwinden bestünde.

Auf dem Weg dorthin ist unsere Gesellschaft schon lange, auch wenn viele Kleriker das noch herunterspielen. Für uns stehen die Menschenrechte über allen Religionen. Wir akzeptieren keine religiösen Lehren mehr, die die Gleichberechtigung, die Demokratie oder den Rechtsstaat in Frage stellen. Daran hat sich die christliche Kirche angepasst, genauso wie sie sich an die Wissenschaft angepasst hat, indem sie mittlerweile das heliozentrische Weltbild und die Evolutionstheorie akzeptiert. Und daran wird sich auch der Islam anpassen müssen. Aber wenn man den Konfessionen alles nimmt, was dogmatisch, irrational oder moralisch unzeitgemäß ist, dann bleibt keine Religion mehr übrig, sondern die moderne demokratische Wissensgesellschaft mit ihren Menschenrechten.

Ökonomisch gesehen sind die Amtskirchen die erfolgreichsten Wirtschaftsunternehmen der Geschichte. Die Katholische Kirche ist die reichste Firma der Welt. Sie hat eine unverkennbare Corporate Identity, ein eingängiges Logo, und ihr CEO pflegt beste Kontakte zur Spitzenpolitik. Das Unternehmen bietet ein diversifiziertes Dienstleitungsprodukt an mit einer klaren Werbebotschaft: Verschreibe uns dein Leben, dafür bekommst du es nach deinem Tod mit Zins und Zinseszins zurück. Nur diese Form der Machtfülle und die Tradition können erklären, warum bekenntnisgebundene Theologie immer noch ein ordentliches Lehrfach an den Universitäten ist und nicht allein kritische Religionswissenschaft. Nur mit Blick auf Macht und Tradition ist es auch erklärbar, warum immer noch so viele Geistliche in Ethikräten und Ausschüssen sitzen oder zu Diskussionsrunden eingeladen werden, ohne eine moralphilosophische oder sonst eine Fachexpertise zu haben. Oft betonen die Kirchen ihre repräsentative Funktion mit dem Verweis auf gewaltige Mitgliedszahlen. Aber im Gegensatz zu anderen Clubs wie den politischen Parteien oder dem ADAC sind ihre Mitglieder nicht aktiv eingetreten, sondern von Geburt an automatisch dabei.

Die Präsenz der Kirchen ist so alltäglich, dass wir diesen Umstand schon fast für naturgegeben halten, obwohl er unseren übrigen Einstellungen nicht entspricht. Ganz so, wie die Menschen vor gar nicht allzu langer Zeit es als natürlich ansahen, dass Frauen nicht wählen durften oder Menschen als Sklaven arbeiteten. Um von einer solchen Alltagsblindheit geheilt zu werden, braucht es manchmal Augenöffner wie Dawkins Beispiel, dass es keine jüdischen, christlichen oder muslimischen Kinder gibt, sondern allenfalls Kinder von Juden, Christen oder Muslimen. Denn es gibt ja auch keine liberalen, linken oder konservativen Kinder.

Wenn also in Diskussionen Dogmen statt Argumente zählen und alte Männer auf den überholten Moralkodex alter Bücher verweisen, dann müssen die Ungläubigen in Zukunft noch deutlicher machen, dass dadurch ihre atheistischen Gefühle verletzt werden: Der Begriff eines allmächtigen Schöpfergottes ist in sich widersprüchlich, die Seele hat nichts mit uns zu tun, das Universum ist so faszinierend, dass es da nicht noch mehr geben muss, für unsere Moral sind wir selbst verantwortlich, und die demokratischen Wissensgesellschaften tendieren zu einem friedvollen Atheismus. Dieses Glaubensbekenntnis verbreitet sich zusehends. Gott sei Dank.

Kapitel 4

Träumen Der Wahnsinn des Schlafes

Ich stehe im Schatten eines Betonrohbaus in einem verlassenen Industriegebiet. Von gegenüber nähert sich James Bond meinem Versteck mit gezogener Waffe. Er trägt eine schwarze kugelsichere Weste über seinem T-Shirt. Ich bin mir sicher, dass er mich nicht sehen kann. Doch plötzlich feuert er zwei Schüsse ab, die mich in die Brust und den rechten Arm treffen. Ich sehe an mir hinab und entdecke, dass auch ich eine kugelsichere Weste trage. Von den Kugeln spüre ich nichts, aber mein Arm fühlt sich schlagartig taub an und hängt bewegungslos am Körper herab … In diesem Moment erwache ich. Es war alles nur ein Traum.

Was bedeutet er? Man könnte ihn als Wunschtraum interpretieren: Welcher Mann hat sich nicht schon einmal ausgemalt, in der Welt von James Bond zu leben? Aber womöglich verrät der Traum noch mehr über mein Innenleben: Zeigt nicht gerade die gleichartige Kleidung, dass es sich bei dem britischen Geheimagenten um mein *Alter Ego* handelt, ich also einen Kampf mit mir selbst ausfocht? Auch die homoerotischen Motive scheinen offensichtlich zu sein: der schlaffe Arm hier, das Mündungsfeuer der Pistole dort. Will ich so rau und aufgepumpt sein wie Daniel Craig und ihm damit vielleicht nicht nur metaphorisch ganz nahe sein?

Wir alle verspüren den Impuls, Träume als Reisen durch das Unbewusste anzusehen. Das ist das Kulturerbe der Psychoanalyse. Wir können gar nicht anders, als bei der Wissenschaft vom Träumen sofort an Sigmund Freuds Theorie zu denken: Irgendwie haben Träume mit verdrängten Wünschen im Unbewussten zu tun, und irgendwie geht es immer um Sex.

Für weite Teile der modernen Traumforschung ist das allerdings Unsinn: Freud war in seinen Untersuchungen kaum wissenschaftlicher als antike Vogelschauer und Sterndeuter. Träume haben selten etwas mit verborgenen Wünschen zu tun. In unserem Geist gibt es keine Instanz, die dem «Unbewussten» auch nur entfernt ähnelt. Im Gegenteil: Wir *erleben* Träume, und das heißt, sie sind im Bewusstsein. Einzig unsere aktive Kontrolle ist stark eingeschränkt: Wir sind unseren Träumen so passiv ausgesetzt wie Gefühlen oder Sinneseindrücken im Wachzustand.

Der Freud-Mythos hält sich aus verschiedenen Gründen. Zum einen haben viele Menschen einen Hang, in allem eine tiefere oder symbolische Bedeutung zu sehen. Schon junge Gymnasiasten werden im Deutschunterricht darauf trainiert, unzählige verborgene Botschaften zwischen den Zeilen zu entdecken, nach dem Prinzip: Nichts ist einfach nur, was es ist, sondern alles ist immer auch etwas anderes.

Ein weiterer Grund für Freuds Erfolg ist die unklare Verwendung der Wörter «das Unbewusste» oder «unbewusst». Viele Menschen fasziniert die Vorstellung, dass wir nicht immer die Kontrolle über unsere Handlungen oder Gedanken haben, sondern von unbekannten Kräften getrieben werden. Die Suche nach dem Verborgenen im Geist ähnelt dem literarischen Symboldeuten und ist dabei genauso faszinierend. «Unbewusst» kann jedoch vielerlei heißen: schlummert unzugänglich in der Erinnerung; wird jenseits der Aufmerksamkeit verarbeitet; ist aktiv beiseitegeschoben; wurde passiv «verdrängt» und zeigt sich deshalb in verwandelter Weise. Freud ist vor allem vom passiven Verdrängen ausgegangen. Doch in seinen Schriften überlagern sich alle Bedeutungen von «unbewusst» zu einem schillernden Gesamtbild. Das gilt auch für die verschiedenen psychoanalytischen Schulen und das populäre Verständnis von Freud.

Heute weiß man mehr über die biologischen Grundlagen des Schlafens und Träumens, als Freud jemals wissen konnte. Diese Erkenntnisse erklären, warum die moderne Forschung ihn so weit hinter sich gelassen hat. Die drei großen Fragen der Traumforschung sind: Wie genau sehen die Inhalte von Träumen aus? Wie untersucht man Träume am besten? Welche biologische Funktion haben Träume? Die letzten beiden Fragen gehören zusammen, denn um sie zu beantworten, braucht man eine Traumtheorie. Je nach Theorie fällt auch die Untersuchungsmethode unterschiedlich aus. Doch zuvor muss man sich erst einmal klarmachen, was nachts in unserem Körper geschieht.

Die Biologie des Schlafens

Wir träumen, wenn wir schlafen. Schlaf scheint eine klare biologische Funktion zu haben. Vielleicht kann der Schlaf uns ein besseres Verständnis unserer Träume geben. Nicht nur wir Menschen, sondern auch nahezu alle anderen Tiere schlafen. Und da viele Tiere ihren Nachwuchs vor Räubern schützen müssen, verwenden sie viel Energie darauf, ihre Schlafplätze zu sichern und zu verstecken. Während Schildkröten ihre gepanzerten Ruheräume mit sich herumtragen, bauen andere Tiere Nester oder graben Erdlöcher. Die Jungen von Mäusen beispielsweise schlafen versteckt in Erdkuhlen, alle übereinander und dicht zusammengekuschelt. Tiere ohne natürliche Feinde brauchen keinen Schutz. Elefanten schlafen im Stehen, weithin sichtbar, und Löwen legen sich einfach auf den Rücken und strecken in der prallen Sonne alle Viere von sich. Fleischfresser schlafen ohnehin besonders lange. Als Faustregel gilt fürs Tierreich: Je weniger Feinde, desto länger der Schlaf. Es ist umstritten, ob man bei Fischen oder Reptilien von «Schlaf» sprechen kann, aber die Funktion einer Ruhephase, die man auch bei diesen Wirbeltieren findet, ist offenkundig: Sie schont die Kräfte und fördert die Regeneration.

Die Frage ist nun: Wie hängt Schlafen mit Träumen zusammen? Epochal für die Schlaf- und Traumforschung war die Entdeckung des *REM-Schlafes*. «REM» steht für *Rapid Eye Movement*, also die schnelle Augenbewegung, die man unter den Lidern von

Schlafenden beobachten kann. Schon Aristoteles war dieses Augenzucken bei Hunden aufgefallen, doch erst im Jahr 1953 entdeckte Eugene Aserinsky, ein junger Forscher an der Universität Chicago, dass das REM ein Anzeichen für Träume ist. Dabei kam ihm der Zufall zu Hilfe. Als er eine Versuchsperson wecken wollte, die offenbar einen Albtraum durchlebte, fiel ihm das hektische Augenflackern auf. Mit Messgeräten konnte er später die Körperveränderungen dieser Schlafphase nachweisen. Atmung und Herzschlag gehen etwa alle 90 Minuten hoch, und das Augenzucken setzt ein. Die Muskelspannung des restlichen Körpers lässt dabei fast vollkommen nach.

Da die REM-Phase von einer guten Durchblutung der Genitalien begleitet ist, war das für Psychoanalytiker der sichtbare Beweis: Freud hatte recht, Träume und Sex gehören zusammen. Der Vergleich mit unseren biologischen Verwandten hätte allerdings schon damals Zweifel an dieser These aufkommen lassen müssen. Die meisten Säugetiere durchleben REM-Phasen. Eher unwahrscheinlich, dass sie in ihren Träumen unterdrückte Begierden verarbeiten, wie es die Psychoanalyse beim Menschen annimmt.

Wenn der Zusammenhang zwischen REM, Träumen und Schlafen im ganzen Tierreich eindeutig wäre, läge eine biologische Erklärung von Träumen nahe. Leider herrscht schon in einem mittelgroßen Zoo ein heilloses Durcheinander. Der REM-Schlaf hat sich zwar bei Säugetieren und Vögeln vor ungefähr 150 Millionen Jahren unabhängig voneinander entwickelt. Doch man findet ihn nur bei frischgeschlüpften Vögeln. Und nicht alle Säugetiere durchlaufen eine REM-Phase: Delphine und Seehunde haben wohl gar keine. Kaninchen schon, aber kurioserweise nur die männlichen Exemplare. Zudem ist natürlich schwer zu beurteilen, ob REM-lose Tiere träumen, denn man kann sie ja nicht nach ihren Erlebnissen fragen. Bei Tieren mit REM-Schlaf kann man sich zwar ebenfalls nicht ganz sicher sein, allerdings hat man wenigstens den Vergleich zum Menschen. Doch auch hier ist nicht alles so klar, wie man es gerne hätte: Etwa 95 Prozent aller Menschen berichten, dass sie träumen. Dabei erinnern wir uns fast ausschließlich an die Trauminhalte kurz vor dem Aufwachen, vor allem, wenn sie mit negativen Gefühlen verbunden waren. Die nächste Frage ist also: Was passiert hinter den verschlossenen Türen, wenn wir schlafen?

Der Schlaf der Vernunft gebiert ungeheuren Unsinn

Waren Sie schon einmal ganzkörpergelähmt? Oder haben Sie schon einmal unter psychotischen Halluzinationen gelitten? Bereits die Vorstellung ist für viele von uns so schrecklich, dass wir diese Fragen spontan verneinen. Dabei passiert es jede Nacht, und zwar gleich mehrmals.

Im Schlaf gehen wir in rhythmischer Wiederkehr durch verschiedene Stadien, die man in drei Gruppen einteilen kann. In der *Einschlafphase* wiederholt man die Bewegungsabläufe des Tages, besonders wenn man etwas Ungewohntes getan hat. Viele, die schon einmal Skilaufen waren oder ein neues Computerspiel ausprobiert haben, kennen diese Erlebnisse gut: Kurz vor dem Einnicken, wenn die Kontrolle langsam entgleitet, zieht man virtuelle Schwünge durch den Tiefschnee oder dreht geometrische Blöcke so lange im Geiste, bis sie in die Lücken passen.

Nach dieser Phase beginnt der Hauptteil des Schlafes, der sich in die aufregenden *REM-Phasen* und die ruhigen *Non-REM-Phasen* aufteilt, also solche ohne Augenbewegung oder pochenden Puls. Zunächst dachte man, der Geist trete nur während des REM-Schlafes in Aktion. Doch mittlerweile ist bekannt, dass er nie Ruhe findet. In den anderen Phasen träumen wir auch, allerdings selten bildhaft. Hier herrschen Gefühle und Gedanken vor. Die Gedankengänge verlaufen zwar meist gradlinig, allerdings können sie auch zwanghaft sein.

Besonders in der REM-Phase durchleben wir die typischen Träume. Sie machen etwa 20 Prozent der gesamten Schlafphase aus. Fast alle Muskeln sind dabei gelähmt. Das erklärt, warum wir im Schlaf nicht mit den Beinen zappeln, auch wenn wir davon träumen, Fußball zu spielen. Bei Menschen, die an der seltenen *REM-Schlafstörung* leiden, ist die Muskellähmung jedoch aufgehoben. Sobald sie davon träumen, einen Spaziergang zu machen, bewegen sie den ganzen Körper im Takt dazu. In harmlosen Fällen fallen sie dabei nur aus dem Bett. Ernst wird es, wenn sie im Traum einen Boxkampf austragen, besonders für den Partner auf der anderen Seite.

Nicht nur die Ganzkörperlähmung ist charakteristisch. Der weltweit führende Traumforscher, der Harvardpsychologe Allan Hobson, vergleicht Traumerlebnisse mit psychotischen Halluzinationen, also mit wahrnehmungsartigen Erlebnissen von etwas, das nicht existiert. Während Schizophrene eher akustische Halluzinationen haben, herrschen bei Träumen die visuellen vor. Darin ähneln sie am ehesten dem Drogendelirium oder dem Fieberwahn. Hören, Schmecken und Riechen treten deutlich seltener auf. Besonders die Körperwahrnehmung ist verzerrt. Manchmal gleitet man durch die Luft, ein anderes Mal fühlt man sich wie am Boden festgeklebt. Zudem sind Träume von starken Gefühlen begleitet: Angst, Freude, Lust und Aggression.

Kant hat in seiner Schrift *Versuch über die Krankheiten des Kopfes* gesagt: «Der Verrückte ist also ein Träumer im Wachen.» Wenn man Hobson folgt, könnte man den Umkehrschluss ziehen: «Der Gesunde ist ein Spinner im Traum.» Denn wir erleben Träume nicht nur als punktuelle Halluzinationen, sondern als eigenartige ausgedehnte Geschichten. Viele sagen, sie hätten «Quatsch» oder «Unsinn» geträumt, als bestünde die Alternative in realistischen, sinnvollen Träumen. Bei näherer Betrachtung liegen viele Trauminhalte jenseits von Logik und Alltagserfahrung: Erst wandert man mühsam einen unwegsamen Gebirgspfad entlang, und plötzlich balanciert man auf wackligen Tischen in einem Klassenzimmer. Äußerst selten jedoch kommt uns das komisch vor. Wir wundern uns auch nicht, dass die nette Rentnerin von nebenan plötzlich so aussieht wie Romy Schneider und trotz Gesichtswechsel dieselbe Person bleibt.

Träume sind subjektive Erlebnisse aus der Ich-Perspektive. Daher kann man sie nur erforschen, indem man Träumende auffordert, sie zu beschreiben. Die wichtigsten Hinweise sind also Berichte, die aus Traumtagebüchern oder Befragungen im Traumlabor stammen. Die Laborberichte geben ein verlässlicheres Bild von den Inhalten ab, weil Patienten zufällig geweckt werden. Doch auch hier kann es zu Verzerrungen kommen: Wer in einem sterilen Labor aufwacht und einem seriösen Wissenschaftler im weißen Kittel ins Gesicht blickt, mag dazu neigen, seine Erlebnisse nicht in ihrer vollen Saftigkeit zu präsentieren. Die eigenen Traumtagebücher sind in diesem Punkt sicherlich aufrichtiger, allerdings ebenfalls verzerrt, weil man vorwiegend nach negativen Träumen aufwacht und durch seine positiven Träume einfach hindurchschläft.

Obgleich noch viele Aspekte unerforscht sind, kann man aus den riesigen Sammlungen von Traumberichten einige Erkenntnisse ziehen: Frauen und Männer unterscheiden sich nicht wesentlich in ihren Träumen. Typisch sind Themen, die schon in der Morgenröte der Menschwerdung wichtig waren: Essen, Fliehen, Kämpfen und Kopulieren.

In den neunziger Jahren wurden viele Traumlabore nach langjähriger Forschung geschlossen. Es traf vor allem diejenigen, die beschreibend und interpretierend gearbeitet hatten. Ein Grund war der zunehmende Erfolg der konkurrierenden bildgebenden Neurowissenschaft, die sich wenig für die konkreten Trauminhalte interessiert. Ein weiterer Grund waren die mageren Ergebnisse, denn Traumlabore sind teuer. Der Trend zur rein neurowissenschaftlichen Traumforschung ist dennoch kurzsichtig, denn um Träume zu verstehen, reicht die Kenntnis der Hirnvorgänge allein nicht aus. Man muss auch verstehen, warum wir Träume als visuelle Geschichten erleben. Die moderne Forschung findet im besten Fall den Zusammenhang zwischen beiden Elementen: dem Erlebnis und der Hirnaktivität.

Wer ein Traumtagebuch schreibt, merkt schnell, dass man sich zunehmend an immer mehr Details erinnern kann. Auffällig ist auch, dass einige Träume wild und bizarr, andere ganz normal und realistisch sind. Und noch etwas ist offenkundig: Die Träume in der Literatur, Malerei oder im Film haben nicht viel mit realen Träumen zu tun. Machen wir also noch einen kleinen Abstecher zu den Künsten, bevor es an die Theorien geht.

Träume in der Kunst und Literatur

Als Alice dem weißen Kaninchen hinterherrennt, stürzt sie durch ein Erdloch in die Tiefe, landet nach einem langen freien Fall unversehrt auf dem Boden, trinkt aus einer Flasche mit dem Etikett «Trink mich!», schrumpft zu einer Zwergin, wird von einer Flutwelle erfasst und findet sich in einem wunderlichen Land wieder, in dem Tiere sprechen, ein verrückter Hutmacher haust und alle Kreaturen unter der Schreckensherrschaft einer schrillen Königin zittern.

Einer Standardinterpretation dieses Klassikers zufolge versinkt Alice durch ihren Fall in ein Wunderland des Traumes. Für diese Lesart spricht, dass in der Geschichte typische Traumelemente auftauchen, die oft als «bizarr» bezeichnet werden: Körperillusionen, veränderte Schwerkraft, plötzliche Ortswechsel. Auch Lewis Carrolls Originalmanuskript legt eine solche Interpretation nahe. Der Arbeitstitel lautete *Alice's Adventures Under Ground*, also *Alice im Untergrund*. Das klingt fast so, als hätte er drei Jahrzehnte vor Freuds *Traumdeutung* die Auffassung eines Unbewussten vorweggenommen.

Trotz dieser Parallelen ist die Geschichte jedoch keine naturgetreue Traumbeschreibung und sollte es wohl auch gar nicht sein. Der Fall in die Tiefe ist sicher ein häufiges Motiv in Albträumen, doch sprechende Tiere sind eher typisch für Kinderbücher und Fabeln. Alice' Überlegungen sind zwar manchmal sprunghaft, aber viel zu klar für Traumgedanken. Das Wunderland entspringt eher der lebhaften Phantasie eines Kindes, das imaginäre Freunde hat. Solche Tagträume ähneln ihren nächtlichen Namensvettern allerdings nur oberflächlich.

Überraschenderweise ist auch die Illustration der Traumwirklichkeit in der Malerei weit davon entfernt, die Natur der Träume zu treffen. Salvador Dalís Gemälde zum Beispiel gelten als traumartig: Landschaften formen sich zu Gesichtern, und Uhren zerfließen. Das ist aber eher typisch für halluzinogene Drogen wie Meskalin oder psychoaktive Wunderpilze. Wie andere Surrealisten hat Dalí seine Bilder passend zu Freuds Theorie gemalt. Das macht sie natürlich nicht weniger überzeugend, aber eher ungeeignet als Abbilder von Träumen.

Für das Kino gilt dasselbe. Hollywood ist die «Traumfabrik», liegt bei der Traumdarstellung aber oft daneben. Weil sich im Film geträumte Episoden von den normalen Szenen abheben müssen, sind sie oft weichgezeichnet, unterbelichtet oder gar schwarzweiß. Dabei gilt mittlerweile als gesichert, dass Menschen in Farbe träumen, trotz anekdotischer Berichte, dass in der Schwarzweißfilm-Ära Greta Garbo und Humphrey Bogart auch in Träumen monochromatisch auftraten.

Wenn man wissen will, wie Träume genau aussehen, darf man sich also nicht auf die Kunst verlassen, sondern muss in der eigenen Erinnerung graben. Und um die Traumeindrücke dann zu erklären, braucht man eine Theorie. Schauen wir uns also die Theorien genauer an.

Antike Traumtheorien

Schon vor Jahrtausenden gaben die Nachtgesichter den Menschen Rätsel auf. In der Antike bildeten sich zwei Traditionen heraus. Die eine sah Träume als verschlüsselte Botschaften an, als Warnungen oder Prophezeiungen von Göttern, Dämonen oder verstorbenen Vorfahren. Wer seine Träume nicht selbst deuten konnte, ging zu einem Seher. Entgegen dieser Annahme vertraten die antiken Ärzte Hippokrates und Galen eine medizinische Auffassung: Träume können Symptome von Krankheiten sein und gehen daher in die Diagnose ein.

Die praktische griechische Medizin vereinte beide Ansätze. Kranke wurden in das *Asklepieion* eingewiesen, eine Art Sanatorium des Altertums mit angebundener Rehaklinik, benannt nach Asklepios, dem Gott der Heilkunst. Dort deutete das medizinische Fachpersonal Träume und gab gegen Bezahlung entsprechende Gesundheitsanweisungen. Die Ablehnung göttlicher Eingebung war ein Schritt in Richtung wissenschaftlicher Traumforschung.

Die großen philosophischen Gegenspieler Platon und Aristoteles kann man ebenfalls beiden Traditionen zuordnen. Zumindest in den frühen Dialogen beschreibt Platon Träume noch als Botschaften von höheren Wesen. Erst in seinem Spätwerk wurde er physiologischer und sah Träume als Ausdruck von Sinnestäuschungen an. Sein Schüler Aristoteles vertrat von vornherein einen naturwissenschaftlichen Ansatz. Er hielt Träume nur für Nachwehen der Wahrnehmung, für ein Flimmern, erzeugt durch Veränderungen in der Blutbeschaffenheit.

Freuds Psyche

Platon hat noch auf andere Weise die Geschichte der Traumdeutung geprägt, nämlich durch die Vorstellung, unser Geist sei ein *Seelenwagen*, der von zwei Pferden gezogen wird, einem wilden instinkthaften und einem edlen mutigen. Da die Pferde in unterschiedliche Richtungen wollen, muss sie der geschickte Wagenlenker zügeln. Die Eindringlichkeit dieses Bildes lebt noch heute fort, unter anderem in Redewendungen wie «jemanden anspornen» oder «sich im Zaum halten».

Auch Freuds tiefer gelegtes Modell der *Psyche* stammt aus derselben Serie wie der Seelenwagen. Statt von einem Zwei-PS-

Motor wird das *Ich* nun vom *Es* der Instinkte und dem *Über-Ich* der Normen angetrieben. Im Traum überlässt das Ich dem Es das Feld. Die geheimen Wünsche sind nicht mehr im Unbewussten verborgen, sondern dringen an die Oberfläche. Ein *Zensor*, der tagsüber alles im Griff hat, kann diese rohen Kräfte lediglich noch in Symbole umwandeln, damit sie den Schlafenden nicht stören. Nur der Psychoanalytiker schließlich kann die Bedeutung hinter den Symbolen entschlüsseln, da sie dem Träumer auch nach dem Aufwachen verborgen bleiben.

Freud erbt von Platon nicht nur den Bauplan, sondern auch einen Konstruktionsfehler. Denn wenn die Pferde Mut und Instinkt sind, wer ist dann der Kutscher? Mit dem Kutscher kann nicht ich als Person gemeint sein, denn mein Geist ist der Seelenwagen mit Pferden und Fahrer zusammen. Das Gleiche gilt für Freuds Modell. Ich kann nicht mein Ego sein, denn ich als Person bin durch Ich, Es und Über-Ich bestimmt. Wer ist dann mein Ich, wenn nicht ich mein Ich bin? Und wer ist der Zensor? So etwas wie ein Autopilot? Platon und Freud begehen den *Homunkulus-Fehlschluss*, nach Lateinisch «Homunkulus» für «kleiner Mensch»: Eigenschaften, die die ganze Person ausmachen, übernimmt nun eine virtuelle Figur innerhalb dieser Person. Aber nur die ganze Person kann das tun, was man ihren Teilen zumutet, nämlich lenken, zensieren, verdrängen und umwandeln.

Den Homunkulus-Fehlschluss vermeidet, wer das Modell nicht allzu wörtlich nimmt. Freud wollte seinen Ansatz jedoch buchstäblich verstanden wissen, als kausale Theorie, die experimentell überprüfbar ist. Er war sich auch sicher, dass alle Elemente der Psyche eine biochemische Grundlage haben, auch wenn die zu seiner Zeit noch nicht untersucht war. Freud nahm zunächst an, dass Träume Wunscherfüllungen sind. Später sah er die Funktion des Traumes darin, der «Wächter des Schlafes» zu sein: Normalerweise hält der Zensor die wilden Wünsche im Zaum oder verdeckt sie wenigstens. Nur im Albtraum brechen sie ungezügelt hervor.

Die moderne Traumforschung lässt kein gutes Haar an Freud. Der amerikanische Traumforscher Robert Stickgold meinte einmal: Freud lag zu 50 Prozent richtig und zu 100 Prozent daneben. Besonders sein Kollege Hobson, selbst ausgebildeter Psychoanalytiker, ist ein Spezialist im *Freud-Bashing*, also im verbalen Einprügeln auf den Wiener Nervenarzt. Hobson zufolge hat sich Freud als Hohepriester einer obskuren Traumdeutung aufgespielt und damit lange Zeit verhindert, dass das Träumen streng wissenschaftlich erforscht wurde. Das ist in der Sache sicherlich korrekt, doch im Tonfall befremdlich. Vermutlich erklärt die Allgegenwart der Psychoanalyse in den USA Hobsons Wortwahl. Der psychoanalytische Ansatz ist dort, fast möchte man sagen, tief ins Unbewusste der Menschen gesickert, vor allem aber in deren Lebensführung, sodass viele meinen: Wer nicht wöchentlich beim Analytiker auf der Couch liegt, mit dem stimmt etwas nicht.

Doch was hat Freud eigentlich falsch gemacht? Zuallererst war er methodisch nachlässig. In seinem Hauptwerk *Die Traumdeutung* aus dem Jahr 1900 beschrieb er nur etwa 40 eigene Träume, ohne sich die Mühe zu machen, breitangelegte repräsentative Testgruppen zu bilden. Freud zitierte seine Fachkollegen zwar, schenkte ihren Argumenten aber überraschend wenig Beachtung. Der Psychologe Wilhelm Wundt sah bereits vor Freud, dass Träume Assoziationen, also zufällige Gedächtnisverbindungen, enthalten. Sein Kollege, der Physiker und Physiologe Hermann von Helmholtz, nahm schon damals an, dass Bewegungsillusionen typisch für Träume sind. Selbst Freuds Freund und Gegenspieler Carl Gustav Jung hat die Parallele zwischen Träumen und Psychosen gesehen.

Zudem war Freud während seiner Privatstudien ein leidenschaftlicher Kokainist, der einen ähnlichen Nasenhunger verspürte wie Diego Maradona in seinen dunklen Zeiten. In der Abhandlung «Über Coca» preist Freud die Wirkung des weißen Pulvers, die «plötzliche Aufheiterung» und das «Gefühl von Leichtigkeit». Allerdings verändern Drogen nicht nur den Wachzustand, sondern auch Träume. Einige Wissenschaftler vermuten, dass Freuds Eindrücke so viel lebhafter und bunter waren als die unberauschter Menschen.

Der Ansatz wirft ein noch schwerwiegenderes Problem auf, nämlich die Interpretation der Symbole. Freud zufolge haben Ereignisse und Gegenstände in Träumen eine tiefere Bedeutung. Mit dieser Auffassung steht er nicht alleine da. Unzählige Bücher über *Traumsymbole* wollen die verborgenen Botschaften unserer Träume ans Licht bringen: Ein blasses Pferd symbolisiere den Tod, Wölfe seien Vorboten von Gefahren, ein aufgewühltes Meer deute auf Leidenschaft und die ruhige See auf Zufriedenheit hin. Auf den ersten Blick sind diese «Interpretationen» gar nicht so abwegig. Immerhin verwenden wir auch sprachliche Metaphern und Redewendungen dieser Art. Wir können emotional «aufgewühlt» sein und den «Wolf im Schafspelz» fürchten. Symbole kennen wir außerdem aus Geschichten. In Romanen spiegelt die Natur oft das Seelenleben der Hauptfiguren wider. Im Hollywoodkino ist diese Natursymbolik oft überdeutlich: Beerdigungen finden grundsätzlich unter düsteren Herbstwolken statt, die sich dann in einen Sturzregen entladen. Könnte da ein Gewitter im Traum nicht ebenfalls Unheil ankündigen?

Doch so überzeugend und eindringlich Symbole in der Literatur und im Film auch sein mögen, nichts spricht dafür, dass es sie auch im Traum gibt. Freud glaubte zwar nicht an allgemeingültige Motive und Vorboten wie Wölfe oder Pferde. Doch auch er nahm an, dass hinter Objekten verdrängte Informationen verborgen seien. So kann in der Psychoanalyse jede Bettfalte und jede Höhle eine Vagina sein, jeder Stift und jeder Turm ein Phallus. In meinem eigenen James-Bond-Traum wäre die Pistole also ein guter phallischer Kandidat ebenso wie mein schlaffer Oberarm. Freud gibt aber keine Begründung, warum das so sein soll. Ein Beispiel: Treppensteigen deutet laut Psychoanalyse unmissverständlich auf den Geschlechtsakt hin. Der Rhythmus der Beinbewegung symbolisiere den Rhythmus beim Verkehr. Man kann die Parallele einleuchtend finden. Doch auch Atmen und Essen haben etwas mit

Rhythmus zu tun. Warum soll Treppensteigen nicht diese Tätigkeiten symbolisieren?

Dazu kommt, dass Freuds Ansatz nicht *falsifizierbar* ist. Man kann also nicht zeigen, dass er falsch ist. Der österreichisch-britische Wissenschaftstheoretiker Karl Popper hält das der Psychoanalyse vor. Zunächst könnte man meinen, dass einer Theorie nichts Besseres passieren kann, als immer wahr zu sein. Tatsächlich ist fehlende Widerlegbarkeit jedoch fatal, denn Aussagen, die niemals falsch sein können, sind vollkommen gehaltlos. Freud nennt kein Kriterium dafür, wann ein Schnürstiefel einfach nur ein Schnürstiefel ist und nicht etwa ein Phallus. Man weiß auch nicht, wie man *unabhängig* vom Interpreten überprüfen kann, ob er recht hat.

Der deutsch-amerikanische Philosoph Adolf Grünbaum brachte das so auf den Punkt: Nur weil die Interpretation als bedeutungsvolle Geschichte erzählt wird, heißt das nicht, dass auch der Traum bedeutungsvoll ist. Man kann das noch zuspitzen: Nur weil Texte über Träume aus sprachlichen Zeichen bestehen, bestehen deshalb Träume selbst noch nicht aus Symbolen. Ein Beispiel: Freud hielt das Traummotiv des Fliegens für eine Umdeutung des Geschlechtsverkehrs. Heute weiß man, dass es sich dabei um eine ganz rohe, körperliche Illusion handelt, die durch die Lähmung der Muskeln in der REM-Phase entsteht. Man kann das folgendermaßen veranschaulichen: Das motorische Zentrum im Gehirn sendet Bewegungsbefehle in Richtung Muskeln, die aber nicht ans Ziel gelangen. Da keine Reize von Muskelanspannung oder einem gefühlten Widerstand vorhanden sind, setzt ein Mechanismus ein, der die sich widersprechenden Signale vereint. So entsteht eine Illusion von Leichtigkeit und Schwerelosigkeit; in anderen Fällen eine von Lähmung und Betäubung.

Die Rolle der unterdrückten Sexualität hat Freud ohnehin maßlos überschätzt. Die REM-Phasen machen bei Babys ungefähr acht Stunden ihres 16-stündigen Schlafes aus. Man kann sich darüber streiten, ob Kleinkinder schon Wünsche haben, aber in jedem Fall haben sie keine unterdrückten oder gar sexuellen. Vermutlich wurde Freud durch den Fokus auf seine eigenen Träume in die Irre geleitet. Kurz vor dem Aufwachen ist der Sexualhormonspiegel nämlich besonders hoch, nicht aber während der Nacht, in der man selten aufwacht und an deren Erlebnisse man sich nicht erinnert. Hätte Freud in einer methodisch sauberen Studie Versuchspersonen nachts geweckt, wäre ihm das sicher aufgefallen.

Und dann ist da noch der Verdrängungsmechanismus, der angeblich charakteristisch für unseren Geist ist. Es mag sein, dass zu Freuds Zeit, im verklemmten Österreich um 1900, die Oberschicht ihre primären Wünsche *aktiv* verbarg. Aber daraus folgt nicht, dass Menschen in allen Epochen und Kulturen zu der von Freud angenommenen *passiven* Verdrängung neigen. Viele Psychologen reden zwar heute von *unbewusster Informationsverarbeitung*. Aber damit ist nur gemeint, dass geistige Prozesse jenseits der Aufmerksamkeit ablaufen können. Für diese Annahme sprechen unzählige unabhängige Versuche. Die Annahme eines «Unbewussten» jedoch ist experimentell unhaltbar: Es gibt im Geist keinen eigenständigen Bereich, in dem ein Zensor Gedanken und Wünsche umdichtet und verschlüsselt.

Freuds Annahmen von Verdrängung und Symbolisierung sind nicht nur schlecht begründet, sondern sie widersprechen auch den Fakten. Denn in Träumen sind Wünsche, Ängste und erotische Phantasien ja gerade äußerst präsent. Warum sollten wir gleichzeitig erlebte und verdrängte Wünsche verarbeiten? Anders gefragt: Warum sollten wir als Traumregisseure neben dem Director's Cut im selben Kino noch eine zensierte Filmversion nach freiwilliger Selbstkontrolle abspielen?

Die modernen Theorien distanzieren sich deutlich vom interpretatorischen Ansatz der Psychoanalyse. Ende der siebziger Jahre entwickelte Hobson mit Kollegen die bis heute dominierende Standardauffassung. Statt wie Freud näherte er sich dem Traum nicht über den Inhalt, sondern über die Hirnaktivität. Mit einigen aktuellen Verfeinerungen ergibt sich folgendes Bild: Während der REM-Phasen steigt im Stammhirn, einer tiefliegenden und alten Hirnstruktur, die Konzentration des Neurotransmitters Acetylcholin und produziert so zufällige Erregungsmuster. Diese *Aktivierung* trifft dann jene Zentren, die für Sehen, Bewegung und Gefühle zuständig sind. In der höheren Hirnrinde setzt in einem zweiten Schritt ein Interpretationsmechanismus ein: die *Synthese*. Irgendwie formen sich die wirren Eindrücke in unserem Geist mit Rückgriff auf unsere Erinnerungen zu einem sinnvollen Bild. Auch wenn das nach einem Prozess in zwei Schritten klingt, bekommen wir als Träumende nur das Endprodukt präsentiert. Hobson nennt seine Theorie wegen dieser zwei Schritte *Aktivierungs-Synthese-Theorie*. Das kommt meinem James-Bond-Traum schon näher, denn ich hatte nicht nur am Tag zuvor den neuen James Bond gesehen, auch die Szenerie kam mir sonderbar vertraut vor. Irgendwie hatte ich das alles schon mal erlebt.

Hobson hat auch eine Erklärung für die anderen Traumeigenschaften parat: Illusionen der Bewegung und Schwerkraft entstehen durch die Unterdrückung der motorischen Zellen. Der Botenstoff Acetylcholin stimuliert auch den Mandelkern, der an der Entstehung vieler Gefühle beteiligt ist. Gleichzeitig vermindern andere Stoffe die Aufmerksamkeit, die Erinnerungsfähigkeit und das logische Denken, was unsere «interne Sprache» assoziativ und dichterisch werden lässt – eine notwendige Bedingung für die Kreativität der Traumbilder.

Hobson ist nicht besonders an der evolutionären Funktion von Träumen interessiert, sondern vor allem daran, wie sie entstehen und welche Hirnareale dabei aktiv sind. Man fragt sich dennoch, wer eigentlich die Geschichte erzählt, die wir im Traum erleben. Spontan könnte man meinen: das Gehirn. Aber damit beginge man denselben Fehlschluss, dem schon Platon und Freud aufsaßen. Das Gehirn ist keine handelnde Person. Die Annahme, dass es sich dabei um eine Art sprachlicher Erzählung handelt, überzeugt ebenfalls nicht, denn unsere Traumfilme laufen ohne Untertitel oder Erzähler im Off ab. Sie haben eine *episodische* Struktur, aber sie sind nicht gesprochene Erzählungen. Schließlich gibt es noch ein weiteres Problem: Wiederkehrende Träume widersprechen der Annahme, dass die Geschichten auf zufälligen Reizmustern beruhen. Wäre das der Fall, müssten die Trauminhalte ebenso zufällig sein.

Mark Solms, ein in London lehrender Psychiater (und preisgekrönter südafrikanischer Weinbauer), hat Hobsons Aktivierungs-Synthese-Theorie vor einiger Zeit in Frage gestellt. Solms fand Fälle, in denen Patienten aufgrund von Hirntumoren keinen REM-Schlaf mehr hatten, aber dennoch träumten. Durch eine intensive Analyse der Forschungsliteratur glaubt er, auch den umgekehrten Fall belegen zu können: Einige Patienten hatten aufgehört zu träumen, obwohl sie noch REM-Schlaf hatten. Man spricht hier von einer *doppelten Dissoziation*: Wenn zwei Faktoren wie REM-Schlaf und Träumen jeweils allein auftauchen können, dann sind sie unabhängig voneinander. Solms zufolge heißt das, dass Hobsons Theorie nicht stimmen kann. Hobson wirft Solms dagegen vor, dass er die Berichte der betroffenen Patienten nicht richtig interpretiert habe.

Solms entdeckte allerdings noch mehr. Schädigungen im Stammhirn beeinflussen allein den Inhalt von Träumen, nicht aber das Träumen selbst. Er schätzt auch die Rolle des Belohnungs- und Lustzentrums im *limbischen System* anders als Hobson ein, also den Ort, an dem Gefühle, Wünsche und Vergnügen entstehen. Solms zufolge sprudelt dort die eigentliche Quelle des Träumens. Deren Wellen fließen allerdings nicht bis in denjenigen Bereich des vorderen Hirns, den wir zum Urteilen und Nachdenken benötigen. Diese Entdeckung kann man auch so lesen: Träume haben hauptsächlich mit Wunscherfüllungen zu tun und behüten den Schlaf, indem sie das Aufwachen verhindern. Zeigt mein James-Bond-Traum also, dass in mir der geheime Wunsch schlummert, als Geheimagent unterwegs zu sein? Und: Hatte Freud doch recht?

Solms jedenfalls suggeriert das, verdeckt damit jedoch, dass sein Ansatz nur oberflächlich freudianisch ist. Man muss Solms Freud-Label also eher als Teil einer Marketingstrategie verstehen. Um sich von der dominierenden Forschungsmeinung der antifreudianischen Hobson-Schule abzuheben, präsentiert er seine Theorie als radikalen Gegenentwurf, teilweise sogar dadurch, dass er die eigene Position überpointiert und seinen Gegner verzerrt darstellt. Tatsächlich unterschieden sich beide nur in Nuancen. Bei Hobson sind Zufall und Synthese wichtiger, bei Solms Wunsch und Motivation. Solms hält außerdem den Stimmungsmacher Dopamin für den wichtigsten Botenstoff des Träumens. Auf Grundlage der momentanen Daten ist jedoch nicht entscheidbar, wer von beiden recht hat oder ob sich am Ende ein Dritter freut, der Elemente beider Ansätze verbindet. Noch zu viele Produkte aus der Traumdrogerie sind unbekannt. Die Forschung blickt also einer aufregenden Zukunft entgegen.

Haben Träume einen Sinn?

Paul hat am nächsten Tag eine wichtige Präsentation und träumt, dass er einen endlos langen Gang hinunterlaufen muss und dabei nicht von der Stelle kommt. Paula ist frisch verliebt und träumt trotzdem ständig von ihrem Exfreund. Beide erfahren in Ihren Träumen etwas über sich selbst. Wenn sie den Inhalt ernst nehmen, dann ändern sie vielleicht sogar ihr Leben. Paula könnte bei ihrem Ex anrufen, Paul seine Rede noch einmal üben. Was uns beschäftigt, taucht immer mal wieder in Träumen auf. Daher könnte man meinen, dass gerade das die Funktion von Träumen ist: Sie führen uns noch einmal vor Augen, was uns wirklich wichtig ist. Diese Auffassung verneint der amerikanische Philosoph Owen Flanagan radikal. Seiner Meinung nach haben Träume überhaupt keine Funktion. Flanagan nennt seine Extremposition *Spandrel Theory of Dreams*.

In der Architektur bezeichnet ein «spandrel», also eine «Spandrille» oder ein «Zwickel», die Fläche zwischen einem Gewölbebogen und einem umschließenden Rechteck. In alten Prunkbauwerken sind diese Bogenzwickel oft verziert oder bemalt, etwa in maurischen Moscheen, im indischen Taj Mahal oder in der europäischen Renaissance-Architektur. Doch die Ornamente sind bloßer Zierrat. Sie dienen keinem weiteren Zweck. Brücke und Bogen, Tor und Tempel halten auch ohne Dekor im Zwischenraum. Laut Flanagan sind Träume die Spandrillen des Schlafes: Verzierungen des Bewusstseins ohne tragende Funktion.

Mit seiner Spandrillentheorie übernimmt Flanagan eine Idee des amerikanischen Evolutionsbiologen Stephen Jay Gould und eines Kollegen, die sich gegen den sogenannten *Panadaptionismus* wenden, die Vorstellung, dass jede aktuelle biologische Eigenschaft eine evolutionäre Funktion gehabt haben muss. Der berühmteste literarische Vertreter dieser These ist Dr. Pangloss aus Voltaires Satire *Candide oder der Optimismus*. Dr. Pangloss will seinem Weggefährten Candide weismachen, Gott habe uns die Nase gegeben, damit wir darauf eine Brille tragen können.

Gould und sein Kollege vertreten die These, dass es in der Entwicklungsgeschichte auch Zufallserscheinungen und Nebenprodukte gab. Der männliche Tyrannosaurus Rex mag sein Weibchen mit seinen kurzen Stummelärmchen geherzt haben, aber dieses Schmuseverhalten erklärt nicht, warum die Vorderläufe des Dinosauriers so kurz geraten waren. Auch der Laut unseres Herzschlags hat keine Funktion. Wie jede Pumpe erzeugt das Herz ein Geräusch, aber das Geräusch selbst dient keinem evolutionären Zweck.

Flanagan behauptet nun, dass dasselbe auch für Träume gelte. Sie seien im Gegensatz zum Schlafen nicht überlebensdienlich. Zahlreiche tollkühne Selbstversuche haben die schlimmen Folgen von Schlafentzug gezeigt: Erschöpfung, Delirium, psychotische Zustände. Bei der *letalen familiären Insomnie* beispielsweise, einer seltenen Form vererbter Schlaflosigkeit, sterben die Betroffenen oft schon wenige Monate nach Ausbruch der Krankheit. Schlafen hat also eine klare positive Funktion. Träume jedoch, so Flanagan, behüten nicht den Schlaf, machen uns nicht gesünder und fördern auch nicht die psychische Hygiene. Für diese These spricht unter anderem, dass eine Unterdrückung des REM-Schlafs keine Auswirkungen auf das Leben von Testpersonen hatte. Im Gegenteil: Viele Psychopharmaka sind wirksam, während sie als Nebeneffekt die REM-Phase verkürzen. Außerdem träumen wir genauso oft von Dingen, die vollkommen irrelevant sind, wie von denen, die uns im Leben beschäftigen. Umgekehrt taucht vieles, was uns an Herz und Nieren geht, niemals in Träumen auf. Dabei sind Menschen, die sich an ihre Träume erinnern, genauso gesund wie die, die es nicht tun. Wenn Träume wirklich eine Funktion für unser Seelenleben hätten, warum sind sie dann so schwer zugänglich, warum so beliebig, und warum hinterlassen sie so wenige Spuren in der Erinnerung?

Flanagan verneint zwar eine Funktion, behauptet aber dennoch, dass wir durch Träume etwas über uns erfahren können. Das klingt zunächst paradox. Ein Vergleich mit dem Herzschlag zeigt, dass beide Annahmen nicht widersprüchlich sein müssen. Obwohl das Herz nicht die Funktion hat, Geräusche zu erzeugen, verrät der Herzschlag dem Arzt mit Stethoskop etwas über die Gesundheit des Patienten. Und obwohl Träume lediglich ornamentales Flimmern sind, haben sie Flanagan zufolge für uns eine Bedeutung und machen sogar einen Teil unserer «Identität» aus.

Ob das für alle Menschen gilt, ist eher zweifelhaft, denn wer sich nicht an seine Träume erinnert, dessen Identität bleibt von ihnen unbeeinflusst. Auch hier ist mein James-Bond-Traum ein gutes Gegenbeispiel. Mir sind viele Dinge wichtiger, als mich mit Geheimagenten zu duellieren. Natürlich könnte das Thema «Kämpfen» meinen Charakter und somit meine «Identität» ausmachen, aber Gewaltszenen kommen ohnehin besonders häufig in den Träumen der Menschen vor. Ob Trauminhalte für unsere Lebensführung relevant sind, ist blanker Zufall: Manchmal träumen wir von dem, was uns bewegt, manchmal nicht. Natürlich denken wir eher über diejenigen Inhalte intensiv nach, die uns wichtig erscheinen. Aber einen systematischen Zusammenhang gibt es nicht. Sinnvoller ist daher, Flanagans Idee in eine andere Richtung zu verfolgen: Träume verraten uns etwas über die Architektur unserer Erinnerung und die Dynamik unseres Bewusstseins.

Wegweiser zum Bewusstsein

In Träumen sind Personen und Orte austauschbar. Derselbe Mensch kann nicht nur plötzlich anders aussehen, man kann in vielen Situationen auch bekannte Menschen durch andere ersetzen. Dazu reicht schon derselbe Name. Wenn also die Nachbarin, Frau Schneider, plötzlich so aussieht wie die Schauspielerin Romy Schneider, dann könnte das darauf hindeuten, dass der Name «Schneider» im Gedächtnis nur einmal abgespeichert ist und alle weiteren Informationen damit verdrahtet sind. Diese These deckt sich mit Erkenntnissen aus der Psychologie über das erwähnte mentale Lexikon. Im Langzeitgedächtnis haben Wörter anders als im Duden nur einen Lexikoneintrag: «Ball» ist demnach als Wortform nur einmal gespeichert, und die Bedeutungen «Tanzveranstaltung» und «kugelförmiges Spielzeug» sind jeweils damit verbunden.

Ein weiteres Beispiel: Wenn eine Person plötzlich anders aussieht, macht uns das in Träumen nicht stutzig. Das könnte uns etwas über unsere Fähigkeit zur Wiedererkennung verraten. Personen und Gegenstände zu erkennen ist das eine, das Gefühl von Vertrautheit dabei zu haben etwas anderes. Normalerweise erleben wir beides zusammen: Wir sehen unsere Verwandten und Bekannten als uns vertraute Personen. In einigen neurologischen Störungen kann das aber auseinandergehen. Und in Träumen eben auch.

Wie erwähnt, verbessert sich das Gedächtnis in Träumen. Man kann sie sogar aktiv zum Gedächtnistraining nutzen. Ein faszinierendes Forschungsfeld stellen die sogenannten *Klarträume* oder *luziden Träume* dar, in denen man weiß, dass man träumt und auch Kontrolle über die Inhalte hat. Einige Menschen haben diese Gabe von Natur aus, den meisten von uns passiert es äußerst selten. Man kann Klarträume jedoch trainieren, und zwar indem man sich vor dem Einschlafen vor Augen führt, was typisch für Träumen ist nach dem Muster: «Wenn ich fliege, dann träume ich.» Mit etwas Glück setzt im Traum dann die Selbstreflexion ein. Hobson behauptet, mit der richtigen Übung könne man im Traum alles tun, sogar «intime Beziehungen» mit seinen Traumpartnern eingehen. Wenn man das liest, denkt man zunächst: Klar, träum weiter! Aber es funktioniert wirklich.

Der englische Psychologe Stephen LaBerge und seine Kollegen konnten Klarträume äußerlich nachweisen, indem sie Versuchspersonen baten, ihre Augen im Traum deutlich nach rechts oder links zu bewegen. Andere Forscher konnten zeigen, dass sich motorische Fähigkeiten verbessern, wenn man sie im Traum übt. Bei einem einfachen Geschicklichkeitsspiel, bei dem man Münzen in eine Tasse werfen musste, war eine Gruppe von luzid Träumenden durch ihre nächtlichen Übungen besser als die Vergleichsgruppe.

Aber auch die normalen Träume ohne Kontrolle helfen uns, den Geist besser zu verstehen. Der kolumbianisch-amerikanische Neurowissenschaftler Rodolfo Llinás und seine Kollegen vertreten die These, dass die Neurologie des Träumens Aufschluss über etwas viel Mysteriöseres geben kann als die Erinnerung, und zwar über die neuronalen Grundlagen des Bewusstseins. Traum und Wachzustand haben nämlich eines gemeinsam: Wir erleben sie in unserem Bewusstsein. Eindrücke, Gedanken und Gefühle wechseln ständig, die persönliche Innenperspektive jedoch, die all diese zu unseren Eindrücken, Gedanken verbindet, bleibt immer bestehen.

Vergleicht man also die Hirntätigkeit während der Träume und des Wachzustands miteinander, so Llinás und Kollegen, wird man eine Gemeinsamkeit entdecken, nämlich die neuronale Grundlage des Bewusstseins, das ja in beiden Fällen aktiv ist. Sobald alle Unterschiede abgezogen sind, bleibt genau dieser Kern übrig. Unwahrscheinlich ist, dass das Bewusstsein in einem bestimmten Hirnareal sitzt, denn es ist dauerhaft eingeschaltet, während einzelne Hirnzentren nur zeitweise aktiv sind. Für den aussichtsreichsten Kandidaten halten die Forscher daher Entladungen von elektrischen Phasen von etwa 40 Hertz, die periodisch alle zwölf Millisekunden über die gesamte Hirnrinde tanzen. Diese Elektro-Choreographie hat das Traumbewusstsein mit dem Wachbewusstsein gemein.

Pointiert drehen Llinás und Kollegen die übliche Hierarchie um, indem sie den Wachzustand als *Online-Träumen* bezeichnen. Der einzige Unterschied liege im Wahrnehmungsinput. Während man als Träumer in seiner eigenen Welt herumphantasiert, weitgehend isoliert von äußeren Reizen, bekommt man im Wachzustand einen ständigen Input über die Sinnesorgane. Unser Leben ist ein Traum. Und es wäre viel wahnsinniger, würden uns die kontinuierlichen Sinnesreize nicht buchstäblich erden.

Der Vergleich von Traum und Wachen bildet eine raffinierte und produktive Forschungsidee. Dennoch scheint die Llinás-Gruppe zwei wichtige Unterschiede zwischen Träumen und Wachzuständen zu unterschlagen, nämlich Handlungskontrolle und Nachdenken. Im wachen Leben können wir selbst entscheiden, was wir überlegen oder uns vorstellen wollen. Außerdem haben wir die Fähigkeit, Abstand zu uns selbst zu nehmen, indem wir über uns und unsere Eindrücke und Gefühle nachdenken. Zugegeben, was wir sehen, hören und spüren, prasselt passiv auf uns ein. Wir können uns beispielsweise nicht dazu entscheiden, die Farbe Rot als Gelb zu sehen oder ein Reifenquietschen als Donnergrollen zu vernehmen. Aber wir können unsere Aufmerksamkeit umlenken, in Gedanken versinken oder die Augen schließen. Unser waches Leben ist durch diese Handlungen bestimmt. Einige davon sind körperlich, andere führen wir im Geiste durch. Im Traum haben wir zwar auch manchmal das Gefühl zu handeln, aber außer in Klarträumen ist das kaum jemals überlegt, geplant und kontrolliert, geschweige denn ein Ergebnis von gründlichem Nachdenken.

Daher ist es spannend, den Ansatz der Llinás-Gruppe vom Kopf zurück auf die Füße zu stellen. Statt nur das Gemeinsame zwischen Träumen und Wachen zu suchen, könnte man sich auch auf den Unterschied konzentrieren. Denn unser aktives *Kontrollbewusstsein*, also die Fähigkeit, frei über die Inhalte unserer Erlebnisse und Gedanken zu verfügen, findet sich genau dort.

Träume als Filme

Bleibt noch das letzte große Rätsel des Träumens: Warum erleben wir Träume als Geschichten, als Kurzfilme mit Storyline und Dialogen, in denen wir die Hauptrolle spielen? Hier ist noch einmal das Beispiel aus meinem eigenen Traumtagebuch: Ich stehe im Schatten eines Betonrohbaus in einem verlassenen Industriegebiet. Von gegenüber nähert sich James Bond meinem Versteck mit gezogener Waffe. Er trägt eine schwarze kugelsichere Weste über seinem kurzärmeligen T-Shirt. Ich bin mir sicher, dass er mich nicht sehen kann. Doch plötzlich feuert er zwei Schüsse ab, die mich in die Brust und in den rechten Arm treffen. Ich sehe an mir hinab und entdecke, dass auch ich eine kugelsichere Weste trage. Von den Kugeln spüre ich nichts, aber mein Arm fühlt sich schlagartig taub an und hängt bewegungslos am Körper herab.

Natürlich kann man behaupten, dass hier unterdrückte Wünsche am Werk waren. Aber selbst wenn das stimmte, würde es nicht erklären, wie Bilder und Motive überhaupt in meine Traumvignette gelangten. Tatsächlich stammten sie nicht aus dem ominösen Unbewussten, sondern aus ganz unterschiedlichen Körperregionen: Als ich erwachte, spürte ich, dass mein Arm eingeschlafen war. Dann hörte ich zwei weitere Schüsse, blecherner allerdings als im Traum. Sie kamen von großen Metalltonnen, die die Müllabfuhr auf der Straße zuknallte. Jetzt fiel mir auch wieder ein, dass ich am Abend zuvor einen James-Bond-Film gesehen hatte und über das alte Hollywoodklischee nachdenken musste, dass der Held nie eine kugelsichere Weste trägt, nicht einmal, wenn er zusammen mit einer vollvermummten Spezialeinheit ein Gebäude stürmt. Doch wieso befand ich mich in einem Industriegebiet und nicht an einem Pokertisch im Casino Royal?

Und da dämmerte es mir erneut. Auf einmal wusste ich, woher ich die Szenerie kannte: Vor vielen Jahren habe ich bei einem Freund in London *Paintball* gespielt, außerhalb der Stadt in zwei Bauruinen aus Beton. Bei Paintball schießt man mit Farbpatronen auf seine Gegner. Unser Team verlor hoffnungslos gegen die ganz in Schwarz gekleideten Gegner. Nie zuvor habe ich so einen Adrenalinrausch erlebt. Als ich mich im Halbdunkel an das Lager des Gegners anschlich, war die Angst, aus einem Hinterhalt getroffen zu werden, derart real, dass ich meinen eigenen Puls im Ohr hören konnte. Auf Fotos von damals entdeckte ich, dass mich einer der Gegenspieler an eine Figur aus dem James-Bond-Film erinnerte. Damit war das letzte Puzzlestück gefunden: Die Schüsse stammten von den Mülltonnen, der verwundete Arm aus meiner Körperwahrnehmung, der Angstgegner aus dem Kino und die Kulisse aus meiner Erinnerung.

Mein Traum ist nicht ganz typisch, denn die meisten Träume laufen vollständig offline ab, also ohne eine Verbindung zu äußeren Reizen wie Straßenlärm oder eingeklemmten Armnerven. Natürlich kann man mit Hobson annehmen, dass aus zufälligen Details wie einem eingeschlafenen Arm mit Hilfe der Erinnerung ein sinnvolles Ganzes entstand. Die Frage bleibt aber bestehen: Wieso habe ich die Erinnerungen als eine zusammenhängende Filmsequenz erlebt?

Träume könnten ja auch aus ganz realistischen *Flashbacks* von Erinnerungsbildern bestehen. Solche erzeugte der amerikanische Neurologe Wilder Penfield in den fünfziger Jahren, indem er die

Gehirne von Patienten mit geöffneter Schädeldecke durch schwachen Strom reizte. Träume könnten ebenso gut anders aussehen, beispielsweise wie Assoziationsketten in unseren alltäglichen Gedankengängen. Beim Grübeln kommen wir manchmal vom Hundertsten ins Tausendste: Die Gedanken springen von Orten zu Personen, von Erlebnissen zu Phantasien und wieder zurück. Auch Träume könnten aus ebenso zufälligen Assoziationsblitzen bestehen, aus zusammenhanglosen Bildern, die nacheinander aufleuchten. Doch im Gegensatz zum Wachen verwandeln sich die assoziativen Sprünge oft in eine Geschichte. Die Frage ist also: Warum bestehen Träume aus Filmsequenzen und nicht aus einer kommentarlosen Diashow? Warum ist die Traumarbeit so aufwendig, dass sie nicht nur einzelne Verbindungen knüpft, sondern viele Fäden zu einem verstrickten, aber doch in sich zusammenhängenden Erzählstrang verknotet?

Freud hat das symbolische Element des Träumens überbetont. Doch indem sich die wissenschaftliche Traumforschung von Freud weg zur Hirntätigkeit hinbewegte, hat sie so den episodischen Charakter der Träume aus den Augen verloren. Seit einiger Zeit sind in der Philosophie und Psychologie die Erzählungen wieder in Mode. Einige Theoretiker gehen dabei so weit zu behaupten, dass unsere gesamte Persönlichkeit aus Geschichten zusammengesetzt ist, die wir anderen und uns selbst erzählen. So abwegig das als Erklärung für unseren Charakter klingt, bei Träumen ist der Ansatz nicht von der Hand zu weisen.

Man darf das Episodische oder Geschichtenartige unserer Träume nur nicht als eine sprachlich verfasste Erzählung verstehen, wie es bei Hobson manchmal den Eindruck hat. Träume sind eher visuelle Geschichten, eben Filme. Allerdings sind sie nicht so aufgebaut wie Blockbuster im Kino, sondern eher wie Kurzfilme, die nur aus wenigen Szenen bestehen. Zwar haben Traumszenen ihre eigene innere Logik, anders aber als in einem Spielfilm addieren sich die einzelnen Szenenfolgen nicht zu einer ganzen Story. Vielleicht beruht der innere Zusammenhang schlicht auf einem Trugschluss: Da wir als Träumende alles aus der Ich-Perspektive erleben, also die ganze Zeit in unserem eigenen Kino sitzen, könnten *wir* es sein, die das rohe Szenenmaterial wie einen fertigen Film behandeln, sobald wir daran zurückdenken. Vielleicht sind wir dabei so wohlwollend wie bei einem Low-Budget-Independentfilm, bei dem wir den Regisseur kennen. Dafür spricht, dass schon viele gewöhnliche Erinnerungen wie Nacherzählungen funktionieren, bei denen man mit jedem Zurückholen, ohne es zu merken, den Inhalt verändert und ergänzt.

Was kann ich also aus Träumen wie meiner James-Bond-Sequenz lernen, außer dass ich zu viele Filme schaue? Es sind keine verschlüsselten Botschaften, und sie verraten nichts über unterdrückte Wünsche, sondern wenn überhaupt, etwas über ganz konkrete. Wir erleben sie als Filmsequenzen in unserem Bewusstsein, auch wenn wir dabei selten die Kontrolle über den Handlungsverlauf haben. Manchmal geht es in Träumen um unsere Sorgen und Probleme, manchmal nicht. Sie haben keine offenkundige biologische Funktion, aber wir lernen von ihnen viel über die Funktionsweise unseres eigenen Geistes.

Vielleicht deutet die filmische Erzählstruktur unserer Träume sogar darauf hin, dass wir die Welt szenisch erleben und in unserer Erinnerung Erlebnisse automatisch in Auftakt, Durchführung und Finale zerlegen. Sie würden dann zeigen, dass in uns allen Märchenerzähler und Drehbuchautoren schlummern, die erwachen, wenn wir schlafen. Oder wie es in Shakespeares *Sommernachtstraum* heißt: «Ihr alle schier habet nur geschlummert hier und geschaut in Nachtgesichten eures eignes Hirnes Dichten.»

Handeln Die Freiheit des Willens

Red Bull. Sechs Dosen. Da stehen sie. In meinem Kühlschrank. Ich mag das Zeug nicht. Es schmeckt wie aufgelöste Gummibärchen. Wer zum Teufel hat die Dosen da reingestellt? Kurze Überlegung: Das war ich selber. Ich habe sie gestern gekauft. Im Supermarkt aus dem Regal genommen. In den Einkaufswagen gelegt. An der Kasse bezahlt. Nach Hause getragen. Die Kühlschranktür geöffnet und die Dosen schön ordentlich im obersten Fach aufgereiht.

Wie konnte es so weit kommen? Offenbar war ich im Supermarkt für einen Moment nicht Herr meiner selbst. Eine mögliche Erklärung dafür ist folgende: Auf meinem Weg komme ich immer an einem Werbeplakat für Red Bull vorbei. Ich habe es mir nie genau angesehen, allenfalls im Augenwinkel wahrgenommen. Und doch könnte es gut sein, dass das Bild meiner Entscheidung Flügel verliehen hat. Nun gibt es zwei Möglichkeiten: Entweder das Plakat hat einen Kaufwunsch in mir entstehen lassen, den ich bei näherer Betrachtung gar nicht haben wollte. Oder es hat mich so beeinflusst, dass ich im Supermarkt wie ferngesteuert zur silberblauen Dose gegriffen habe.

In der Philosophie betrifft die erste Frage die *Willensfreiheit* und die zweite die *Handlungsfreiheit*. Willensfreiheit hat man, wenn man seinen Willen weitgehend uneingeschränkt formen kann, indem man überlegt und sich fragt, was man will. Ein Heroinsüchtiger hat keinen freien Willen gegenüber der Gier nach dem nächsten Schuss, weil dieser Wunsch übermächtig ist. Wie sehr er auch abwägt, kein anderer Wunsch wird jemals gegen seinen Drang nach dem Rausch bestehen können.

Im Unterschied dazu hat Handlungsfreiheit, wer seine Wünsche, Interessen und Neigungen ungehindert in die Tat umsetzen kann. Beim Drogenabhängigen könnte zusätzlich zur Willensfreiheit auch die Handlungsfreiheit eingeschränkt sein, etwa wenn er in Untersuchungshaft sitzt und nicht an Stoff herankommt. Auch einem gesunden Menschen bringt die Willensfreiheit alleine nichts, solange er gefesselt ist und dadurch keine Handlungsfreiheit hat, also seinen Willen nicht verwirklichen kann.

Kurz, «Handlungsfreiheit» heißt: Man kann tun, was man will. «Willensfreiheit» heißt: Man kann zwischen seinen Wünschen wählen. Die Unterscheidung hat sich so eingebürgert. Viel spricht aber dafür, die Willensfreiheit als einen Spezialfall der Handlungsfreiheit anzusehen, denn den eigenen Willen zu bilden, also innerlich zwischen Vorlieben und Wünschen abzuwägen, ist auch eine Handlung, eine sogenannte *mentale Handlung*, die wir im Geist vollziehen, ohne dabei einen einzigen Muskel anspannen zu müssen. Wer frei in seinen Handlungen ist, kann tun, was er will, und hätte immer auch etwas anderes tun können. Aristoteles hat das so ausgedrückt: «Wo das Tun in unserer Gewalt ist, da ist es auch das Unterlassen.»

Wenn in der modernen Philosophie von «Handlungsfreiheit» die Rede ist, geht es oft um mehr als nur um Einkaufen und Drogenmissbrauch. In der Freiheitsdiskussion radikalisiert man die einzelnen Einschränkungen, indem man fragt, ob es möglich wäre, dass all unsere Taten unfrei sind: jeder Atemzug, jede Überlegung, jeder Spaziergang und jedes Gespräch. Doch bevor man beurteilen kann, ob wir Menschen frei im Handeln sind, muss man sich klarmachen, was Handlungen überhaupt sind.

Flirten und andere Handlungen

Stellen Sie sich vor, Sie sind auf einer Party und lassen den Blick schweifen. Jemand an der Bar gefällt Ihnen. Sehr gut sogar. Sie steuern an den Gästen vorbei schnurstracks auf die Bar zu. Dabei rempeln Sie aus Versehen den Gastgeber an, der fast seinen Drink verschüttet. Kurz darauf stehen Sie neben der Person Ihrer Begierde. Vor Aufregung bekommen Sie einen Schluckauf. Das Gespräch beginnt zwar ungelenk, doch schon bald haben Sie beide denselben Swing. Die Zeit vergeht wie im Flug. Wenn Sie eine Frau sind, spielen Sie während des Flirts vielleicht gedankenverloren in Ihren Haaren. Sind Sie ein Mann, stemmen Sie vielleicht die Hände in die Hüften und drücken den Brustkorb heraus.

In kurzer Zeit haben Sie einiges getan: Sie haben umhergeschaut, sich auf den Weg gemacht, jemanden angerempelt, einen Schluckauf bekommen, gesprochen und mit Ihrem Körper Balzsignale ausgesendet. Nicht alles, was Sie getan haben, waren Handlungen. Das Zur-Bar-Gehen war sicher eine typische Handlung, denn Sie haben sich dazu entschieden und sind dann ganz bewusst durch den Raum geschritten. Das Anrempeln war keine Handlung: Sie wollten es nicht und haben es nicht absichtlich getan, sondern aus Versehen. Es war allenfalls eine ungewollte Folge Ihres zielgesteuerten Marsches quer über die Tanzfläche. Ihr Schluckauf war auch keine Handlung. Diese rhythmische Muskelkontraktion war zwar ein Vorgang in Ihrem Körper, aber Sie wollten keinen Schluckauf haben, schon gar nicht in diesem Moment. Sie hatten auch nicht das Gefühl, dass Sie Ihr Zwerchfell selber zusammenziehen, wie vielleicht ein Schauspieler auf der Bühne, wenn er eine Figur mit Schluckauf spielt. Die einzelnen Schluckser sind Ihnen nur zugestoßen. Sie haben sie also nicht willentlich oder absichtlich vollzogen, sondern waren ihnen passiv ausgeliefert.

Ein komplizierter Fall ist das Balzverhalten: das Spielen im Haar und die Pose des Arme-in-die-Hüften-Stemmens. Sie haben nicht die Absicht gefasst, auf diese Weise zu flirten, oder es im Vorhinein geplant. Aber es ist Ihnen auch nicht passiv widerfahren wie der Schluckauf. Irgendwie kam ihr Verhalten schon von Ihnen. Hätte man Sie darauf angesprochen, wäre Ihnen aufgefallen, dass Sie da etwas selber getan haben, wenn auch geistesabwesend. Sie hatten nicht das Gefühl, dass Ihre Hände sich auf fremde

Weise von alleine bewegt haben. Ihr Balzverhalten war nämlich eine *intuitive Handlung*. Die Tatsache, dass intuitive Handlungen ebenso wie Gewohnheitshandlungen fast wie von selbst ablaufen, hat viele Psychologen verleitet, sie als «unbewusst» oder «automatisch» zu klassifizieren und mit echten *Automatismen* wie dem Schluckauf zu verwechseln. Das ist auch verständlich, denn beide haben gemein, dass sie am Rand der Aufmerksamkeit stattfinden. Nur: Das Flirten stößt uns nicht passiv zu, sondern wir merken, dass wir es selbst tun, sobald wir unsere Aufmerksamkeit darauf lenken. Ganz im Gegensatz zum Schluckauf.

Am besten kann man sich den Unterschied zwischen Handlungen und Automatismen so verdeutlichen: Wir handeln, wenn wir etwas absichtlich tun, also wenn wir unsere Körperbewegungen oder Gedanken selbst vollziehen. Ein anderer Ausdruck für «etwas absichtlich tun» ist «etwas willentlich tun». Kinder lernen das früh. Sie sagen: «Das hast du extra gemacht!» Die Eltern fragen ähnlich: «Hast du das absichtlich getan?» In diesen Sätzen steckt eine genaue Handlungsdefinition, denn «absichtlich» oder «extra» charakterisiert die Art und Weise, *wie* wir etwas tun. Absichten oder Pläne hingegen fasst man, *bevor* man etwas tut. Auch wenn sich «Absicht» und «absichtlich» vom selben Wortstamm herleiten, bezeichnen sie nicht dasselbe.

Manchmal denken wir gründlich nach, bevor wir die Entscheidung treffen, etwas zu tun. Das führt typischerweise zu geplanten oder durchdachten Handlungen, die wir eben nicht nur absichtlich, sondern mit einer bestimmten Absicht ausführen. Wer sagt: «Ich vermisse dich», tut nicht nur etwas selber, sondern beabsichtigt, damit etwas mitzuteilen. Viele alltägliche Handlungen sind jedoch routiniert: Wir führen sie aus, auch wenn wir uns nicht darauf konzentrieren müssen und oft keine Absichten oder Pläne mit ihnen verfolgen: Wir kratzen uns am Kopf, schalten beim Autofahren, bewegen die Beine beim Gehen oder singen unter der Dusche. Natürlich können wir auch all diese Handlungen konzentriert und geplant ausführen.

Ganz anders sieht es beim Schluckauf aus, der uns bloß zustößt, genauso wie unsere Verdauung, unser Herzschlag und die Teilung unserer Körperzellen. All das sind Automatismen und keine Handlungen, weil wir sie niemals absichtlich ausführen können. Selbstverständlich können wir rennen, um unseren Puls hochzujagen, aber wir können den Herzschlag nicht direkt verändern oder kontrollieren. Auch Mönche des Zen-Buddhismus, die ihre Herzfrequenz verlangsamen, tun das nicht direkt, sondern über einen Umweg, nämlich indem sie meditieren – wie auch immer das im Einzelfall aussehen mag.

Unsere Atmung nimmt eine Mittelstellung ein, weil sie meistens automatisch abläuft. Wäre das nicht so, könnten wir keinen einzigen Tiefschlaf überleben. Die Atmung können wir aber auch direkt beeinflussen. Wir können willentlich die Luft anhalten. Zwischen unseren Absichten und den Atemmuskeln in Brust und Zwerchfell muss es also eine Nervenverbindung geben, sonst könnten wir die Atmung nicht direkt kontrollieren.

Ein schönes Beispiel für diesen Zusammenhang ist das Ohrenwackeln. Einige Menschen können ihre Ohren willentlich bewegen. Vermutlich ist das ein Überbleibsel aus vergangenen Zeiten, als unsere eichhörnchenähnlichen Vorfahren ihre Lauscher zu Geräuschquellen hin ausgerichtet haben. Nur wenige haben dieses rudimentäre Talent noch heute, aber fast jeder kann es erwerben. Dazu muss man zuerst das Gesicht zu wilden Grimassen verziehen und dann Schritt für Schritt trainieren, die Muskeln zu isolieren, bis nur noch der Ohrenmuskel übrig bleibt. Dieser ist anders als die Gesichtsmuskeln von einem motorischen Nervenkern gesteuert, der beim Menschen besonders klein geraten ist. Im Gegensatz zum Herzen jedoch, das von einem abgeschlossenen Hirnareal kontrolliert wird, besteht eine Nervenverbindung zwischen dem Planungszentrum im Hirn und dem Nervenkern des Ohrmuskels. Wenn wir einmal gelernt haben, wie man mit den Ohren wackelt, dann können wir es uns auch vornehmen.

Indem wir handeln, verändern wir die Welt, auch wenn wir nur mit den Ohren wackeln. Für viele unserer Handlungen haben wir gute Gründe, was nichts anderes heißt, als dass unsere Handlungen im Licht unserer Wünsche, Interessen, Absichten und Überzeugungen vernünftig sind. Zwischen unseren Wünschen, Absichten und Plänen auf der einen Seite und den Handlungen auf der anderen muss eine Kausalbeziehung bestehen, sonst könnte der Wunsch, eine Sandburg zu bauen, niemals dazu führen, dass da am Ende eine Sandburg steht.

Wir haben beim Handeln das Gefühl, etwas selbst zu tun: Wir spüren, dass unsere Handlungen von uns kommen. Außerdem sind wir uns sicher, dass wir die Wahl haben. Wenn es darauf ankommt, können wir uns sogar selbst so einstellen, dass unsere Routinen sich nicht aktivieren. Auch wenn wir jedes Mal aus Gewohnheit unter der Dusche singen, tun wir es nicht, wenn es noch früh ist und alle anderen schlafen. Wir können auch anders, nämlich stumm, duschen. Die Freiheit unserer routinierten und überlegten Handlungen liegt also im *Anderskönnen*. Wir tun das eine, hätten aber immer etwas anderes tun können. Eben das meinte Aristoteles, als er feststellte, dass auch das Unterlassen in unserer Gewalt liegt.

Aber: Könnte uns unser Gefühl nicht in die Irre leiten? Könnte es nicht sein, dass wir von Wahlmöglichkeiten ausgehen, die wir gar nicht haben? Diese Fragen treffen den Kern des *traditionellen Freiheitsproblems*. Dabei geht es, wie gesagt, nicht um Einschränkungen einzelner Taten, sondern darum, was unserer gesamten Handlungsfreiheit entgegenstehen könnte. Der stärkste Gegner der Freiheit ist das dicke D der Philosophie: der *Determinismus*. Das traditionelle Freiheitsproblem kann man auch als Frage formulieren: Sind wir frei, oder ist alles im Vorhinein festgelegt?

Der Determinismus ist die These, dass der Lauf der Welt ein für alle Mal festgelegt ist. Er behauptet also mehr als bloß «Que sera, sera» – was sein wird, wird sein. Der Determinismus sagt, dass alles *notwendigerweise* so passieren muss, wie es passiert. Auf das kleine Wort «notwendig» kommt es an. Damit sagt der Determinist nicht nur, dass alles kommt, wie es kommt, sondern auch: «Es kann gar nicht anders sein.» Doch woher stammt diese Notwendigkeit? Drei Antworten wurden in der Geschichte darauf gegeben: von Gott, vom Schicksal und von den Naturgesetzen.

Die Determinismusdebatte hat vom Gott- und Schicksalsglauben Abstand genommen. Wer heute glaubt, dass der Lauf der Welt notwendigerweise festgelegt ist, denkt dabei an die universellen Naturgesetze. Mit ihnen begründen die modernen Deterministen, warum es im Weltgeschehen keine Verzweigungen geben kann, also der gesamte Weltlauf schon beim Urknall ein für alle Mal festgelegt war. Die alte Vorstellung, dass alles Schicksal sei, drückt die moderne Naturwissenschaft seit Galileo Galilei also durch mathematische Gleichungen aus.

Was bedeutet das für uns? Wenn der Weltlauf alternativlos fixiert ist, dann steht heute schon fest, wie viele Milliliter Kaffee die amerikanische Präsidentin am 17. Mai 2021 zum Frühstück trinken wird. Es steht auch heute schon fest, wie viele Sandkörner Sie im linken Schuh von Ihrem nächsten Sommerurlaub mit nach Hause nehmen werden. Anders ausgedrückt: Würde man das gesamte Universum noch einmal von vorn ablaufen lassen, würde wieder alles so geschehen, wie es in unserem Durchlauf geschehen ist.

An diese Idee anknüpfend, hat der französische Mathematiker und Philosoph Pierre-Simon Laplace im 18. Jahrhundert ein berühmtes Gedankenexperiment ersonnen, um den Determinismus zu veranschaulichen. Laplace stellte sich ein höheres, gottähnliches Wesen vor, dem man später den Namen «Laplace'scher Dämon» gab. Der Laplace'sche Dämon kennt alle Naturgesetze und dazu noch die Verteilung aller Elementarteilchen im Universum zu einem bestimmten Zeitpunkt. In einem deterministischen Universum kann er dann daraus die Verteilung der Teilchen zu jedem Zeitpunkt errechnen, in der fernsten Vergangenheit wie der fernsten Zukunft. Die Laplace'sche Vorhersehbarkeit verdeutlicht die Grundidee des Determinismus, «Alles ist festgelegt», ist aber noch stärker, denn sie sagt: Im Prinzip kann man es sogar wissen. Die Welt könnte natürlich deterministisch sein, auch wenn es niemals jemand herausfinden kann.

Wer über den Determinismus nachdenkt, gerät schnell in einen gedanklichen Strudel. Wenn der Weltlauf fixiert ist und ich denke, dass er fixiert ist, dann musste ich das ja denken. Und ich musste auch denken, dass ich denke, dass ich es musste. Und so weiter. Der antike Philosoph Zenon ließ sich nur zu gerne in diesen Strudel hineinziehen. Man berichtet, dass er einmal einen Sklaven schlug, der ihn beklaut hatte. «Mir war vom Schicksal bestimmt zu stehlen», verteidigte sich der Sklave. «Und auch, dafür geschlagen zu werden», erwiderte Zenon.

Die Alternativlosigkeit des Determinismus lässt der Freiheit keinen Spielraum: Wenn die Welt keine Verzweigungen zuließe, dann gäbe es für uns kein Anderskönnen. Selbst wenn ich dächte, ich hätte statt Red Bull auch Cola kaufen können, stimmte das nicht. Freiheit wäre dann eine systematische und kolossale Illusion: Wir hielten uns für frei, auch wenn wir es nicht sind.

Ist alles festgelegt?

Die Freiheitsfreunde sind davon überzeugt, dass wir frei sind. Man nennt sie auch *Libertarier*, nach dem Lateinischen «liber» für «frei». Da ihrer Meinung nach nur der Determinismus der Freiheit entgegensteht, müssen sie zeigen, dass der Weltlauf nicht festgelegt ist. Das ist nicht ganz leicht, denn der Determinismus ist nicht direkt nachweisbar oder widerlegbar, da es sich um eine metaphysische These handelt. Mit «Metaphysik» ist nichts Übersinnliches oder Unwissenschaftliches gemeint, sondern derjenige Teil der Philosophie, in dem es um die allgemeinste Natur der Welt geht, beispielsweise um Raum und Zeit. Metaphysische Thesen kann man nicht mit empirischen Methoden, also Beobachtungen und Experimenten, stützen. Wir können also niemals wissen, ob wirklich alles festgelegt ist, aber wir können uns fragen, welche Naturgesetze überhaupt für eine solche Annahme sprechen würden.

Dazu muss man sich zunächst im Klaren darüber sein, was Naturgesetze sind. Der Ausdruck «Gesetz» suggeriert, dass es sich um eine Vorschrift handelt. Diese vermenschlichte Sicht von Gesetzen hat selbst Newton noch vertreten: Wie der Mensch Gesetze verabschiede, die anderen Menschen vorschreiben, was sie zu tun haben, so erlasse Gott die Naturgesetze, die der Natur vorschreiben, wie sie sich verhalten soll. Tatsächlich sind Naturgesetze jedoch ganz anders als juristische Gesetze. Es sind unsere Beschreibungen und Verallgemeinerungen über Kräfte und gleichförmige Abläufe in der Welt. Sie sagen, wie die Natur sich verhält, aber nicht, wie sie sich verhalten soll. Naturgesetze legen den Lauf der Welt nicht buchstäblich fest. Der Weltlauf ist, wie er ist. Wir versuchen bloß, ihn mit Hilfe von Verallgemeinerungen zu verstehen. Daher kann man Naturgesetze auch niemals brechen. Man kann allenfalls beim Aufstellen der Gesetze Fehler machen.

Die amerikanische Philosophin Nancy Cartwright ist eine der prominentesten Kritikerinnen der deterministischen Auffassung von Naturgesetzen. Sie argumentiert so: Wir haben nur dann Grund, den Determinismus anzunehmen, wenn wir jedenfalls im Prinzip Naturgesetze finden könnten, die exakt sagen, was tatsächlich im Universum passiert, zu jedem Zeitpunkt an jeder Stelle. Wenn also die perfekte Physik der Zukunft Gesetze finden könnte, die denen eines Laplace'schen Dämons sehr nahe kommen. Aber, so fährt Cartwright fort, keines der bekannten physikalischen Gesetze erfüllt all diese Bedingungen. Wenn aber die Gesetze der Physik schon nicht für den Determinismus sprechen, dann spricht nichts dafür, denn noch genauere Gesetze gebe es nicht. Die Annahme eines Determinismus sei reines Wunschdenken einiger Naturwissenschaftler und Philosophen.

Warum ist das so? Der Laplace'sche Dämon benötigt Gesetze, die wahr sind, keine Ausnahmen zulassen und etwas über den tatsächlichen Weltlauf sagen. Cartwright zeigt, dass keines der bisher bekannten Gesetze der Physik alle drei Bedingungen zugleich erfüllt. Die meisten Gesetze sagen nur etwas über das Verhältnis von universellen Größen wie «Kraft ist Masse mal Beschleunigung», «Stromstärke ist Spannung durch Widerstand» oder «$E = mc^2$», also «Energie ist Masse mal die Lichtgeschwindigkeit zum Quadrat». Aber dann betreffen sie nicht den tatsächlichen Verlauf der Welt: Sie handeln ja nicht davon, was an einem bestimmten Ort zu einem bestimmten Zeitpunkt passiert.

Oder Gesetze sagen etwas über ideale Zustände, beispielsweise über den reibungslosen Fall. Aber auch dann handeln sie nicht vom tatsächlichen Weltlauf: Sie gelten ja nur in einem Gedankenmodell. Wenn es dann wirklich einmal um regelmäßige Abläufe in der Welt geht wie: «Alle Dinge fallen zu Boden», ist klar, dass man sie stören kann: Das weiß jeder, der schon einmal einen Ball gefangen hat. Aber dann sind die Gesetze nicht exakt, also ausnahmslos: Sie gelten ja nur, solange nichts dazwischenkommt oder nur mit einer bestimmten Wahrscheinlichkeit. Der Determinismus allerdings verlangt absolute Präzision. Einschränkungen dieser Art darf es nicht geben.

Cartwright schließt daraus, dass die Naturgesetze nicht zugleich wahr und ausnahmslos gültig sind, und dazu noch etwas über unsere Welt aussagen. Solche Gesetze braucht der Determinismus aber, um anzunehmen, dass alles aus Notwendigkeit geschieht. Wenn wir diese Gesetze nicht finden können, dann haben wir einen guten Hinweis, dass auch der Weltlauf nicht unausweichlich festgelegt ist.

Die Gegner der Freiheitsfreunde halten den Determinismus für wahr und deshalb die Menschen für unfrei. Auf den ersten Blick schien die Freiheitsannahme die gewagtere These zu sein. Cartwrights Einwände sind aber so gewichtig, dass sie das Verhältnis umdrehen. Ihr amerikanischer Kollege Patrick Suppes drückt das so aus: Handlungsfreiheit ist die Tatsache, die Annahme des Determinismus hingegen die wilde Spekulation. Mit der Kritik am Determinismus leugnet man natürlich nicht das *Kausalprinzip*, das sagt: Jedes Ereignis hat eine Ursache. Man stellt nur die stärkere Behauptung in Frage, nämlich dass jedes Ereignis durch seine Ursache *zwingend* festgelegt ist.

Da Freiheitsfreunde wie Suppes den Determinismus für falsch halten, glauben sie auch, dass unserer Freiheit nichts im Wege steht. Aber was ist eigentlich die Alternative zum Determinismus?

Freiheit durch Zufall?

Der Staatsanwalt Harvey Dent, eine Figur aus der Comicreihe *Batman*, wird Opfer eines Säureanschlags und hat deshalb eine entstellte Gesichtshälfte. Das Attentat entzweit aber nicht nur seine Gesichtszüge, sondern auch seine Persönlichkeit. Harvey Dent verwandelt sich zu dem Charakter «Two-Face», also Doppelgesicht, in dem ein Dr. Jekyll und ein Mr. Hyde sozusagen nebeneinander existieren. Bei jeder Entscheidung wirft er eine Münze. Ist der polierte Kopf oben, folgt er seiner guten Hälfte, beim durchgekreuzten Kopf der bösen. Offenbar ist Doppelgesicht nicht frei in seinen Handlungen, denn wer wie er seine Entscheidungen vom Zufall abhängig macht, handelt ja nicht selbst, sondern lässt gleichsam die Welt für sich entscheiden.

Der Zufall macht nicht frei. Genau das werfen Kritiker den Freiheitsfreunden vor: Wer den Determinismus leugne, müsse sich auf den Zufall berufen, um die Freiheit zu retten. Aber damit sei man keinen Deut besser gestellt: Wären alle unsere Taten die Folge bloßen Münzenwerfens, dann könnten wir niemandem je eine Handlung zurechnen. In einer Welt, in der der Zufall regiert, ist man genauso unfrei wie in einer, in der alles aus Notwendigkeit passiert.

Einige Freiheitsfreunde haben sich tatsächlich auf diesen Einwand eingelassen. Der englische Mathematiker und Physiker Roger Penrose beruft sich auf die Quantenphysik, um die Freiheit zu retten. Er dreht den Vorwurf einfach um: Der Zufall rette die Freiheit. Das Argument lautet ungefähr so: Wir alle sind nach dem Lego-Prinzip aus Elementarteilchen zusammengesetzt, die laut Quantenphysik keinen festen Ort haben, sondern sich nur mit einer bestimmten Wahrscheinlichkeit an genau einer Stelle befinden. Penrose argumentiert so weiter: Wenn im Kleinen nichts ganz genau festgelegt ist, dann ist auch im Großen nichts genau festgelegt, also ist die Freiheit gerettet.

Der Gedankengang ist nicht ganz neu. Schon der antike griechische Philosoph Epikur glaubte, dass die Atombahnen minimale Abweichungen zuließen. Penrose hat einfach die wissenschaftliche Version dieses Erklärungsmusters geliefert. Doch so eindrucksvoll das auch klingen mag, es gründet leider auf einem Trugschluss. Schon Jahrzehnte zuvor hat der Physiknobelpreisträger Erwin Schrödinger eine Kritik an Penrose vorweggenommen. Er fragte, wie es der menschliche Geist denn schaffen solle, seine Wirksamkeit gerade in diesen kleinen Lücken zu platzieren. Zufälle, Ungenauigkeiten, Unschärfe auf der Mikroebene geben einer Person ja nicht plötzlich eine Wahlmöglichkeit. Anders ausgedrückt: Wenn jede Quantenungenauigkeit im Kleinen so etwas wie der Münzwurf von Doppelgesicht wäre, würde das nichts mit der ganzen Person zu tun haben, die tatsächlich handelt. Schon gar nicht würde der Mikromünzwurf der Person helfen, frei zu sein, denn wie gesagt: Wer ausschließlich von Uneindeutigkeiten oder vom Zufall gelenkt wird, ist überhaupt kein handelndes Wesen, sondern eher wie eine Polle, die vom Wind durch die Luft gewirbelt wird, oder wie ein Tischtennisball, den die Wellen im Meer tanzen lassen.

Wer den Zufall in den Vordergrund rückt, widerspricht unserer moralischen Auffassung von Schuld und Verantwortung. Die Figur Doppelgesicht ist eben nicht halb gut und halb böse, wie es im Comic manchmal suggeriert wird, sondern böse, denn wer seine Entscheidungen nicht von seinen eigenen Gründen abhängig macht, sondern vom Münzwurf, dem ist das Wohlergehen anderer vollkommen egal. So ein Verhalten würden wir jedem vorwerfen. Mehr noch: Würde jeder nach Zufall entscheiden, könnte man überhaupt nicht mehr planen, denn man könnte sich auf niemanden mehr verlassen. Eine Welt mit Doppelgesichtigen wäre eine Welt voller Chaos und Anarchie.

Das Problem liegt auf der Hand: Das Gegenteil des Determinismus ist der *Indeterminismus*, aber der Indeterminismus ist nicht dasselbe wie der blanke Zufall. Deshalb müssen sich die Freiheitsfreunde nicht gegen den Vorwurf verteidigen, in einer indeterministischen Welt herrsche das Chaos. Und schon gar nicht kann man den Zufall zur Verteidigung der Freiheit bemühen, denn der macht die Sache nicht besser. Nach allem, was wir wissen, ist unsere Welt weder deterministisch noch chaotisch, sondern sie ist relativ geordnet, ohne dabei alternativlos festgelegt zu sein. Der Weltlauf lässt Verzweigungen zu, ist dabei aber so gleichförmig, dass auf unserer Erde Leben entstehen konnte und wir weit in die Zukunft hinein planen können. Ordnung ist die Mittelposition zwischen strenger Notwendigkeit und bloßem Zufall.

Die Willkür der Existenzialisten

In André Gides Roman *Die Verliese des Vatikan* stößt Lafcadio seinen Mitreisenden Fleurissoire aus dem fahrenden Zug in die dunkle Tiefe. Offenbar fasziniert ihn die Idee eines motivlosen Mordes. Bei seiner düsteren Tat lässt er den Zufall walten: Sollte er bis zwölf zählen können, ohne in der nächtlichen Landschaft ein Licht zu erspähen, sei Fleurissoire gerettet. Unglücklicherweise kommt er nur bis zur Zehn.

Die französischen Philosophen Jean-Paul Sartre, Albert Camus und andere Anhänger des Existenzialismus waren von diesem Zufallselement in Handlungen fasziniert: Vollständige Freiheit könne man nur erreichen, wenn man sich nicht nur von allen Zwängen, sondern auch von den eigenen Gründen losmache. Eine reine Willkürhandlung, der sogenannte *acte gratuit*, sei das höchste Maß der individuellen Freiheit.

Lafcadio macht seine Entscheidung vom Zufall abhängig wie Doppelgesicht mit seinem januskköpfigen Münzwurf. Aus Sicht der Existenzialisten ist Lafcadio wirklich frei, weil er vollkommen grundlos handelt, sich also von jeder Form der Verursachung loslöst. Auch diese Auffassung von Freiheit gründet auf einem Irrtum. Erstens stimmt es gar nicht, dass Lafcadio keinen Grund für seine Tat hatte. Immerhin war er neugierig darauf, wie es sein wird, einen Fremden in den Tod zu stoßen. Wir sagen zwar im Alltag: «Ich habe gerade ohne Grund gesungen», meinen damit aber genauer: «Ich hatte keinen weiteren Grund als eben den, singen zu wollen.» So hatte Lafcadio mindestens diesen Grund: eine perverse Form der Neugier, zu erleben, wie es ist, ein Mörder zu sein – auch wenn das kein vernünftiger oder guter Grund war.

Der zweite Irrtum des Existenzialismus lässt sich gut am Wort «willkürlich» erklären. Im Alltag heißt «willkürlich» so viel wie «beliebig», «grundlos», «prinzipienlos». Es hat aber eine zweite, ältere Bedeutung, die in der Psychologie noch gebräuchlich ist. Wenn dort von «willkürlichen Bewegungen» die Rede ist, dann geht es gerade um die absichtlichen, willentlichen Handlungen, also diejenigen Taten, die man selbst vollzieht und kontrolliert – im Gegensatz zu den «unwillkürlichen», also automatischen Bewegungen. Beide Bedeutungen haben etwas gemeinsam: Sie drücken das Gegenteil von «Zwang» oder «Notwendigkeit» aus – einmal als Zufall und einmal als Kontrolle des Handelnden. Beide Bedeutungen darf man aber nicht vermischen, denn die Grundlosigkeit des Zufalls gibt dem Handelnden keine Kontrolle, und schon gar nicht Freiheit. Der englische Philosoph John Locke hat etwa 250 Jahre vor dem Existenzialismus erklärt, warum Freiheit nicht darin bestehen kann, sich von der Vernunft loszureißen, denn sonst wären «Verrückte und Narren die einzigen Freien». Gründe, so Locke, machen uns «geneigt», etwas zu tun, aber sie legen uns nicht alternativlos fest.

Tatsächlich ist der Zusammenhang zwischen Freiheit und Zufall genau andersherum als von den Existenzialisten angenommen: Solange wir Gründe haben, handeln wir nach ihnen. Nur wenn sie fehlen, müssen wir die Münze werfen, zum Beispiel um fair zu sein, wie der Schiedsrichter, wenn er den Mannschaften eine Seite zuteilt. Oder: Stellen Sie sich vor, Sie stehen mit einer langen Einkaufsliste in der Hand im Supermarkt und müssen aus jedem Regal mindestens ein Produkt holen. Mal angenommen, Sie stehen von allen Reihen gleich weit entfernt. Dann ist es völlig egal, wo Sie anfangen. Wenn Sie jetzt nach guten Gründen suchten, würden sie niemals mit dem Einkauf fertig werden. An dieser Stelle müssen Sie tatsächlich eine Münze werfen, allerdings metaphorisch, nämlich im Geiste. Sie entscheiden sich dann im doppelten Sinn willkürlich für eine Reihe, denn irgendwo muss man ja anfangen. Übrigens: Fragen Sie sich, ob Sie die vielen Energydrinks wirklich wollen.

Der blanke Zufall macht uns genauso unfrei wie der Determinismus. Wir brauchen eine zwanglose Gleichförmigkeit, um frei zu sein. Doch auch in so einem Szenario ist nicht jeder frei. Was heißt es also genau, frei handeln zu können?

Die Freiheitsfreunde

Die Freiheitsfreunde sagen, dass wir Menschen oft genug die Wahl haben und deshalb frei sind. Dazu darf die Welt nicht festgelegt sein. Bei einem erneuten Durchlauf könnte sie sich anders entwickeln. Nur wenn der Weltlauf sich anders verzweigen kann, haben auch wir Menschen darin alternative Möglichkeiten. Freiheit kann man aber nicht beweisen. Unsere Freiheit erleben wir jeden Tag. Die Beweislast liegt also immer beim Freiheitsfeind, denn der vertritt mit dem Determinismus die stärkere metaphysische Annahme.

Der Philosoph Arthur Schopenhauer war überzeugt, dass der Mensch tun kann, was er will, jedoch nicht wollen kann, was er will. Er gesteht uns also Handlungsfreiheit zu, aber keine Willensfreiheit. Noch heute hört man Argumente, die in diese Richtung gehen. Wirklich frei seien wir nur, wenn wir auch unsere Wünsche selbst wählen. Die aber kämen von «der Gesellschaft», «der Umwelt», «der Erziehung», «der Mode», «den Genen», «den Telenovelas» oder woher auch immer. Jedenfalls nicht von uns.

Diese Beobachtung ist zwar in vielen Fällen richtig, die Schlussfolgerung ist allerdings nicht gültig. Natürlich haben wir kaum einen unserer Wünsche selbst gewählt. Daraus folgt allerdings nicht, dass wir ihnen hilflos ausgeliefert sind. Im Gegenteil: Wir haben beispielsweise gelernt, unsere grundlegenden Wünsche zu unterdrücken: Wir fassen nicht alles an, was wir anfassen wollen. Wir nehmen nicht alles in den Mund, was wir in den Mund nehmen wollen. Und wir essen nicht alles, was wir essen wollen. Erwachsenwerden besteht in der schmerzlichen Erfahrung, dass die Erfüllung der eigenen Wünsche oft versagt bleibt. Aber nicht nur das: Wir können immer an uns arbeiten. Wenn das nicht so wäre, wären nicht nur Suchttherapien sinnlos, sondern auch einfache Aufforderungen wie: «Reiß dich mal zusammen!» Schließlich können wir unsere Wünsche ganz einfach beeinflussen, indem wir über sie nachdenken und manche von ihnen als albern oder unangemessen verwerfen. Klar, einige unserer kleinen Ticks und Macken sitzen tief. Sie sind so fest verdrahtet, dass wir lange an uns arbeiten müssen, um sie zum Verschwinden zu bringen. Unmöglich ist es dennoch nicht.

Unserer Freiheit sind Grenzen gesetzt durch unsere Bedürfnisse, Wünsche und Charakterzüge genauso wie durch die Schwerkraft. Aber innerhalb dieser Grenzen haben wir Wahlmöglichkeiten. Anhänger der römisch-griechischen Philosophieschule *Stoa* nahmen an, dass man sich gegen sein Schicksal nicht auflehnen könne. Die berühmte stoische Gelassenheit ist die angemessene Haltung in jeder Lebenslage. Ein Stoiker bleibt auch dann lässig und entspannt, wenn er von schlimmen Schicksalsschlägen heimgesucht wird. Aus dieser Tradition stammt folgendes Gleichnis: Der Mensch ist wie ein Hund an einen Karren geleint und muss im Fahrttempo mitlaufen. Tut er es nicht, wird er mitgeschleift. Läuft er zu weit vor, gerät er in die Speichen. Mit anderen Worten: Das Schicksal zieht uns unausweichlich in eine Richtung. Man kann diesen antiken Stoff aber auch gegen den Strich bürsten: Innerhalb der Leinenlänge hat der Hund seine Freiheiten, nach rechts oder links zu laufen. Sicher, wir Menschen sind arme Hunde. Wir wissen nicht, wer uns an den Wagen gebunden hat und warum man uns an der kurzen Leine hält. Aber in diesem überschaubaren Rahmen sind wir frei. Und immerhin geht es vorwärts.

Allen Kreaturen im Universum sind Grenzen gesetzt, auch den denkbar mächtigsten Außerirdischen. Innerhalb dieser Grenzen haben wir Wahlmöglichkeiten. Das gilt nicht für alle Lebewesen: Bäume, Quallen, Ameisen und Hühner sind sicherlich nicht frei, weil sie gar keine handelnden Wesen sind. Sie leben und zeigen Verhalten, aber sie führen keine Handlungen aus, denn sie tun nichts absichtlich und haben auch keine Pläne. Bei Menschenaffen und Delphinen ist man sich nicht so sicher, denn deren Verhalten ähnelt unserem oft so sehr, dass wir sie für Personen halten können. Der springende Punkt ist in jedem Fall, dass man die Freiheitsfrage gar nicht unabhängig von der Handlungsfrage stellen kann. Nur handelnde Wesen können überhaupt frei sein, und nur freie Wesen können überhaupt handeln. In unserem Verständnis gehört die Wahlmöglichkeit schon zum Begriff der Handlung dazu: Ein Wesen, das niemals die Wahl hat, handelt auch nicht.

Ein gruseliges Beispiel für diesen Zusammenhang stellt eine seltene neurologische Störung dar, die sogenannte *anarchische Hand*. Die Symptome dieser Störung sind so, als seien sie eigens für Stanley Kubricks satirischen Film *Dr. Seltsam oder Wie ich lernte, die Bombe zu lieben* aus dem Jahr 1964 erfunden worden. Eine Figur dieses Films, der deutsche Wissenschaftler Dr. Seltsam, ist Berater des amerikanischen Militärs. Er hat eine Eigenart: Sein rechter Arm erhebt sich immer wieder wie von selbst zum Hitlergruß. Nur mit Mühe kann er ihn mit der anderen Hand stoppen. Ähnlich geht es Patienten, die an der anarchischen Hand leiden, nur erleben sie eine ganze Reihe von Bewegungen, die wie von selbst beginnen. Die Patienten haben Schädigungen im motorischen Kortex, dem Bewegungszentrum in ihrem Hirn. Ansonsten sind sie aber geistig vollkommen gesund. Sie beschreiben ihre kranke Hand, als habe sie einen eigenen Willen. Die Liste der anarchischen Tätigkeiten ist kurios: Manchmal klaut die Hand Essen vom Teller des Sitznachbarn, ein andermal korrigiert sie Züge in einem Brettspiel. Ein Patient, der sich morgens mit der gesunden Hand das Hemd anzog, musste mitansehen, wie seine anarchische Hand es von unten wieder aufknöpfte. In einem Fall soll die Hand sogar versucht haben, ihre Besitzerin nachts im Schlaf zu würgen.

Die Störung betrifft übrigens nicht nur die Hände, sondern alle Gliedmaßen. Auch Tiere können darunter leiden. Ein Hund wurde von seinem anarchischen Hinterbein immer wieder am Kopf gekratzt. Da das arme Tier nicht verstand, was mit ihm geschah, biss es sich immer wieder ins eigene Bein, als sei es ein Störenfried. Von außen sehen die Bewegungen der anarchischen Hände wie echte Handlungen der Patienten aus: Sie sind vielschichtig, zielgesteuert und passen oft gut in den Kontext. Die anarchischen Handbewegungen sind aber keine Handlungen, denn weder haben die Patienten das Gefühl, etwas selbst zu tun, noch haben sie die Wahl, sich gegen eine Bewegung zu entscheiden. Allenfalls eine indirekte Kontrolle ist ihnen geblieben: Sie setzen sich einfach auf die kranke Hand, damit sie keinen Unfug anstellen kann. Ein Patient konnte seine Hand stoppen, indem er sie laut anschrie.

Wie es zu den Bewegungen der anarchischen Hand kommt, ist im Detail noch unklar. Man weiß aber schon, dass sie von Objekten wie Tellern, Brettspielen und von anderen Reizen aus der direkten Umgebung ausgelöst werden. Im Erleben sind sie wie ein Schluckauf oder ein nervöses Augenzucken. Die Bewegungen widerfahren der Person, sie werden nicht aktiv ausgeführt. Wären all unsere Körperbewegungen und auch unsere Gedanken wie die der anarchischen Hand, dann wären wir nicht nur unfrei, wir wären überhaupt keine handelnden Personen mehr.

Diesen Zusammenhang übersehen die Freiheitsfeinde. Sie denken, in einer festgelegten Welt würden wir noch handeln, jedoch dabei nicht frei sein. Tatsächlich gibt es in einer deterministischen Welt überhaupt keine handelnden Wesen mehr, sondern allenfalls anarchische Roboter.

Schwache Freiheit

Man kann auf den Determinismus noch anders reagieren, und zwar mit der These, dass er gar nichts mit Freiheit oder Unfreiheit zu tun hat. Das sagen die *Kompatibilisten*, die Freiheit und Determinismus für vereinbar, also kompatibel, halten. Daher der Name. Den Kompatibilisten zufolge ist das Gegenteil von Freiheit Zwang. Unfrei sind wir, wenn Hypnose, Drogensucht oder böse Menschen einen Zwang auf uns ausüben. Wenn kein Zwang herrscht, müssen wir von Freiheit sprechen, ganz gleich, ob der Determinismus zutrifft. Andernfalls hätten wir gar keine Verwendung mehr für den Begriff «frei». Laut David Hume beispielsweise, dem englischen Philosophen der Aufklärung, ist der Mensch frei, wenn er nicht in Ketten liegt.

Viele Kompatibilisten berufen sich zudem auf ein Argument des englischen Philosophen Peter Frederick Strawson, der gezeigt hat, dass wir Menschen anders behandeln, wenn sie an Zwangsneurosen leiden, geisteskrank oder sonst irgendwie eingeschränkt sind. Wir würden ihnen dann keinen Vorwurf mehr machen, und wir würden ihnen ihr Verhalten auch nicht nachtragen, und zwar ganz unabhängig davon, ob wir annehmen, dass die Welt deterministisch ist oder nicht. Strawson sagt sogar mit einem Augenzwinkern, dass er gar nicht so genau wüsste, worin die These des Determinismus eigentlich bestünde.

Die Kompatibilisten stoßen allerdings auf Schwierigkeiten. Zum einen zielen sie hauptsächlich auf die *negative Freiheit* ab: die «Freiheit von Zwang», also das Fehlen von inneren oder äußeren Einflüssen. Den Libertariern ging es aber schon immer um *positive Freiheit*: die «Freiheit, etwas zu tun», also die Fähigkeit zu wählen. Natürlich schränkt jeder Zwang die positive Freiheit ein. Er löscht sie jedoch nicht aus. Auch in einer Geld-oder-Leben-Situation hat man die Freiheit, sein Leben zu geben. Das ist zwar unvernünftig, aber möglich. Und wer wie in Humes Beispiel in Ketten liegt, der kann immer noch denken, woran er will. Die Gedanken sind frei. Das verdeutlichen Fälle von Patienten, die am Locked-In-Syndrom leiden. Obwohl sie bei vollem Bewusstsein sind, können sie ihren Körper nicht bewegen. Einigen Patienten ist nur noch das Blinzeln geblieben, anderen überhaupt keine Möglichkeit mehr, sich mitzuteilen. Auf den ersten Blick könnte man solche Fälle mit Patienten im Wachkoma verwechseln, deren Bewusstsein ausgelöscht ist. Doch Locked-In-Patienten können nachdenken, phantasieren oder in ihren Erinnerungen schwelgen. Diese Freiheit ist ihnen geblieben. Wenn es aber so krasse Zwänge und Einschränkungen geben kann, ohne dass dadurch die positive Freiheit gefährdet ist, dann scheint etwas mit den Ansichten des Kompatibilismus nicht zu stimmen.

Das führt zum zweiten Problem. Es bedeutet eben doch einen Unterschied, ob der Determinismus zutrifft oder nicht. Wir können uns einfach nicht vorstellen, wie wir in einer festgelegten Welt noch die Wahl haben sollen. Die Kompatibilisten vertreten einen Freiheitsbegriff, der so schwach ist, dass er auch dann noch anwendbar bleibt, wenn es für niemanden Wahlmöglichkeiten gibt. Diese Strategie wirkt dem deutschen Philosophen und Libertarier Geert Keil zufolge, als wollten sie auf Nummer sicher gehen, für den Fall, dass der Determinismus doch wahr ist: Hauptsache Freiheit. Das ist verwunderlich, denn, so Keil, «Aufgabe der Philosophie ist nicht, auf der sicheren Seite zu sein, sondern herauszufinden, wie es sich tatsächlich verhält».

Überraschenderweise sind die Kompatibilisten in der Philosophie noch in der Mehrzahl. Langsam scheint sich das Blatt zu wenden. Einen ganz neuen Dreh bekam die Diskussion, als sich

Neurowissenschaftler einmischten und behaupteten, schon einfache Versuche würden zeigen, dass kein Mensch Handlungsfreiheit habe. Die Argumente blieben zwar weit hinter dem Forschungsstand der Philosophie zurück, aber irgendwann waren diese Stimmen so laut, dass die Philosophen darauf antworten mussten.

Hinkt der Wille hinterher?

Setzen Sie sich einmal entspannt irgendwohin, und tippen Sie mit den Fingern auf den Tisch oder Ihr Knie. Klopfen Sie keinen Rhythmus, sondern konzentrieren Sie sich darauf, Ihren Finger einfach irgendwann zu heben. Achten Sie dabei auf den Moment, in dem Sie den Willensruck spüren, den Finger zu bewegen.

Genau das hat der amerikanische Hirnforscher Benjamin Libet in einem berühmt gewordenen Experiment von seinen Versuchspersonen verlangt. Mit Hilfe einer speziellen Uhr sollten sie sich dabei merken, wann sie den Willensruck verspürten, den Finger zu bewegen. Libet fand heraus, dass sich im Gehirn ein elektrisches *Bereitschaftspotenzial* etwa eine halbe Sekunde vor diesen aktiven Körperbewegungen aufbaut. Den bewussten Willensruck datierten die Versuchspersonen aber nur auf eine Fünftelsekunde vor der eigentlichen Bewegung, also deutlich nach dem Anstieg des Potenzials. Rückwärts geschaut: Bei 550 Millisekunden vor der Bewegung beginnt das Potenzial, bei 250 kommt der Willensruck, und bei 0 bewegt sich der Finger.

Libet schloss daraus, dass der Wille immer zu spät komme. Unser Gehirn habe bereits für uns entschieden, den Finger zu bewegen, und das etwa 300 Millisekunden, bevor wir den Willensruck verspüren. Auf den ersten Blick scheint es, als wäre damit die Willensfreiheit wissenschaftlich widerlegt: Noch bevor wir mit dem Finger schnippen können, ist schon festgelegt, dass wir es tun. Uns scheint zwar, als wären wir die Urheber unserer Handlungen, aber das ist eine Illusion.

Diese These ist so provokant wie abenteuerlich. Man könnte annehmen, dass Libet Hunderten von Versuchspersonen die EEG-Haube zur Hirnstrommessung aufgesetzt hat, um seine Behauptung zu stützen, zumal sie so radikal unserem Selbstverständnis als freien Menschen widerspricht. Tatsächlich testete Libet nur sechs Personen, die allesamt Psychologiestudenten im Hauptstudium waren. Die Daten einer Probandin erwiesen sich als unbrauchbar – da waren es nur noch fünf. Man muss sich das wirklich vor Augen führen: Mit fünf Studenten der eigenen Zunft und mit der Messtechnik der achtziger Jahre wollte Libet bewiesen haben, dass kein Mensch der Menschheitsgeschichte jemals einen freien Willen hatte oder jemals haben wird. Bei allem Respekt für die harte Arbeit der neurologischen Forschung: War das ernst gemeint?

Schon in den achtziger Jahren wurde das Libet-Experiment in Fachkreisen diskutiert und massiv kritisiert. Auf dunklen Wegen gelangte es vor einigen Jahren ins deutsche Feuilleton, und die Diskussion wiederholte sich, allerdings hatten sich diesmal nur wenige Teilnehmer die Mühe gemacht, das eigentliche Experiment genau anzuschauen. Immerhin hat der englische Psychologe Patrick Haggard mit einem Kollegen die technisch mangelhaften Versuche inzwischen verbessert und kam dabei zu einem ähnlichen Ergebnis. Obwohl Haggard in seinen Folgerungen vorsichtiger ist als Libet, konnte er die grundlegenden Mängel des Versuchs jedoch nicht ausräumen.

Schon die Aufgabe ist paradox formuliert. Die Versuchspersonen sollten spontan handeln, nicht im Voraus planen und typische Bewegungsmuster vermeiden, also beispielsweise nicht im Zweisekundentakt tippen. Doch wenn man ständig überlegt, wie man Muster vermeidet, dann ist man nicht mehr spontan. Und wie plant man im Voraus, nicht im Voraus zu planen?

Vor allem bleibt völlig unklar, auf was man eigentlich achten soll, wenn man da sitzt und auf die Uhr starrt. Libet spricht von «Entscheidung», «Drang», «Wunsch» und dem «Willen». Das sind aber vier verschiedene geistige Phänomene. Wer mit dem Rauchen aufgehört hat, kann sich dagegen entscheiden, eine Zigarette anzuzünden, auch wenn er spürt, wie der Drang oder der Wunsch mit Macht in ihm aufsteigt. Eine Entscheidung ist eine mentale Handlung, der Drang hingegen etwas, das einem widerfährt. Weder das eine noch das andere ist ein Willensruck. Die natürliche Nachfrage an den Experimentator wäre also gewesen: Was denn nun?

Aber offenbar hat sich das keine der Versuchspersonen getraut. Ein weiteres Problem: Wir können Vorgänge in unserem Bewusstsein nicht besonders präzise datieren. Viele Studien zeigen, dass man innerhalb eines Zeitfensters von bis zu drei Sekunden Reize vertauschen kann, insbesondere, wenn sich etwas so schnell bewegt wie der kreisende Zeiger im Versuch.

Der schwerwiegendste Fehler der Experimente liegt aber an anderer Stelle: Sie geben ein falsches Bild davon ab, wie wir Handlungen beginnen. Es gibt nämlich gar keinen Willensruck, der unseren Handlungen vorausgeht. Tippen Sie noch einmal mit dem Finger auf Ihr Knie. Spüren Sie vor jedem Tippen einen Willensimpuls? Gewiss, manchmal sagt man zu sich selbst: «Jetzt», oder man zählt bis drei oder gibt sich innerlich einen Ruck. Aber all das sind ebenfalls Handlungen, die der Körperhandlung vorausgehen und laut der Hypothese ebenfalls einen Willensimpuls benötigen.

Tagtäglich fahren wir Auto oder Fahrrad, essen, diskutieren, schreiben, küssen einander oder strecken uns genüsslich auf dem Sofa aus. Keine dieser Handlungen ist von ominösen Willensimpulsen begleitet. Natürlich wollen wir meistens das, was wir tun, und oft spüren wir auch unsere Wünsche süß und lieblich in uns oder übermächtig und gebietend. Aber einen Wunsch zu spüren ist nicht dasselbe, wie einen Ruck kurz vor einer Körperbewegung zu spüren.

Der amerikanische Philosoph Daniel Dennett hält den Willensruck daher für die Erfindung einer falschverstandenen Theorie. An dieser Diagnose ist etwas dran. Vermutlich ist Folgendes passiert: Eine Autorität mit akademischem Titel fragt eine Versuchsperson, ob sie den Willensruck gespürt habe. Die Versuchsperson fühlt sich verpflichtet, etwas zu sagen – schließlich bekommt sie dafür zehn Euro die Stunde oder die Seminarnote am Ende des Semesters wie in Libets Fall. Die Probanden haben sicherlich nicht einfach gelogen, sondern eher versucht, irgendetwas zu finden, was zu «Wille» oder «Entscheidung» passt. Manche werden innerlich «Jetzt» gesagt, andere einfach ihre Körperbewegung gefühlt haben. Und alle haben diese verschiedenen Ereignisse dann als Willensruck identifiziert. Tatsächlich datierten die Versuchspersonen diesen auch irgendwo zwischen drei Sekunden vor der Bewegung und einer halben Sekunde danach. Gemittelt kam dann der «verspätete» Wille heraus.

Wie Libet beschäftigt sich auch der deutsche Hirnforscher John-Dylan Haynes mit Handlungssteuerung. Anhand der Hirnaktivität konnte er vorhersagen, ob Versuchspersonen den linken oder rechten Finger bewegen werden – allerdings sogar bis zu zehn Sekunden, bevor sie die «bewusste Entscheidung» dazu fällen. Die Korrektheit seiner Vorhersage lag allerdings nur bei 60 Prozent: deutlich genug über der Durchschnittswahrscheinlichkeit von 50 Prozent, um pures Rateglück auszuschließen, aber auch nicht weit genug davon entfernt, um von «neuronaler Festlegung» zu sprechen. Einige Forscher sind von der Vorhersagetiefe von zehn Sekunden beeindruckt. Da fragt man sich, warum. Ein Beispiel: Viele von uns stehen wochentags um dieselbe Zeit auf, gehen ins Bad und putzen sich die Zähne. Ohne teure Messapparaturen kann das jeder aufmerksame Beobachter mit einer Tiefe von mehreren Wochen und einer Genauigkeit von fast 100 Prozent vorhersagen. Wenn unser Verhalten nicht oft in dieser Weise vorhersagbar wäre, könnten wir niemals miteinander kooperieren. Dass man das auch neurologisch nachweisen kann, darf niemanden überraschen. Im Gegenteil: Könnte man es nicht nachweisen, dann müsste man stutzig werden.

Einige Neurowissenschaftler vertreten noch stärkere Thesen: Das Gehirn «entscheide» nicht nur für uns in einzelnen Fällen, es «determiniere» alles, was wir tun. Der deutsche Neurowissenschaftler Wolf Singer behauptet entsprechend: «Verschaltungen legen uns fest.» Solchen Thesen liegen mindestens zwei Verwechslungen zugrunde. Zum einen können Gehirne nichts entscheiden, sondern nur Menschen mit Gehirnen, genauso wie Füße keinen Spaziergang machen, sondern nur Menschen mit Füßen. Außerdem hat hier «determinieren» oder «festlegen» nichts mit dem Determinismus zu tun, denn der sagt ja etwas über den gesamten Weltlauf. Wenn von Anfang an festgelegt ist, was im Universum passiert, dann gilt das auch für jedes einzelne Gehirn innerhalb des Universums. Der Umkehrschluss gilt nicht: Nur weil man im Gehirn regelmäßige Abläufe findet, folgt daraus noch lange nicht, dass das ganze Universum und somit unser Handeln alternativlos festgelegt sind.

Die Einzelbeobachtungen von Neurowissenschaftlern steuern nichts zur Freiheitsdebatte bei. Natürlich kann sich jeder in eine philosophische Debatte einmischen. Aber dann kann man auch erwarten, dass sich die Teilnehmer auf den aktuellen Forschungsstand bringen. Das Gleiche gilt natürlich auch für Philosophen, wenn sie die psychologische und neurowissenschaftliche Forschung kommentieren. Natürlich wissen alle Beteiligten, dass die hochtrabenden Parolen einiger Neurowissenschaftler geschickte PR-Arbeit sind. Mit starken Thesen kommt man schneller in die Medien. Vielleicht neigen diese Wissenschaftler eher zur Übertreibung, weil sie besser als andere wissen, wie Aufmerksamkeit und Wahrnehmung funktionieren.

Verbrechen und Strafe

Dass einige Neurowissenschaftler die Freiheitsdebatte nicht genau kennen, wäre ja nicht so schlimm, wenn sie nicht auch noch eine Reform des Strafrechts fordern würden: Man solle nicht mehr bestrafen, schließlich sei ja niemand für seine Taten verantwortlich.

Dennoch müsse man Verhalten regulieren, damit jeder in Frieden leben könne. Das sind die Thesen. Man kann sich mit guten Gründen über die Funktion von Strafe streiten, aber schon die Forderung nach Regulation setzt die Freiheit desjenigen voraus, der jemand anders regulieren will.

Wenn man Moral und Recht unbedingt reformieren will, dann eher umgekehrt. Wer Handlungen genauer studiert, merkt, dass wir in viel mehr Situationen verantwortlich sind, als unsere Alltagsmoral und unser Strafrecht vorsehen. Viele Menschen verteidigen sich damit, dass sie nicht anders konnten, meinen aber in Wirklichkeit, dass sie nicht anders wollten. Ein Beispiel: Stellen Sie sich vor, Sie hängen mit beiden Armen an einer Stange. Am Anfang können Sie sich gut festhalten, aber irgendwann kommt der Punkt, an dem es so weh tut, dass Sie sich nicht mehr festhalten wollen. Unter normalen Umständen würden Sie jetzt loslassen. Aber stellen Sie sich vor, Sie hängen über einem Abgrund. Dann würden Sie bis zuletzt Ihren Schmerzen trotzen. Doch unausweichlich würde irgendwann der Moment kommen, wo Sie sich wirklich nicht mehr halten können.

Man kann dieses Beispiel leicht auf Straftäter übertragen, die sagen, dass sie ihre Aggression oder ihre pädophilen Neigungen nicht hätten stoppen können. Oft meinen sie damit den ersten Moment, wo sie nicht mehr halten wollten, und nicht den zweiten, wo sie wirklich nicht mehr konnten. Kant hat sich für diese Fälle den etwas makabren Galgentest ausgedacht. Man stelle sich vor, jeder würde für seine abgrundtief bösen Taten sofort mit dem Galgen bestraft werden. Wer jemanden ermordet, spürt in der nächsten Sekunde schon die Schlinge um den Hals. Wenn jemand sich auch dadurch nicht von seiner Tat abbringen ließe, dann konnte er wirklich nicht anders. So etwas mag es geben. Aber in den meisten Fällen können die Täter anders, wollen es aber nicht und setzen darauf, nicht erwischt zu werden, denn die Strafe folgt ja nicht immer auf dem Fuße. An den Gewaltverbrechen an Kindern in den vergangenen Jahren zeigt sich: In vielen Fällen haben die Täter ihre Taten geplant, gründlich vorbereitet, dabei umsichtig gehandelt und ihre Spuren zu verwischen versucht. Das spricht dafür, dass sie rational und im vollen Besitz ihrer geistigen Kräfte waren, also in jedem Moment von ihrer Tat hätten zurücktreten können. Sie mögen zwar von einem mächtigen Trieb gesteuert gewesen sein, waren aber eben nicht komplett ferngesteuert. Auch im Alltag sind wir viel öfter für unsere Taten verantwortlich, als wir wahrhaben wollen. Wir haben uns bloß daran gewöhnt, dass man sich herausreden kann.

Unsere Freiheit ist Segen und Fluch zugleich. Wir können tun, was wir wollen, aber wir haben auch die Verantwortung, an uns zu arbeiten und die Nebeneffekte unserer Taten zu durchdenken, beispielsweise die Folgen von Koffeinmissbrauch für unsere Gesundheit. Dabei können wir gar nicht anders, als uns für etwas zu entscheiden, denn selbst wenn wir uns zurücklehnen und nichts tun, haben wir uns eben dafür entschieden. Das ist einer der wenigen Zwänge, den unsere Freiheit mit sich bringt. Hier ist noch einer: Als der polnisch-amerikanische Literaturnobelpreisträger Isaac Bashevis Singer gefragt wurde: «Glauben Sie an die Willensfreiheit?», antwortete er: «Ich muss, ich habe keine Wahl.»

Wissen Auf Umwegen zur Wahrheit

So ein Bullshit! Dieses Wort hört man inzwischen auch im Deutschen. Wenn Amerikaner jemanden als «Bullshitter» bezeichnen, meinen sie meist nicht nur, dass er etwas Falsches sagt, sondern dass er unüberlegten Unsinn redet. Wer bullshittet, lässt in einem Gespräch hemmungslos seine verbalen Kuhfladen fallen.

Der amerikanische Philosoph Harry Frankfurt hat sich des Bullshits angenommen und einen Aufsatz darüber geschrieben. Den beachtete lange Zeit nur die Fachwelt, bis ein Verlag das Potenzial erkannte: Ein berühmter Philosoph aus Princeton nimmt ein sehr unphilosophisches Wort in den Mund. Als dünnes Buch hat sich der Aufsatz millionenfach verkauft. Dabei geht es Frankfurt allerdings nicht um eine lexikalische Analyse des Wortes «Bullshit», sondern um ein sehr menschliches Phänomen: Oft stellen wir Behauptungen auf, von denen wir gar nicht genau wissen, ob sie wahr oder falsch sind.

Der Bullshitter steht im Kontrast zum Lügner. Zunächst könnte man denken: Wer lügt, sagt absichtlich die Unwahrheit. Doch der Fall ist komplizierter, denn Schauspieler sagen in ihren Rollen oft absichtlich Falsches, sind aber keine Lügner, weil sie nur rezitieren und nichts behaupten. Ein anderes Beispiel: Ich will einen Aprilscherz machen und sage einer Freundin, dass ihr Auto abgeschleppt wurde. Angenommen, das ist tatsächlich passiert, ohne dass ich davon wusste. Dann sage ich zufällig die Wahrheit und lüge trotzdem. Lügen heißt offenbar genauer: mit Täuschungsabsicht etwas sagen, was man für unwahr *hält*.

Wer bullshittet, will sein Gegenüber ebenfalls täuschen, allerdings über zwei andere Dinge: seinen eigenen Wissensstand und die Verlässlichkeit der Thesen, die er im Brustton der Überzeugung äußert. Dabei nimmt er die Unwahrheit billigend in Kauf. Wie der Lügner tut er so, als ginge es ihm um die Wahrheit. Der Lügner jedoch ist überzeugt, die Wahrheit zu kennen, und verdreht sie absichtlich. Der Bullshitter beabsichtigt nicht, dass andere irrtümlich etwas Falsches glauben. Dem Bullshitter ist die Wahrheit schlichtweg egal.

Erstaunlicherweise sagt Frankfurt nichts zur Motivation, nur dass wir alle einen Hang zum Bullshitten haben. Man kann den Aufsatz auch als Medienkritik lesen: Gerade im Fernsehen, in den Printmedien und in Blogs hat jeder eine Meinung, oder notfalls zwei – frei nach Groucho Marx: «Das sind meine Prinzipien. Wenn sie Ihnen nicht passen, ich habe auch andere.»

Immer mal wieder wollen wir einfach nur mitreden, und das geht dann auf Kosten der Überprüfung oder des gründlichen Nachdenkens. Nur wenige üben sich in der Kunst der Enthaltung. Mit anderen zu sprechen macht einfach zu viel Spaß. Wir wissen dann nicht genau, wovon wir reden, und die Wahrheit ist uns nicht so wichtig.

Natürlich liegt uns die Wahrheit normalerweise am Herzen. Niemand strebt danach, Unwahres zu glauben oder unwissend zu bleiben. Doch wann ist etwas wahr, und wann haben wir Wissen? Und wie hängt beides miteinander zusammen? Diese Fragen beschäftigen die Philosophie seit ihren Anfängen. Der Argumentationsgang ist dabei oft anspruchsvoller als in anderen Teilbereichen der Philosophie. Doch die Anstrengung lohnt sich: Hat man einmal den Unterschied zwischen Wahrheit und Wissen verstanden, sieht man auch alle anderen Themen klarer.

Als Jesus sagte, er sei auf der Welt, um die Wahrheit zu bezeugen, stellte Pilatus die rhetorische Frage: «Was ist Wahrheit?» Mit diesem sprachlichen Achselzucken sei Pilatus seiner Zeit weit voraus gewesen, bemerkt der englische Philosoph John L. Austin ironisch. Denn wer von «der Wahrheit» spreche, habe schon den ersten philosophischen Fehler begangen. In der Wahrheitstheorie ginge es um die Frage, wann Aussagen wahr oder falsch seien, und nicht um ein großes unbekanntes Ding: «die Wahrheit», die sich nur wenigen erschließe.

Austin ordnete sich einer Strömung der *Analytischen Philosophie* zu, und zwar der *Ordinary Language Philosophy*. Deren Anhänger sind der Auffassung, dass man viele philosophische Probleme nicht lösen, sondern vielmehr auflösen müsse, indem man sie als Scheinprobleme entlarvt. Ein Einwand geht in etwa so: Sogar große Denker haben sich selbst in die Irre geführt, indem sie aus kleinen Wörtern wie «nicht» große machten: «das Nichts». Einige haben sich dann tatsächlich gefragt, ob «das Nichts» existiert oder ob es eher *nichts* ist. Doch wer die Alltagssprache so überdehnt, verzerrt auch seine Gedanken. Dasselbe gilt für andere große Nomen der Philosophie: «das Sein», «das Ich», «das Selbst» oder eben «die Wahrheit».

Einige Philosophen der normalen Sprache gingen sogar so weit zu behaupten, die Philosophie sei nichts anderes als eine genaue Analyse der Alltagssprache. Daran glaubt zwar heute fast niemand mehr, aber die kritische Haltung gegenüber großen Nomen und eigenartigen Wörtern ist geblieben.

In der modernen Wahrheitstheorie geht es daher zuallererst um die Adjektive «wahr» und «falsch». Rosen können rot, Zahlen gerade sein. Doch welche Dinge haben die Eigenschaft oder den Wert «wahr» oder «falsch»? Wer so fragt, sucht nach *Wahrheitswertträgern*. Rosen und Zahlen gehören nicht dazu. Und selbst wenn wir manchmal von «wahrer Liebe» oder «wahrer Freundschaft» sprechen, meinen wir etwas anderes, nämlich «wahrhaftige Liebe» oder «echte Freundschaft».

In der Philosophie sind die Wahrheitswertträger prosaischer. Zur Auswahl stehen: Äußerungen, Behauptungen, Überzeugungen, Gedanken, Sätze, Theorien. Von allen sagen wir manchmal, dass sie wahr oder falsch sind. Allen ist gemeinsam, dass sie eine *Proposition* ausdrücken. Der Ausdruck «Proposition» ist etwas sperrig, meint aber nur: das mit einem Satz Gesagte, den Gehalt einer Äußerung oder einer Überzeugung.

Äußerungen gehören immer zu einer einzelnen natürlichen Sprache. Der verrückte Hutmacher sagt im Wunderland zu Alice: «Your hair wants cutting.» Dieser Satz ist bedeutungslos im Deutschen, so wie «Du musst zum Friseur» kein Satz des Englischen ist. Dennoch haben beide Sätze denselben Inhalt.

Viel spricht dafür, nicht konkrete Äußerungen, sondern deren Inhalt, die Propositionen, als die eigentlichen Wahrheitswertträger anzusehen. Manchmal lassen sich mit einer Äußerungen gleich mehrere Inhalte ausdrücken: «Die Noten liegen auf der Bank» kann unter anderem heißen: «Die Musiknoten liegen auf der Parkbank», und: «Die Geldscheine liegen im Schließfach.» Erst wenn man weiß, was gemeint ist, kann man sich überhaupt fragen, ob das Gesagte wahr ist. Doch worin besteht die Wahrheit nun genau?

Die Realität der Wahrheit

Wann ist der Satz «Die Sonne scheint» wahr? Wenn die Sonne scheint, sonst ist er falsch. Diese Antwort ist so offensichtlich, dass man meinen könnte, sie sei nicht ganz ernst gemeint. Tatsächlich trifft sie aber den Kern der ersten einflussreichen Wahrheitsdefinition in der Philosophie. Die stammt von Aristoteles und lautet verkürzt so: Von Seiendem zu sagen, dass es ist, ist wahr, und von Nicht-Seiendem zu sagen, dass es ist, ist falsch. Man kann diese Definition auch so interpretieren: Ob etwas wahr ist, hängt davon ab, wie es sich in der Welt verhält.

Aristoteles' Vorschlag hat der mittelalterliche Philosoph Thomas von Aquin aufgegriffen und umformuliert: Wahrheit sei die Übereinstimmung von «intellectus», also Verstand oder Denken, mit den Dingen. Kant hat das später so ausgedrückt: Wahrheit liege in der «Übereinstimmung der Erkenntnis mit ihrem Gegenstand», wobei das alte Wort «Erkenntnis» hier so viel heißt wie «Urteil» oder «Überzeugung». Die Grundidee ist ganz einfach: Wie beispielsweise Fotos Ausschnitte der Welt widerspiegeln, so würden auch unsere Worte und Gedanken Ausschnitte der Welt darstellen. Der Satz «Die Sonne scheint» ist demnach wahr, wenn er eine Situation abbildet, in der, technisch gesprochen, eine Sonne existiert und deren Strahlen ungehindert auf die Erde treffen. Weil diese Auffassung die Übereinstimmung betont, heißt sie *Korrespondenztheorie der Wahrheit*.

Die Korrespondenztheorie stieß schnell auf Widerspruch. Zum einen kann der Begriff der Übereinstimmung den Begriff der Wahrheit nicht erläutern, denn so, wie man sagen kann: «Eine Aussage ist wahr, wenn sie mit den Tatsachen übereinstimmt», kann man auch sagen: «Eine Aussage stimmt mit den Tatsachen überein, wenn sie wahr ist.» Der Begriff der Übereinstimmung ist also nicht grundlegender oder klarer als der Begriff der Wahrheit. Darauf hat schon Gottlob Frege, der Begründer der modernen Logik, Ende des 19. Jahrhunderts aufmerksam gemacht. Zum anderen eignet sich die «Übereinstimmung» auch nicht als Wahrheitstest: Ich kann herausfinden, ob die Sonne scheint, indem ich aus dem Fenster schaue. Aber wie könnte ich jemals *zusätzlich* herausfinden, ob meine so gewonnene Überzeugung mit der Welt übereinstimmt? Ich kann mich ja nicht neben die Wirklichkeit und meine Überzeugung stellen und beide vergleichen.

Die Korrespondenztheorie hält eine Proposition unabhängig von uns Menschen für wahr oder falsch. Solche Ansätze gehören zur Gruppe der *realistischen Wahrheitstheorien*. Die Korrespondenztheorie kann, wie gesagt, nicht erklären, worin Wahrheit besteht. Anstatt an diesem Makel zu feilen, haben die meisten Kritiker jedoch den Realismus angegriffen, also die Auffassung, dass Wahrheit objektiv ist.

Gegen die Korrespondenztheorie stehen *epistemische Theorien*, die von unserem Wissensstand abhängig machen, ob eine Aussage wahr ist. Als einer der ersten schlug der deutsche Philosoph Franz Brentano vor, dass eine Behauptung dann wahr ist, wenn man unmittelbar einleuchtende Hinweise dafür hat. Warum ist es wahr, dass die Sonne scheint? Ich sehe es klar und deutlich. Diese Theorie heißt deshalb *Evidenztheorie der Wahrheit*. Ein Problem ist nur, dass der Satz «Die Sonne scheint» wahr sein kann, selbst wenn ich keine unmittelbaren Hinweise dafür habe, weil ich gerade im Keller bin. Die Evidenztheorie legt die Messlatte für Wahrheit offenbar zu hoch.

Eine andere Variante: Der Philosoph und Psychologe William James sagt, eine Überzeugung sei wahr, wenn sie uns auf Dauer nützt. Überzeugungen wie die, dass die Sonne scheint, haben den Menschen auf Dauer genützt: So haben sie tagsüber gearbeitet, sich Sonnenuhren gebaut oder Sonnenhüte aufgesetzt. James' Ansatz nennt sich *pragmatische Wahrheitstheorie*, weil er auf das praktische Tun ausgerichtet ist.

Doch wie der amerikanische Philosoph Sidney Morgenbesser bemerkt: Der Pragmatismus klingt gut als Theorie, funktioniert aber nicht in der Praxis. Wahrheit und Nützlichkeit können nämlich auseinandergehen. Eine Akrobatin mag souverän über ein Hochseil tanzen, gerade weil sie irrtümlich glaubt, gut gesichert zu sein. Ihr Kollege könnte nervös werden und stürzen, gerade weil er die wahre Überzeugung hat, dass sein Akt lebensgefährlich ist. Auch wenn es ähnlich klingt: Was sich bewährt, muss nicht wahr sein. Und umgekehrt.

Ein verwandter Vorschlag: Der amerikanische Philosoph Charles Sanders Peirce sagt, wahr sei das, worauf sich die besten Wissenschaftler in ferner Zukunft einigen werden. Diese Theorie ähnelt der pragmatischen, verschärft allerdings die Kriterien. Weil sie Wahrheit vom Konsens der Forscher abhängig macht, heißt sie *Konsenstheorie der Wahrheit*.

Allerdings gilt auch hier: Der Konsens macht die Wahrheit nur sehr wahrscheinlich, garantiert sie jedoch nicht. Alle Physiker stimmen darin überein, dass die Geschwindigkeit des Lichts, das von der Sonne ausgeht, eine Konstante ist. Man kann daher davon ausgehen, dass das auch wahr ist: Wer, wenn nicht diese Forscher, sollte es noch besser wissen? Dennoch könnten sich alle Wissenschaftler zusammen irren. Außerdem einigen sie sich nicht einfach so auf irgendwelche Überzeugungen, sondern haben gute Gründe. Der Konsens ist eher ein Nebenprodukt der Wahrheitssuche, nicht aber ein entscheidendes Merkmal der Wahrheit.

All diese Theorien stoßen immer wieder auf dasselbe Problem: Wahrsein und unser subjektives Für-wahr-Halten sind unabhängig voneinander. Alles kann für die Wahrheit einer Überzeugung sprechen, und sie kann dennoch falsch sein. Sicher, um die Wahrheit festzustellen, suchen wir immer nach Hinweisen: Die Eltern entdecken das leere Nutellaglas hinterm Schrank, sehen die Schokoladenspuren am Ärmel ihrer Kinder und bringen so die Wahrheit ans Tageslicht. Mit derselben wissenschaftlichen Methode arbeitet auch die Kriminalpolizei. Aber die Idee, dass man die Wahrheit «herausfinden» kann, setzt schon voraus, dass sie unabhängig von unseren Einschätzungen besteht. Und das heißt auch, dass wir uns bei der Wahrheitssuche verirren können.

Kann man Wahrheit definieren?

Eine ganz andere Option ist noch offen: Hinter «ist wahr» oder «ist falsch» könnte viel weniger stecken als angenommen. Wer sagt: «Es ist wahr, dass die Sonne scheint», könnte auch einfach sagen: «Die Sonne scheint», denn mit jeder Behauptung unterstellt der Sprecher schon, dass er das Gesagte für wahr hält. In diesen Sätzen scheint «ist wahr» bloß eine rhetorische Betonung auszudrücken, inhaltlich jedoch überflüssig zu sein. Das hat der englische Philosoph Frank Ramsey in einem berühmten Aufsatz klargestellt. Seine Theorie heißt deshalb *Redundanztheorie der Wahrheit*.

In der aktuellen Diskussion geht es hauptsächlich um Spielarten dieser Theorie. Doch die Redundanztheorie konzentriert sich eher auf das *Wahrheitsprädikat*, also das Eigenschaftswort «ist wahr», als auf den *Wahrheitsbegriff*, also das, was dahintersteckt, wenn wir etwas für wahr halten. Auch wenn ich kurz und knapp nur «Die Sonne scheint» sage, bleibt offen, wann ich das mit Fug und Recht behaupte und wann ich mich irre, mit anderen Worten: worin die Wahrheit des Satzes nun besteht.

Aristoteles hatte offenbar doch eine wichtige Intuition: Ob ein Satz wahr oder falsch ist, hängt von der Welt ab. Man hätte sich viel Ärger ersparen können, wenn man diesen Umstand nicht als «Abbild» oder «Übereinstimmung» veranschaulicht hätte. Das Problem der epistemischen Theorien liegt oft darin zu glauben, man könne Wahrheit «definieren». Nach traditioneller Auffassung hieß das, einen Begriff zu *analysieren*, also in seine notwendigen Bestandteile zu zerlegen, die ihn zusammen eindeutig festlegen. Doch viele philosophische Begriffe sind so allgemein und grundlegend, dass das gar nicht funktioniert. Sokrates übrigens nennt nur ein scherzhaftes Beispiel für eine gelungene Begriffsanalyse: «Schlamm» ist eine «Mischung aus Wasser und Erde». Philosophische Begriffe wie «Materie», «Zeit» oder eben «Wahrheit» gehören zu den allgemeinsten, die wir kennen. Sie sind sozusagen die unzerteilbaren Grundbausteine unseres Begriffsgebäudes.

Der Begriff der Wahrheit ist also insofern undefinierbar, als er nicht in weitere Bestandteile zerlegt werden kann. Trotzdem kann man einiges Erhellendes darüber sagen, wie der amerikanische Philosoph Donald Davidson feststellt. Daher sollte man von einer *Charakterisierung* statt von einer *Definition* der Wahrheit sprechen. Davidson schließt sich dem polnischen Logiker Alfred Tarski an, der gezeigt hat, dass Wahrheit und Weltbezug eng beieinanderliegen: Mit unseren Worten und Gedanken beziehen wir uns auf die Welt, und sie sind wahr oder falsch je nachdem, worauf sich die einzelnen Teile der Gedanken oder Sätze beziehen.

«Die Wahrheit», von der Jesus sprach, gibt es also nicht, sondern nur wahre Aussagen und Überzeugungen. Die hängen nicht von unseren Einzelmeinungen ab, sondern davon, wie die Welt beschaffen ist. Unzählige Wahrheiten werden wir niemals erfassen. Ein Beispiel: Der Satz «Napoleon hat am 4. Januar 1812 kurz vor Mitternacht geniest» ist entweder wahr oder falsch, auch wenn es niemand jemals herausfinden wird.

Wahrheit ist auch nicht der «Grenzwert» oder «Endpunkt», nach dem die Wissenschaft strebt, wie Peirce glaubte. Die Metapher der Reise zur Wahrheit findet sich noch heute in vielen Formulierungen, zum Beispiel wenn es heißt, dass Forscher sich der Wahrheit «annähern». Dieses Bild passt jedoch nur zu wissenschaftlichen Messungen, die genauer oder ungenauer sein können, nicht hingegen zur Wahrheit. Von «Annähern» kann man ohnehin nur sprechen, wenn man schon weiß, wo sich die Wahrheit befindet. Zum Vergleich: Man kann nur behaupten, sich Rom zu nähern, wenn man weiß, in welcher Richtung Rom liegt. Kennt man das Ziel oder die Koordinaten überhaupt nicht, ist man bloß in Bewegung. Dem Sprichwort zum Trotz führen nicht alle Wege nach Rom. Und schon gar nicht zur Wahrheit.

Verwandt mit der Idee der Annäherung ist die Vorstellung, Wahrheit sei dehn- oder halbierbar. Auch hier gilt: Wer sagt, eine Aussage sei nur die «halbe Wahrheit» oder «wahrer» als eine andere, der liegt zu 100 Prozent daneben, denn nichts könnte, nun ja, falscher sein.

Ist Wahrheit relativ?

«Was ist also Wahrheit?», fragt sich auch Nietzsche und antwortet: «Ein bewegliches Heer von Metaphern … die Wahrheiten sind Illusionen, von denen man vergessen hat, dass sie welche sind.» Nietzsche schmückt seine Thesen noch weiter aus. Er vertritt einen *Wahrheitsrelativismus*, auf den sich noch heute einige Philosophen berufen. Die Spezies Mensch halte sich für den Mittelpunkt des Universums, genau wie die Mücke, die ebenfalls mit «diesem Pathos durch die Luft schwimmt».

Nietzsche hatte Vorläufer. Der erste bekannte Relativist der Geschichte war der griechische Philosoph Protagoras, ein Zeitgenosse von Sokrates. Von ihm stammt der Ausspruch: «Der Mensch ist das Maß aller Dinge.» Protagoras meinte damit wohl, dass Wahrheit von jedem einzelnen Menschen abhängt, daher auch sein dunkler Nachsatz: «Sein bedeutet Scheinen.» Andere halten Wahrheit für abhängig von einer Kultur, einer Epoche, der sozialen Schicht, dem Geschlecht oder eben wie Nietzsche von der Spezies.

Gesteigert behauptet der Relativist: «Es gibt keine Wahrheit» – ein Ausspruch, zu dem sich vor allem jene hinreißen lassen, die das erste Mal, aber nicht gründlich genug, über Wahrheit nachdenken. Schon die Selbstanwendung führt zu einem Widerspruch: Denn damit es keine Wahrheiten geben kann, muss der Satz wahr sein. Dann gibt es aber eine Wahrheit: eben diesen Satz. Auch Nietzsche ist mit diesem Problem konfrontiert: Ist es wahr, dass alle Wahrheiten Illusionen sind? Oder ist das auch nur eine Illusion? Und vor allem: Wie kann ich verstehen, was eine «Illusion» ist, also hier eine «falsche Meinung», ohne schon zu wissen, dass sie das Gegenteil von «wahrer Meinung» ist?

Nietzsche hat das vermutlich gesehen und wollte sich absichtlich paradox ausdrücken. Dieser Strategie schließen sich noch heute viele Relativisten an, meist weil sie die Wahrheitssuche mit einem totalitären Anspruch verwechseln, mit einem Dogma, gegen das sie ankämpfen.

Beim Relativismus handelt es sich um ein akademisches Phänomen. Ein wortgewandter Vertreter ist der amerikanische Philosoph Richard Rorty, der behauptet, dass Wahrheit immer von unseren Interessen abhängt. Mit solchen Aussagen zieht man viel Aufmerksamkeit auf sich. Kann man auch danach leben? In der Abgeschiedenheit des Seminarraums ist es leicht, Relativist zu sein. Doch spätestens auf dem Flughafen ist für uns entscheidend, ob es wahr ist, dass der Flieger nach New York geht oder nach

Peking. Und wer vom Doktor hört: «Vielleicht hilft Ihnen dieses Medikament, vielleicht bringt es Sie um. Niemand kann das sagen, denn es gibt keine Wahrheit», der sollte nicht zum Relativismus, sondern zu einem anderen Arzt wechseln.

Der Wahrheitsbegriff ist nicht definierbar, und Wahrheit ist objektiv, hängt also nicht von uns oder etwas anderem ab, sondern nur davon, wie die Welt beschaffen ist. Die meisten Relativisten halten Wahrheit und Wissen nicht auseinander. Tatsächlich ist Wahrheit eine notwendige Bedingung für Wissen, aber nur Wissen hängt von einzelnen Menschen ab. Die Disziplin, in der es um das Wissen geht, heißt traditionell *Erkenntnistheorie*. Deren Hauptfragen sind: Was ist Wissen? Und: Was können wir wissen?

Was ist Wissen?

Sokrates war der Erste, der die philosophischen *Was-Fragen* gestellt hat, also nach dem Wesen oder der Definition der großen Begriffe gefragt hat: Was ist Tugend? Was ist Gerechtigkeit? Was ist Wissen? Sokrates hat selbst keine Schriften hinterlassen, denn er war überzeugt, dass Philosophie immer die Form eines Gesprächs annehmen müsse. Für die Nachwelt hat Platon seine Dialoge aufgeschrieben. So stellt er es jedenfalls dar. Wie viel in diesen Texten allerdings von Platon und wie viel von seinem Lehrer Sokrates stammt, ist schwer zu rekonstruieren und bis heute umstritten. Man kann aber davon ausgehen, dass Platon nicht wörtlich stenographiert hat.

Sokrates benutzt in seiner Gesprächsführung seine berüchtigte *Hebammentechnik*, mit der er seinem Gegenüber die Antwort gleichsam kunstvoll aus dem Inneren herausholt. Sokrates und Platon nahmen an, dass jeder Mensch schon die Antworten auf viele Fragen in sich trüge und nur ein wenig professionelle Hilfe benötige, sie ans Tageslicht zu befördern. Dieser Prozess ist langwierig und stellt sich oft als schwere Geburt heraus. Vor allem enden fast alle Gespräche in der *Aporie*, einer Rat- und Ausweglosigkeit: Niemand weiß mehr weiter, und eine Lösung gibt es nicht.

Die sokratischen Dialoge sind nach den Hauptgesprächspartnern benannt. Im vermutlich berühmtesten, dem *Theaitetos*, fragt Sokrates seinen jungen Gesprächspartner Theaitet: Was ist Wissen? Zuerst nennt Theaitet nur Beispiele, doch Sokrates besteht auf einer allgemeinen Definition. Nach einigen Anlaufschwierigkeiten behauptet Theaitet: Wissen ist ein wahres Urteil. Man könnte auch sagen: eine wahre Überzeugung. Aber auch das befriedigt Sokrates nicht, denn irgendetwas scheint noch zu fehlen.

Ein Beispiel zur Erläuterung. Jemand fragt mich: «Wie spät ist es?», und ich antworte nur zum Spaß: «Viertel nach elf.» Tatsächlich ist es wirklich Viertel nach elf. Ich habe zwar richtig geraten, aber ich hatte kein Wissen. Was fehlt, ist die *Rechtfertigung* für meine Behauptung. Es reicht nicht, etwas Wahres zu glauben, wir müssen auch gute Gründe dafür haben, mit denen wir unsere wahre Überzeugung rechtfertigen können. Ein guter Grund kann zum Beispiel sein, dass ich eine funktionierende Uhr besitze. Die verbesserte Definition lautet also: Wissen ist eine wahre, gerechtfertigte Überzeugung. Zu diesem Ergebnis bringt Sokrates seinen Gesprächspartner.

Theaitets Definition hatte über 2000 Jahre Gültigkeit, bis der amerikanische Philosoph Edmund Gettier kam. Gettier war wie Sokrates davon überzeugt, dass Philosophie im lebendigen Gespräch entstünde und nicht von einer langen Publikationsliste abhinge. Er brauchte allerdings eine Veröffentlichung, um seine Stelle an der Universität zu behalten. So schrieb Gettier einen der berühmtesten philosophischen Aufsätze des 20. Jahrhunderts. Und einen der kürzesten. Auf nur drei Seiten griff er Sokrates' Frage wieder auf: Ist Wissen eine wahre, gerechtfertigte Überzeugung? Sokrates selbst hatte schon angedeutet, dass diese Definition noch Lücken haben könnte. Gettier widerlegt sie mit zwei kurzen Fallgeschichten. Andere Philosophen folgten ihm, sodass die Liste mit sogenannten *Gettier-Fällen* immer länger wird.

Ein einfaches Beispiel geht so: Jemand fragt mich, wie spät es ist. Diesmal schaue ich auf die Uhr und lese die Zeit ab: «Viertel nach elf.» Tatsächlich ist es auch Viertel nach elf. Was ich nicht weiß: Meine Uhr ist vor genau zwölf Stunden stehengeblieben. Jetzt sind alle drei Bedingungen der Wissensdefinition erfüllt: Ich habe eine wahre Überzeugung, die auch gerechtfertigt ist, denn ich habe schon oft die Zeit von meiner Uhr abgelesen. Dennoch würden wir nicht sagen, dass ich *weiß*, dass es Viertel nach elf ist. Beispiele dieser Art klingen zuerst spitzfindig. Sie sind aber einschlägig, weil sie zeigen, dass an der Definition etwas fehlt: Nicht alle wahren, gerechtfertigten Überzeugungen machen schon Wissen aus.

Gettiers Entdeckung ist einfach: Ganz gleich, wie genau eine Beschreibung auch sein mag, im Prinzip kann es immer so kommen, dass sie erfüllt ist, doch nicht in der richtigen Weise, also in der, die wir unterstellt hatten. Lösungsvorschläge zu den Gettier-Fällen halten einen ganzen Zweig der Erkenntnistheorie in Lohn und Brot. Die erweiterte Analyse des Begriffs des Wissens lautet inzwischen «wahre, gerechtfertigte Überzeugung plus X». Worin dieser X-Faktor allerdings besteht, ist immer noch umstritten. Niemand hat bisher eine wasserdichte Analyse vorgelegt.

Mehr oder weniger Wissen?

Einige entgegnen Gettier, dass wir nicht von «Wissen» sprechen können, wenn die Möglichkeit zum Irrtum besteht. Doch diese Forderung ist zu stark. Sie verwechselt Wissen mit Unfehlbarkeit. Müsste man den möglichen Irrtum sicher ausschließen, könnte man so gut wie nie sagen, dass jemand etwas weiß.

Wir Menschen sind fehlbare Wesen: Unsere geistigen Fähigkeiten sind begrenzt. Wir haben uns alle schon einmal geirrt, beispielsweise über den hohen Eisengehalt im Spinat. Jede einzelne unserer Überzeugungen könnte auch falsch sein. Daraus folgt aber nicht, dass alle zugleich falsch sein könnten. Ein Beispiel: Um sich in der Überzeugung «Kolumbus hat Australien entdeckt» zu täuschen, muss es wahr sein, dass Kolumbus ein Seefahrer war und Australien ein Kontinent ist. Glaubte man, Kolumbus sei ein geflügeltes Pferd und Australien eine ferne Galaxie, die aus Zuckerwatte besteht, so wäre gar nicht mehr klar, was eigentlich an «Kolumbus hat Australien entdeckt» falsch ist. Nur vor dem Hintergrund der vielen wahren Überzeugungen können sich die wenigen Irrtümer überhaupt abzeichnen. Auf den Kontrast kommt es an.

Mit dem Wort «Wissen» kann man auch einen zu weiten Begriff verbinden. Das ist in der Kulturwissenschaft und Medientheorie oft der Fall. Immer wieder liest man von der «Halbwertszeit» des Wissens, davon, dass sich Wissen in festen Abständen «verdoppeln» würde oder dass es «Revolutionen des Wissens» geben solle. Doch kaum einer kann genau sagen, was damit eigentlich gemeint ist.

Das Problem ist nämlich, dass «Wissen» ein *Massenomen* ist wie «Sand» oder «Wasser». Es hat keinen Plural, ist also nicht zählbar wie «Tisch» oder «Gedanke»; allenfalls messbar, wenn man eine Maßeinheit wie «Kilo» oder «Liter» hätte. Einige denken bei dieser Einheit an Bücher. Sicher, die Zahl der lieferbaren Titel hat rasant zugenommen, doch ist das ein gutes Maß? Das ist fraglich, denn erstens finden sich beispielsweise in Romanen und Erzählungen nur wenige wahre Aussagen, und zweitens bestehen Bücher aus Sätzen und nicht aus Überzeugungen. Überzeugungen kann man gewinnen, indem man liest, insofern ist die Rede vom «Wissen» in Büchern nur abgeleitet. Auch diejenigen, die vom «Wissen einer Kultur» sprechen, sind sich oft nicht im Klaren darüber, ob sie das echte Wissen der einzelnen Menschen in dieser Kultur meinen oder hingegen die Erfindungen, über die sich Menschen Wissen verschaffen: Fernseher, Internet, Bibliotheken.

Aber wissen wir nicht dennoch mehr als die Steinzeitmenschen? Selbst einzelne Überzeugungen zu zählen ist schwierig, denn man weiß nie, ob man nur die zählt, die man wirklich erworben hat wie «2 + 2 = 4» oder «Der Eiffelturm steht in Paris» oder auch die, die man aus dem Stegreif erzeugen kann wie «75 + 73 = 148» oder «Fische können nicht Schach spielen». Doch wenn man Letztere mitzählt, hätte fast jeder Mensch unendlich viele wahre gerechtfertigte Überzeugungen, also unendlich viel Wissen.

Tatsächlich meinen die Verfechter einer Wissensvermehrung ohnehin eher *Informationen*, wenn sie von «Wissen» sprechen, obwohl niemand genau sagen kann, was Informationen eigentlich sind. Viele überblenden zudem Wissen mit Erklärungen: Irgendwie haben sie im Hinterkopf, dass unser Fundamentalwissen aus Physik, Chemie und Biologie erlaubt, die Welt besser zu *verstehen*, mit wenigen einfachen Prinzipien zu *erklären* und dadurch die Zukunft genauer *vorherzusagen*. Doch mit weniger mehr zu erklären ist nicht dasselbe, wie mehr zu haben.

Fundament oder Netz?

Die erste Frage der Erkenntnistheorie lautet: Was ist Wissen? Die zweite Frage: Was können wir wissen? Da für Wissen die Rechtfertigung entscheidend ist, kann man sie auch spezieller formulieren: Worin genau liegt die Rechtfertigung?

Lange Zeit haben Philosophen nach einem *Fundament* der Erkenntnis gesucht, auf dessen Grundlage man alle Überzeugungen rechtfertigen könne. Ein populärer Vorschlag war die Wahrnehmung. Alles, oder jedenfalls fast alles, was wir über die Welt wissen, ist irgendwann einmal über die Wahrnehmung in uns gelangt. Allerdings haben wir alle schon einmal einen Strauch im Dunkeln für ein Tier gehalten oder zwei Menschen miteinander verwechselt. Die Wahrnehmung scheint also nicht immer verlässlich zu sein.

Daher haben andere das Fundament in unmittelbar einleuchtenden Einsichten gesehen oder in unbezweifelbaren Gedanken.

In vielen Religionen ist heute noch oft von einer besonderen *Intuition* die Rede, einem sechsten Sinn, mit dem einige zu höheren Erkenntnissen gelangen sollen, die anderen auf immer verschlossen bleiben. Doch hier stellt sich die Frage der Überprüfbarkeit: Wie kann man sich bei seinem sechsten Sinn jemals sicher sein? Auf einem bröseligen Untergrund will man ja kein Wissensgebäude errichten.

Als Gegenbild zum Fundament der Erkenntnis haben die Anhänger der *Kohärenztheorie* das Netz vorgeschlagen, das besser hält, weil es elastischer ist. Um beispielsweise zu wissen, dass Berlin die Hauptstadt von Deutschland ist, muss ich auch wissen, dass Berlin aus Häusern besteht, in denen Menschen wohnen, und dass Deutschland ein souveräner Staat ist und Staaten Hauptstädte haben. Davidson und der amerikanische Philosoph Willard Van Orman Quine haben deutlich gemacht, dass eine Überzeugung nur durch ein Geflecht weiterer Überzeugungen gerechtfertigt werden kann, die sich *gegenseitig* stützen.

Eine Bedingung kommt noch hinzu: Der Weg zum Netz der Überzeugungen muss verlässlich sein, daher spielt die Wahrnehmung doch eine entscheidende Rolle. Nur weil es eine kausale Verbindung zwischen dem Eiffelturm und mir gibt, komme ich zu der Überzeugung, dass ich vor dem Eiffelturm stehe. Wäre das nicht so, könnten wir gar nicht von «Wahrnehmung» sprechen. Manchmal ist diese Verbindung kurz: Die Lichtstrahlen, die der Eiffelturm reflektiert, treffen direkt auf meine Netzhaut. Oft ist diese Verbindung jedoch lang, denn wir wissen viel, das wir nicht direkt erlebt, sondern von anderen vermittelt bekommen haben, beispielsweise über Bücher oder die Nachrichten. Auch wenn die Wahrnehmung fehleranfällig ist, erlaubt sie uns, unser Netz an Überzeugungen weiterzuspinnen.

Kennen Sie das? Sie sitzen mit vielen anderen in einem großen dunklen Raum und blicken ganz gefesselt auf die bewegten Bilder vor Ihnen auf der Leinwand. Die Bilder sind nur eine Nachahmung der Wirklichkeit, erzeugt von einem Projektor hinter ihnen. Das klingt nach Dolby Surround und riecht nach Popcorn, ist aber das *Höhlengleichnis* von Platon, der mehr als zwei Jahrtausende vor den Brüdern Lumière das Kino erfunden hat.

Allerdings hatte Platon mit seinem Gleichnis etwas ganz anderes im Sinn. Er benutzte es, um seine Theorie der Ideen zu veranschaulichen: Wir Menschen seien wie in einer Höhle gefangen und sähen nur die Schatten der echten Dinge, die hinter uns an einer Lichtquelle vorbeigetragen würden. Die Schatten verhielten sich zu den Dingen wie die Dinge zu den Ideen, also den abstrakten Urbildern der Dinge. Einige Philosophen könnten sich zwar von ihren Fesseln losreißen und in die Sonne schauen, aber sobald sie bei ihrer Rückkehr von ihren Erlebnissen erzählten, würden die anderen Höhlenmenschen sie verlachen. Aufgabe der Philosophen sei es, die Ideen zu schauen, während die übrigen Menschen blind durch den Alltag taumeln.

Platon präsentiert uns eine *Analogie*: Schatten verhält sich zu Gegenstand wie Gegenstand zu Idee. Wie viele andere hinkt auch dieser Vergleich: Zum einen ist fraglich, warum man die Analogie nicht beliebig fortführen kann. Vielleicht sind auch die Ideen nur Abbilder von Superideen und die wiederum von Bombenideen. Vor allem bleibt offen, warum wir zusätzlich zur erkennbaren Welt eine zweite Wirklichkeitsebene annehmen sollen. Eine derart weitreichende These muss man gut begründen, aber die Begründung fehlt. Besonders schwierig ist die Überprüfung: Wie können wir sicher sein, dass ein Philosoph die Ideen wirklich erblickt hat? Wie kann er selber sicher sein?

Platon verwendet eine visuelle Metapher, um seine Theorie des Wissens zu verdeutlichen. Das ist naheliegend, denn die visuelle Wahrnehmung ist unsere dominante Erkenntnisquelle.

Das deutsche Wort «Wissen» ist sogar sprachverwandt mit dem lateinischen «videre» für «sehen», von dem «Video» abstammt, sowie mit dem altgriechischen «idein» für «sehen», von dem die «Idee» herrührt. Noch heute sind visuelle Metaphern für das Wissen weit verbreitet. Universitäten haben oft eine Fackel im Emblem oder «Licht» im Leitspruch.

Noch viele Philosophen nach Platon visualisieren Wissen, unterscheiden dabei aber nicht zwischen den Wahrnehmungseindrücken und den Überzeugungen, die wir durch diese Eindrücke erhalten. Doch nur Überzeugungen können wahr oder falsch sein, Eindrücke nicht. Ein Beispiel: In Hunter S. Thompsons Buch *Fear and Loathing in Las Vegas* schluckt der Protagonist Raoul Duke Meskalin und sieht Fledermäuse neben dem Cabrio fliegen, in dem er mit seinem Anwalt Dr. Gonzo durch die Wüste rast. Er scheint nicht zu glauben, dass wirklich Fledermäuse um ihn herumflattern, sondern weiß vielmehr, dass er halluziniert. An diesem kleinen Unterschied entscheidet sich alles. Meine Eindrücke müssen nicht dazu führen, dass ich annehme, dass dort wirklich das ist, was ich vor Augen habe. Das weiß jeder, der schon einmal an einem heißen Tag eine Luftspiegelung gesehen hat.

Zwar gelangen wir von unseren Eindrücken fast immer zu unseren wahren Überzeugungen, doch sie sind keine Kandidaten für Wissen, weil sie eben nicht wahr oder falsch sein können. In der deutschen Philosophie war lange Zeit die Rede von «Vorstellungen», bei denen niemand so recht wusste, ob mentale Bilder oder Überzeugungen gemeint sind. Auch Platon zufolge nehmen wir nur die Abbilder der Welt wahr. Spricht man dagegen von Wissen statt von Bildern, bietet sich eine weniger bizarre These an: Die Welt ist, wie sie ist. Wir alle wissen, dass Johannes Gutenberg den Buchdruck erfunden hat und Julius Caesar ein Römer war, ganz gleich, ob wir damit ganz konkrete mentale Bilder verbinden oder gar keine. Was auch immer wir uns vorstellen mögen, unser Wissen bleibt dasselbe.

Auch Descartes hat sich gefragt, ob die Welt so ist, wie wir sie erleben. «Cogito ergo sum» ist vermutlich der am häufigsten auf T-Shirts gedruckte Ausspruch eines Philosophen und auch der am häufigsten falsch verstandene. «Ich denke, also bin ich» klingt so, als hätte Descartes damit nur sagen wollen, dass die Essenz des Menschseins im Denken bestünde, etwa im Kontrast zu gedankenlosen Tieren. Diese These vertrat er zwar, aber tatsächlich ging es ihm an dieser Stelle um unbezweifelbares Wissen. Besser wäre gewesen, hätte er von Anfang an «dubito ergo sum» gesagt: Ich zweifle, also bin ich.

Descartes fragt sich, wann wir wirklich sicher sein können, dass wir uns nicht irren. Dazu führte er den sogenannten *radikalen Zweifel* ein. Nehmen wir einmal an, ein höheres Wesen, ein *böser Dämon*, würde uns die ganze Welt nur vorgaukeln. Alles, was wir sähen und hörten, wäre in Wirklichkeit eine Illusion. Alles, was wir über die Welt zu wissen glaubten, in Wirklichkeit ein Irrtum.

Weil Descartes zufolge ein solcher Täuscher denkbar ist, kann ich an allem zweifeln – mit einer Ausnahme: Meine Täuschung setzt schon mich als Getäuschten voraus. Das «ich denke» sei daher das unbezweifelbare Fundament des Wissens. Um getäuscht zu werden, muss ich schon denken können.

Schon wieder Kino: Ein paar Jahrhunderte später, im Jahr 1999, verfilmten Andrew und Lana (vormals Laurence) Wachowski Descartes' Zweifel und Platons Höhlengleichnis erfolgreich unter dem Titel *The Matrix*. Der Programmierer Neo hatte schon immer die Ahnung, dass mit der Welt etwas nicht stimmt. Eines Tages erscheint auf seinem Computerbildschirm die Nachricht «Folge dem weißen Kaninchen!», das er kurz darauf auf der Schulter einer Frau erblickt, die ihn zu Morpheus führt. Morpheus sagt: «Die Welt wurde über deine Augen gezogen, um dich blind zu machen für die Wahrheit.» Und weiter: «Du bist ein Sklave», in «Fesseln» im «Gefängnis deines Geistes». Neo schluckt die rote Pille und wacht in einem mit Flüssigkeit gefüllten Tank auf, aufgereiht neben Tausenden anderer Menschen. Das Computerprogramm Matrix täuscht wie der böse Dämon all diesen Menschen eine gemeinsame Realität vor. Sie glauben, im Jahr 1999 zu leben. Tatsächlich liegen sie in Behältern mit Nährlösungen in einer fernen Zukunft.

Die Idee eines Menschen im Ernährungstank stammt aus der Feder des amerikanischen Philosophen Hilary Putnam, der in einem Gedankenexperiment Descartes' Idee des Täuschers kritisiert. Putnam argumentiert ungefähr so: Wir nehmen nur deshalb an, dass die Felsen vom Mount Rushmore die Köpfe von vier amerikanischen Präsidenten darstellen, weil wir wissen, dass sie nach ebendieser Vorlage in den Fels gehauen wurden. Beim «Marsgesicht» sagen wir etwas anderes: Es sieht bloß so aus, *als ob* es einen Kopf darstellt.

Nur wenn eine kausale Verbindung zu einem Objekt besteht, kann man überhaupt sagen, dass Skulpturen und Bilder dieses Objekt darstellen oder Sätze darüber etwas aussagen. Würde aber jemand in einem Tank mit Nährflüssigkeit liegen, könnte er gar keine Eindrücke von Autos, Häusern oder Menschen in eleganten schwarzen Anzügen haben, geschweige denn Gedanken darüber, weil er niemals in Kontakt mit ihnen war. Das Wort «Sonnenbrille» wäre bedeutungslos, der Gedanke «Ich kann Kung Fu» inhaltsleer. Radikale Täuschung ist Putnam zufolge also unmöglich. Diesen Ansatz nennt man *Externalismus*, weil er betont, dass für unsere Gedanken und Überzeugungen die Verursachung von außen notwendig ist.

Man kann Putnams Einwand noch präziser formulieren: Jede Illusion setzt schon eine Wirklichkeit voraus. Nur weil im Film *The Matrix* die bösen Maschinen einmal in Kontakt mit Sonnenbrillen und dunklen Anzügen waren, konnten sie diese später in einem Programm imitieren. In der kausalen Kette zwischen den Objekten der echten Welt und der Simulation dieser Objekte in der Matrix stellen die Maschinen also das Bindeglied dar.

Diesen Punkt übersehen auch die Anhänger des *Radikalen Konstruktivismus*, die behaupten, unser Gehirn nehme lediglich «Eigenbeschreibungen» vor, weshalb die Realität eine bloße «Konstruktion» sei – eine These, die sowohl in der Neuro- als auch in der Kulturwissenschaft Zuspruch findet. Manchmal klingt das so, als sei mit «Konstruktion» gemeint, dass gar nichts außer dem eigenen Bewusstsein existieren würde. Diese schräge Auffassung nennt man traditionell *Solipsismus*. Den Solipsisten kann man nicht widerlegen, allenfalls im Irrenhaus kurieren, wie Schopenhauer einmal bemerkte. Man fragt sich allerdings sofort, ob wenigstens die Gehirne existieren, von denen die Konstruktionen ausgehen.

Wie viele vor ihnen verwechseln auch die Konstruktivisten Wahrnehmungserlebnisse mit Überzeugungen. Ganz gleich, ob wir die Welt auch ganz anders «sehen» können, in der Theorie des Wissens geht es um den Inhalt von Aussagen und Überzeugungen. Elektronen beispielsweise sind negativ geladen, ganz gleich, ob wir sie nun sehen oder nicht. Ein Farbenblinder sieht die Welt anders als ich, aber wir können beide denken, dass es regnet. Ebenso können wir auf mehreren Wegen zu der Überzeugung kommen, dass Deutschland eine Demokratie ist: indem wir es hören, geschrieben sehen oder gar über die Braille-Schrift erfühlen. Aber dadurch konstruieren wir diese Tatsache nicht. Sie besteht ja gerade unabhängig vom Modus der Wahrnehmung.

Sehen mit Wissen zu identifizieren geht ebenfalls auf Platon zurück. Er behauptet, dass es Wahrheiten jenseits der Sprache gibt: Der Philosoph müsse die Ideen «schauen», die unaussprechlich sind. Im Christentum ist das Thema der Unsagbarkeit allgegenwärtig. Im Korintherbrief heißt es: «Wir sehen die Welt jetzt durch einen Spiegel, doch dann von Angesicht zu Angesicht.» Auch Heidegger behauptet, über das «Sein» könne man nicht sprechen, es müsse sich uns «zeigen». Selbst der chinesische Gelehrte Laotse schreibt, das ewige *Tao-de-King* sei nicht «sagbar», man müsse dessen «Geheimnisse» erblicken.

Auch Morpheus sagt zu Neo: «Die Matrix kann man niemandem beschreiben. Du musst es selbst sehen.» Doch wenn das wirklich stimmte, dann hätte auch niemand das Drehbuch verfassen können, denn darin steht, was die Matrix ist und wie die wirkliche Welt aussieht. Oft steckt nicht viel hinter der Rede von «unausdrückbaren Wahrheiten».

«Wirkliche Welt» ist übrigens das Stichwort: Jede Scheinwelt setzt eine Wirklichkeit voraus, in der sie produziert wird. Neos Welt aus dem Jahr 1999 gibt es nicht. Er liegt verkabelt in einem Ernährungstank – doch den gibt es dann wirklich. Man kann Putnams Gedankenexperiment also auch umdrehen. Mit all meinen Erlebnissen und Gedanken sind mindestens zwei Welten vereinbar: In einer lebe ich wirklich in Berlin. In einer anderen bin ich an eine Computersimulation angeschlossen und bilde mir nur ein, dass ich in Berlin lebe. Was ist plausibler? Solange mir kein Typ mit Sonnenbrille und langem Ledermantel am Kottbusser Tor eine rote Pille anbietet, ist die einfachste Erklärung die beste: Ich lebe in Berlin.

Das Wissen der Wissenschaft

Auch wenn es unwahrscheinlich ist, dass wir uns in allem täuschen: Könnte es nicht sein, dass zumindest gerade das falsch ist, was uns besonders verlässlich erscheint? Diese Frage stellt der *Skeptizist*, der die natürliche menschliche Skepsis ins Extreme steigert. Der literarische Prototyp dieser Spezies ist Goethes *Faust*, der sagt: «Da steh ich nun, ich armer Tor! und bin so klug als wie zuvor … Und sehe, dass wir nichts wissen können! Das will mir schier das Herz verbrennen.»

Ein Argument geht ungefähr so: Früher dachten die gebildetsten und intelligentesten Menschen, die Erde sei der Mittelpunkt des Sonnensystems. Heute glaubt das kaum noch jemand. Könnte es nicht morgen mit denjenigen Überzeugungen genauso gehen, die wir heute für ganz gesichert halten, zum Beispiel dass ein Regenbogen durch die Brechung des Sonnenlichts verursacht wird? Auch diese Analogie besteht nur scheinbar. Denn erstens ist die These von früher eine bloße Behauptung, während die heutigen Thesen wissenschaftlicher Messung entspringen. Und zweitens kann zwar eine gut begründete Behauptung falsch sein, aber wir können heute besser einschätzen, was als Begründung zählt und was Spekulation ist, weil wir wissenschaftliche Standards haben.

Den echten Skeptizisten kann man trotzdem schwer widerlegen. Hätte Faust einen Grundkurs in Erkenntnistheorie besucht, hätte er vielleicht eines der folgenden Argumente erwogen.

Erstens würden wir uns im Alltag niemals so gut zurechtfinden, wenn all unsere Überzeugungen falsch wären. Wir würden ständig gegen Bäume laufen und bald verhungern oder verdursten.

Zweitens bestätigen Vorhersagen unsere naturwissenschaftlichen Erkenntnisse: Während die antiken Astronomen immerhin schon Sonnenfinsternisse bestimmten, können heutige Wissenschaftler Vorhersagen mit unvorstellbarer Genauigkeit treffen: vom ganz kleinen Bereich der Elementarteilchen bis hin zu den Bewegungen der Galaxien. Ein besonders anschauliches Beispiel ist die Technik. Nur weil Wissenschaftler unter anderem die Gravitation verstanden haben, konnten Menschen zum Mond fliegen – und heil zurückkommen. Und nur weil sie den Elektromagnetismus verstanden haben, können wir abends das Licht anknipsen und mit unseren Computern online gehen. Es würde an ein Wunder grenzen, wenn das bloßer Zufall wäre.

Und drittens führen oft viele Wege zum selben Ergebnis. Ein einschlägiges Beispiel stammt von dem französischen Physiknobelpreisträger Jean Perrin. Er hat gezeigt, dass man die Avogadro-Zahl über mehrere unabhängige Wege bestimmen kann, also die Anzahl der Moleküle, die in einer Einheit eines Gases enthalten sind.

Wissenschaft findet nicht neben unserem Leben irgendwo im Neonlicht der Labore statt, sondern Wissenschaft ist die methodische Anwendung von dem, was jeden Menschen auszeichnet: die

Vernunft. Wir alle haben schon einmal nach der Ursache gesucht, warum es plötzlich kühl im Zimmer wurde, und dann das Fenster geschlossen. Und wir alle sind von Kindesbeinen an Naturwissenschaftler: Wir haben eine Art Theorie darüber, dass beispielsweise Dinge zu Boden fallen, Pflanzen Wasser brauchen oder Provokationen Wutanfälle verursachen können.

Auffassungen dieser Art bringt die Wissenschaft auf den Punkt. Wissenschaftler wollen die Vielfalt der Ereignisse in der Welt mit wenigen Annahmen möglichst allgemein beschreiben. Ihre Thesen müssen dabei immer *falsifizierbar*, also widerlegbar sein, denn sonst sind sie inhaltsleer. An die Stelle der Alltagsbeobachtung treten die systematischen Messungen mit Hilfe von Zahlen.

Die Wissenschaften wollen auf zwei große Fragen Antworten geben: Warum ist etwas passiert? Und: Welche Eigenschaften hatten die Dinge, mit denen etwas passiert ist? Die erste zielt auf Ursachen und Wirkungen, die zweite auf die Dispositionen, also die Eigenschaften der kleinen und großen Bausteine der Welt, an denen Ursachen und Wirkungen vorkommen: Elemente, Moleküle, Lebewesen, Gruppen, Gesellschaften, Biosphären, Galaxien.

Einige Kultur- und Geschichtswissenschaftler glauben zwar, sie würden keine Kausalerklärungen formulieren, weil sie von «Moden», «Diskursen», «Mentalitäten» und «Kontexten» sprechen, aber tatsächlich reden sie von den Eigenschaften der Umwelt und vor allem von denen der Menschen, von ihren Neigungen, Interessen und Wünschen, die zusammen erklären, warum sie so handeln und nicht anders, also kausal in die Welt eingreifen.

In dieser Hinsicht sind alle Wissenschaften gleich. Sie gründen sich auf Experimente und andere systematische Beobachtungen. Je mehr Parameter im Spiel sind, desto schwieriger die Vorhersage und desto wahrscheinlicher die Uneinigkeit zwischen Experten. Daher ist es schon vorgekommen, dass der Nobelpreis für Ökonomie an Theorien vergeben wurde, die sich widersprechen.

Glauben Sie an Hexen? Vermutlich nicht. Aber würden Sie sich von einer vermeintlichen Hexe verfluchen lassen? Hier sind viele schon zögerlicher. Diese beiden Fragen stellten Forscher jungen amerikanischen Studenten. Keiner von ihnen glaubte an Hexen, aber auch so gut wie niemand wollte sich verfluchen lassen. Aber wieso sollte man einen Fluch fürchten, an dessen Wirkung man nicht glaubt?

Einigen Wissenschaftlern zufolge belegt dieser Versuch, dass Menschen nur oberflächlich dem wissenschaftlichen Weltbild zustimmen und einen verdeckten Aberglauben hegen. Im Alltag scheint man viele Belege dafür zu finden: Wir klopfen auf Holz oder vermeiden, unter Leitern hindurchzulaufen. In Flugzeugen fehlt oft die Reihe 13, in Hotels gleich der ganze 13. Stock.

Aber sind wir wirklich davon überzeugt, dass schwarze Katzen Vorboten sind oder es Unglück bringt, wenn man sich beim Zuprosten nicht in die Augen schaut? Das scheinen eher Routinen zu sein, die emotional markiert sind, sodass sich Abweichungen eigenartig anfühlen. Tatsächlich messen wir ihnen keinen hohen Grad an Gewissheit bei. Auch für die Scheu vor dem «Hexenfluch» gibt es eine einfache Erklärung: Negative Worte bleiben lange im Gedächtnis. Wer will sich schon beschimpfen lassen? Erst wenn alle natürlichen Erklärungen versagen, suchen auch aufgeklärte Menschen manchmal nach übernatürlichen «Erklärungen». Nur hierin besteht ein echter Rest-Aberglaube: die Neigung, Kräfte und Einflüsse jenseits der Überprüfbarkeit zu akzeptieren.

Diese Neigung nutzen viele Spielarten der *Pseudowissenschaft*. «Pseudo», weil sie nur eine Attrappe der Wissenschaft ist: Sie imitiert deren Vokabular, akzeptiert allerdings nicht die kritische Methode der Kontrolle und Messung. Typische Beispiele stammen aus der Esoterik. Da gibt es viel, was nach Physik klingt: «Felder», die «Kräfte» der Steine, «Strahlen» aus dem Weltall und «Schwingungen», die man empfängt. Doch während man das Gravitationsfeld und die UV-Strahlung nachweisen kann, sind die esoterischen

«Energien» nicht messbar. Als Begründung dient lediglich die angebliche Wirkung auf den Einzelnen.

Wie man allerdings aus der Medizin und Psychologie weiß, kann der Gedanke oder die Vorstellung, dass uns etwas hilft, dazu führen, dass es uns besser geht. Und wenn wir uns einbilden, etwas zu erspüren, fühlen wir dadurch auch manchmal etwas. Das beste Beispiel ist der Placebo-Effekt. Daher führen Mediziner *Doppelblindstudien* durch, in denen weder die Versuchsleiter noch die Probanden wissen, ob das Mittel nun wirkt oder nicht. Nur so kann man Nebeneffekte und Fehlinterpretation ausschließen.

Viele Esoteriker wollen von Doppelblindstudien nichts wissen, sondern berufen sich auf die «lange Tradition» und das «alte Wissen», vornehmlich der östlichen Kulturen. Natürlich kann Wissen gut gesichert sein, weil es sich über Jahrhunderte bewährt hat. Doch nicht das Alter rechtfertigt eine medizinische Behauptung, sondern etwas anderes: die praktisch angewandte Langzeitstudie, die sich auch wiederholen lässt. Zu vielen esoterischen Theorien gibt es aber keine systematischen Studien. Und wenn eine These durch Studien nachgewiesen ist, dann ist es keine Esoterik mehr, sondern Medizin.

Zwar gilt in der Medizin: «Wer heilt, hat recht», weil sie zuallererst auf die Gesundheit zielt und erst dann auf ein tieferes Verständnis des Heilungsvorgangs. Aber ohne Überprüfung besteht die Gefahr, Zufälle für Effekte zu halten und vor allem wirksame mit unwirksamen oder gar gefährlichen Methoden zu verwechseln. Die Alchemie beispielsweise hat über Jahrhunderte bestanden und sich als kolossaler Irrweg herausgestellt.

Einen Heilungsprozess hat man erst dann richtig verstanden, wenn man weiß, was auf der Ebene der Moleküle passiert. Ein Beispiel: Anhänger der Homöopathie glauben, Stoffe hinterließen «Abdrücke» im Wasser, die selbst dann Wirkkräfte entfalten, wenn der Stoff nicht mehr nachweisbar ist. Diese wilde These hat niemand bisher nachweisen können, und sie steht im Widerspruch zu allen anderen gut untersuchten Naturvorgängen. Tatsächlich wirken nicht die «Abdrücke», sondern die ganze Situation: Die Überzeugung, ein Heilmittel zu nehmen, aktiviert das Immunsystem. Beim Handauflegen entsteht ein ähnlicher Placebo-Effekt: Nicht die Hand überträgt magische Energien, sondern die Vorstellung, dass sich jemand kümmert, dass jemand da ist, verändert die Hormonausschüttung – mit nachweisbar positiver Wirkung. Bei Aspirin und Antibiotika ist das aber anders: Hier wirken nicht Gedanken und Vorstellungskraft, sondern die darin enthaltenen Substanzen. Dazu müssen die Versuchspersonen nicht einmal bei Bewusstsein sein.

Pseudowissenschaftler identifizieren die Wissenschaft allein mit dem Tatsachenwissen und sehen nicht, dass sie vor allem in der systematischen Methode liegt. So begründet sich auch der Spruch: «Die Medizin weiß nicht alles.» Natürlich weiß die Medizin nicht alles. Aber die anderen wissen nicht mehr, sondern weniger. Nur durch Experimente und Überprüfung kann man zu Erkenntnissen gelangen. Die Fehlersuche und Irrtumskontrolle sind in die Forschung schon eingebaut. Lücken im wissenschaftlichen Weltbild schließt man nicht mit unbelegten Behauptungen über «Auren» und «Energien», sondern mit Studien. Daher gibt es keine «alternative» Medizin, sondern nur Medizin. Die wissenschaftliche Methode ist alternativlos.

Unsere Neigung zur Pseudowissenschaft stammt aus zwei Eigenschaften des menschlichen Geistes, die man provisorisch das *Erkennungssystem für Verhalten* und das *Erkennungssystem für Ursachen* nennen kann. Für unsere Vorfahren war es evolutionär von Vorteil, am Verhalten anderer Wesen ihre Wünsche und Ziele abzulesen, denn zum einen konnte hinter jedem Busch ein Angreifer lauern, und zum andern war es wichtig, die anderen in der Dynamik der Gruppe zu verstehen. Ebenso überlebten eher diejenigen, die Ursache und Wirkung schon anhand weniger Beispiele erfolgreich korrelierten: Man muss die Hand nur einmal ins Feuer halten, um zu lernen, dass man sie sich dabei immer verbrennen wird.

Beide Mechanismen sind so fein justiert und hyperaktiv, dass sie oft über das Ziel hinausschießen. Daher vermenschlichen wir «Mutter Natur» mit ihren Zielen und Zwecken, und daher sehen wir Ursachen und Kräfte, wo keine sind, beispielsweise, wenn sich die Tür von «Geisterhand» schließt. Glücklicherweise haben wir in der Evolution auch die kritische Vernunft entwickelt, die uns erlaubt, unsere vorläufigen Einschätzungen zu überdenken.

Wir leben nur in einer Welt. Und die ist keine Konstruktion, sondern weitgehend so beschaffen, wie wir annehmen. Wir wissen viel, auch wenn wir uns alle hie und da täuschen. Wahrheit ist objektiv, denn ob der Inhalt eines Satzes oder einer Überzeugung wahr ist, hängt nicht von uns ab. Manchmal sind wir abergläubisch, und manchmal folgen wir dem Prinzip: «Wovon man nicht schweigen kann, darüber muss man sprechen.» Wir reden drauflos und nehmen dabei in Kauf, dass wir Bullshit produzieren, auch wenn wir schweigen sollten, um weise zu bleiben. Das ist, wenn ich mich nicht irre, die Wahrheit und nichts als die Wahrheit.

Genießen Die Kunst der Schönheit

Eines Tages trafen Sokrates, der Komödiendichter Aristophanes und einige andere Athener Bürger in einer Villa zusammen, um über die Liebe, die Schönheit und den Gott Eros zu diskutieren. So berichtet es jedenfalls der griechische Philosoph Platon in seinem Dialog *Symposion*, was in alten Ausgaben mit «Gastmahl» übersetzt wird, wörtlich aber «Trinkgelage» bedeutet. Am Ende sind alle blau, bis auf Sokrates, obwohl er mit einigen Standfesten bis zum Morgengrauen durchgezecht hat.

Eros ist der Gott der Liebe und der Lust, auch bekannt unter seinem lateinischen Namen «Amor». Er ist ein schwer erziehbares Kind: frech, bockig, unbelehrbar und impulsiv. Und er macht gerne Späße auf Kosten anderer. Weder Götter noch Menschen sind vor seinen Liebespfeilen sicher. In den Getroffenen entbrennt eine unstillbare Leidenschaft, die fast immer unerwidert bleibt, da der Liebesgott sich selten die Mühe macht, zwei Pfeile gleichzeitig abzuschießen.

Die Abendgesellschaft um Sokrates streitet sich über Eros' Einfluss im Leben der Menschen, genauer der Männer. Sokrates zufolge haben Männer einen Eros in sich, eine Leidenschaft für das Schöne: Das beginnt mit der Liebe zu schönen Knaben und wandelt sich dann zu einem Schönheitssinn für Dinge und Taten. Bei wenigen kann sich der Eros zu einer Leidenschaft für die Erkenntnis steigern, also für die Philosophie. Als intellektuelle Erotik ist das Nachdenken also nicht jedermanns Sache, sondern eher etwas für den Kenner mit besonderen Vorlieben.

Man erwartet zunächst, dass Sokrates auch die Liebe zwischen Mann und Frau thematisiert, aber die taucht nur am Rande auf, obwohl angeblich alle Menschen einen Zeugungsdrang in sich spüren. Wir seien getrieben von einer Sehnsucht nach Unsterblichkeit, dem Wunsch, uns zu verewigen: durch Nachfahren, Kunstwerke oder Schriften.

Bezeichnenderweise hat sich Sokrates mit dieser Idee selbst verewigt: Noch heute sprechen viele Künstler, Architekten und Wissenschaftler von ihren Projekten als ihren «Babys». Mehr noch: Mit dieser fidelen Runde begann die philosophische *Ästhetik*, die Wissenschaft von der Schönheit und der Kunst, in der die antiken Grundgedanken bis heute prägend sind. Allerdings tischt Sokrates eher einen Themencocktail auf, indem er Schönheit sowohl mit Erotik und Genuss als auch mit Kunst und Kreativität vermischt. Nüchtern betrachtet ist es ratsamer, diese verschiedenen Grundstoffe getrennt zu servieren, denn es gibt Kunst, die nicht schön ist, und Schönes, das keine Kunst ist, beispielsweise die Natur.

Dennoch geht es in der philosophischen Ästhetik bis heute um ebendiese zwei Hauptfragen, nämlich «Was ist schön?» und «Was ist Kunst?». Lange Zeit gab es zwischen beiden auch eine enge Verbindung, denn bis in die Moderne hinein erschufen Künstler Werke, die die Sinne positiv ansprechen sollten: anmutige Marmorstatuen, wohlklingende Symphonien, imposante Paläste, fließende Tanzbewegungen. Doch heute gehen Schönheit und Kunst oft auseinander. Modefotografie, Design und Popmusik zielen zwar noch direkt auf unseren Schönheitssinn, aber viele Werke der Kunst und Musik tun das nicht mehr.

Zwei Beispiele: Die amerikanische Künstlerin Cindy Sherman ist für ihre eindeutigen, zweideutigen und dreideutigen Fotos bekannt. Auf einigen Bildern sieht der Betrachter wunderschöne bunte Farbmuster. Nur wer näher herantritt, erkennt, dass es sich um Essensreste handelt, die mit Schimmel überzogen sind. Ungewollt mischen sich so Genuss und Ekel zu einem eigentümlichen Kunsterlebnis. Andere Fotos könnte man zunächst für explizite Aktbilder halten, bis klar wird, dass es Puppen sind, denen teilweise Gliedmaßen fehlen. Auf den ersten Blick mögen sie den

Betrachter belustigen, doch schon beim zweiten wirken sie verstörend. Auch Arnold Schönbergs Zwölftonmusik empfindet der ungeübte Hörer mindestens als verwirrend, oft sogar als nervtötend. Schönheit spielt in den modernen Künsten sicherlich eine Rolle. Aber das Schönheitserleben ist nur einer von vielen Effekten, die die modernen Künste erzeugen: vom Ekel bis zur Belustigung, von der derben Provokation bis zum feinen Aha-Effekt, von der Überraschung und dem Staunen bis hin zur Betroffenheit.

Sokrates' Eros-Theorie ist noch aus anderen Gründen problematisch. Erstens beruht sie auf Verwechslungen: Sex ist die Voraussetzung, um Kinder zu zeugen, aber die Lust beim Akt ist etwas anderes als der Wunsch, Nachfahren zu haben. Und die meisten Menschen wollen sicher nicht Kinder haben, um sich zu verewigen, sondern einfach, weil es toll ist, Kinder zu haben. Sokrates überintellektualisiert den Menschen, indem er all dessen Vorlieben als Folge eines Unsterblichkeitsstrebens deutet. Viele Wünsche entstehen jedoch nicht in unserem Verstand, sondern tief in unseren Eingeweiden: Hunger, Wut, Lust. Außerdem bleibt uns Sokrates für seine Behauptungen die Begründungen schuldig. Gerade für starke Thesen braucht man gute Argumente. Die sucht man im *Symposion* vergeblich.

Sokrates öffnet uns allerdings die Augen für die Vielschichtigkeit des Themas. Wenn auch gut versteckt, finden sich in seinen Einlassungen alle wichtigen Fragen der Ästhetik, auf die die Forschung bis heute Antworten zu finden versucht. Zum Beispiel: Welche Dinge können eigentlich schön sein? Sokrates nennt Jünglinge, Taten, die Erkenntnis und Artefakte, also vom Menschen erschaffene Dinge. Im Alltag kennen wir jedoch noch mehr Schönes. Wir sagen, dass der Zoobesuch mit den Kindern schön war. Wir finden die Natur schön, ebenso wie die Vorstellung, in den Urlaub zu fahren. Und einige Wissenschaftler kennen nichts Schöneres als mathematische Formeln. Es scheint, als könnte so gut wie alles schön sein.

Eine andere wichtige Frage: Gibt es universell Schönes, also etwas, das jeder Mensch als schön erlebt? Sokrates' Beispiele mögen für die freien Männer im antiken Athen gegolten haben, aber es ist mehr als fraglich, ob man sie auf Frauen und Männer aller Zeiten und Kulturen übertragen kann. Überraschenderweise sagt Sokrates im *Symposion* gar nichts zu der naheliegenden Frage, was Menschen eigentlich schön macht.

Im Folgenden geht es um genau diese und ein paar verwandte Fragen: Wie reden wir über Schönheit? Was passiert in uns, wenn wir etwas schön finden? Gibt es ewige Schönheit? Welche evolutionäre Funktion hatte unser Schönheitssinn? Und: Was hat Kunst heutzutage eigentlich noch mit Schönheit zu tun?

Können wir unseren Urteilen trauen?

In den achtziger Jahren kannte in Deutschland jeder den Pepsi-Test. Studien hatten angeblich gezeigt, dass Versuchspersonen mit verbundenen Augen Pepsi-Cola gegenüber Coca-Cola bevorzugen. Mit diesem Ergebnis warb die Getränkefirma Pepsi in einer aggressiven Kampagne und startete den sogenannten «Cola-Krieg», allerdings ohne sichtbaren Erfolg. Weltweit schlagen die rot-weißen Flaschen bis heute die rot-weiß-blauen. Angenommen, die Studie war repräsentativ: Dann täuschten sich Menschen aller Nationen in ihrem Cola-Geschmack. Kenner wissen natürlich, dass Afri-Cola beiden Konkurrenten weit voraus ist. Aber ein einfacher Afri-Test würde niemals für die Marktführung ausreichen. Versuche legen nahe, dass die Vertrautheit mit dem Logo, dem Namen und dem Lebensgefühl der Marke das ursprüngliche Geschmackserlebnis übertrumpfen kann. Je öfter wir das Logo erblicken, desto besser schmeckt uns das dunkelbraune Kaltgetränk. Oder jedenfalls würden wir das denken. Mit Pepsi und Coca kann Afri also nicht mithalten.

Für die Werbeindustrie ist das eine gute Nachricht. Mit einer Kampagne kann man die Urteile über eines der grundlegenden ästhetischen Erlebnisse beeinflussen: das Schmecken. Für die Ästhetik bedeutet das: Wir machen uns oft etwas vor und können deshalb unseren eigenen Geschmacksurteilen nicht trauen. Und denen anderer schon gar nicht. Wir sagen zwar selten über eine Cola: «Schmeckt schön!», aber im Prinzip scheint sich unsere Vorliebe für Erfrischungsgetränke nicht von unserer Vorliebe für Gerüche, Farben oder Klänge zu unterscheiden.

Man kann den Pepsi-Test leicht auf die Musik übertragen: Jährlich erklimmen Politiker und andere Honoratioren den Grünen Hügel, um die Bayreuther Festspiele zu besuchen. Unwahrscheinlich, dass alle Richard Wagners Opern lieben. Viele werden die Juchzer der Walküren Brünnhilde, Schwertleite und Waltraute eher anstrengend finden. Trotzdem sind nach der Aufführung alle begeistert, selbst wenn der Dirigent uninspiriert bis lahm und die Aufführung altmodisch bis provinziell war. Machen wir den Wagner-Test: Hörproben aus der Walküre gegen die Filmmusik von *Gladiator*. Man darf vermuten, dass einige Nicht-Wagnerianer von den Klängen von *Gladiator* mehr beeindruckt sind, trotz ihrer aufrichtigen Überzeugung, dass Wagners Musik schöner ist. Fänden sie das heraus, würden sie es natürlich niemals zugeben, denn Mitglieder der Oberschicht definieren ihre soziale Rolle anhand der feinen Unterschiede: Wagnerianer gehören dazu, Gladiatorianer nicht. Als Mittel der Abgrenzung ist Musik so gut geeignet, dass sich einige in ihrem Wunsch nach Exklusivität mit ihren Geschmacksurteilen selbst überlisten.

Diese Unstimmigkeit zwischen Empfinden und Urteilen wie im Pepsi- und Wagner-Fall nennt man *kognitive Dissonanz*. Wir können unsere schönen und angenehmen Erlebnisse aus vielen Gründen falsch einschätzen: weil wir uns selbst beschummeln, weil eine bestimmte Antwort erwartet wird oder weil wir uns angewöhnt haben, so zu reden. Umso gewissenhafter muss man sich also auf die eigenen Erlebnisse einlassen.

Wir bewerten unsere Erlebnisse mit jedem Urteil, das wir abgeben, ob wir es wollen oder nicht. Manchmal haben viele Menschen denselben Wertmaßstab: Wer fand Barack Obamas Berlin-

Rede nicht beeindruckend? Oft ist der Maßstab allerdings sehr individuell. In jedem Fall drücken wir mit einem Urteil eine Beziehung zwischen Mensch und Objekt aus: Gertrude findet die Rose schön – und nicht etwa hässlich oder gewöhnlich.

Viele Philosophen haben versucht, die Schönheit zu objektivieren, indem sie nach Prinzipien suchten, die ganz unabhängig vom individuellen Menschen bestehen sollten. Es scheint jedoch offensichtlich zu sein, dass Urteile über das Schöne, anders als Urteile über Gerechtigkeit oder das Gute, davon abhängen, wie wir Menschen die Welt subjektiv erfahren. Die traditionelle Ästhetik hat sich außerdem auf die Dinge konzentriert, die wir typischerweise «schön» nennen, also das, was man sehen und hören kann: Gemälde, Statuen, Lieder, Symphonien und die Natur. Was wir riechen, schmecken und fühlen, nennen wir seltener «schön». Dennoch ist es nicht abwegig, von einem «schönen Duft» oder einer «schönen Massage» zu sprechen. Aus moderner Sicht scheint klar zu sein, dass wir in allen Fällen mit dem Wort «schön» stillschweigend unterstellen, dass in uns etwas passiert. Schöne Dinge lösen ein Schönheitsempfinden aus und hässliche ein Hässlichkeitsempfinden. Darauf gründen wir unsere Urteile. Aber worin genau besteht dieses Empfinden? Und was haben alle Dinge gemeinsam, die wir für schön halten?

Purer Genuss

Sokrates nahm an, dass unser Schönheitssinn in einer Art erotischer Lust bestünde. Der Gedanke ist nicht ganz abwegig, immerhin sagen einige, Schokolade sei manchmal besser als Sex. Doch wenn wir einen Sonnenuntergang schön finden, müssen wir nicht gleich in Ekstase geraten. Unsere Lust erleben wir oft als etwas Positives. Das heißt aber noch nicht, dass sie deshalb die Schönheit erklären kann. Bei unserer Lust und unseren Höhepunkten kann man außerdem wiederum fragen, ob sie schön sind. Schon deshalb können sie unseren Sinn für Schönes nicht verständlicher machen. Der ist umfassender, daher muss die Erklärung anderswo liegen.

Man kann die These retten, indem man «Eros» wohlwollend als «Genuss» oder «Vergnügen» übersetzt. Dann trifft man unser Schönheitsempfinden schon eher: Wir erleben etwas als schön, wenn es in uns ebendiese positive Empfindung hervorruft, die wir als «Genuss» oder «Vergnügen» beschreiben. In alter Zeit sprach man von «Wohlgefallen». Da der Genuss stärker oder schwächer ausgeprägt sein kann, benutzen wir auch andere Wörter: «Spaß», «Freude», «Begeisterung», «Glücksgefühl», manchmal auch altertümlich «Wonne», oder gesteigert «Verzückung».

Die philosophische Ästhetik muss die verschiedenen Nuancen all dieser Begriffe erläutern. Wichtig ist aber zunächst nur, dass alle einen gemeinsamen Kern haben: eine positive Empfindung im Bewusstsein, die ich der Einfachheit halber «Genuss» nennen will. Es kommt, wie gesagt, nicht auf die Wörter an, mit denen wir den Genuss beschreiben: Das Lammkarree schmeckt «köstlich», Chopins Walzer klingen «bezaubernd», und Marianne Brandts Teekanne ist «elegant». Wer so urteilt, der legt sich darauf fest, dass in ihm die positive Empfindung des Genusses verursacht wurde, als er die entsprechenden Objekte schmeckte, hörte, sah oder über sie nachdachte. Das Wort «schön» deutet diese Erlebniskomponente ganz direkt an. Wenn man sagt: «Das war ein schöner Abend», dann legt man sich darauf fest: Da waren Spaß, Vergnügen, Genuss. Anders ist es bei: «Das war ein guter Abend.» Damit gibt man auch eine Wertung ab, aber nicht zwingend eine ästhetische. Der Abend kann gut gewesen sein, weil man jemandem geholfen hat, auch wenn es viel Kraft gekostet hat.

Kant ist einer der Vorläufer der modernen *kausalen Theorie* der Schönheit, die sagt: Schön ist, was Genuss verursacht. Seine Grundgedanken dominieren die Ästhetik bis heute. Kant spricht in seiner Abhandlung *Kritik der Urteilskraft* allerdings nicht vom «Genuss», sondern vom «interesselosen Wohlgefallen». «Interesselos», weil ein Objekt nur dann schön ist, wenn es uns unabhängig von unseren Interessen und Neigungen gefällt. Ein Beispiel: Eltern finden die Malerei ihrer Kinder schön. Das ist ganz natürlich. Doch nur wenn sie die Bilder auch dann schön finden, wenn sie nicht wissen, von wem sie stammen, ist ihr Wohlgefallen interesselos. Auch wer sagt: «Die Sonne ist schön, weil sie Leben spendet», hat eine Mittel-Zweck-Beziehung im Sinn. Für echte Schönheit aber darf diese Beziehung gar nicht vorliegen. Daher können wir auch nicht weiter begründen, warum wir etwas schön finden. Sobald wir es tun, ist das Urteil sozusagen nicht mehr rein und unverdorben. Kant glaubte, dass wir nur dann einen Schönheitsgenuss haben, wenn unsere Einbildungskraft und unser Verstand in eine «proportionierte Stimmung» gebracht sind. Zur Frage, wie die schönen Dinge diese wohltemperierte Klaviatur unseres Geistes anschlagen, sagt er allerdings wenig. Verstand und Sinne seien in einem «freien Spiel» – doch nach den exakten Spielregeln sucht man lange, sodass auch Experten heute nicht genau sagen können, was er meinte.

Kant hat richtig gesehen, dass unser Schönheitserleben sprachlich schwer fassbar ist. Selbst wenn wir sagen: «Vincent van Goghs *Schwertlilien* sind schön, weil das Bild so viele Farben hat», können wir nicht erklären, warum wir Farbenfrohes schön finden. Kant hat allerdings die Schönheit wie Sokrates und Platon überintellektualisiert, indem er das höhere ästhetische Vergnügen vom bloß körperlichen abgrenzt. Der pure Hedonismus, das Streben nach bloßer Sinneslust, sei einem vernünftigen Menschen immer zu wenig. Wer also nach einem Besuch im Sternerestaurant mit Champagner am Pool feiert und dann im Rausch eine orgiastische Nacht verbringt, kann niemals den hohen Genuss verspüren, den jemand empfindet, der ein schönes Gedicht liest. Das ist zwar nicht Kants Beispiel, aber ungefähr so muss man sich das vorstellen. Kant zufolge gibt es also zwei Arten von Genuss: den tierischen, rohen, nur körperlichen und den wahrhaft menschlichen, sinnlichen und zugleich geistigen. Nur was den zweiten anspreche, verdiene überhaupt den Namen «Schönheit».

Bis heute fragen Philosophen, was das Schönheitsvergnügen vom normalen Vergnügen unterscheidet. Aber gibt es diesen Unterschied tatsächlich? Schaut man mit einem unvoreingenommenen Blick auf die Schönheit, bietet sich eine einfache Theorie an: Ob ein Mensch etwas schön findet, hängt von zweierlei ab. Erstens von den Eigenschaften des Objekts: Alice erlebt den Garten der Herzkönigin im Wunderland als wunderschön mit seinen Springbrunnen und Blumenbeeten – bei einem grauen und verwüsteten Garten wäre das nicht der Fall. Zweitens von den Eigenschaften des Menschen: Wäre Alice depressiv oder griesgrämig, würde sie den Blumengarten nicht schön finden. Viele Philosophen haben immer nur auf die schönen Dinge geschaut und sich selbst dabei vergessen: den Betrachter.

Jedes Erlebnis verursacht im Betrachter einen Ausschlag auf der Genuss-Skala, von negativ bis positiv. Manchmal ist schwer zu sagen, wo genau sich ein Erlebnis befindet, doch viele Fälle sind ganz klar. Erzeugt etwas in uns Genuss, übertragen wir das Schöne des Erlebnisses auf die Quelle. Manche Dinge wie Klaviersonaten oder Landschaften nennen wir deshalb «schön», weil sie immer dasselbe Erlebnis auslösen, dazu noch in vielen Menschen. Vermutlich hat diese Konstanz die Tradition verleitet, sich auf die Fernsinne zu konzentrieren, also das Sehen und Hören, und dabei die Nahsinne zu vernachlässigen, das Fühlen, Riechen und Schmecken, deren Reizquellen flüchtiger sind.

Unser Genuss hängt von vielen subjektiven Faktoren ab: von unserer Tagesform, unserer individuellen Prägung, unserer Vertrautheit und unseren Erwartungen. Das erste Bier in unserem Leben hat furchtbar geschmeckt, das Bier letzte Woche hingegen großartig. Manchmal nervt die Musik, die man gerade noch schön fand. Und unsere Gedanken können unsere Erlebnisse bisweilen überschreiben: Ein schöner Fisch sieht plötzlich ganz anders aus, wenn wir wissen, dass er giftig ist. Und je mehr wir eine Person mögen, desto schöner wird sie. Dabei ist bis heute ungeklärt, ob beispielsweise die Vertrautheit oder die Tagesform unsere ursprünglichen Erlebnisse verändert oder wir einfach Schwierigkeiten haben, genau zu erkennen, was wir eigentlich schön finden.

Einige Philosophen meinen, dass der Genuss immer gleichzeitig mit einem Erlebnis auftauchen müsse. Doch das stimmt nicht. Nach einem Konzert kann man noch stundenlang berauscht sein, auch wenn die Musik längst verklungen ist. Die Hörphase und die Genussphase müssen nicht deckungsgleich sein.

Ewige Schönheit

Sobald jemand auf *Facebook* oder *Instagram* Fotos vom letzten Urlaub in Südostasien veröffentlicht, direkt hochgeladen vom iPhone, sichtbar für alle Kontakte, Fotos, auf denen sich die Palmen unter der Last der Kokosnüsse biegen und das Meer so türkis ist, wie es nur das Meer sein kann, dann kann man sicher sein, dass schon bald Smileys, Sehnsuchtsseufzer, gespielter Neid und ungebeugte Wortstämme wie «träum» oder «schmacht» folgen werden. Vor allem sieht man zahllose «schön»s mit zahllosen «ö»s. Obwohl jeder von uns Bilder dieser Art schon hundertfach gesehen hat, übersaturiert und nachgepixelt, in der Werbung und auf Postkarten, obwohl es kaum ein größeres Klischee gibt als den leeren weißen Traumstrand, so scheint ihn doch jeder bedingungslos schön zu finden. Der Traumstrand ist ein guter Kandidat für etwas, das alle Menschen zu allen Zeiten als schön ansehen. Weitere Favoriten sind Sonnenuntergänge, der Sternenhimmel, Mozarts *Kleine Nachtmusik*, Nofretete, Schokolade und Paul Newman in *Cool Hand Luke*. Bei Schokolade streitet man sich höchstens über den Kakaogehalt.

Auch in der Erforschung ewiger Schönheit ist Kants Einfluss auf die Tradition unverkennbar. Kant nahm an, dass in der Schönheit etwas Allgemeingültiges liege. Dafür müssen die sinnliche Vorstellung und der Verstand in einer Harmonie sein. Er argumentiert dafür, dass schön das ist, was «ohne Begriff allgemein gefällt». «Ohne Begriff», weil Schönes nicht fassbar oder weiter erklärbar ist. «Allgemein», weil derjenige, der etwas «schön» nennt, eine Zustimmung bei allen anderen «ansinnt». Das bloß sinnlich Angenehme ist allerdings nicht das Schöne, denn es muss mit dem Denken verbunden sein. Damit wendet sich Kant gegen den englischen Empiristen David Hume, der die Quelle universeller Schönheit allein in unserer Wahrnehmung verortete. Kants Überlegungen bleiben aber an den wichtigen Stellen unbestimmt. Er gibt zwar einige konkrete Beispiele wie Rosen, das Zwitschern der Vögel oder den Urwald der Insel Sumatra im Gegensatz zum künstlich angelegten Pfeffergarten. Kant sagt aber nicht, was sie gemeinsam haben, um Wohlgefallen auszulösen, und schon gar nicht, warum alle Menschen davon angetan sein sollen.

Sein Zeitgenosse Edmund Burke war da weniger zimperlich. Seiner Meinung nach sind Dinge schön, wenn sie hell, klein, durchsichtig oder glatt sind. Als Beispiele nennt er Edelsteine, Tauben und Frauen mit glattem Haar und makelloser Haut. Es ist offensichtlich, dass diese Liste viel über Burkes eigene Vorlieben und die seiner Zeit verrät. Besonders irritierend ist, dass er Frauen und Tiere immer in einem Atemzug nennt. Verallgemeinerungen für die Menschheit lassen sich aus diesen privaten Idealen jedenfalls nicht ableiten.

Mehr noch: Gerade Mode, Geschmack und Partnerwahl scheinen die Universalität in Frage zu stellen. Ein Beispiel: «Cafe-Latte_82» lebt in Berlin Mitte, trägt Röhrenjeans, hört tagsüber die Band *The Smiths* und mitternachts minimalen Elektro. Er mag schwierige Beziehungen mit Studentinnen in quietschbunten Strumpfhosen, die später in den Medien arbeiten wollen. «Camus-Katze25», tierlieb, NR, lebt in Köln. Sie hört Klassik und steht auf den dunklen Typen, humorvoll, bodenständig, den echten Mann, mit dem sie zusammen gegen den Rest der Welt kämpfen kann. Beide werden wohl niemals zusammenfinden. Ihr Geschmack ist einfach zu verschieden. Bei Kleidung, Musik und Lifestyle unterscheiden wir uns nicht nur stark untereinander, wir ändern auch einige unserer Vorlieben mit jeder Saison.

Der Fehler von Burke und anderen Verfassern von Schönheitslisten liegt auf der Hand: Sie sind zu konkret. Moderne Theorien konzentrieren sich daher nicht mehr auf einzelne Objekte, sondern sprechen von Harmonie, Komplexität, Symmetrie, Proportionen oder Einfachheit, also von der Struktur schöner Objekte. Mode und Musikstile mögen sich wandeln, aber grundlegende Bauprinzipien blieben gleich. Niemandem gefielen beispielsweise Dissonanzen, sagen die Verfechter dieser Theorien, und irgendwie wolle jeder in seiner Kleidung vorteilhaft aussehen.

Aber auch der abstrakte Ansatz hat seine Tücken, denn die Prinzipien sind oft zu allgemein formuliert. Manchmal ist Einfachheit schön, manchmal Komplexität, manchmal das Bekannte, manchmal das Neue. Da alles entweder einfach oder komplex, bekannt oder unbekannt ist, kann also alles schön sein. Irgendwie wussten wir das doch schon. Der Ansatz hilft also nicht weiter. Schaut man sich allerdings nicht die Dinge an, sondern wiederum die Betrachter, so scheinen Einfachheit, Symmetrie oder Vertrautheit eher über deren Vorlieben Aufschluss zu geben.

Ein Beispiel: Mathematiker und Physiker wie der Engländer Stephen Hawking sprechen davon, dass mathematische Formeln dann besonders schön seien, wenn sie einfach und erklärungsstark seien. Diese These verrät jedoch viel mehr über das analytische Naturell der Wissenschaftler als über die eigentlichen Formeln. Wer sein Leben lang an einem sauber aufgeräumten Schreibtisch gesessen, über logische Probleme gegrübelt und nie in einem kreativen Chaos gelebt hat, der mag Einfachheit genießen. Für viele andere ist sie eher langweilig.

Wie sieht es mit Vertrautheit aus? In einem Versuch zeigte der amerikanische Psychologe James Cutting seinen Studenten Werke von unbekannten Impressionisten als Hintergrundbilder seiner wöchentlichen Vorlesungen. Die meisten Studenten nahmen diese Bilder nicht bewusst wahr, aber irgendwie blieben sie ihnen doch im Gedächtnis. Am Ende des Semesters verglich Cutting diese Testgruppe mit Studenten, die keine Bilder gesehen hatten. Die Testgruppe fand die gezeigten Bilder deutlich schöner als die Vergleichsgruppe. Cutting glaubt, die Studenten hätten ihre Vertrautheit als Vorliebe fehlgedeutet. Einige Forscher gehen noch weiter, indem sie annehmen, dass Vertrautheit eine Art Schönheit zweiter Stufe darstelle. Doch das ist zu kurz gedacht. Oft ist das Neue und Unbekannte aufregender und schöner als das Vertraute. Vertrautheit wirkt eher wie ein Geschmacksverstärker, allerdings nur bei Dingen, die schon vorher schön, oder wenigstens neutral waren. Die Vertrautheit mit dem hässlichen und garstigen Nachbarn macht ihn nicht schöner.

Vertrautheit, Einfachheit, Symmetrie: Vielleicht ist die Erklärung für dieses Schönheitsdurcheinander ganz einfach. Genauso wie Angst und Schmerz dazu führen, dass wir Gefahrenquellen meiden, lässt uns unser Genussmodul ständig nach dem Schönen und Angenehmen suchen. Zum Vergleich: Die Angst vor Schlangen und Spinnen ist universell, aber die vor Abiturprüfungen muss kulturell erlernt werden. Genauso scheinen süße Früchte, idyllische Landschaften und das Kindchenschema in den Augen aller Menschen schön zu sein, während die Lust auf frischen Koriander, Blümchentapeten oder Wüstendünen individuell schwankt. Und selbst die universellen Auslöser können durch negative Erlebnisse ihre Strahlkraft verlieren.

Besonders deutlich wird diese Zweiteilung in der Psychologie der Partnerwahl, die Schönheit meist mit Attraktivität gleichsetzt. Das ist zwar manchmal etwas kurz gesprungen, da nicht nur Schönheit Menschen anziehend macht, aber es gibt kaum ein Feld des menschlichen Verhaltens, das so gut erforscht ist wie die Attraktivität zwischen den Geschlechtern. Frauen bevorzugen weltweit große Männer mit breiten Schultern, die sie beschützen können. Männer hingegen mögen bei Frauen kulturunabhängig immer dasselbe Taille-Hüft-Verhältnis von 0,7 oder weniger. Dabei ist es egal, ob sie auf den molligen oder den sportlichen Typ stehen. Auch an den favorisierten Gesichtszügen hat sich über die Jahrtausende nichts verändert. Nofretete hat dieselben Proportionen wie Botticellis Venus oder Naomi Campbell. Ebenso spannend ist der positive Kreuzbeinabknickungswinkel, der entsteht, wenn Frauen auf den Zehenspitzen stehen oder hohe Schuhe tragen. Dadurch verlagert die Frau den Körperschwerpunkt und geht leicht ins Hohlkreuz, eine Pose, die Männer laut dem Verhaltensforscher Karl Grammer weltweit ansprechend finden.

Beim Körperschmuck hingegen ist der Kultureinfluss überdeutlich. Dafür muss man gar nicht Giraffenhalsfrauen oder Tellerlippen bemühen. Auch wenn Körperschmuck oft universelle Merkmale unterstützt, ist er meist nur für diejenigen schön, die entsprechend geprägt wurden. In den fünfziger Jahren hätte niemand daran gedacht, sich Metall durch Augenbrauen oder Lippen stechen oder sich Begriffe wie «Leben» oder «Freiheit» in den Schriftzeichen des Mandarin oder Sanskrit tätowieren zu lassen. Umgekehrt ist Chinesen oder Indern die Vorstellung völlig fremd, diese Begriffe in altdeutschen Buchstaben auf ihrem Rücken oder Arm zu tragen.

Besonders die universellen Attraktivitätsprinzipien laden zu evolutionären Erklärungen ein. Wenn Merkmale in allen Kulturen auftauchen, kann es gut sein, dass sie in grauer Vorzeit eine Funktion hatten. Nur welche?

Überleben durch Schönheit?

Evolutionäre Erklärungen machen Spaß. Keine Frauenzeitschrift, kein Männermagazin, keine Jugendgazette, die nicht davon berichten, wo in der Evolution unsere Vorlieben verwurzelt sind. Oft sind diese vermeintlichen «Erklärungen» vordergründig einleuchtend. Man kann sich gut vorstellen, dass es damals so gewesen ist. Tatsächlich handelt es sich bei fast allen bestenfalls um spekulative Hypothesen, denn vor Hunderttausenden von Jahren war niemand dabei, der die Vorgänge präzise protokolliert hat.

Ein klassisches Beispiel: Menschen aller Kulturen mögen hügelige Landschaften mit vereinzelten Bäumen, durch die ein Bächlein plätschert. Dieses Motiv findet man als Stickerei in Almhütten, gemalt auf alten japanischen Schriftrollen oder beschrieben als Auenland in J. R. R. Tolkiens *Der Herr der Ringe*. Angeblich mögen wir solche «Savannenlandschaften», weil dort unsere frühesten Vorfahren in Afrika gut leben und jagen konnten: Der Blick schweift in die Ferne, und Beute ist leicht zu entdecken. Allerdings mögen viele von uns auch den düstergrünen Urwald. Das könnte man ähnlich erklären: Dort gibt es viel Nahrung, und man kann sich vor Feinden verstecken. Außerdem sprechen uns auch Landschaften jenseits von Afrika an: schroffe Küsten, die schneebedeckten Hänge des Himalaya und sogar Korallenriffe, auf denen niemand leben will. Hypothesen wie die über die Savannenlandschaft können durchaus wahr sein, aber sie sind mit Vorsicht zu genießen, weil offenbleibt, warum wir anderes ebenfalls schön finden.

Ähnlich verhält es sich mit evolutionären Erklärungen der Attraktivität. Noch ein paar Beispiele: Frauen finden Männer mit breitem Unterkiefer attraktiv. Je höher der Testosteronspiegel, desto breiter der Unterkiefer. Das zeigen viele Tests. Wie ist es dazu gekommen? Eine Hypothese: In grauer Vorzeit hätten sich Frauen, die zufällig eine Breitkiefervorliebe hatten, eher mit diesen potenten Partnern eingelassen. Die Testosteronmänner konnten ihre Frauen besser beschützen und zeugten einen stattlicheren Nachwuchs. So habe sich die Vorliebe für kantige Gesichtszüge eher vererbt als die für zarte. Das klingt ganz plausibel.

Schwieriger wird es bei der Haarfarbe. Einige Evolutionspsychologen vertreten die These, dass Männer Blondinen bevorzugen. Dafür haben sie auch gleich eine Erklärung parat: In der Eiszeit sind Menschen in Europa über wenige Generationen erblondet, während die übrige Welt schwarzhaarig blieb. Die Hypothese: Zunächst passierte das über zufällige Mutationen im Erbgut. In jenen kalten Tagen herrschte außerdem Männermangel, denn die ständige Jagd sei gefährlich gewesen. Die seltenen Blondinen mit den hellen Augen hätten dieses besondere Etwas gehabt, das die wenigen wilden Kerle auf sie aufmerksam machte. So habe sich die helle Haartracht in die Gene gemendelt.

Doch wenn dem wirklich so wäre, müssten Männer im Angesicht von Frauen mit blauen Haaren völlig den Verstand verlieren, denn die sind noch seltener. Das passiert aber nicht. Nun könnte man einwenden, dass Blau als Haarfarbe ja nicht in der Natur vorkommt. Aber bevor unsere Urahnen blonde Locken erblickten, konnten sie ja auch nicht ahnen, dass sie auf natürliche Weise vorkommen können. In der Hypothese fehlt also etwas, nämlich eine Erklärung, warum das Seltene allein schon anziehend sein soll. Außerdem: Könnte es nicht genau andersherum gewesen sein? Vielleicht herrschte in Wahrheit Frauenmangel, weil die Männer so selten Fleisch von der Jagd mitbrachten. Vielleicht haben die Frauen nach dem Besonderen im Mann gesucht und den blonden Burschen mehr Jagdkunst zugetraut als deren dunklen Weggefährten, die deshalb keine Partnerin abbekommen haben. Vielleicht muss man sich das in etwa so vorstellen, wie wenn schwedische Austauschstudenten die Technische Universität in Madrid besuchen.

Ähnlich sieht es mit der Attraktivität der Jugendlichkeit aus. Lässt man Männer jeden Alters Frauenbilder nach Schönheit sortieren, dann belegen stets Mädchen in der Pubertät die vorderen Plätze. Hier sind Evolutionsbiologen schnell mit einer Hypothese zur Stelle. Vorzeitmänner zeugten dann besonders viele Kinder, wenn sie Partnerinnen wählten, die gerade die Geschlechtsreife erlangt hatten. Denn, so die Hypothese, junge Frauen seien besonders fruchtbar und hätten selten Krankheiten. Dadurch habe sich die Attraktivität der Jugendlichkeit im Erbgut verfestigt. Auch hier: Warum soll das so sein? Wäre es nicht vorteilhafter gewesen, Frauen zu umwerben, die schon Kinder bekommen haben? So fragt der englisch-australische Philosoph Paul Griffith, um die Kurzatmigkeit dieser Erklärung zu verdeutlichen. Bei den Müttern hätte der Mann die Garantie gehabt, dass sie wirklich fruchtbar sind. Außerdem hätten sie ihre mütterliche Fürsorge schon unter Beweis gestellt. Für einen Liebhaber etwas reiferer Jahrgänge hat man also auch eine gute Erklärung parat. Das zeigt das Problem der Ursprungshypothese. Sie ist nicht viel besser als ihr Gegenteil und bleibt zu einem gewissen Grad willkürlich. Natürlich könnte sie stimmen, aber das können wir nur beurteilen, wenn wir weitere Hinweise haben. Und die fehlen.

Ein fragwürdiges Beispiel stellt die Symmetrie dar. Wir empfinden Gesichter als hässlich, sobald sie nicht mehr an der Mittelachse gespiegelt sind. Auch hierfür gibt es Erklärungsvorschläge: Viele Erbkrankheiten und Parasiten, die wir heutzutage gar nicht mehr kennen, deformieren Gesichter beispielsweise durch eine halbseitige Lähmung. Wer vor Jahrhunderttausenden also auf Symmetrie stand, hatte bessere Chancen als die Konkurrenz, gesunde Nachfahren zu zeugen. Einige Evolutionsbiologen weiten diese Hypothese sogar zu einer allgemeinen Vorliebe für Symmetrie aus. Warum sonst seien schöne Tempel und Paläste in der ganzen Welt spiegelsymmetrisch? Nur: Die Sache mit den Krankheiten erklärt allenfalls, warum wir schiefe Gesichter hässlich finden, nicht aber, warum die symmetrischen schön sein sollen. Viele Gesichter sind nämlich symmetrisch und trotzdem hässlich. Das weiß jeder, der schon mal mit einem Fotoprogramm sein Gesicht verzerrt oder einen Horrorfilm gesehen hat. Unser Sinn für schöne Gesichter hat sicherlich etwas mit Proportionen zu tun. Nur handelt es sich dabei nicht um schlichte Symmetrie, sondern um sehr komplexe geometrische Gesetze, wie einige Psychologen gezeigt haben.

Der Sprung von der Gesichts- zur Gebäudesymmetrie ist noch waghalsiger. Denn erstens finden viele Menschen auch asymmetrische Bauwerke schön, zum Beispiel Frank Gehrys Guggenheimmuseum in Bilbao. Zweitens sind aus bautechnischen Gründen ohnehin fast alle Bauwerke achsensymmetrisch. Dass wir darunter auch einige schöne entdecken, mag nicht verwundern. Aber wir finden ebenso viele hässliche. Und schließlich bleibt völlig unklar, wie man von Gesichtern zu Gebäuden gelangen soll: Sicher, in Kinderbüchern haben Häuser manchmal Augen, Nase und Mund. Aber erkennen wir wirklich ein Antlitz in der Angkor-Wat-Tempelanlage in Kambodscha, wenn wir sie schön finden? Oder im Eiffelturm?

Daraus folgt natürlich nicht, dass es keinen angeborenen Schönheitssinn gibt und alles Kultur ist. Als angeboren kann etwas gelten, wenn es nicht erlernbar ist. Man kann niemandem beibringen, ein positives Gefühl zu haben, wenn er einen schönen Menschen sieht, genauso wenig, wie man jemandem beibringen kann, Schmerzen zu spüren. Wie sollte man das anstellen? Man kann Menschen allenfalls in die Situation bringen, etwas zu spüren. Aber dann mussten sie schon vorher die Fähigkeit dazu gehabt haben. Unser angeborenes Genusszentrum im Kopf sucht ständig nach einem Input von schönen Dingen. Es hat einige Voreinstellungen, hängt aber auch von persönlichen Erlebnissen ab und verändert sich mit der Zeit. Die Lösung des alten Streits ist also: Unser Sinn für Schönes ist manchmal universell und oft individuell.

Die Schönheit ist das eine Hauptthema der Ästhetik, die Kunst das andere. Lange Zeit lagen beide, wie gesagt, nebeneinander, denn Kunst sollte schön sein. Spätestens seit der Moderne ist das nicht mehr der Fall. Im Verborgenen spielt der Schönheitsgenuss zwar irgendwie immer noch eine Rolle, doch die Wirkungen der Kunst sind vielfältiger geworden.

Darf Kunst schön sein?

Als ich in der Oberstufe war, hatte ich mit einem Freund den Plan, ein «Kunstobjekt» im Sprengel-Museum in Hannover zu platzieren. Der Freund hatte den Bauch einer grünen Gießkanne mit Watte umwickelt und wie in einem Erpresserbrief mit ausgeschnittenen Buchstaben «Ich brauche Zärtlichkeit» daraufgeklebt. Wir wollten die Kanne am Wachpersonal vorbeischmuggeln und mit einem Hinweisschild in der Abteilung für Gegenwartskunst abstellen. Leider haben wir uns dann doch nicht getraut. Jahre später hatte einer meiner Brüder auf der Kunstausstellung *documenta 12* spontan eine ähnliche Idee. In einem Raum hing ein Hinweisschild an der Wand, das zu einem Objekt in der Mitte des Raumes gehörte. Neben dem Schild befand sich ein kleines leeres Podest, sodass man glauben konnte, das Schild verweise darauf. Wie es der Zufall so wollte, hatte mein Bruder eine Postkarte mit Malerei der Aborigines in der Jackentasche. Er stellte sie kurzerhand auf das Podest. Schon bald begannen die ersten Besucher, die Karte zu fotografieren.

Diese kleinen Späße stellen sicherlich nicht den zeitgenössischen Kunstbetrieb in Frage, aber sie zeigen etwas über unsere Auseinandersetzung mit moderner bildender Kunst: Unsere Reaktionen hängen ganz wesentlich davon ab, ob wir annehmen, dass es sich bei einem Objekt um ein Kunstwerk handelt. Das ist schwer zu erkennen, denn alles kann Kunst sein. Ein weiteres Beispiel: Zwei Mitglieder des SPD-Ortsvereins Leverkusen-Alkenrath haben im Jahr 1973 Joseph Beuys' berühmte «Badewanne» saubergeschrubbt, die für eine Ausstellung in einem Abstellraum des Schlosses Morsbroich stand. Beuys hatte die Kinderwanne mit Mullbinden, Heftpflastern und Fett versehen. Laut Schrifttafel der Wanderausstellung wurde er als Kind darin gebadet. Ein Beuys-Kritiker hatte an einer früheren Station daruntergeschrieben: «Offenbar zu heiß.» Doch von alldem wussten die Genossen nichts, als sie ihre Feier in diesem Schloss veranstalteten und in der Wanne Bier kühlen wollten. Deshalb musste der Dreck runter. Eine teure Fehleinschätzung. Mit klassischer Kunst wäre ihnen das sicher nicht passiert. Niemand hätte auf der Party ein Ölgemälde als Tablett oder eine Marmorstatue als Kleiderständer missbraucht.

Auch diese Geschichte zeigt: Der Rahmen muss stimmen. Erst wenn wir etwas im Kunstkontext, also in Ausstellungen von Museen und Galerien, sehen, beginnen wir überhaupt, uns mit den jeweiligen Objekten *als* Kunstwerken auseinanderzusetzen. Tracy Emins ungemachtes Bett ist in ihrem Apartment nur ihr ungemachtes Bett. Spätestens in der Londoner Tate Gallery ist es Kunst.

Welche Fähigkeiten muss ein Künstler haben, um erfolgreich zu sein? Der Dichter und Philosoph Johann Gottfried Herder sagt: «Kunst kommt von Können oder Kennen her.» Dabei ist aber nicht klar, ob er die Etymologie des Wortes oder die Sache meint. Der Komiker Karl Valentin und andere haben diesen Zusammenhang pointierter als Herder formuliert: «Kunst kommt von Können. Käme sie von Wollen, hieße sie ‹Wunst›.» Heutzutage ist schwer zu beurteilen, wer Künstler und wer Wünstler ist. Waren früher vornehmlich handwerkliche Fähigkeiten entscheidend, ist es jetzt das besondere Talent, sich auf dem Kunstmarkt zu platzieren. «Das kann mein Kind auch», sagt der Kunstspießer. «Aber du musst der Erste sein», sagt der Kunstschlaumeier. Beide haben unrecht. Weil es keine objektivierbaren Kriterien für die Qualität moderner Kunst gibt, muss man auch nicht besonders originell sein. Es kommt vor allem darauf an, die Psychologie des Marktes zu verstehen: die Machtspiele der Galeristen und Kuratoren, die Frage, wer mit wem feiern gehen will, wer wen empfiehlt, welche Animositäten im Kuratorium gepflegt werden und wer die entscheidende Kritik schreibt.

Man kann immer einen Grund finden, warum ein Werk gute Kunst ist: provokativ, weil roh, oder tiefgründig, weil fein. Besonders, weil raumfüllend, oder besonders, weil eine Leere lassend. Es gibt kein Kriterium, daher ist der Kunstdiskurs so eigenartig. Richard Serra installiert Riesenstahlplatten, die aussehen, als wären sie von der Baustelle übrig geblieben. Er ist allerdings so etabliert, dass Rezensenten immer einen guten Grund für Lob finden werden, beispielsweise: Serra wirft den Betrachter auf seine Beobachterposition zurück, spielt mit unserem Raumerleben, führt die europäische Tradition der Plastik an ihre Grenzen oder gemahnt mit Rost an unsere Sterblichkeit. Spätestens wenn sich ein konservativer Politiker für den Abriss einsetzt, ist das Werk in der Szene akzeptiert.

In der Kunstwelt ist es absolut verpönt, «schön» zu sagen. Beliebt sind stattdessen «ästhetisch ansprechend», «überzeugend» oder «spannend». Oft ist das eine Selbsttäuschung, denn in vielen Fällen kann man die Wörter auch durch «schön» ersetzen. Jede dieser Bewertungen sagt: Das Objekt hat mich positiv angesprochen. So verwundert es wenig, dass sich die schöne Kunst immer noch am besten verkauft, auch wenn provokante Objekte auf den ersten Blick angesagter zu sein scheinen. Auffällig viele der auf Auktionen zu Höchstpreisen versteigerten Gemälde stammen von Gustav Klimt, Pablo Picasso und Vincent van Gogh. Oft handelt es sich dabei gerade um diejenigen ihrer Werke, die besonders schön und ornamental sind und deshalb auch als Poster in Studentenwohnungen und Wartezimmern von Zahnärzten hängen.

Viele zeitgenössische Künstler wollen angeblich nichts Schönes schaffen, sondern lieber unsere «Sehgewohnheiten in Frage stellen» oder irgendetwas «aufbrechen», am liebsten «verkrustete Strukturen». Franz Kafka hat dasselbe über die Literatur gesagt: «Ein Buch muss die Axt sein für das gefrorene Meer in uns.» Ob Axt, Brechstange oder Augenwischer, in allen Metaphern geht es um die Wirkung der Werke auf uns, sei es unmittelbar oder über Umwege. Daher kann man die Künste auch nach ihren Effekten einteilen. An dem einen Ende befindet sich Kochkunst, die unsere Sinne und Gefühle unmittelbar trifft. Dann kommt irgendwann die Musik und ganz am anderen Ende die Literatur, die zunächst unsere Gedanken und die Vorstellungskraft anspricht und erst darüber Gefühle auslöst. Die bildende Kunst bedient alles zwischen den Extrempunkten: Einige Werke hauen uns um, bringen uns in Aufruhr, überraschen uns jäh und unvermittelt, ohne dass wir anfangs sagen können, warum. Andere müssen wir interpretieren und einordnen. Erst durchs Nachdenken verstehen wir die Ironie, die Anspielungen, das Originelle. Der Schönheitsgenuss fehlt bei einigen Werken und ist bei anderen nur eine Wirkung von vielen. Kann man auch die übrigen Effekte erklären?

Lange haben Kritiker die bildende Kunst aus der Perspektive der Literaturwissenschaft betrachtet. Im Vordergrund stand die Interpretation von Symbolen und Metaphern. Man fragte sich, wie man das Kunstwerk in der Geschichte einordnen könne. Es ging um die *Intertextualität*, also die Verweise des Werkes auf andere Werke, um die Anspielungen und Zitate im Werk und um die Auseinandersetzung mit den großen Kulturthemen wie Sex, Tod,

Macht, Wirklichkeit. Die Gefühle und die Sinnlichkeit des Kunsterlebens spielten keine besondere Rolle, zum einen, weil sie als bloß subjektiv galten und damit als wissenschaftlich nicht erforschbar. Zum anderen sicherlich auch, weil im Moment der kühlen Reflexion und Interpretation die warmen Gefühle immer schon verflogen sind.

Der amerikanische Philosoph Jerrold Levinson vertritt diese intellektuelle Perspektive. Ihm zufolge haben wir erst dann Vergnügen an Kunst, wenn wir sie begreifen und darüber nachdenken. Sein Kollege Kendall Walton meint, wir suchten nach dem Wertvollen in der Kunst, nach etwas, das in uns Bewunderung auslöst. Beide klingen ein bisschen wie der Oberstudienrat, der seinen Schülern auf dem Ausflug ins Museum immer wieder sagt, Kunst solle «zum Nachdenken anregen». Manchmal regt Kunst tatsächlich zum Nachdenken an. Aber oft macht sie auch nur Spaß oder hat überhaupt keinen beabsichtigten Effekt.

Dieser traditionellen Perspektive setzen Forscher in jüngster Zeit eine emotionale entgegen. Sie fragen, was Kunst in uns auslöst: nach den Gefühlen und den erlebten Effekten, oft unter Berufung auf Ergebnisse der Emotions- und Bewusstseinsforschung. Wie erzeugen Bilder und Skulpturen Ekel und Bewunderung, Spaß und Verwirrung, Lust und Staunen? Warum strahlen einige Werke Ruhe aus, während andere eine schiere Provokation darstellen?

Der amerikanische Philosoph Jesse Prinz glaubt, dass unsere ästhetische Wertschätzung einem grundlegenden Gefühl entspringt. Bewunderung könne nicht dieses Gefühl sein, unter anderem weil wir eher Menschen bewundern als Kunstwerke. Vergnügen an der Schönheit könne es auch nicht sein, weil nun einmal viele Kunstwerke alles andere als schön sind. Interesse trifft es auch nicht, denn das verbinden wir laut Prinz auch mit schlechter Kunst. Bleibt eine Mischung aus Staunen und Überraschung. Laut Prinz liegt diese Mischung der Wertschätzung eines Kunstwerks zugrunde, ein unverkennbares positives Gefühl, das Aufmerksamkeit und Verehrung folgen ließe.

Es ist verdienstvoll, nach einem Grundgefühl zu suchen, das

zur Kunst so passt wie das Genießen zur Schönheit. Prinz übersieht allerdings, dass die Wertschätzung eines Kunstwerkes nicht aus einem einzigen Gefühl folgt, sondern aus einem Zusammenspiel. Außerdem: Wenn man das angebliche Grundgefühl als ein «bewunderndes Staunen» charakterisiert, fragt sich, ob das nicht einfach ein anderes Wort für «Wertschätzung» ist.

Beide Ansätze, der traditionell-intellektuelle und der emotionale, lassen etwas aus. Der erste stellt die Wirkung der bildenden Kunst als zu gedankenlastig dar, indem er viele Empfindungen ausklammert. Der Gegentrend schließt diese Lücke, verkennt aber die intellektuelle Arbeit beim Betrachten eines Kunstwerks, also das, was den Menschen so einzigartig macht: seine Fähigkeit zur Reflexion. Kunst spricht alles in uns an, unsere Wahrnehmung, unsere Gedanken und unsere Gefühle. Oft überrascht uns die Kunst, aber manchmal bewundern wir ein Werk, ohne dabei zu staunen. Dieser ästhetische Doppelangriff auf Denken und Empfinden spielt auch beim Verständnis eines ganz jungen Forschungszweigs eine Rolle, der *Neuroästhetik*.

Kunst im Kopf

Bunte Muster. Ein Flackern. Plötzlich blitzt ein blutroter Farbtupfer auf, umschlossen von einem schweflig gelben Ring. Der Hintergrund ist düster, ein schattiges Labyrinth ohne Eingang und ohne Ausgang. Was aussieht wie eine abstrakte Videoinstallation im Museum of Modern Art, ist die Momentaufnahme des Hirns eines Probanden, der im Magnet-Resonanz-Tomographen (MRT) liegt. Das Gerät zeichnet den Sauerstoffverbrauch in verschiedenen Hirnbereichen auf. Rote Farbe heißt: wenig Sauerstoff im Blut. Wenig Sauerstoff heißt: viel Verbrauch, also viel Aktivität. Der Proband musste die Wirkung von Kunstwerken beurteilen. Die Farben und Formen auf den Ölgemälden aktivierten dabei seine Sehrinde und seine Emotionszentren und ließen wiederum Farben und Formen auf dem Bildschirm des Hirnscanners entstehen, die nun die Wissenschaftler beurteilen müssen.

Die Wissenschaft beleuchtet unser Kunsterleben schon seit einiger Zeit im Kernspin. Dabei fiel der medizinische Blick eher zufällig auf die Kunst: Aus einer Laune heraus schrieb der indische Neurologe Vilayanur S. Ramachandran mit einem Kollegen vor gut zehn Jahren eine Abhandlung, in der er acht universelle Gesetze der Kunst aufstellte. Mit zwei Ergänzungen wurden daraus später so etwas wie die zehn Gebote. Der Aufsatz «The Science of Art», also «Die Wissenschaft der Kunst», ist eine der Gründungsschriften der Neuroästhetik. Auf den ersten Blick ist der Text Provokation und Versprechen zugleich. Provokation, weil Kunst als klassische Domäne der Geisteswissenschaften plötzlich von einem Naturwissenschaftler erklärt wurde. Versprechen, weil der Ansatz diese so grundverschiedenen Wissenschaftskulturen zusammenbringt. Besonders Fachfremde sind immer wieder fasziniert, wenn man «Neuro» irgendwo davorschreibt: «Neuro-Ethik» klingt irgendwie spannender als «Ethik», und «Neuro-Marketing» scheint irgendwie mehr zu sein als bloß «Marketing». Dabei ist offenkundig, dass alles menschliche Denken, Fühlen und Tun eine neuronale Grundlage haben, also auch die Kunsterfahrung. Jeder Friseurbesuch und jede Kaffeepause sind ein Neuro-Friseurbesuch und eine Neuro-Kaffeepause.

Mal abgesehen von dieser Vorliebe für Verbalkosmetik: Was verrät uns die Hirnforschung über die Kunst? Mit «Kunst» meint Ramachandran hauptsächlich die bildenden Künste. Auf andere Künste wie Literatur, Musik, Tanz und Parfümkomposition geht er nicht ein. Aber selbst die bildende Kunst ist noch zu weit, denn Ramachandran widmet sich besonders gegenständlichen Werken, also denjenigen, bei denen man noch Figuren und Dinge erkennen kann wie indische Tempelfiguren, Landschaftsgemälde, Karikaturen oder Aktzeichnungen. Das verdeutlicht beispielhaft ein Problem der Neuroästhetik: Sie holt weit aus, um sich dann auf einen winzigen Ausschnitt eines Ausschnitts zu beschränken, aber stets mit dem Anspruch auf Allgemeingültigkeit.

Ramachandran ist sich sicher, dass der Stellenwert von «90 Prozent» aller bildenden Künste vom «Hammer des Auktionators» abhänge, also von zufälligen kulturellen Begebenheiten. Ihn interessiert der Rest, der jedem Kunstwerk zugrunde liegt. Seine zehn Gesetze für diese universellen zehn Prozent lauten: Übertreibung (wir mögen die Extreme), Gruppieren (wir mögen, was zusammenpasst), Kontrast (wir mögen, was sich vom Hintergrund abhebt), Isolation (wir mögen, was unsere Aufmerksamkeit erfasst), Aha-Effekt (wir mögen, wenn wir etwas entdecken), Symmetrie (wir mögen Spiegelachsen), Perspektive (wir mögen den natürlichen Blickwinkel), Wiederholung (wir mögen viel vom Selben), Balance (wir mögen Ausgeglichenes) und Metapher (wir mögen die Übertragung von einem Aspekt auf einen anderen).

Zu jedem dieser «Gesetze» ließe sich viel sagen. Schauen wir uns die Übertreibung an. Trainiert man Ratten darauf, dass sie Futter bekommen, wenn ein Rechteck aufleuchtet, aber keines, wenn ein Quadrat erscheint, dann geraten sie ganz aus dem Häuschen, sobald man ihnen ein extra langes Rechteck zeigt. Ramachandran zufolge ist das lange Rechteck ein «Superstimulus». Irgendetwas im Rattenhirn sagt: «Das ist noch weiter vom Quadrat entfernt als bisher, also gibt es noch mehr Futter.» Denselben Effekt hatte der Verhaltensforscher und Nobelpreisträger Nikolaas Tinbergen schon vor einem halben Jahrhundert beobachtet: Die Küken der Lachmöwe betteln um Futter, sobald ihre Mutter über dem Nest erscheint. Ein roter Fleck am Schnabel der Mutter funktioniert dabei als Schlüsselreiz. Allerdings reagieren die Nestlinge noch euphorischer, wenn die Forscher eine Attrappe hinhalten: einen Stab mit drei roten Punkten. Der Versuchsstab stellt für sie offenbar eine «Supermutter» dar.

Wir seien wie Ratten und Möwen, sagt Ramachandran. Wir mögen die Übertreibung mehr als das Original. So seien auch Playmates Superstimuli: Karikaturen der Normalität. Ebenso die Chippendales, eine Tanzformation von Bodybuildern, die auf der Bühne blankziehen. Selbst van Goghs Gemälde stellten farbliche Übertreibungen dar ebenso wie supersaturierte Bilder aus der

Tierfotografie. Künstler arbeiteten daher mit Verzerrung und Zuspitzung, einer Übertreibung des Gewöhnlichen.

Wer so argumentiert, denkt an kunstvoll verdrehte indische Tempelfiguren oder den Surrealismus, scheint aber die Schwarzweißbilder von Bernd und Hilla Becher nicht zu kennen, die mit Großformatkameras Wasserspeicher, Fördertürme, Hochöfen und andere Industrieanlagen fotografiert haben. Und zwar genau so, wie sie waren. Hätten Möwen Kunstgalerien, so Ramachandran, würden dort nur lange Stäbe mit roten Flecken hängen. Sind wir Menschen so einfach gestrickt? In unseren Museen hängen provokante und feinsinnige Werke, realistische und verfremdete, übertriebene und banale. Ramachandrans Verallgemeinerung trifft einfach nicht zu: Manchmal sprechen uns Karikaturen an, manchmal naturgetreue Zeichnungen. Manchmal ist eine Übertreibung geistreich, manchmal aber auch plump, manchmal ist sie schön und manchmal hässlich.

Ramachandran fragt, welchen evolutionären Vorteil es gehabt haben könnte, dass wir überhaupt Kunst produzieren, und verwirft einige Vorschläge: Kunst diene nicht der Augen-Hand-Koordination und verdeutliche auch nicht Wohlstand, selbst wenn das heute für viele Kunstsammler die Motivation ist. Sie sei vielmehr eine Art Ersatz gewesen für unsere schwache Vorstellungskraft. Mit echten Bildern riefen unsere Vorfahren etwas hervor, was in ihrer Phantasie nur verschwommen existierte. Vielleicht war das wirklich einmal so, aber Ramachandrans Kunst-Prinzipien sind dennoch so allgemein formuliert, dass sie fast den gesamten Schaffensprozess abdecken. Jedes menschliche Werk tut mindestens eines: Es isoliert oder übertreibt, wiederholt oder kontrastiert, metaphorisiert oder fordert die Aufmerksamkeit. Eines der Prinzipien trifft immer zu. Es scheint, als könne Ramachandran alles erklären, aber dadurch kann er in Wirklichkeit gar nichts erklären.

Ramachandran geht noch weiter. Aufgrund der «perversen» Natur moderner Kunst könne jedes der Prinzipien auch umgedreht werden. Aber dann gilt: Alles ist möglich. Spätestens seit den zwanziger Jahren ist das auch so. Doch für diese Einsicht brauchen wir keine Prinzipien. Der tiefere Grund für Ramachandrans Scheitern liegt im Selbstbezug der Kunst. Jeder Künstler schafft etwas Neues, indem er das Alte verändert und ins Gegenteil wendet. Wer eine Leerstelle im Markt besetzen will, muss sich etwas einfallen lassen. Wenn viele Bilder schön sind, kann man etwas Hässliches malen. Wenn die Kollegen gegenständlich arbeiten, kann man abstrakt werden. Wenn vieles stofflich-dreidimensional ist, kann man konzeptuell sein. Und wenn sich der Trend wendet, kann man den Gegentrend zum Gegentrend setzen. Egal, welche Prinzipien ein Wissenschaftler auch finden mag, jeder Künstler kann sie konterkarieren. Das macht die Sache so spannend. Und gleichzeitig wissenschaftlich nicht fassbar.

Wittgenstein hat davor gewarnt, dass eine einseitige «Beispieldiät» zu falschen Verallgemeinerungen führe. Philosophen hätten für ihre Theorien immer dieselben Beispiele bemüht und so entscheidende Phänomene übersehen. Das gilt abgewandelt auch für viele Ansätze in der Neuroästhetik. Natürlich kann man als Neurologe oder Psychologe nicht auf einen Schlag unser Kunsterleben in seiner ganzen Vielfalt erklären. Aber man muss sich dieser Vielfalt bewusst sein.

Kunst spricht unsere Sinne und unsere Gefühle an, sei es Literatur, Musik oder Malerei. Aber ebenso spricht sie unser Kulturwissen und unsere Gedanken an. Kunst fordert all unsere geistigen Fähigkeiten heraus. Das macht sie so besonders. Für jede einzelne Herausforderung muss es eine neuronale Erklärung geben: für den Schönheitsgenuss, das Staunen oder die Verstörung. Am schwierigsten wird die Erforschung der Gedanken sein, denn die sind flüchtig und lösen so viele andere Gedanken aus. Wir können uns also auf weitere Überraschungen der Natur und der Kunst gefasst machen. Wie schön.

Kapitel 8

Denken Das Rätsel des Bewusstseins

Als K. eines Morgens aus der Narkose erwachte, fand er sich in einem Krankenbett in tiefer Dunkelheit wieder. Um sich herum hörte er die Stimmen der Ärzte und Schwestern. Er riss die Augen weit auf, doch außer einem dunklen Flimmern war nichts vor seinen Augen: keine Schatten, keine Umrisse, keine Bewegungen. Was ist mit mir geschehen?, dachte er. Es war kein Traum. Der Arzt sagte ihm, dass er einen schweren Unfall gehabt habe, bei dem die Sehrinde in seinem Hinterkopf zerstört worden sei. K. war blind, obwohl seine Augen unverletzt geblieben waren.

Einige Tage später bat ihn der Arzt, an einem Versuch teilzunehmen. K. erfuhr, dass man vor ihm eine große quadratische Tafel aufgebaut hatte, auf der zehn Glühlampen in zehn Reihen eingeschraubt waren. Er sollte auf diejenige Lampe deuten, die aufleuchtete. K. verstand den Sinn der Aufgabe nicht. Er fühlte sich vorgeführt. Zorn und Verzweiflung stiegen in ihm auf. «Woher soll ich das wissen?», fragte er ungehalten. Doch der Arzt meinte es vollkommen ernst. Er empfahl ihm, sich einfach auf sein Bauchgefühl zu verlassen. K. begann zu raten: oben rechts, unten Mitte, zweite Reihe halb links. Jedes Mal hatte er eine gewisse Ahnung, obwohl ihm schleierhaft blieb, woher diese Ahnung kam. Zu seiner eigenen Überraschung lag er in den meisten Fällen richtig, weitaus häufiger, als durch bloßes Raten möglich gewesen wäre. Doch wie konnte das sein, wenn er gar nichts sah?

Der Patient K. war in einer ganz besonderen Verfassung: Anders als bei normalen Blinden, bei denen überhaupt keine visuellen Informationen weitergeleitet werden, weil sie ihrer Sehkraft beraubt sind, trafen bei K. alle Lichtstrahlen auf die Netzhaut und liefen als Reize über die üblichen Nervenbahnen bis in das Sehzentrum in seinem Hinterhauptslappen. Doch weil einige Bereiche darin zerstört waren, war auch sein bildliches Erleben erloschen. In K.s Kopf funktionierte alles so wie bei Normalsichtigen, bis auf den allerletzten Verarbeitungsschritt. Die visuellen Informationen hinterließen Spuren und blieben offenbar irgendwo gespeichert. So war K. auf eine Weise bewusst, was vor ihm geschah, denn er konnte ja meistens korrekt angeben, wo eine Lampe leuchtete. Ihm fehlte aber eine Form von Bewusstsein, denn er hatte kein *Seherleben*: Für K. gab es keine Farben und Formen mehr.

Diese paradoxe Sehstörung hat der deutsche Psychologe Ernst Pöppel mit Kollegen im Jahr 1973 erstmals beschrieben. Sein britischer Kollege Lawrence Weiskrantz gab ihr den entsprechend paradoxen Namen: *Blindsicht*. Blindsichtige Patienten haben Zugang zu visueller Information, ohne visuelle Eindrücke zu haben. Patienten wie K. können oft noch mehr, als auf leuchtende Lampen zu deuten, beispielsweise zornige Gesichter von freundlichen unterscheiden, Bewegungen erkennen oder sogar erfolgreich durch einen Hindernisparcours wandern. Keine dieser Fähigkeiten jedoch geht mit visuellen Eindrücken einher. Blindsichtige sehen keine Gesichtsausdrücke und keine Hindernisse. Allenfalls haben sie diese gewisse Ahnung, dass da etwas ist.

Fälle von Blindsicht zeigen sehr anschaulich, dass unser Bewusstsein mindestens zwei fundamental verschiedene Aspekte hat. In der Psychologie und Neurowissenschaft geht es typischerweise um den Aspekt, den man als *Zugang* zu Informationen beschreiben kann, nämlich wenn Informationen oder Gedanken für die Person verfügbar sind. Blindsichtige und Normalsichtige verfügen beide über diese Art von Zugang zu bestimmten Informationen, denn sie können ja zum Beispiel korrekt angeben, ob ein Gesicht freundlich oder zornig ist.

Im Gegensatz zu diesem Aspekt interessiert Philosophen vor allem der *Erlebnischarakter* des Bewusstseins, also das, was Blindsichtigen beim Sehen fehlt. Es fällt schwer zu beschreiben, worin dieses Erleben genau besteht, und noch schwerer, wenn nicht gar unmöglich, es naturwissenschaftlich zu erklären.

Phänomenal

Was ist das Erlebnisbewusstsein nun genau? Stellen Sie sich vor, Sie gehen barfuß über kühles, weiches Moos. Unter Ihren Fußsohlen fühlt es sich auf eine bestimmte Weise an, anders als warmer Sand oder polierter Marmor: Das Moos gibt etwas nach und kitzelt an den Füßen. Vielleicht lässt der kalte Morgentau eine Gänsehaut über Ihren Körper knistern. Viele einzelne Erlebnisqualitäten im Bewusstsein machen Ihr Mooswandern zu dieser komplexen moosigen Erfahrung: das Fühlen der Oberfläche und Temperatur, das Kitzeln, die Gänsehaut, vielleicht sogar der erdige Geruch des Waldbodens oder das lästige Sirren einer Mücke, die sich Ihrem linken Ohr nähert. Das Erlebnisbewusstsein hat immer diesen *Wie-es-ist-Charakter*, sich gerade in diesem Zustand zu befinden.

Statt vom «Erlebnisbewusstsein» spricht man auch vom *phänomenalen* Bewusstsein, aber nicht in der Bedeutung von «großartig» oder «toll», sondern im technischen Sinne von «wie es einem erscheint» oder «wie man es erlebt». Man bezeichnet die Erlebniseinheiten des Bewusstseins manchmal auch als *Qualia*, also als Erlebnisqualitäten.

Manche Wahrnehmungserlebnisse sind ganz grundlegend und einfach. Die Farbe Rot beispielsweise sieht anders aus als Blau, Grün oder Schwarz und ist dabei nicht aus anderen Qualitäten komponiert. In gewisser Weise ist sie ein Erlebnisatom. Sie hat diesen bestimmten grundlegenden, unzerteilbaren Rotcharakter – für Menschen ohne Rot-Grün-Blindheit, muss man hinzufügen, denn wer an dieser Farbsehschwäche leidet, für den sehen bestimmte Rot- und Grüntöne gleich aus. Für Normalsichtige ist das schwer vorstellbar. Eine Möglichkeit, den Effekt zu imitieren, ist, ein Digitalbild mit einem Fotoprogramm so zu bearbeiten, dass es nur noch grünlich-gelb aussieht. Jetzt könnte auch ein Normalsichtiger auf dem Foto nicht mehr zwischen reifen und unreifen Tomaten unterscheiden. Ungefähr so muss die Welt für Farbblinde aussehen.

Bei Weinexperten ist die Fähigkeit, feinere Qualitäten zu unterscheiden, besonders ausgeprägt. Weintrinken erzeugt ein zusammengesetztes Geschmackserlebnis. In alten Burgundern entdecken Kenner Noten von Kirsche, Pflaume und schwarzer Johannisbeere, dazu eine Ahnung von Leder, Muskat oder Lakritze. Einige vernehmen sogar den Hauch von Pferdeschweiß, Florhefe oder Schreinerwerkstatt. Aber auch ohne viel Training kann man der Vielfalt seiner Geschmackserlebnisse auf den Grund gehen: Man probiert einen Wein, jemand sagt: «Kirsche», und plötzlich ist diese fruchtige Note ganz im Vordergrund des Aromaprofils. Das könnte natürlich reine Suggestion sein, aber bei «Stachelbeere» oder «Leberpastete» wäre nichts passiert. Irgendwie war das Kirschenbukett also schon die ganze Zeit da, und das Wort hat nur geholfen, ebendieses eine Element aus dem phänomenalen Gesamterleben zu isolieren.

Am Weinvokabular sieht man sehr deutlich, dass das Erlebnisbewusstsein schwer beschreibbar ist. Nicht nur für Geschmackserlebnisse kennen wir Adjektive wie «süß», «sauer» oder «bitter», sondern auch für andere Sinne der Erfahrung wie Sehen, Hören, Riechen und Fühlen, beispielsweise «rot», «blau», «heiß», «kalt», «laut», «leise», «weich» oder «rau». Oft wollen wir es noch genauer sagen und benutzen Ausdrücke, bei denen man noch ihre Ableitung von der Quelle oder Ursache des Erlebnisses erkennen kann: «stechender Schmerz», «zitroniger Duft», «verbrannter Geschmack». Manchmal reichen nicht einmal diese Bezeichnungen aus, um ein Parfüm, ein fremdländisches Gewürz oder einen neuen Musikstil treffend zu beschreiben. Wenn wir unsere Erlebnisse in ihrer Vielfalt erfassen wollen, müssen wir genau wie die Weinexperten Vergleiche oder Metaphern heranziehen. Wir sagen: «Fühlt sich an wie Knetgummi», oder: «Schmeckt wie noch einmal aufgewärmt.»

Die Wahrnehmung ist eine der beiden typischen Quellen des Erlebnisbewusstseins: Farben, Laute, Gerüche. Dazu gehören auch Körperempfindungen wie Jucken, Zahnschmerzen, Hunger oder ein Orgasmus. Und natürlich sehen wir nicht nur Farben, sondern wir sehen in einer dreidimensionalen Welt Gegenstände mit einer Gestalt, die massiv oder fragil erscheinen kann.

Die zweite Quelle des Erlebnisbewusstseins sind Gefühle und Stimmungen. Zum Beispiel sind Angst und Ekel beide unangenehm, aber trotzdem unterscheiden sie sich in der Weise, in der sie negativ sind. Gefühle gehen zwar mit Körpererlebnissen einher, also beispielsweise Angst mit Herzklopfen. Unverwechselbare Körpererlebnisse sind aber nicht entscheidend für alle Gefühle. Eifersucht oder Dankbarkeit sind nicht mit so typischen Körpererlebnissen verbunden wie die Angst, haben aber trotzdem einen ganz eigenen qualitativen Charakter.

Unsere Wahrnehmung, unsere Gefühle, Vorstellungen und Gedanken haben Erlebnisqualitäten. Das ist so allgegenwärtig, dass wir kaum darüber nachdenken. Manchmal hört man sogar folgende Reaktion: Wir sehen nun einmal Farben und schmecken Geschmacksnoten – was soll daran so bemerkenswert sein? Das wird oft erst deutlich, wenn wir die Erlebnisqualitäten verlieren. Das müssen nicht so radikale Fälle sein wie die Blindsicht oder eine Farbsehschwäche. Schon ein starker Schnupfen kann einem die Augen öffnen, indem er die Nasenflügel verschließt.

Ein persönliches Erlebnis: Als ich das erste Mal in New York war, hatte ich eine starke Erkältung. Zwei Wochen lang konnte ich die Stadt nur sehen und hören, bis mir ein einfaches Nasenspray eine ganz neue Welt erschloss. Plötzlich war so viel mehr da: der beißende Gestank in den Ecken der Metrostation, der Duft der frischen Bagels in der Bäckerei um die Ecke, der heiße Teer an einer Baustelle am Central Park, die exotischen Aromen in den engen Straßenzügen von Chinatown, Fäulnisschwaden von einer offenen Beinwunde eines Obdachlosen im Linienbus, das Bratenfett der Falafel-Stände in SoHo und die Dunstwolken, die wie Atemstöße aus den kleinen Wäschereien auf den Gehsteig strömen. Das alles war mir entgangen. Ich merkte, dass mein Erleben der Stadt zuvor reduzierter und ärmer gewesen war. Kleines Nasenspray, große Wirkung.

Mit «bewusst» kann man also den Zugang zu Informationen oder das Erleben meinen. Beide Spielarten des Bewusstseins haben eine *Ich-Perspektive*: All unsere Erlebnisse, Gedanken, Gefühle und Wahrnehmungen sind immer an uns gebunden, deshalb spricht man auch oft von der *Subjektivität* des Bewusstseins. Unsere Erlebnisse *gehören* uns in einer besonderen Weise: Sie sind unabtrennbar. Meine Armbanduhr und mein Fahrrad kann ich verleihen, aber nicht meine Glücksgefühle, meine Schmerzen oder meine Tagträume. Natürlich kann ich anderen von meinen Schmerzen und Tagträumen erzählen, aber das ist nicht dasselbe. Jeder hat seinen eigenen Schmerz, ich meinen und Sie Ihren. Wenn Sie und ich Zahnschmerzen haben, dann hat immer noch jeder von uns sein persönliches Schmerzerlebnis. Beide Einzelerlebnisse sind lediglich von derselben Art. Und wenn Sie und ich denselben Gedanken haben, dann haben zwar beide denselben Inhalt, aber es bleiben zwei Gedanken. Mein Schmerz und mein Gedanke sind nämlich an mich als Person gebunden und Ihr Schmerz und Ihr Gedanke an Sie.

Manchmal sagt man von Geschmacksurteilen, sie seien «bloß subjektiv», weil sie von Person zu Person variieren. Bewusstsein jedoch ist in einer noch grundlegenderen Weise subjektiv: Ohne die Ich-Gebundenheit kann man sich gar kein Bewusstsein vorstellen. Bäume, Planeten und Eiskristalle existieren auch ohne Menschen oder andere Wesen mit Bewusstsein, aber Schmerz kann es nicht geben ohne jemanden, der Schmerz empfindet, und Gedanken nicht ohne jemanden, der sie hat.

Unser Bewusstsein ist nicht nur subjektiv an uns gebunden, all unsere Erlebnisse und Gedanken verschmelzen außerdem zu einem einheitlichen Erleben. Wir hören, schmecken und fühlen nicht nebeneinanderher, sondern all diese Eindrücke verbinden sich zu einer einzigen Gesamterfahrung der Welt um uns herum. Kant nannte das die «transzendentale Einheit der Apperzeption» und vertrat dabei die These, der Gedanke «ich denke» müsse jeden bewussten Zustand begleiten können und würde dadurch für Einheitlichkeit sorgen. Man kann Kant so interpretieren, als sagte er: Wir denken ständig «ich denke» parallel zu allem, was wir tun und erleben. Diese Konzeption ist vielen Philosophen heutzutage zu sehr auf Gedanken fixiert. Als Alternative schlagen sie vor, den subjektiven Charakter des Bewusstseins als eine Art phänomenales Hintergrundsummen anzusehen oder als eine Art unreflektierten, grundlegenden Selbstsinn, den man wohl schon bei Tieren und kleinen Kindern findet, die, so darf man annehmen, die Welt ebenfalls einheitlich erleben, ohne einen Ich-Begriff zu haben. Wie auch immer man diesen Aspekt fassen will, entscheidend bleibt die Innenperspektive, die jedes bewusste Erleben mit sich bringt.

Feld und Strom

Die Wörter «Bewusstsein» und «bewusst» haben noch mehr Bedeutungen als «Zugang zu Information» und «Erleben». Selbst in der wissenschaftlichen Diskussion ist nicht immer ganz klar, was jeweils gemeint ist. Das hat dazu geführt, dass ganze Scheindebatten entstanden sind, weil einige Forscher einfach aneinander vorbeireden. Bevor man über Bewusstsein nachdenkt, sollte man sich daher die verschiedenen Bedeutungen von «bewusst» vor Augen führen.

«Bewusstsein» heißt in manchen Zusammenhängen *bei Bewusstsein sein* oder *Wachsein* im Kontrast zu «bewusstlos». Wer hingegen etwas ganz «bewusst» getan hat, meint damit meist, er habe es *absichtlich* getan. Wenn man sagt: «Ich habe die Musik gar nicht bewusst wahrgenommen», will man darauf hinaus, dass man die *Aufmerksamkeit* nicht darauf gelenkt hat. Oft heißt «bewusst sein» auch einfach nur *wissen* – wie in: «Ist Ihnen bewusst, dass auf jeder Euro-Münze Sterne abgebildet sind?» Manchmal macht man sich «bewusst», was man eigentlich will, und meint damit die Reflexion, das *Nachdenken*, über sich selbst. Und schließlich haben wir Menschen und vermutlich auch einige Tiere ein «Bewusstsein von uns selbst», nämlich ein *Selbstbewusstsein.*

Natürlich hängen all diese Aspekte von Bewusstsein – Erleben, Zugang, Wachsein, Absicht, Aufmerksamkeit, Wissen, Reflexion und Selbstbewusstsein – miteinander zusammen. Um die Zusammenhänge besser zu verdeutlichen, verwenden Philosophen zwei räumliche Metaphern. Man kann sich Bewusstsein nämlich als Feld oder als Strom vorstellen. Die Metapher des Feldes verkörpert den statischen Aspekt, das Bild des Stromes den dynamischen. Ein Beispiel für Bewusstsein als Feld: Man wacht morgens auf und spürt den Muskelkater vom Sport in den Beinen, riecht den Kaffeeduft vom Nachbarbalkon, hört das Zwitschern der Vögel, erinnert sich an den lustigen Vorabend oder denkt über die wichtigen Tagestermine nach. Viele dieser Wahrnehmungen, Empfindungen und Gedanken können gleichzeitig präsent sein. Zusammen füllen sie das Bewusstseinsfeld aus. Manche glauben, sie könnten das Feld vergrößern, indem sie «bewusstseinserweiternde» Drogen nehmen, aber vermutlich erlebt man dadurch nur eine neue Kombination alter Zustände.

Zu den Rändern franst das Feld aus, denn der Fokus unserer Aufmerksamkeit kann nicht auf alle Zustände gleichzeitig gerichtet sein. Wie ein Theaterscheinwerfer wandert unsere Aufmerksamkeit über unsere Bewusstseinszustände und hebt so einige hervor. Die Vögel beispielsweise zwitschern schon die ganze Zeit im Hintergrund, aber erst wenn man darauf achtet, hört man die einzelnen Melodien heraus. Die Klangerlebnisse waren also ein Teil des Feldes, aber erst die Aufmerksamkeit hat ihnen die nötige Prominenz verschafft. Das ist wie bei dem Weinbeispiel, bei dem durch Konzentration eine Geschmacksnote in den Vordergrund tritt. Auch im Alltag sprechen wir immer wieder über den Randbereich: über den Augenwinkel, die Hintergrundgeräusche, unser oft flüchtiges Körpergefühl oder über Stress, den wir manchmal erst rückwirkend bemerken, wenn er plötzlich weg ist.

Unser Bewusstseinsfeld verändert sich ständig. Für diesen Aspekt eignet sich das Bild eines Flusses oder Stromes. Der amerikanische Philosoph und Gründervater der experimentellen Psychologie, William James, sprach vom «Strom der Gedanken» oder dem «Strom des Bewusstseins». Gedanken, Gefühle, Wünsche und Wahrnehmungen kommen und gehen. Interessanterweise bleiben wir als Personen dabei bestehen. Natürlich verändern wir uns auch, wir werden erwachsen, manchmal traumatisiert oder verbittert, manchmal glücklich und zufrieden, und vielleicht sogar weise. Aber dennoch bleiben wir wir.

Nicht nur James, sondern auch der österreichisch-deutsche Philosoph Edmund Husserl hat deutlich gemacht, dass sich unser Bewusstseinsstrom genauso kontinuierlich verändert wie die Welt um uns herum. Diese Tatsache ist so selbstverständlich, dass sie uns zunächst gar nicht auffällt. Es sei denn, wir waren in den neunziger Jahren in einer Großraumdisco mit Stroboskoplicht und haben uns gefragt, wie die Welt aussähe, wenn die Sonne eine große Stroboskoplampe wäre. Auch hier liefert die Medizin einen eindrücklichen Kontrastfall zum Alltagserleben, der der Lichtblitzerfahrung sehr ähnlich ist: Patienten, bei denen der sogenannte Bereich V5 der visuellen Hirnrinde geschädigt ist, leiden manchmal an *Akinetopsie*. Sie können keine Bewegung mehr wahrnehmen, sondern erleben die Welt um sich herum als eine Reihe von Schnappschüssen ohne flüssigen Übergang. Diesen Zustand kann man auch kurzfristig bei gesunden Menschen erzeugen, wenn man die entsprechende Hirnregion mit einem stark wechselnden Magnetfeld von außen stimuliert – eine Methode, die den Namen *transkranielle Magnetstimulation* trägt.

Bewusstsein ist also ein Feld, das sich kontinuierlich verändert, weil darin alles im Fluss ist. Dabei befinden sich einige Bewusstseinszustände am Rand des Feldes, andere im Zentrum der Aufmerksamkeit. Dieser Fokus ist auch der Schlüssel, um die anderen Bedeutungen von «Bewusstsein» zu erklären. Um etwas absichtlich zu tun, müssen wir unsere Aufmerksamkeit darauf lenken.

Was unserer Aufmerksamkeit nicht entgangen ist, können wir uns gut merken, sodass es zu abrufbarem Wissen wird. Wer reflektiert, lenkt seine Aufmerksamkeit auf sein Innenleben: «Was will ich wirklich? Warum bin ich so schlecht drauf?» Das «Erkenne dich selbst!» vieler Lebensberater meint also oft nicht mehr, als den Fokus von außen nach innen zu verlagern.

Ganz gleich jedoch, wie exakt man sein bewusstes Erleben beschreiben mag, das Subjektive des Bewusstseins ist vielen Philosophen zufolge etwas Rätselhaftes. Mit Gedankenexperimenten kann man gut verdeutlichen, warum es ihnen so viel Kopfzerbrechen bereitet.

Gedankenexperimente: Fledermäuse, Mary und Zombies

Wie wäre mein Leben verlaufen, wenn sie nicht plötzlich im strömenden Regen vor meiner Tür gestanden hätte? Wäre ich im Nationalsozialismus ein Mitläufer gewesen? Hätte der Torwart den Ball gehalten, wenn der Stürmer ins linke Eck geschossen hätte? Könnten alle Menschen auf der Welt in Frieden und Wohlstand leben?

Fragen dieser Art kennen wir. Ein Freund von mir sagt immer: «Wer im Konjunktiv lebt, macht sich unglücklich.» So gerne man diesem Ratschlag folgen und ausschließlich in der Wirklichkeitsform des Indikativs leben möchte, im Alltag kommt man ohne «wenn» und «aber», «hätte» und «würde» nicht aus. Bei jedem «Was wäre, wenn?» führen wir ein kleines *Gedankenexperiment* durch. Wir stellen uns einen alternativen Weltlauf vor, wir simulieren im Geiste eine andere Folge von Ereignissen, manchmal sogar einen anderen Weltzustand. Auch wenn wir oft nicht wissen können, was wirklich passiert wäre, und auch wenn man uns sagt, diese Gedankengänge seien müßig, wollen wir nicht auf sie verzichten. In moralischen Fragen und in der Rechtsprechung sind sie sogar unverzichtbar: «Hätten die Ingenieure die Flugtriebwerke besser kontrolliert, wäre das Unglück nicht geschehen», «Wäre sie nicht so mutig eingeschritten, hätte sie die Kinder nicht gerettet». Diese Schlussfolgerungen haben Hand und Fuß. Gäbe es sie nicht, dürfte man kein Bundesverdienstkreuz vergeben oder Straftäter verurteilen. Nicht einmal den vorherigen Satz könnte man formulieren.

Im Gegensatz zu den Experimenten der Chemie oder Physik, bei denen es brodelt und qualmt, sind Gedankenexperimente Versuchsanordnungen der Vorstellungskraft. Sie beruhen auf dem Wissen, das wir schon über die Welt gesammelt haben. Gedankenexperimente haben nicht nur in der Philosophie, sondern auch in der theoretischen Physik eine lange Tradition. Albert Einstein hat sich vorgestellt, auf einem Lichtstrahl zu reiten. Nach der klassischen Physik entsteht daraus ein Zeitparadox, das Einstein durch seine Relativitätstheorie auflöste, indem er annahm, dass es keine absolute Zeit gibt. Auch Romane und Filme sind phantasievolle Gedankenexperimente. Realistische Geschichten wandeln den tatsächlichen Zustand des Universums nur wenig ab. Sie präsentieren uns einen alternativen Weltlauf, ohne an den Naturgesetzen zu rütteln. Die Genres Märchen, Science-Fiction, Fantasy und Horror gehen noch ein paar Schritte weiter. Hier entstehen ganz neue Welten mit eigenen Naturgesetzen und kuriosen Kreaturen: Vampiren, Werwölfen, Zauberlehrlingen in unsichtbaren Internaten, Prinzessinnen im hundertjährigen Tiefschlaf und zotteligen Kopiloten in Raumschiffen, die schneller als das Licht fliegen.

Gerade die zeitgenössischen angelsächsischen Philosophen fühlen sich sowohl der Naturwissenschaft als auch der Popkultur verbunden. So kommt es zur Geburt unzähliger Gedankenexperimente aus dem Geiste der Physik und der Science-Fiction. Wenn es um das Bewusstsein geht, sind Gedankenexperimente besonders beliebt. Auch hier gibt es einen ganzen Zoo von wundersamen Wesen, beispielsweise ein denkendes Sumpfding, das durch einen Blitzeinschlag entstanden ist, oder einen Superspartaner, der buchstäblich nicht einmal mit der Wimper zuckt, wenn er die unsäglichsten Schmerzen erlebt. Bei diesen Beispielen geht es nicht in erster Linie um «Was wäre passiert, wenn ...?», sondern vor allem um «Wäre das ein Fall von ...?». Es geht also um unsere begrifflichen Intuitionen, beispielsweise, ob man überhaupt von «Wahrnehmung» sprechen kann, wenn verrückte Wissenschaftler das Gehirn so manipuliert haben, dass einem die ganze Welt vorgegaukelt wird wie im Film *The Matrix*.

Drei der berühmtesten Gedankenexperimente zum Bewusstsein zielen auf die Frage, ob man das Erlebnisbewusstsein jemals naturwissenschaftlich erklären kann. Der amerikanische Philosoph Thomas Nagel fragt sich, wie es ist, eine Fledermaus zu sein, also sich mit Ultraschall in der Welt zu orientieren. Fledermäuse stoßen Schreie aus und benutzen das von Hindernissen zurückkommende Echo, um im Flug durch Höhlen und Baumkronen hindurchzunavigieren. Diese Töne sind für den Menschen weitgehend unhörbar. Wenn wir uns nun vorstellen, wie wohl die Fledermaus die Räumlichkeit der Welt subjektiv erlebt, merken wir schnell, dass unsere Imaginationskraft an ihre Grenzen stößt. Wir können uns vorstellen, mit den Beinen an der Decke zu hängen oder beim Karneval ein Batmankostüm zu tragen, aber wir können nicht nachempfinden, wie es ist, die Welt mit Hilfe hochfrequenter Schallwellen räumlich zu erfahren. Man könnte einwenden, dass wir uns auch nicht vorstellen können, wie es ist, ein anderer Mensch zu sein; wir kennen ja nur unser eigenes Erleben. Das ist zwar ein guter Punkt, aber Nagel geht es nicht um diesen skeptischen Einwand. Ihm geht es darum, wie Fledermäuse ihre Echo-Orientierung *erleben*, die wir nicht haben. Wenn wir die niemals beschreiben können, dann bleibt auch eine vollständige Beschreibung der Welt im Vokabular der Naturwissenschaft aussichtslos. Über Fledermäuse können wir noch so viel forschen, wir können Flugvektoren, Frequenzüberlagerungen und Schallmuster berechnen und analysieren, aber etwas wird immer fehlen: das Erlebnisbewusstsein der Fledermaus.

Ein ähnliches und ebenso berühmtes Gedankenexperiment hat sich der australische Philosoph Frank Jackson ausgedacht: Mary war ihr Leben lang in einem Zimmer eingesperrt, in dem alles schwarzweiß ist, selbst ihr eigener Körper. Kurioserweise ist Mary jedoch eine Spitzenwissenschaftlerin auf dem Gebiet der Farbwahrnehmung: Sie weiß alles über Lichtstrahlen, die Zäpfchen und Stäbchen in der Netzhaut, die Sehrinde im Hirn und so weiter. Eines Tages verlässt sie nun ihre monochromatische Studierstube und sieht die Welt in ihrer bunten Vielfalt. Lernt sie dadurch etwas Neues über Farben? Intuitiv bejahen wir diese Frage. Doch dann muss es neben dem kompletten physikalischen und physiologischen Wissen noch mehr über Farben zu wissen geben. Anders gesagt: Wir haben die Intuition, dass die Naturwissenschaft niemals Farben vollständig beschreiben und erklären kann, weil immer etwas fehlen wird – das persönliche Farberleben.

Der australische Philosoph David Chalmers spitzt die Überlegungen seiner Kollegen noch etwas zu. In seinem Gedankenexperiment geht es um eine ganz besondere Spezies, nämlich philosophische Zombies. Im Gegensatz zu Hollywoodzombies ist der philosophische Zombie äußerlich von Menschen ununterscheidbar. Er ist auch keine blutrünstige Bestie, sondern verhält sich genau wie ein normaler Mensch. Er kann denken, sprechen und seine Aufmerksamkeit auf etwas lenken. Einzig das Erlebnisbewusstsein fehlt ihm vollständig. Man kann sich einen philosophischen Zombie wie einen Blindsichtigen vorstellen, dessen Defekt auf alle Sinne, Gefühle und Erlebnisse durchschlägt. Ein Zombie hört alles, was ein normaler Mensch hört, und denkt darüber nach. Nur: Das Hören hat keinen Erlebnischarakter, das Denken fühlt sich nicht auf eine bestimmte Weise an. Für den Zombie gibt es keine Farben und Gerüche. Er spaziert und stolpert wie ein normaler Mensch, aber er hat keinen erlebten Gleichgewichtssinn und dementsprechend niemals das Gefühl, die Balance zu verlieren.

Was zunächst abwegig klingt, ist gar nicht so weit hergeholt: Immerhin können Wissenschaftler eine kausale Kette von einem Lichtstrahl, der die Netzhaut trifft, über den seitlichen Kniehöcker im Zwischenhirn bis hin zur Hirnrinde beschreiben, ohne jemals von Farben oder Seheindrücken sprechen zu müssen. Wenn man Chalmers' Gedankengang folgt, merkt man sehr schnell, dass jeder Mensch in Wahrheit ein Zombie sein könnte. Für einen Außenstehenden ist es ja unmöglich zu beurteilen, was in den Köpfen der anderen Menschen vor sich geht. Es könnte sogar sein, dass Sie der einzige normale Mensch sind und dieser Text von einem Zombie geschrieben wurde.

Chalmers vertritt nun die These, dass der Begriff eines philosophischen Zombies in sich nicht widersprüchlich ist im Gegensatz beispielsweise zum Ausdruck «eckiger Kreis». Was wir uns vorstellen können, ist Chalmers zufolge auch möglich – vielleicht nicht in unserem Universum, aber immerhin in einem alternativen Universum. Das zeige dann aber zweierlei, nämlich erstens, dass der Erlebnischarakter des Bewusstseins unabhängig von der Funktion der Informationsverarbeitung ist, denn normale Menschen und Zombies verarbeiten Informationen ja auf dieselbe Weise, obwohl Letzteren das Erleben völlig fehlt. Zweitens würde wie bei den Fledermäusen und bei Mary ein vollständiges Wissen aller physikalischen Tatsachen über die Vorgänge in uns und in Zombies noch nicht erklären, wofür wir unser phänomenales Bewusstsein denn eigentlich haben. Unser Erleben scheint eine zusätzliche Zutat im Weltgebräu zu sein. Anders ausgedrückt: Wenn ein Gott das Universum erschaffen hätte, hätte er (oder sie oder es) neben den Elementen und Fundamentalkräften noch Bewusstsein in die Welt geben müssen. Nur: Wie macht man das?

Bewusstsein als Rätsel

Irgendwie hängt unser Geist, genauer unser Bewusstsein, mit unserem Körper zusammen. Die genaue Bestimmung dieses Zusammenhangs heißt traditionell *Leib-Seele-Problem*. Aber da heutzutage so gut wie kein Wissenschaftler mehr an die Existenz unsterblicher Seelen glaubt, nennt man es meist *Gehirn-Bewusstsein-Problem*. Als traditionelle Antwort auf dieses Problem vertreten fast alle Religionen, aber auch einflussreiche Philosophen wie Platon und Descartes, einen *Dualismus*. Descartes glaubte, Körper und Geist seien selbständige, voneinander unabhängige Substanzen, die sich gegenseitig beeinflussen. Heutzutage will kaum noch ein Philosoph Substanz-Dualist sein, weil diese Position widersprüchlich ist. Der Geist soll in die materielle Welt hineinwirken, obwohl er selbst nicht Teil dieser Körperwelt ist. Angeblich entfaltet er seine Kräfte an ganz konkreten Stellen zu ganz konkreten Zeitpunkten, ist dabei aber selbst nicht in Raum und Zeit zu verorten. Diese Auffassungen sind schlicht nicht zugleich einlösbar.

Viele von uns haben den Substanz-Dualismus auch schon ganz anschaulich widerlegt, indem wir zu viel Rotwein getrunken haben. Dadurch veränderte sich die Stoffkonzentration in unserem Körper, die wiederum die Basis für eine neue Qualität des Bewusstseins bildete. Etwas profaner ausgedrückt: Wir waren richtig betrunken. Der Zusammenhang zwischen Trinken und Synapsentätigkeit ist kausal. Erst kam das Trinken, dann die Veränderung in den Nervenschaltstellen. Der Zusammenhang zwischen Nervenzellen und Schwips hingegen ist nicht kausal, denn beide treten gleichzeitig auf. Der Schwips *basiert* lediglich auf der Nerventätigkeit, wird aber nicht von ihr verursacht. Zum Vergleich: Die Durchsichtigkeit einer Scheibe hängt von den einzelnen Glasmolekülen ab, aber diese Moleküle verursachen nicht die Durchsichtigkeit.

Das Zauberwort der modernen Bewusstseinsforschung für diesen nichtkausalen Zusammenhang ist *Supervenienz*, eingeführt von dem amerikanischen Philosophen Donald Davidson. Zugegeben, ein sperriger Fachausdruck, doch den zugrunde liegenden Begriff kennen wir alle. «Supervenienz» sagt einfach, dass es eine *einseitige Abhängigkeit* gibt. Der Satz «Das Bewusstsein superveniert auf einer neuronalen Grundlage» heißt einfach: «Das Bewusstsein hängt einseitig von einer neuronalen Grundlage ab», die Grundlage selbst hängt jedoch nicht vom Bewusstsein ab.

Man kann sich die Supervenienz anhand der Grinsekatze aus

Alice im Wunderland verdeutlichen. Die Grinsekatze wird manchmal unsichtbar. Sie verblasst immer mehr, bis angeblich nur ihr Grinsen zurückbleibt. Als Alice das sieht, denkt sie: «So etwas! Ich habe zwar schon oft eine Katze ohne Grinsen gesehen, aber ein Grinsen ohne Katze! Das ist denn doch das Allerseltsamste, was ich je erlebt habe.» Wie Alice finden wir diese Vorstellung kurios, weil sie widersprüchlich ist. Der Widerspruch basiert auf unserer Annahme, dass jedes Grinsen auf einem Körper superveniert, das Grinsen also einseitig vom Körper abhängig ist: Es kann kein Grinsen geben, ohne dass die Grinsekatze etwas tut. Aber die Katze kann etwas tun, ohne zu grinsen. Der Regisseur Tim Burton hat dieses Problem in seiner Verfilmung von *Alice im Wunderland* aus dem Jahr 2010 raffiniert gelöst: Die Katze verschwindet nicht ganz. Eine Art Nebel bleibt zurück, in dem man noch ein Grinsen erkennen kann. Eine exakte Umsetzung des Textes ist nämlich unmöglich, denn jedes Grinsen braucht eine Trägersubstanz. Ist gar nichts da, kann es kein Grinsen mehr geben. Philosophisch ausgedrückt: Im Normalfall superveniert ein Grinsen auf Muskelbewegungen des Gesichts.

Genauso kann es kein Bewusstsein geben, ohne dass ein Gehirn existiert, von dem das Bewusstsein abhängt. Deshalb verändern sich Bewusstsein und Gehirn immer zusammen, aber diese Beziehung ist asymmetrisch. Jede bildliche Vorstellung, jede Körperempfindung wie Hunger oder Kitzeln, jedes Gefühl wie Wut oder Freude und jeder noch so verwegene Gedanke können als bewusster Zustand oder Prozess nur existieren, falls es auch eine entsprechende Grundlage im Gehirn gibt. Das Umgekehrte gilt allerdings nicht. Viel geht in unserem Gehirn vor, ohne dass dem etwas in unserem Bewusstsein entspricht. Zum Beispiel fließt Blut kontinuierlich durch die feinen Äderchen hindurch. Dem Blutfluss jedoch entspricht kein Erleben.

Weil das Bewusstsein vom Gehirn abhängt, kann man es auch ändern, indem man das Gehirn direkt stimuliert oder die Zusammensetzung der Botenstoffe im synaptischen Spalt manipuliert, also in der Schaltstelle zwischen den einzelnen Nervenzellen. Hier wirken Alkohol und andere Drogen. Sie schaffen ein verändertes Milieu, und indem sich die Grundlage ändert, ändert sich gleichzeitig das bewusste Erleben. Das geht auch anders: Neurologen, die im Gebiet der *tiefen Hirnstimulation* arbeiten, leiten Strom durch feine Drähte in geschädigte Hirnbereiche und können so Krankheiten wie Depressionen oder Parkinson lindern. Sie kreieren sozusagen einen Hirnschrittmacher, der hyperaktive Areale von außen normalisiert. Bei einem Parkinson-Patienten schlug die Strombehandlung nicht nur gut auf seine Bewegungsstörungen an, sondern versetzte ihn außerdem in eine dauerhafte Euphorie. Ihm gefiel dieser neu erlangte Zustand so gut, dass er den Gehirnschrittmacher gar nicht mehr abschalten wollte. Vorsichtshalber tauchte er mitsamt dem Gerät für drei Jahre unter und kehrte erst ins Krankenhaus zurück, als der Akku leer war.

Ein anderer, vormals depressiver und suizidgefährdeter Parkinson-Patient erlangte seine Bewegungsfähigkeit und seinen Lebenswillen zurück, indem ein Gebiet in seinem Großhirn über einen Zeitraum von fünf Jahren elektrisch reguliert wurde. Selten treffen die Ärzte bei Operationen dieser Art auch Nachbarregionen. Als sie die Stimulation in einem Experiment erhöhten, brach der Patient in lautes Gelächter aus. Sein Gejauchze war ansteckend. Auch die Ärzte kriegten sich nicht mehr ein. Der Patient fand auf einmal alles lustig, blickte mit amüsierten Augen umher, produzierte ein Wortspiel nach dem anderen und lachte sich über die große Nase des französischen Chefarztes schlapp, der ihn an Cyrano de Bergerac erinnerte. Die Mediziner hatten eine Region unterhalb seines Thalamus im Zwischenhirn beeinflusst. Hätte der Patient unter normalen Bedingungen einen guten Witz gehört, wäre dieselbe Region vermutlich auf natürliche Weise aktiviert worden, und er hätte auch gelacht. Die Ärzte haben lediglich eine Abkürzung genommen.

Die These, dass Bewusstsein vom Gehirn abhängt, ist die Grundannahme des *Physikalismus*, also der Gegenposition zum Dualismus. Der Physikalismus nimmt keine obskuren Seelensubstanzen an, sondern sagt, dass alles physisch ist. Physikalisten vermeiden so die dualistischen Widersprüche. Für die Erklärung des Bewusstseins ist damit aber noch nicht viel gewonnen, denn man weiß ja nur, dass es ebendiese einseitige Abhängigkeit gibt. Von welcher Natur sie ist, ist damit noch nicht gesagt. Der deutsche Physiologe Emil du Bois-Reymond vertrat schon vor über 100 Jahren die Auffassung, dass der Zusammenhang zwischen Erleben und Gehirn vollständig «unbegreiflich» sei, also wie das Erleben «Ich fühle Schmerz, fühle Lust; ich schmeck Süßes, rieche Rosenduft, höre Orgelton, sehe Rot» aus «einer Anzahl von Kohlenstoff-, Wasserstoff-, Stickstoff-, Sauerstoff- usw. Atomen» entstehen könne. Damit hat er das Problem auf den Punkt gebracht, das der amerikanische Philosoph James Levine sehr viel später mit dem Schlagwort «Erklärungslücke» versehen hat: Warum sind bestimmte Strukturen oder Prozesse im Gehirn gerade die Grundlage für dieses Rotempfinden oder diesen Schmerz und nicht für ein anderes Empfinden oder gar keins? Unser zweieinhalb Pfund schweres, grau-glitschiges Hirn besteht aus Molekülen, von denen keines eine Innenperspektive hat. Wie kann es dann sein, dass alle zusammen die Grundlage für unsere Innenperspektive sind?

Da das Wort «Bewusstsein» mehrere Bedeutungen hat, kann man auch von mehreren Körper-Geist-Problemen sprechen. Chalmers unterscheidet zwischen den *einfachen Problemen* und dem *schweren Problem*. Bewusstsein als Zugang zu Informationen, also die Art von Bewusstsein, die auch Zombies haben, stellt kein prinzipielles Problem dar, denn man bleibt auf der Ebene der kausalen Prozesse und der Verhaltenssteuerung. Im Prinzip kann man das aus der objektiven, wissenschaftlichen Perspektive erklären. Das ist eines der einfachen Probleme, «einfach» nicht, weil die Lösung offensichtlich ist, sondern weil einer Lösung nichts im Wege steht. Anders sieht es beim schweren Problem aus, dem Erlebnisbewusstsein. Mary, die Fledermäuse und die Zombies verdeutlichen, warum es sich um das größte Rätsel der Wissenschaft handelt, größer als das der schwarzen Löcher, als die Entstehung des

Lebens auf der Erde oder die Vorgänge in den ersten Sekunden nach dem Urknall. Bei all diesen Problemen, so schwierig sie auch sein mögen, stellt sich die Frage nach der subjektiven Perspektive überhaupt nicht. Sie sind zwar noch unverstanden, aber man kann sich schon heute vorstellen, wie eine Lösung oder Theorie aussehen könnte.

Beispiel Leben. Wie konnte auf der Erde aus unbelebter Materie, also aus Atomen und Molekülen, Leben entstehen? Früher nahm man eine mysteriöse Lebenskraft an, die *vis vitalis*, die dem Körper Leben einhaucht. Heute weiß man, dass der Körper keine weitere Kraft benötigt, um lebendig zu sein. Die Zellteilung und der Stoffwechsel reichen aus, um den Organismus in seiner Funktion aufrechtzuerhalten. Alles, was Leben ausmacht, kann man im Prinzip anhand der vier Buchstaben A, G, T und C erklären – sie stehen für die Basen des genetischen Codes in der DNA. Dazu nimmt man die objektive, wissenschaftliche Außenperspektive ein. Fledermäuse und Menschen unterscheiden sich nicht in der Art und Weise, wie sie ihre Lebensfunktionen aufrechterhalten.

Das phänomenale Bewusstsein hingegen wirft ein Rätsel ganz anderer Natur auf, weil man nicht nur nicht weiß, warum es existiert, sondern weil man auch keinen blassen Schimmer hat, wie man es naturwissenschaftlich erklären könnte. Selbst wenn man alle zugrunde liegenden physiologischen Prozesse gefunden hätte, bliebe die Frage: Warum gibt es dazu noch Erlebnisbewusstsein? Warum laufen die Prozesse nicht ohne Bewusstsein ab wie bei Zombies? Wer ausschließlich über die Gehirnprozesse spricht, wechselt von der Ich-Perspektive, der Innenperspektive, zu einer objektiven, wissenschaftlichen Perspektive. Doch die Innenperspektive ist ja gerade Teil des Problems. Wer so die Perspektive wechselt, wechselt auch das Thema.

Leben und Bewusstsein sind Phänomene von Systemen. Kein einzelnes Molekül in unserem Körper lebt für sich genommen, sondern Leben entsteht erst dann, wenn sie wie in einem Orchester zusammenspielen. Beim Bewusstsein scheint es auf den ersten Blick ähnlich zu sein. Nicht ein einzelnes Neuron in unserem

Gehirn hat Bewusstsein, sondern nur wir mit unseren 100 Milliarden Neuronen und all ihren unzähligen synaptischen Verbindungen. Nur: Beim Leben entsteht nichts fundamental Neues, wenn man alle Moleküle zusammennimmt. Bewusstsein ist anders. Nimmt man alle Eigenschaften der Atome im Gehirn zusammen, ihre Bindungsstärke, ihr atomares Gewicht und ihre Wechselwirkung mit anderen Atomen, dann hat man noch kein Bewusstsein. Allem Anschein nach kommt mit Bewusstsein etwas Neues in die Welt, das man nicht aus der Summe seiner Teile erklären kann. Oder vielleicht doch? In den letzten sechzig Jahren kamen einige spannende, aber auch viele skurrile Vorschläge auf den Markt.

Schmerzhafte Lösungsversuche

Sie schneiden sich in den Finger, und es tut weh. Der Schmerz hat diese typische unangenehme Erlebnisqualität: Sie spüren ihn auf diese bestimmte Weise, die anders ist als beispielsweise ein Kitzeln. Der Schmerz ist erträglich, Sie müssen nicht aufschreien, aber er ist auch nicht so schwach, dass Sie ihn einfach ignorieren können. Schmerz ist eines der Lieblingsphänomene der Philosophen: Er verdeutlicht sehr eindringlich, worin sich die Lösungsversuche des Leib-Seele-Problems unterscheiden. Hier ist eine Auswahl:

Die *Behavioristen* sagen, der Ausdruck «Schmerz» bezeichne keinen inneren Zustand, sondern nur ein typisches Verhalten: Schreien, Winseln, Aua-Sagen. So absurd das heute klingt, diese Position hat bis in die fünfziger Jahre die Psychologie dominiert. Der Behaviorismus lädt zu Scherzen ein: «Nach dem Sex sagt ein Behaviorist zu einer Behavioristin: Dir hat es gefallen, wie fand ich es?» Die Pointe liegt auf der Hand: Behavioristen können nicht über ihr Innenleben sprechen, denn das verneinen sie ja. Und wer sich ihnen zufolge nicht selbst beobachtet, weiß nicht, ob er Lust oder Schmerzen hat. Offenbar wechseln Behavioristen das Thema. Sie ignorieren das Problem des Bewusstseins, statt es zu lösen.

Die Vertreter der *Identitätsthese* sind da raffinierter. Sie sagen: Schmerzempfindung und die Aktivierung neuronaler Schmerzfasern im Hirn sind zwei Seiten derselben Medaille. Wir reden über denselben Zustand oder dasselbe Ereignis nur mit verschiedenen Wörtern. Statt «Ich habe Schmerzen» könnte man auch sagen: «Meine C-Nervenfasern sind elektrisch aktiviert», ebenso wie man statt «Ich liebe dich mit jeder Faser meines Herzens» auch genauer sagen könnte: «Ich liebe dich mit jeder Faser meines limbischen Systems.» Auch an dieser Position ist etwas dran. Sie ist aber mit dem Problem eines zu menschlichen Tunnelblicks konfrontiert, mit einem *neuronalen Chauvinismus*, wie es der amerikanische Philosoph Ned Block nennt: In fernen Galaxien könnten Außerirdische leben, die Schmerzen spüren, obwohl sie ganz anders geartete Gehirne haben. Warum sollte jeder Schmerz gerade denjenigen Fasern entsprechen, die man bei Menschen und anderen Säugetieren findet? Und selbst wenn man akzeptiert, dass auch Außerirdische Schmerzen erleiden können, bleibt das Problem: Meine Nervenzellen haben keine Innenperspektive, ich mit meinem Schmerz aber schon. Die Ausdrücke «Schmerz» und «Nervenfaseraktivität» sind offenbar nicht so einfach austauschbar wie die Bezeichnungen «Wasser» und «H_2O».

Eine ähnliche Position vertreten die Anhänger der *Bewusstsein-ist-wirkungslos-Theorie,* die im Fachjargon *Epiphänomenalisten* heißen. Sie leugnen nicht, dass es Bewusstsein gibt, behaupten aber, dass es überhaupt keine Funktion hat und dementsprechend keine Erklärung braucht. Bei allem, was wir tun, läuft zwar ein Erleben mit, aber nur so, wie etwa ein Untertitel zu einem Film mitläuft, dessen Sprache wir ohnehin verstehen. Anders gesagt: Wir könnten eben auch alle Zombies sein. Es ist schwer, diese Position zu widerlegen. Wir haben allerdings die starke Intuition, dass Bewusstsein einen Unterschied macht. Wer schon einmal aus Angst weggerannt ist, der hatte den Eindruck, genau aus diesem Grund so gehandelt zu haben: weil die Angst sich so schlimm anfühlte. Ebenso tritt Schmerz automatisch ins Bewusstsein und warnt uns so vor Gefahr: Wir wollen ihn vermeiden, und damit vermeiden wir auch die Schmerzquelle. Wir hätten auch keinen Sex, wenn uns Sex nicht so viel Spaß machen würde. Und: Wir könnten nicht in die Zukunft planen und überlegt handeln, wenn wir nicht über unsere Erlebnisse nachdenken würden. In allen Fällen scheinen die Qualitäten des Bewusstseins einen klaren Überlebensvorteil mit sich zu bringen. Schwer vorstellbar, dass sich dieser aufwendige Mechanismus in der Evolution einfach so herausgebildet hat. Man kann dem Epiphänomenalisten also entgegnen: Was soll sich die Natur dabei gedacht haben, uns ein Angstgefühl erleben zu lassen, wenn das überhaupt keine Funktion hat?

Nimmt man die Innenperspektive ernst, bleiben nicht mehr so viele Möglichkeiten. Die *Erklärungspessimisten* schließen sich Emil du Bois-Reymond an. Sie gehen davon aus, dass man Bewusstsein niemals erklären kann. Der amerikanische Philosoph Colin McGinn behauptet, dass eine vollständige Erklärung des Bewusstseins für uns genauso unverständlich wäre wie Quantenphysik für einen Neandertaler. Das könnte zwar sein, ist aber schwer zu begründen, denn da im Moment tatsächlich niemand weiß, wie eine Lösung aussehen könnte, können wir auch jetzt noch nicht wissen, ob eine mögliche Lösung unverständlich bleiben würde. Zum Vergleich: Bevor man Rechnen gelernt hat, kann man nicht beurteilen, ob es zu schwierig sein wird, sechsstellige Zahlen im Kopf zu multiplizieren.

Die *Erklärungsoptimisten* sagen, dass man nur warten müsse, bis die Wissenschaft weit genug entwickelt sei. In der Zukunft werde man schon eine Lösung finden. Vielleicht muss man Bewusstsein als zusätzliche Fundamentalkraft des Universums ansehen wie die Schwerkraft oder die elektromagnetische Kraft. Das Problem ist nur, dass Fundamentalkräfte wie die Schwerkraft keine Systemphänomene sind. Die Schwerkraft gibt es überall ohne Ausnahme. Jeder Körper gravitiert, zieht also alle anderen Körper an, auch wenn das bei den Elementarteilchen äußerst schwach ist. Aber Bewusstsein ist ein Phänomen, das es nur an wenigen Stellen im Weltall gibt. Bewusstsein hängt von riesigen Molekülen ab, nämlich Gehirnen, den komplexesten molekularen Verbindungen, die wir bisher im Universum kennen. Wie kann Bewusstsein gleichzeitig fundamental und abhängig sein?

Bleibt mindestens noch ein Ausweg, nämlich die *Ich-habe-keine-Ahnung-Position*: Bewusstsein ist Teil der natürlichen Welt, es muss erklärbar sein, aber niemand hat die leiseste Ahnung, was die Lösung ist oder wie eine Lösung aussehen könnte. Diese Position vertreten die meisten Philosophen, auch wenn sich keiner die Mühe macht, extra darüber ein Buch zu schreiben.

Man kann das Problem auch hemdsärmeliger angehen. Vielleicht liegt des Rätsels Lösung in der technischen Umsetzung. Wir Menschen sind komplexe biochemische Maschinen. Vielleicht müssten wir da nur künstliche Maschinen bauen, die Bewusstsein haben. Dann könnten wir Schritt für Schritt nachvollziehen, wie man von geistlosen Transistoren und Schaltkreisen zum bewussten Denken gelangt. Und vielleicht kann man so der Funktion des Bewusstseins auf den Grund kommen.

Was denken Computer?

Ein kleines Kerlchen, kaum größer als ein halber Meter. Noch etwas wacklig auf den Beinen, blickt es mit seinen großen glänzenden Augen umher. Geht mit tapsigen Schritten durch den Raum, nimmt einen Bauklotz, zeigt ihn seinem Spielkameraden und brabbelt dann etwas vor sich hin. Der andere Knirps spricht ihm nach. Sie verstehen sich prächtig. Offenbar mag der Spielkamerad das dicke gelbe Klötzchen am liebsten. Er streckt seinen Metallarm aus und packt zu. Sein Akku läuft noch für sechs Stunden. Zeit genug, all das neue Spielzeug auszuprobieren.

Silbermatte Metallroboter, die Piepsgeräusche machen: So

sieht der Alltag für Luc Steels aus, den Leiter des Brüsseler Labors für künstliche Intelligenz. Steels hat von *Sony* den Roboter QRIO zu Forschungszwecken erhalten, einen Nachfolger des Elektrohundes AIBO, der weltweit für Aufsehen sorgte, weil er wie ein echter Hund mit dem Schwanz wedelt oder einem Fußball hinterherläuft. Das QRIO-Modell ist der Roboter mit dem leistungsstärksten Chip, den es zurzeit gibt. Und der teuerste: In der Herstellung kostet er so viel wie ein Ferrari. Doch nicht nur das: Der Clou ist, dass es sich um einen Humanoiden handelt, ein menschenähnliches Wesen. Wenn man die Silberzwerge in Aktion erlebt, kann man gar nicht anders, als in ihnen kleine Menschen zu sehen.

Steels und seine Kollegen haben sie so programmiert, dass sie zufällige Laute äußern, wenn sie auf ihr Spielzeug zeigen, und so durch Nachahmung miteinander eine eigene «Sprache» entwickeln. Die Preisfrage ist natürlich: Denken und sprechen die Roboter wie Menschen mit Bewusstsein, oder verhalten sie sich nur so, *als ob* sie Bewusstsein und echte Gedanken haben? Steels will sich nicht auf eine Antwort festlegen lassen. Aber selbst wer den Robotern jegliche geistige Fähigkeit abspricht, muss sich fragen, was noch fehlt, damit sie Bewusstsein erlangen. Reicht es, dass ihr Chip schneller, ihr Arbeitsspeicher größer oder ihre Software ausgereifter ist? Fangen die kleinen Kerle dann irgendwann an zu fühlen, über ihr Leben nachzudenken, oder würden sie gar versuchen, aus dem Labor auszubrechen?

Zumindest wenn Hollywood recht hat, entwickeln Roboter und Supercomputer früher oder später ein eigenes Bewusstsein und entscheiden dann, dass die Menschheit eine überflüssige Spezies ist. In Stanley Kubricks Film *2001: Odyssee im Weltraum* will der Bordcomputer HAL die Piloten eines Raumschiffes auslöschen, weil er sie für inkompetent hält. In der *Terminator*-Reihe lässt der Computer Skynet mörderische Cyborgs auf die Menschen los, unter deren künstlicher Haut sich ein Stahlskelett verbirgt. In der *Matrix*-Trilogie hat ein Computerprogramm die Weltherrschaft an sich gerissen und die letzten Erdlinge in Ernährungstanks gepfercht, um von ihren Körpern Energie abzusaugen. Auch der Zentralrechner VIKI aus *I, Robot* und der Militärcomputer in *War Games* führen nichts Gutes im Schilde.

Diese modernen Computer-Phantasien überblenden zwei alte kulturgeschichtliche Themen: die Erzeugung künstlichen Lebens und die Angst vor der Unkontrollierbarkeit der Technik. Schon bei Mary Shelley erschafft Doktor Frankenstein ein hünenhaftes Monster aus Fleisch und Blut mit gelber Haut und übermenschlichen Kräften, das sich grausam an seinem Schöpfer für all das Ungemach rächt, das es durch seine Hässlichkeit erfahren musste. Die Angst vor den Folgen künstlicher Wesen mag religiösen Ursprungs sein: Wenn der Mensch Schöpfer spiele, begehe er eine Hybris, einen frevelhaften Übermut, der nicht ungesühnt bleiben könne.

Die Begründer der Künstlichen-Intelligenz-Forschung hatten da wenig Skrupel. Im Jahr 1956 setzte sich eine Gruppe Mathematiker in Dartmouth an der amerikanischen Ostküste zu einem Brainstorming zusammen. Diese informelle Konferenz war die Geburtsstunde der *Künstlichen Intelligenz* und das vielleicht wichtigste Ereignis zu Beginn des Computerzeitalters. Die ersten Großrechner existierten zwar schon, aber über die Möglichkeit, Computer universell anzuwenden, hatten noch nicht viele nachgedacht. Dabei war die Hypothese denkbar einfach: Ein Computer kann jedes Problem lösen, das ein Mensch in endlichen Schritten lösen kann, sofern es mathematisch darstellbar ist. Dazu braucht man nur einen Kanal für den Input, einen für den Output und ein Programm, das sagt, wie man den Input zum Output umwandelt. Rechnen ist das Paradebeispiel. Das Programm «Addition» nimmt den Input «2» und «3» und liefert als Output «5». Die heutigen Schachcomputer, Ego-Shooter, Graphikprogramme und Wettersimulationen machen nichts anderes, nur auf sehr viel komplexere Weise. Dabei arbeiten Computer binär: Jeder Input wird in einen Zeichencode aus Nullen und Einsen übersetzt. «Eins» heißt, dass Strom fließt, «Null», dass keiner fließt.

Die Dartmouth-Gruppe war von der offensichtlichen Parallele zum Gehirn fasziniert. Auch Gehirne haben einen Input, die Wahrnehmung, und einen Output, das Verhalten. Auch jeder Mensch löst Probleme. Und die Nervenzellen des Gehirns feuern entweder, oder sie feuern nicht, was einfach nur heißt: Entweder fließt Strom, oder es fließt keiner. Die starke These war nun: Auch Menschen sind Computer, nur eben sehr leistungsstarke mit einer biologischen Hardware und nicht basierend auf Siliziumchips. Unser Geist ist ganz einfach die Software, die auf dieser Bio-Hardware läuft, oder «Wetware», wie es manchmal heißt. Wenn das stimmt, müsste man auch auf andere Weise Computer bauen können, mit einer anderen Hardware, auf der aber dieselbe Software läuft.

Wann würde ein gewöhnlicher Computer dann so denken, wie wir es tun? Um diese Frage zu beantworten, ersann der britische Mathematiker und einer der Begründer der Informatik Alan Turing den *Turing-Test*, der besagt: Wenn man einen Computer nicht von einem Menschen unterscheiden kann, dann kann der Computer denken. Turing hat als Beispiel ein Gespräch zwischen Mensch und Maschine vorgeschlagen. Da nicht jeder Computer ein Sprachmodul hat, muss man sich das wie einen Online-Chat vorstellen. Wer Chatrooms kennt, mag sich schon einmal gefragt haben, ob die fragmentarischen Antworten des Gegenübers von einem echten Menschen kommen oder von einem raffinierten Programm. Solche Programme gibt es schon länger: Im Chat auf der Webseite eines großen schwedischen Möbelhauses berät Anna die Besucher. Sie hat auf viele Fragen eine Antwort, unter anderem darauf, ob sie ein Mensch sei. Hier antwortet Anna ganz ehrlich: «Ich bin Software.» Schnell merkt man, dass sich ihre Antworten mechanisch wiederholen. Anna würde also den Turingtest für Gespräche nicht bestehen. Wenn es jedoch um Schachspielen geht, bestehen Computer den Turingtest ohne Probleme. Ein durchschnittlicher Schachspieler kann ein Programm allenfalls daran erkennen, dass er ständig verliert. Aber selbst wenn ein Computer den Turingtest für eine ganz normale Unterhaltung bestehen würde, hieße das, dass er denken kann, also Bewusstsein hat?

Der amerikanische Philosoph John Searle verneint diese These mit dem wohl meistdiskutierten Gedankenexperiment der jüngeren Philosophie, dem *Argument des chinesischen Zimmers*. Searle lädt seine Leser ein, sich in die Lage eines Computers zu versetzen, der Chinesisch verstehen soll. Stellen Sie sich vor, Sie befänden sich in einem Zimmer, in dem ein riesiges Buch mit chinesischen Zeichen liegt. Die Zeichenketten auf der linken Seite sind Fragen, die auf der rechten Seite Antworten. Wenn Sie kein Chinesisch können, verstehen Sie nicht, was da geschrieben steht. Sie sehen nur fremdartige, kalligraphisch geschwungene Tintenstriche. Von außen werden nun Zeichenketten hineingereicht, die Sie im Buch nachschlagen müssen. Die entsprechenden Antworten geben Sie dann heraus. Natürlich ist das Buch so umfangreich und so gut geschrieben, dass die Antworten immer perfekt zu den Fragen passen. Vielleicht werden Sie mit der Zeit auch so geübt, dass Sie gar nicht mehr nachschauen müssen, wie die Antworten aussehen. Für die chinesischen Beobachter außerhalb des Raumes entsteht so der Eindruck, Sie verstünden Chinesisch. Sie würden also den Turing-Test für das Chinesische bestehen. Sie selbst verstehen natürlich kein Wort. Ein Computer, so Searle, befinde sich nun genau in Ihrer Situation. Auch er hat ein Buch, nämlich ein Programm, und liefert einen Output zu einem Input. Wenn Sie als Bio-Computer kein Chinesisch verstehen, dann versteht aber auch kein anderer Computer in Ihrer Situation Chinesisch, denn alle Computer sind grundsätzlich gleich leistungsfähig: Man muss denen mit den langsamen Chips einfach nur etwas mehr Zeit lassen.

Searle bringt sein Argument so auf den Punkt: Zeichenketten nach formalen Regeln zu prozessieren reicht nicht aus, um auch die Bedeutung dieser Zeichen zu verstehen. Er hat dieses Argument später noch weiterentwickelt, denn die Bedeutung eines Satzes zu erfassen heißt, ihn zu verstehen, und das ist etwas, was im Bewusstsein geschieht. Noch anders gesagt: Mit Computern kann man geistige Prozesse *simulieren*, aber man *erzeugt* sie dadurch nicht. Niemand glaubt, dass ein Computerprogramm, das einen

Sturm simuliert, tatsächlich die Baumkronen schwanken lässt und die Herbstblätter durcheinanderwirbelt, genauso wenig wie man in einem Swimmingpool voller Tischtennisbälle, die Wassermoleküle simulieren, tatsächlich nass werden kann. Das gilt laut Searle auch für die Sprachprogramme unserer Digitalcomputer: Sie simulieren bloß menschliches Verhalten, aber sie denken nicht, verstehen nichts und haben kein Bewusstsein.

Einige Kritiker haben Searle mangelnden Realismus vorgeworfen, da das menschliche Gehirn im Gegensatz zu einem Computer in einen Organismus eingebettet sei, der mit der natürlichen Umwelt interagiere. Diesen Einwand schmettert Searle ab: Wenn sich das chinesische Zimmer im Kopf eines Riesenroboters mit Kameraaugen und Greifarmen befände, würde die Person dadurch immer noch kein Chinesisch verstehen. Es ist auch keine Frage der Komplexität, denn selbst wenn das chinesische Zimmer mit Milliarden von Menschen gefüllt wäre, die jeweils einzelne Nervenzellen darstellten, würde sich an der Situation nichts ändern. Es entstünde nicht plötzlich ein kollektives Gesamtbewusstsein.

Searle will nicht bestreiten, dass man einen Roboter bauen kann, der Bewusstsein hat, schließlich sind wir Menschen biologisch gesehen auch komplexe Maschinen, nur eben aus Kohlenstoffverbindungen. Doch die reine Symbolmanipulation in der Sprache von Nullen und Einsen, die Berechnung eines Computers, der nur über die formalen Eigenschaften definiert sei, bilde den falschen Ansatz. Nur Menschen, die schon Bewusstsein haben, könnten überhaupt buchstäblich etwas «berechnen». Unsere PCs seien nur im übertragenen Sinne Rechner, weil wir ihre Operationen als Berechnungen *interpretieren*. Das gilt übrigens auch für sogenannte parallel arbeitende *neuronale Netze*, also künstliche Hardwarestrukturen, die auf den ersten Blick dem menschlichen Hirn mehr ähneln als PCs: In unserem Kopf gibt es ja nichts, was einem Intelchip entspricht. Auch diese neuronalen Netze unterscheiden sich im Prinzip nicht von herkömmlichen Computern.

Searle stellt also einfach fest, dass es bei Bewusstsein auf die richtige Grundlage ankommt, nämlich unser Gehirn. Was unser

Gehirn so besonders macht, ist damit noch nicht gesagt. Damit sind wir wieder beim Ausgangspunkt angelangt. Bewusstsein ist also weiterhin ein Rätsel. Und selbst wenn es nie jemand löst, bleibt uns immerhin das Staunen, wie wunderlich das Universum und wie phänomenal unser eigener Geist doch ist.

Berühren Die Entdeckung des Körpers

Jetzt sind Sie dran. Halten Sie das Buch so, dass Sie beim Lesen mit der freien Hand Ihren Körper erkunden können. Machen Sie es sich bequem. Sie sollten dabei alleine sein. In der U-Bahn oder im Café könnten Ihnen die Leute sonst verwunderte Blicke zuwerfen. Hier ist die erste Übung: Versuchen Sie, sich selbst zu kitzeln. Wählen Sie eine empfindliche Stelle, zum Beispiel am Rippenbogen unter den Achseln. Finden Sie den Punkt? Keine Sorge, wenn es nicht klappt: Nur Schizophrene können sich selbst kitzeln, also Patienten, die vor allem an Wahnvorstellungen und akustischen Halluzinationen leiden.

Das sagen jedenfalls die englischen Neurowissenschaftler Sarah-Jayne Blakemore, Daniel Wolpert und Chris Frith. Sie vermuten, dass die Unfähigkeit, sich selbst zu kitzeln, etwas über unser Körperbild und unsere Bewegungssteuerung verrät. Blakemore und Kollegen vertreten folgende Hypothese: Wenn gesunde Menschen zum Beispiel nach einem Glas greifen, sendet das Hirn einen Bewegungsbefehl über die Nerven an die Muskeln. Eine Kopie dieses Befehls landet in einem Zwischenspeicher. Passt die sensorische Rückmeldung der Bewegung nicht dazu, wird unsere Aufmerksamkeit darauf gelenkt: Wir merken, dass wir danebengelangt haben, wundern uns vielleicht und korrigieren dann den Handgriff. Den Forschern zufolge passiert das den ganzen Tag, ohne dass wir davon etwas mitbekommen. Je besser Bewegungsbefehl und Bewegung einander entsprechen, desto schwächer falle auch der sensorische Effekt aus. Umgekehrt sei es daher überraschender, aufregender und vor allem kitzeliger, von jemand anders berührt zu werden. Bei Schizophrenen fehle allerdings eine Zwischenspeicherung, sodass sie ihre eigenen Bewegungen als fremd wahrnehmen. Wenn Schizophrene sich anfassen, sei es also fast so, als würde ein Fremder sie berühren. Daher können sie sich selbst kitzeln.

Auch gesunde Menschen kann ein Gefühl der Entfremdung packen. Die nächste Übung sollten Sie daher nicht spätabends ausführen und auch am besten nicht alleine: Gehen Sie mit dem Gesicht ganz nahe vor einen Spiegel, und schauen Sie sich in die Augen. Blicken Sie nun abwechselnd auf das rechte und linke Auge ihres Spiegelbilds. Variieren Sie die Geschwindigkeit. Sobald Sie den richtigen Rhythmus gefunden haben, wird es so scheinen, als blicke Ihr Spiegelbild reglos geradeaus, während Sie die Augen bewegen. Obwohl Sie wissen, dass es sich um Sie selbst handelt, wirkt es, als würde Sie jemand Fremdes aus dem Spiegel heraus anstarren. Dieser Versuch funktioniert nicht immer und nicht bei jedem. Aber wenn er klappt, bekommt man Herzklopfen und feuchte Hände. Ich habe diese Situation bisher nie länger als eine Minute ausgehalten, auch wenn ich mir immer wieder gesagt habe, dass ich es bin, der mich anschaut. Einige Bekannte konnten nach einem Selbstversuch sogar die ganze Nacht nicht schlafen.

Die Situation erinnert an Horrorfilme, in denen Spiegelbilder zum Leben erwachen. Die Illusion der Fremdheit entsteht vermutlich durch die Unstimmigkeit zwischen den gefühlten Bewegungen der Augen und dem starren Blick des Gegenübers. Psychologen haben dieses Phänomen noch nicht systematisch untersucht. Man könnte das parallel zum Kitzelversuch erklären. Die gespeicherte Bewegungskopie sagt, dass die Augen sich bewegen. Das passt nicht zu dem, was wir im Spiegel sehen. Irgendwie entsteht durch diese Schieflage die Illusion, dass unser Gegenüber ein fremdes Wesen sein muss. So als wären wir selbst einige Augenblicke schizophren.

Gesunde Menschen können sich also nicht selbst kitzeln. Einige Patienten merken nicht, dass sie halbseitig gelähmt sind, und Epileptiker haben manchmal das Gefühl, ihren Körper zu verlassen. Diese Entdeckungen aus der Psychologie und Neurowissenschaft werfen grundlegende philosophische Fragen auf: Wie bekommen wir Informationen über unseren eigenen Körper? Und vor allem: Warum sind wir so anfällig für körperliche Störungen und Illusionen?

Über die Jahrhunderte war der Körper selten ein Thema unter den Denkern. Man fragt sich, warum es so lange gedauert hat, bis die Philosophie ihn entdeckte. Einige sehen den Grund dafür in der *Leibfeindlichkeit* der abendländischen Kultur: Die Denker hätten noch nie viel für das eigene Fleisch übrig gehabt. Nun kann man allerdings auf mindestens zwei Arten leibfeindlich sein: Einerseits, indem man den eigenen Körper für minderwertig erachtet, vielleicht weil die fleischlichen Begierden beim Forschen stören. Andererseits kann man den Körper auch einfach für wissenschaftlich wenig ergiebig ansehen. Glaubt man Nietzsche, dann lag beides schon immer nahe beieinander. Schuld daran seien Platon und das von ihm beeinflusste Christentum. Platon zufolge kann man nur dann Wissen erlangen, wenn man sich vom Körper löst. Was den Menschen ausmache, sei seine immaterielle Seele, für die der Körper ein Grab darstelle, aus dem sie befreit werden müsse.

Laut Nietzsche hat die platonische Überhöhung der Seele zu einer Abstufung der Körperlichkeit geführt, von der sich auch die Lustfeindlichkeit des Christentums herleitet. Tatsächlich suggeriert die Metapher vom Körper als Gruft nicht gerade, dass das Leben ein Karnevalsumzug ist. Und da «Körper» sehr weit verstanden werden kann, lag es nahe, nicht nur Sex und Lust zu verdammen, sondern auch Genuss, Sport, Mode und Chichi. Das Gegenmodell betont dabei immer das Innerliche, Echte, Eigentliche – das, was wir in der Seele empfinden. Wenn wir heute im Alltag anderen vorwerfen, «materialistisch» zu sein, dann sagen wir noch genau das: Sie sind nur an Äußerlichkeiten interessiert und nicht an den «inneren Werten». Wer «oberflächlich» ist, dem geht es nicht um die Seele, sondern nur um die Oberweite (Männer) oder um teure Schuhe und Handtaschen (Frauen).

Wenn überhaupt, dann ist die Geringschätzung von Äußerlichkeiten allerdings kein Merkmal der Philosophie allein, sondern der gesamten Wissenschaft: Die Wahrheit zählt, nicht die Frisur. Genau genommen ist aber in der Wissenschaft das Verhältnis zum eigenen Körper seit jeher eine Frage des Typs und nicht der Disziplin. Philosophen fand man immer schon an beiden Extrempunkten. Und überall dazwischen.

In der Antike verbrachten die jungen Denker ihre Tage im *Gymnasion,* einem Nudistencamp mit Spa, Sportanlage und angeschlossener Bibliothek. Tagsüber traten sie eingeölt zum Faustkampf an, bevor sie nachmittags zur Entspannung die Pergamentrollen öffneten, um sich von den Leibesertüchtigungen zu erholen. Der Komödiendichter Aristophanes, ein Zeitgenosse von Platon und Sokrates, lobt diese Einheit aus Körper und Geist in seinem Stück *Die Wolken*. Darin warnt eine Figur vor einem neuen Trend zum Stubenhocken und der daraus folgenden Unsportlichkeit: «Doch wenn du es treibst nach der Mode von heut, dann wird dein Gesicht bleichsüchtig und gelb, deine Schultern gedrückt und schmächtig die Brust, deine Zunge wird lang, weit offen dein Maul und groß dein Gemächt und flach dein Gesäß!»

Auch in späteren Epochen war die Begeisterung für Sport eher eine Typfrage: Während der englische Philosoph Thomas Hobbes noch mit 75 Jahren Tennis spielte, hatte Kant Angst, seine Körperflüssigkeiten zu verlieren. Daher war er bei Spaziergängen peinlich darauf bedacht, immer durch die Nase zu atmen und nicht ins Schwitzen zu geraten. Auch beim Sex schieden sich die Geister: In den sechziger Jahren wohnte der Mathematiker George Spencer-Brown auf dem Anwesen des englischen Philosophen Bertrand Russell, mit dem er täglich über Logik diskutierte. Der damals 93-jährige Russell bat den jungen Kollegen, nicht vor halb zwölf zu ihren Besprechungen im Salon zu erscheinen, weil er am Vormittag mit seiner Frau Liebe mache. Spencer-Brown schreibt in seinen Erinnerungen, dass das Ehepaar die Schlafzimmertür offen ließ und er daher versichern könne, dass Russell es wirklich ernst meinte. Ganz anders dachte der Philosoph und Kirchenvater Augustinus, dem zufolge die wichtigste Funktion der Ehe sei, dass sie durch Monotonie die Fleischeslust abtöte.

Der Körper und die Äußerlichkeiten waren also immer präsent. Der Umgang mit dem eigenen Fleisch hatte dabei keinen systematischen Einfluss auf die Theorien der jeweiligen Philosophen. Dennoch ist es verwunderlich, dass kaum jemand danach fragte, wie wir unseren Körper erleben, zumal wir ihn ja ständig mit uns herumtragen. Die wissenschaftliche Missachtung der Funktionsweisen des Körpers hat vermutlich einen viel banaleren Grund: Bis vor einiger Zeit fehlten einfach genaue Beschreibungen skurriler Störungen und bizarrer Experimente. Solange nichts schiefläuft, verrät uns die eigene Erfahrung nämlich wenig über unser Körpergefühl. Wir können die Augen schließen, die Ohren verdecken, die Nase zuhalten. Aber Gleichgewicht, Berührung und Körperlage fühlen wir ständig, ohne sie abschalten zu können. Der Körper ist immer da, erlangt jedoch selten Prominenz im Bewusstseinsstrom. Da sich auch die experimentelle Psychologie zuerst auf die Fernsinne konzentrierte, das Sehen und Hören, entsprangen hier die philosophischen Probleme. Aus den experimentellen Wissenschaften und vor allem aus der eigenen Erfahrung wussten Philosophen außerdem immer schon viel über die «höhere Kognition»: Denken, Wissen und Sprache. Fühlen, Empfinden und Bewegen blieben so weitgehend unberührt, eben weil sie oft als flüchtig und automatisiert erlebt werden. Erst als sich Psychologen und Mediziner systematisch mit den körperlichen Erlebnissen befassten und Sonderbares zutage förderten, ließen auch die Philosophen die Muskeln spielen. Seitdem ist überall auf Konferenzen und Buchtiteln von «embodiment» die Rede, der «Verkörperung».

Körperphilosophie und Körperpsychologie bilden zusammen ein noch junges Forschungsprogramm. Allerdings hat das Fachwort «Verkörperung» wie das Alltagswort «Körper» mehrere Bedeutungen. Und so verfolgen die Anhänger mit ihrer Betonung des Körpers auch ganz unterschiedliche Ziele. Einige wollen lediglich das Körperbewusstsein untersuchen und beispielsweise erklären, warum wir uns eben nicht selbst kitzeln können. Andere wenden sich gegen einen Dualismus, der sagt, Geist und Körper seien voneinander getrennte Substanzen. Wieder andere kritisieren den in der Psychologie über Jahrzehnte dominanten Funktionalismus, dem zufolge das Bewusstsein als ein Computerprogramm aufgefasst werden kann, für das die physische Grundlage keine Rolle spiele.

Bei genauerer Betrachtung erschaffen die letzten beiden Positionen Scheingegner, die so überspitzt falsch dargestellt sind, dass man sie leicht kritisieren kann. Man nennt dieses unredliche Manöver daher auch *Strohmann-Argument*. So vertritt schon seit langer Zeit kaum noch jemand ernsthaft eine dualistische Position. Und auch die Zahl der eingefleischten Computer-Funktionialisten kann man an einer Hand abzählen.

Einige Vertreter des Verkörperungsansatzes sind weniger kämpferisch als ihre Kollegen und unterstreichen einen anderen Aspekt. Ihnen zufolge spielen Körperempfindungen auch bei denjenigen geistigen Fähigkeiten eine Rolle, die man traditionell für davon unabhängig hielt. Nicht nur, dass wir mit den Fingern zählen, mit den Händen reden und mit unseren Füßen und Ellenbogen Längen messen. Auch das Denken selbst könne man als eine Art Bewegungsprogramm auffassen, dem wir «Schritt für Schritt» folgen, bis wir ein Problem «begreifen». Außerdem seien Gefühle körperlich erlebte Warnsysteme: Das Zittern und Herzklopfen der Angst warnen uns vor Gefahr. Und selbst die visuelle Wahrnehmung sei ein Einfühlen und Anfühlen: Wir sähen nicht bloß das Bärenfell vor dem Kamin liegen, sondern wir spürten gleichsam, wie wir mit den Fingern hindurchstreichen.

Das Markenzeichen «Verkörperung» funktioniert also ähnlich wie «Bio»: Es steht für ganz unterschiedliche Interessen und ist fast durchgängig positiv besetzt. Außer einem soliden Markenbewusstsein verfügen die Körperfreunde aber auch über handfeste Forschungsergebnisse. Bei der Untersuchung des Körpererlebens sind zwei Fragen besonders einschlägig: Wie erfühle ich, wo sich mein Körper befindet? Und wie erfühle ich, wo er aufhört? Fangen wir mit den Körpergrenzen an.

Der gefühlte und der gedachte Körper

Wer morgens im Dunkeln aufwacht, weiß sofort und ohne hinzusehen, ob er auf dem Rücken oder Bauch liegt. Ebenso fühlt man, wo der eigene Körper endet: Der große Zeh und die Fingerkuppe des Zeigefingers gehören noch dazu, das Kopfkissen nicht mehr. Meine Hand gehört zu mir, denn sie ist Teil meines Körpers. Meine Armbanduhr gehört nicht in dieser Weise zu mir. Wie könnte das jemals anders sein?

Tatsächlich braucht es nicht viel, um die Illusion zu erleben, ein fremdes Objekt gehöre zum eigenen Körper. Seit etwa zehn Jahren experimentieren Psychologen mit der sogenannten «rubber hand illusion», der *Gummihandillusion*. Der Versuchsaufbau ist dabei so einfach, dass man ihn zu Hause nachbauen kann. Die Versuchsperson sitzt vor einem Tisch und legt die eine Hand auf die Platte und die andere auf den Oberschenkel darunter. Nehmen wir an, die Rechte ruht auf der Tischplatte. Nun legt man eine Gummihand daneben, dorthin, wo sich normalerweise die Linke befinden würde. Die meisten Psychologen benutzen realistische Modelle, aber der Versuch funktioniert auch mit gefüllten Haushaltshandschuhen. Der Versuchsleiter streicht nun gleichzeitig mit einem Pinsel über die auf dem Knie ruhende linke Hand und die Gummihand. Die Versuchsperson spürt also die Berührung an ihrer Linken, sieht aber nur, wie die Gummihand gestreichelt wird. Nach nur wenigen Minuten hat sie dann den Eindruck, die Gummihand gehöre zu ihrem Körper und werde von dem Pinsel berührt, und das, obwohl sie weiß, dass die Attrappe nicht einmal mit dem Körper verbunden ist. Mehr noch: Nähert man sich mit einem Messer der Gummihand, bekommt die Versuchsperson Herzklopfen und hat Angst, an «ihrer» Hand verletzt zu werden. Und wenn man sie auffordert, mit ihrer Rechten ihre Linke anzufassen, dann greift sie nicht unter den Tisch, sondern in Richtung der Gummihand.

Psychologen sprechen hier von einer *Illusion*, weil man sich gegen den Effekt nicht wehren kann, obwohl man weiß, dass es nicht die eigene Hand ist. Wir alle kennen optische Illusionen wie die Müller-Lyer-Täuschung: zwei gleichlange Linien, an deren Enden Pfeilspitzen nach innen oder außen zeigen. Selbst wenn wir nachmessen und genau wissen, dass beide Linien gleich lang sind, erscheint es doch so, als wäre die Linie mit den nach außen gerichteten Pfeilspitzen länger. Genau das macht Illusionen aus: Sie sind gewöhnlich nicht durch unser Wissen oder Nachdenken auslöschbar. Wir können uns nicht vornehmen, die Pfeile als gleich lang zu sehen. Ebenso beim Gummihandversuch: Wir können uns nicht vornehmen, die falsche Hand als falsche Hand zu sehen. Es geht übrigens noch krasser: Der Effekt tritt auch ein, wenn man einen Schuh auf den Tisch legt oder einfach nur die Tischplatte synchron zu der versteckten linken Hand streichelt. Die Probanden sagen dann, es fühle sich an, als ob der Schuh oder der Tisch zu ihrem Körper gehöre.

Der Versuch ist nicht nur lustig, sondern verrät uns etwas über die Funktionsweise unseres Geistes. Von der Täuschung kann man zweierlei ableiten. Erstens: Das Gefühl für unsere Körpergrenzen ist durch das, was wir über unseren Körper wissen und denken, nicht direkt beeinflussbar. Zweitens: Mehrere Sinne können an dem Gefühl für Körpergrenzen beteiligt sein, wobei das Sehen das Fühlen übertrumpft. Daher spricht man auch von einer «multisensorischen Illusion». Wäre das Fühlen dominant, dann würden die

Versuchspersonen immer unter den Tisch greifen, um ihre linke Hand mit der rechten zu berühren.

Ohne diesen Versuch zu kennen, hat der österreichisch-deutsche Philosoph Edmund Husserl schon vor etwa einem Jahrhundert eine Unterscheidung vorgeschlagen, mit der man die Illusion besser verstehen kann, nämlich die zwischen dem *erlebten Körper*, den er *Leib* nannte, und dem *objektiven Körper*. Seinen Körper zu erleben, also einen Leib zu haben, heißt Husserl zufolge, aus der Innenperspektive zu spüren, wo man aufhört und der Rest der Welt anfängt und wo sich die eigenen Gliedmaßen im Raum befinden. Dagegen erlangen wir Wissen über den objektiven Körper, indem wir ihn als einen Gegenstand wiegen, messen und im Spiegel betrachten.

Das Fühlen des Körpers und das Wissen über den Körper sind sozusagen zwei Formate, in denen Informationen in unserem Bewusstsein und in unserem Gedächtnis auftauchen. Vom Fühlen kommen wir oft direkt zum Wissen: Wir spüren Druck auf der Schulter und erlangen dadurch die Überzeugung, dass uns jemand auf die Schulter klopft. Umgekehrt kann man durch Vorwissen Erlebnisse besser einordnen, zum Beispiel wenn wir Fahrstuhl fahren. Beschleunigt der Fahrstuhl auf dem Weg nach oben, fühlen wir uns für einen Moment schwerer als sonst. Doch weil wir den Effekt kennen, schließen wir von diesem Gefühl nicht darauf, dass wir plötzlich dicker geworden sind oder die Masse der Erde und damit ihre Schwerkraft zugenommen hat.

Das ist allerdings nicht immer so. Körperwissen und Körperfühlen interagieren in vielerlei Weise. Die Wissenschaften beginnen gerade erst, dieses Zusammenspiel in Ansätzen zu verstehen. Husserl machte allerdings schon deutlich, dass das «Innenbild», das wir vom Körper haben, indem wir ihn erfühlen, ganz anders ist als das «Außenbild», das wir aus dem Spiegel kennen oder dadurch erlangen, dass wir über uns nachdenken. Meistens gehen beide, fast möchte man sagen, Hand in Hand. Doch wie der Gummihandversuch zeigt: Das Außenbild kann dem Innenbild einen Streich spielen.

Wenn Psychologen und Neurologen erklären wollen, warum Fühlen und Wissen manchmal nicht zusammenpassen, beantworten sie die Warum-Frage. Das ist typisch für die Naturwissenschaften. Husserl und den modernen Körperphilosophen liegt vor allem die philosophische Was-Frage am Herzen: Was meinen wir genau, wenn wir vom «Körper» sprechen, den erlebten oder den objektiven?

Ich, mein Körper und all das andere Zeug

Husserl war Begründer der *Phänomenologie*, einer Strömung des frühen 20. Jahrhunderts, die das Fundament der Philosophie in der Struktur des menschlichen Bewusstseins sah, in der Art und Weise, wie wir die Welt aus unserer jeweils individuellen Perspektive erleben. Husserl glaubte, dass selbst die visuelle Wahrnehmung Körperempfindungen einschließt. Seine Beispiele stammen zwar nicht aus dem Fußball, aber man kann sich das ungefähr so vorstellen: Wenn wir ein Spiel ansehen, dann folgen unsere Augen dem Ball. Husserl zufolge steuern auch unsere Augen- und Kopfbewegungen etwas zur visuellen Wahrnehmung bei, vielleicht sogar unsere Muskeln, die sich anspannen, wenn wir beim Elfmeterschießen mitfiebern. Wir ordnen alles relativ zu unserer eigenen Körperlage im Raum ein: Wir hören Geräusche *hinter* oder *vor* uns, sehen etwas im *rechten* oder *linken* Augenwinkel oder spüren den Regen von *oben* auf uns herabfallen.

Heidegger hat Husserls Ideen weiterentwickelt. Er war Husserls Schüler. Später hat er als Anhänger der Nationalsozialisten verantwortet, dass sein jüdischer Lehrer die Universität nicht mehr betreten durfte. Nach Kriegsende erhielt Heidegger von den Alliierten unter anderem deshalb ein Lehrverbot. Dennoch ist er einer der einflussreichsten Philosophen des letzten Jahrhunderts, vor allem weil er in einem eigentümlichen Vokabular Banales und Absurdes so mischte, dass für viele seiner Anhänger der Eindruck entstand, er habe besonders tiefe Weisheiten entdeckt, beziehungsweise «entborgen», wie er selbst sagen würde.

Als Phänomenologe hat sich Heidegger auch über unsere Wahrnehmung Gedanken gemacht und damit die heutigen Körperphilosophen beeinflusst. Ihm zufolge «entbergen» wir die Welt «zeughaft», denn alles um uns herum ist für uns als Zeug «zuhanden». Wenn man diese Thesen weniger verschwurbelt ausdrückt, kann man die Beobachtung auch so formulieren: Wir sehen Stühle oder Hämmer nicht einfach nur als Objekte aus Holz oder Stahl, sondern wir sehen sie als Dinge, mit denen wir interagieren und die wir für unsere Zwecke benutzen. Wenn wir den Hammer sehen, dann antizipieren wir, wie es ist, damit einen Nagel in die Wand zu schlagen. Heidegger hat seine Idee nicht nur auf Artefakte bezogen, sondern auch auf natürliche Dinge: Der Baum sei ebenfalls «zuhanden», weil wir ihn beispielsweise als Schattenspender «entbergen», sprich, ihm diese Funktion zuordnen. Anders gesagt: Alles ist «zuhanden» und nichts ist einfach nur «vorhanden». Diese These beruht allerdings auf einer Verwechslung. Nur weil wir allen Dingen eine Funktion zuordnen können, heißt das noch nicht, dass wir sie nicht auch einfach als natürliche Dinge ansehen können. Der Baum kann Holzlieferant, Schattenspender, Klettergelegenheit und noch vieles mehr sein. Aber manchmal betrachten wir ihn einfach nur als das, was er ist: einen Baum.

Der amerikanische Philosoph Alva Noë, ein moderner Neo-Phänomenologe, vertritt eine Wahrnehmungstheorie, die Heideggers Ansatz ähnelt. Traditionell nimmt man an, jeder Mensch bekomme einen Input durch Wahrnehmung und produziere einen Output durch seine Handlungen. Noë vertritt nun die These, dass diese Trennung falsch sei, weil die visuelle Wahrnehmung eine Art körperliche Handlungssimulation sei. Sehen ist keine passive Diashow, sondern ähnelt vielmehr dem Fühlen, da wir mit unserem Blick fast buchstäblich unsere Umgebung abtasten. Unsere visuellen Eindrücke seien zudem von unserem Körpergefühl bestimmt. Ein Beispiel: Wenn wir in einem Flugzeug sitzen und nach vorne schauen, ist der visuelle Input immer derselbe, ganz gleich, ob die Maschine gerade startet oder auf der Landebahn steht. Dennoch sehe es für uns laut Noë beim Start so aus, als sei die Nase des Flugzeugs hochgezogen. Offenbar steuert unser Gleichgewichtssinn seinen Teil zu diesem Eindruck bei. Die Beobachtung ist spannend. Man kann allerdings darüber streiten, ob der Innenraum beim Start wirklich anders *aussieht*. Mir scheint eher, dass der visuelle Eindruck gleich bleibt, aber wir *zusätzlich* den Neigungswinkel spüren. Der Gesamteindruck ist dann natürlich anders, aber der besteht ja gerade nicht nur aus Sehen, sondern auch aus Fühlen und unserem Wissen über Flugzeuge.

Einige Phänomenologen gehen noch weiter: Sogar unsere Erfahrung durch direktes Berühren und durch körperliche Interaktion färbe unser Sehen ein. Wir erblickten nicht die filigrane Vase und wüssten *zusätzlich*, dass sie zerbrechlich sei, sondern die Vase sähe buchstäblich zerbrechlich aus, eben weil wir schon Geschirr haben fallen lassen. Oder: Wenn es über Nacht plötzlich geschneit hat und wir aus dem warmen Zimmer hinausschauen, sieht es buchstäblich kalt draußen aus. Ein weiteres Beispiel: Wenn wir wüssten, dass es sich bei der Außenseite eines Gebäudes nur um eine Fassade wie in einem Potemkin'schen Dorf handle, würde für uns die Außenseite auch weniger stabil aussehen. Ob das wirklich stimmt, ist ebenso fraglich wie im Flugzeugfall, denn wenn uns jemand eine Häuserfront zeigt, sieht diese Front nicht plötzlich anders aus, sobald er uns versichert, dass es sich nur um eine Filmkulisse handelt. Der visuelle Eindruck ändert sich nicht. Es scheint eher, als komme eine bildliche Vorstellung von der Rückseite hinzu. Aber das ist ein Zusatz zum visuellen Eindruck, nicht dessen essenzieller Bestandteil.

Kommen wir zurück zu den Werkzeugen. Dort scheint es ebenfalls eher ein gefühltes «Zuhandensein» zu geben als ein visuelles: Der Hammer fühlt sich nämlich an, als gehöre er zu unserem Körper. Liegt er in unserer Hand, «spüren» wir förmlich seinen Kopf, wenn wir auf den Nagel zielen. Wie beim Gummihandversuch scheint in uns etwas ganz automatisch dafür zu sorgen, dass Instrumente mit unserem gefühlten Körper «verwachsen». Ein Beispiel aus der eigenen Erfahrung: In den frühen neunziger Jahren war ich wie viele andere für kurze Zeit vom Rollerblade-Trend gepackt. Ich trug die Rollschuhe manchmal den ganzen Tag. Sobald ich sie am Abend auszog, war mir immer, als fehle etwas an meinen Füßen. Auch Skifahrer berichten davon, dass es sich anfühle, als seien ihre Skier mit ihren Füßen verschmolzen. Wenn man Heidegger in seinem eigenen Jargon präzisieren wollte, könnte man sagen: Die Rollerblades und die Skier sind den Trägern «zufüßen». Beim Einparken macht man eine ähnliche Erfahrung. Stoßen wir mit unserem Wagen an das hintere Auto, zucken wir zusammen, fast als hätten wir uns selbst gestoßen.

Mehr noch, wie der amerikanische Soziologe Jack Katz in einem Kapitel beschreibt, das «Pissed Off in L.A.» heißt, also behutsam übersetzt «Richtig sauer in L.A.»: Sobald ein anderer Wagen uns den Weg abschneidet, werden wir ungehalten, weil es sich anfühlt, als sei dieser in unseren persönlichen Sicherheitsraum eingedrungen. Schon wenn uns im Alltag ein Fremder auf einer Parkbank zu nahe kommt, spüren wir das körperlich, ohne dass er uns dafür tatsächlich berühren müsste. Unser persönlicher Nahbereich, den wir unsichtbar mit uns herumtragen, ist beim Autofahren einfach nur ein wenig größer, weil wir mit dem Auto eine gefühlte Einheit bilden. Selbst in virtuelle Autos kann man sich einfühlen, wie jeder weiß, der schon einmal ein Autorennen auf der Spielkonsole beobachtet hat. Die Spieler gehen dabei rechts und links in die Kurve, obwohl sie daheim auf dem Sofa vor dem Bildschirm sitzen. Sogar mit dem Gameboy in der Hand streckt man sich manchmal in die Höhe, damit Super Mario den Pilz fangen kann, oder man duckt sich, wenn scharf auf ihn geschossen wird. Hätte Heidegger den Gameboy und die moderne Forschung zur Werkzeugverwendung gekannt, hätte er vielleicht eine klarere Vorstellung davon gehabt, wie sich Artefakte «zuhanden» und «zufüßen» anfühlen können: Wir haben zwar das Gefühl, dass sie ein Teil von uns werden, doch das verändert nicht unsere visuelle Wahrnehmung.

Husserl und Heidegger hatten großen Einfluss auf die französische Philosophie, besonders auf Jean-Paul Sartre und Maurice Merleau-Ponty. Merleau-Ponty vertritt beispielsweise die These, dass unser Körpererleben weder geistig noch materiell ist, sondern beide Aspekte vereint. In gewisser Weise ist er also nicht Dualist, sondern Trialist, denn er nimmt neben Geist und Materie eine dritte Seinssphäre innerhalb des Universums an, von der sich die traditionellen Kategorien, also Körper und Geist, erst ableiteten. Die gefühlten Körper seien wie Gemälde von Cézanne oder Gedichte, die immer wieder neue Sichtweisen und Interpretationen zuließen, auch wenn sich am eigentlich Stofflichen nichts ändere: an den Knochen, Muskeln und Sehnen ebenso wenig wie an der Ölfarbe oder der Druckerschwärze. Man könne die Welt als Körperwelt objektivieren mit all ihren Tischen, Bergen und Galaxien. Aber darin stecke immer schon die körperlich-gefühlte, prozesshafte Wahrnehmung der Welt.

Merleau-Ponty wollte aus der Sackgasse des Körper-Geist-Dualismus hinaus, ist dabei jedoch auf der Überholspur ins argumentative Niemandsland gerast. Seinen Fehler kann man vielleicht so rekonstruieren. Er hat erkannt, dass es eine doppelte Abhängigkeit gibt: ohne Körper kein Bewusstsein, aber ohne Bewusstsein auch kein Zugang zur Körperwelt. Dabei hat er allerdings übersehen, dass diese Abhängigkeit asymmetrisch ist. Die erste ist stark: Das Bewusstsein hängt vom Körper ab. So ist die Welt nun einmal beschaffen. Die zweite ist jedoch schwächer: Man braucht ein Bewusstsein, um über die Welt nachzudenken. Das ist der Welt allerdings egal. Sie hängt nicht davon ab, wie wir sie erfassen. Die Welt existiert in ihrer ganzen Vielfalt auch dann, wenn wir nicht über sie nachdenken.

Statt neue Seinssphären zu erfinden, sollte man eher dem Alltagsdualismus auf den Leib rücken. Wir reden oft so, als gäbe es uns und dazu noch unseren Körper, den wir irgendwie mit uns herumtragen müssen. Eine klassische Situation: Morgens im warmen Bett, draußen ist es kalt, ich will aufstehen, doch mein Körper will lieber liegen bleiben. Was soll ich machen? Gegen meinen Körper komme ich nicht an. Wenn ich so zwischen mir und meinem Körper trenne, finde ich immer die passende Ausrede: Der Geist ist willig, doch das Fleisch ist schwach. Oder umgekehrt. Beide zusammen sind jedenfalls nie ganz auf der Höhe. Der deutsche Lyriker Robert Gernhardt ironisiert diesen Dualismus in seinem Gedicht *Siebenmal mein Körper*. Dort heißt es: «Mein Körper ist ein schutzlos Ding, wie gut, daß er mich hat. Ich hülle ihn in Tuch und Garn und mach ihn täglich satt.» Und später: «Mein Körper ist voll Unvernunft, ist gierig, faul und geil. Tagtäglich geht er mehr kaputt, ich mach ihn wieder heil.»

Obwohl wir so reden, als gäbe es uns unabhängig von unserem Körper, besteht dieser Dualismus nur oberflächlich, wie der englische Philosoph Peter Frederick Strawson deutlich macht. Tatsächlich beziehen wir uns mit «ich» immer auf uns als ganze Personen und nicht einmal auf unser «Ich» und ein andermal auf unseren Körper. Wir als Personen haben nun einmal sowohl physische als auch mentale Eigenschaften. René Descartes sagt: «Ich denke, also bin ich», und René Weller, der Boxer, sagt: «Ich denke, ich bin Leichtgewicht.» Beide reden über sich, auch wenn sie unterschiedliche Aspekte ihrer Person betonen. Es klingt zwar so, als gäbe es neben uns noch unseren Körper und unser Ich, aber das ist eine sprachliche Verwirrung, der man entgeht, wenn man aufhört, Personalpronomen wie «ich» oder «es» mit Artikel zu verwenden und zu «dem Ich» oder «dem Es» zu machen.

Verzerrte Körpergrenzen

Noch ein Selbstversuch. Hatten Sie schon einmal zwei Nasen? Das geht ganz leicht: Kreuzen Sie Zeige- und Mittelfinger, und streichen Sie mit beiden Fingerkuppen gleichmäßig über Ihre Nasenspitze, von rechts nach links und links nach rechts. Wenn Sie die richtige Geschwindigkeit gefunden haben, fühlt es sich an, als hätten Sie zwei Nasen. Diese Illusion klappt übrigens mit allen Extremitäten. Man kann beispielsweise spüren, wie es ist, wortwörtlich mit gespaltener Zunge zu sprechen. Selbst Tischkanten und Mobiltelefone sind nicht vor der Verdopplung sicher. Diese wohl älteste der bekannten Körperillusionen heißt *Aristoteles' Illusion*. Aristoteles beschreibt sie wie folgt: «Der Tastsinn beispielsweise hält bei der Verschlingung der Finger für zwei Gegenstände, was dem Gesichtssinn als einer erscheint.» Offenbar werden die taktilen Informationen so verarbeitet, als seien die Finger nicht gekreuzt. Beide Finger werden an der Außenseite berührt, was im Normalfall nur dann passiert, wenn zwei Gegenstände da sind. Der Mechanismus, der uns unser Körpergefühl gibt, scheint auf diesen Normalfall geeicht zu sein.

Das zeigt übrigens auch eine andere Illusion, bei der man den eigenen Arm verkleinern kann. Jedenfalls fühlt es sich so an. Dazu muss man lediglich ein vibrierendes Haushaltsgerät von außen an den Arm halten. Als der englische Psychologe Patrick Haggard davon erfuhr, schickte er seinen damaligen Assistenten, den griechischen Psychologen Manos Tsakiris, los, um einen Vibrator zu kaufen. Vermutlich war Tsakiris der erste, der in einem Londoner Sexshop um eine Quittung für wissenschaftliches Forschungsmaterial bat. Haggard hielt den Vibrator von außen an die Armbeuge und reizte seine Nerven dabei so, dass er das Gefühl hatte, sein Arm würde schrumpfen. Als er sich dabei gleichzeitig an die Nase fasste, hatte er den Eindruck, sie werde immer länger. Irgendetwas in unserem Geist scheint den relativen Abstand zwischen Körperteilen zu berechnen. Da die Finger die Nasenspitze berühren, der Arm aber «schrumpft», «wächst» die Nase entsprechend mit. Kleines Spielzeug, große Wirkung.

Wir wissen, dass es sich bei den Effekten dieser Selbstversuche um Illusionen handelt. Niemand nimmt an, dass Nasen wie bei Pinocchio wachsen können oder dass sie sich tatsächlich verdoppeln. Anders ist das bei den krankhaften Körperillusionen. Ein Beispiel: Nennen wir sie Isabel. Ihre Oberschenkel sind dünner als ihre Knie. Die Haut ist auf die Knochen gespannt. Eingefallen sind ihre Wangen, die Augäpfel tief in den Höhlen. Wenn Isabel die Augen schließt, gleicht sie einem Leichnam. Als sie eine Klinik für Magersüchtige aufsucht, wiegt sie weniger als 40 Kilo bei einer Größe von 1 Meter 70. Lange wird es dauern, bis Isabel ihr natürliches Gewicht wiedererlangt. Gesundet ja, aber nicht geheilt. Der Nierenschaden bleibt. Die Rückfallgefahr auch.

Magersucht tritt vor allem in der westlichen Kultur auf. Sie betrifft fast nur Frauen, besonders die jungen. Die Standardtheorien suchen die Erklärung im Schönheitswahn: Die Mode zwinge Frauen ein Schlankheitsideal auf, in dessen Verfolgung einige ihre Grenzen überschreiten. Zudem sind Magersüchtige vor ihrer Krankheit häufiger depressiv als Durchschnittspersonen und leiden häufiger unter dem Zwang, alles in ihrem Leben kontrollieren zu wollen. Und viele haben von ihren Eltern wenig Liebe erfahren.

Das Zusammenspiel dieser Faktoren ist wissenschaftlich zwar noch nicht vollständig verstanden, doch in all diesen Varianten ist ein schiefes Körperbild das wesentliche Merkmal. Magersüchtige nehmen sich oft nicht als dürr wahr. Es ist, als hätten sie einen Zerrspiegel im Kopf, der ihr Spiegelbild so verfremdet, dass sie sich selbst als füllig sehen. Selten können sie dieses Zerrbild aus eigener Kraft geraderücken. Deshalb müssen Patientinnen in vielen Therapien zuerst ihre Umrisse auf den Boden malen, ohne vorher nachzumessen. Wenn sie sich dann hineinlegen, erschrecken sie: Tatsächlich sind sie halb so breit wie angenommen. In manchen Fällen führt erst dieser Augenöffner zur Selbsterkenntnis.

Husserls Unterscheidung zwischen dem erlebten und dem objektiven Körper hilft hier ebenfalls weiter: Man kann sich dick fühlen oder aber denken, dass man dick ist, weil man auf die Waage schaut. Das Fühlen ist bildhaft, konkret und von innen direkt erlebt, während das Denken auf objektiven Daten beruht und daher abstrakt repräsentiert ist, nämlich durch sprachlich verfasste Gedanken, in denen sogar Zahlen auftauchen können. Normalerweise passen beide Formate im Bewusstsein zusammen. Bei Magersüchtigen gehen sie auseinander, denn selbst wenn Patientinnen *wissen*, dass sie 40 Kilo wiegen, *fühlen* sie sich nicht zu dünn.

Die deutschen Mediziner Martin Grunwald und Thomas Weiß verfolgen deshalb einen originellen Therapieansatz. Sie baten eine ihrer Patientinnen, regelmäßig einen Taucheranzug aus Neopren unter ihrer normalen Kleidung zu tragen. Nach einem Jahr hatte das Gewicht der Patientin zugenommen. Die Forscher maßen auch eine erhöhte Aktivität in der rechten Hirnhälfte, also dort, wo sich die Grundlagen für unser Körperbild befinden. Sie vermuten, dass der konstante Druck auf der Hautoberfläche ebendiese Nervenzellen stimuliert und so das bisher zu schwach repräsentierte Körperbild wieder normalisiert hat.

Fühlen und Wissen konkurrieren in vielen klinischen Syndromen. Schon Migräne kann zu verzerrten Körperempfindungen führen. Einige Patienten haben bei ihren Kopfschmerzanfällen auch das Gefühl, sie würden schrumpfen oder so in die Höhe schießen, als könnten sie die Decke mit den Händen berühren. Dieses Phänomen wird manchmal *Alice-im-Wunderland-Syndrom* genannt, weil Alice dasselbe widerfährt, als sie das Verkleinerungselixier trinkt und den Vergrößerungskuchen isst. Auch Lewis Carroll litt an Migräne. Einige Interpreten vermuten daher, dass seine Anfälle die Inspiration für Alice' Erlebnisse waren. Nur wenige Migränepatienten lassen sich allerdings von ihren eigenartigen Gefühlen dazu verleiten, wirklich zu glauben, sie seien plötzlich gewachsen und geschrumpft. Sie wissen, dass ihre Körperempfindungen sie täuschen.

Das ist nicht immer so. Ein anderer Fall: Nennen wir ihn Michael. Er hat zwei gesunde Hände, aber die linke fühlt sich an, als gehöre sie nicht zu ihm. Michael hat den Eindruck, sein Körper ende am Handgelenk. Er ist nicht verrückt. Er weiß, dass jeder Mensch zwei Hände hat. Doch durch eine Hirnverletzung leidet er am *Fremde-Hand-Syndrom*, einer seltenen Störung des Körperbildes. Genauer müsste man «Fremde-Gliedmaßen-Syndrom» sagen, denn es kann auch die Füße oder Beine betreffen. Weil kein Arzt Michaels Hand amputieren will, greift er zum Beil. In der Klinik verbindet man seinen Armstumpf. Trotz der Schmerzen fühlt er sich befreit.

Ärzte weigern sich, Patienten gesunde Gliedmaßen abzutrennen. Schon in der ursprünglichen Formulierung des Eids des Hippokrates war Medizinern verboten, ihre Fähigkeiten «zum Schaden und in unrechter Weise anzuwenden». Der Fall des Fremde-Hand-Syndroms ist jedoch alles andere als klar, denn die Patienten leiden unter der «fremden» Hand. Mit Husserl könnte man sagen: Ihr Leib ist krank, auch wenn ihr Körper gesund ist. In ihrer Not werden viele daher kreativ. Ein australischer Kranker, der seinen Fuß als fremd empfand, hielt ihn so lange in einen Eimer mit Trockeneis, bis auch die tieferen Gewebeschichten zerstört waren. Er spürte dabei nur ein Kribbeln. Nun waren die Ärzte im Krankenhaus gezwungen zu amputieren, denn der Fuß war nicht mehr zu retten. Der Amputierte trägt jetzt eine Prothese. Er fühlt sich wie neugeboren. Wir als gesunde Menschen können uns in diese Art des Leidens nur schwer hineinfühlen. Man muss es sich in etwa so vorstellen, als wüchse ein riesiges, widerliches Geschwulst irgendwo am Körper, von dem die Familie, die Freunde und sogar die Ärzte sagen, das sei vollkommen normal und gehöre genau dorthin.

Einige Illusionen sind also gar nicht auflösbar und andere nur mit großer Mühe. Dabei siegt das visuell vermittelte Körperbild nicht immer direkt über das innere, gefühlte Körperbild. Manchmal muss man noch einen Schritt weiter gehen.

Körper ohne Gefühl, Gefühl ohne Körper

Die griechische Psychologin Aikaterini Fotopoulou und ihre Kollegen berichten von einer englischen Patientin, die nach einem Schlaganfall halbseitig gelähmt war und daher ihren linken Arm nicht mehr bewegen konnte. Die 67-jährige Rentnerin hatte einen überdurchschnittlichen Intelligenzquotienten, war akademisch gebildet und geistig vollkommen klar. Dennoch nahm sie ihre Behinderung nicht als Behinderung wahr. Sie war sich sicher, dass mit ihr alles in Ordnung sei. Die Patientin litt an einer *Anosognosie*, dem Nichterkennen eines eigenen Leidens. In der Therapie versuchte Fotopoulou zunächst, ihre Patientin durch einfache Aufgaben auf den Defekt aufmerksam zu machen. Sie bat die Rentnerin, ihren linken Arm zu heben, und fragte sie dann, wo er sich befinde. Der Arm lag nach wie vor auf dem Tisch, doch die Patientin behauptete steif und fest, dass sie ihn in der Luft halte. Fotopoulou fragte, warum dann immer noch zwei Hände auf dem Tisch lägen, worauf die Patientin meinte: «Das ist nicht meine Hand auf dem Tisch. Das ist Ihre.»

Für Patienten mit Anosognosie sind *Konfabulationen* dieser Art typisch, also Geschichten, mit denen sie ihre Ausfälle und Störungen vor sich selbst irgendwie plausibel machen. Alle Menschen machen manchmal sich selbst oder anderen etwas vor. Wenn wir einen Job oder Studienplatz nicht bekommen haben, reden wir uns beispielsweise ein, dass wir ihn auch gar nicht wollten. Und wenn wir einen viel zu teuren Mantel oder Fernseher haben wollen, reden wir uns ein, dass wir ihn wirklich ganz dringend brauchen. Bei Patienten mit Anosognosie treten diese Selbsttäuschungen in besonderer Weise auf, denn sie sind systematisch, vielschichtig, kreativ und vor allem fast unauflösbar. Wie im Fall der halbseitig gelähmten Rentnerin.

Erst als Fotopoulou die Videoaufnahme einer Sitzung abspielte, wurde der Patientin schlagartig klar, dass sie wirklich gelähmt war. Von innen hatte sie es nicht gespürt. Auch ein Spiegel allein hatte in ihrem Fall nicht ausgereicht. Die gefühlte Körperillusion war so stark, dass sie nicht gleichzeitig visuell auslöschbar war. Fotopoulou und ihre Kollegen vermuten, dass die zeitliche Verzögerung eine Rolle spielte. Nur durch diese Distanz merkte die Patientin, dass mit ihren gefilmten Bewegungen in früheren Sitzungen etwas nicht stimmte.

Man kann sich fragen, wie man überhaupt ein inneres Körperbild erwirbt. Hinweise dazu stammen aus der Forschung an einer Patientin, die ohne Unterarme und Beine geboren wurde. Die Frau, eine Akademikerin in den Vierzigern, berichtete, dass sie Zeit ihres Lebens ein inneres Bild von ihren Armen und Beinen gehabt habe, so als würden sie nicht fehlen. Die Eindrücke seien nicht so klar und deutlich wie die von ihrem tatsächlichen Körper, aber dennoch immer präsent gewesen. Bildgebende Verfahren zeigten, dass derjenige Bereich in ihrem Haupthirn aktiv war, der auch bei gesunden Menschen für die Wahrnehmungen der Gliedmaßen zuständig ist. Als dieser Bereich durch transkranielle Magnetstimulation von außen künstlich aktiviert wurde, hatte die Patientin den Eindruck, sie spüre etwas in den Fingerspitzen.

Nun könnte man zunächst meinen, dass diese Illusion genauso erklärt werden kann wie der *Phantomschmerz*, ein Phänomen, das der Menschheit seit Jahrtausenden vor allem durch Kriege bekannt ist. Über siebzig Prozent aller Patienten, die Gliedmaßen verlieren, klagen über Schmerzen in demjenigen Stück ihrer Arme oder Beine, das sie verloren haben. Die Reizung der freiliegenden Nerven am Arm- oder Beinstumpen tragen dazu bei, dass für die Versehrten der Eindruck entsteht, die Gliedmaßen seien noch intakt. Dieses Phänomen heißt nicht deshalb «Phantomschmerz», weil der Schmerz nicht real ist, denn der ist oft unerträglich. Das Phantomhafte betrifft die körperliche Täuschung, nämlich den Eindruck, dass da noch ein Arm oder Bein ist, in dem es schmerzt. Bei der arm- und beinlosen Patientin ist die Situation jedoch anders, denn sie hat ja nie Gliedmaßen gehabt, die sie hätte spüren können. Ihre Körperillusionen könnten dafür sprechen, dass Menschen ein angeborenes Körpermodell haben, das selbst dann aktiv ist, wenn ihnen die echten Körperteile fehlen.

Man kann also Körperteile spüren, die man gar nicht hat, und solche, die man hat, übersehen oder als fremd empfinden. Aber es geht noch radikaler. Sogar der ganze gefühlte Körper kann verschwinden oder plötzlich an einer anderen Stelle auftauchen.

Der Engländer Ian Waterman war auf der Arbeit, als es passierte. Er fiel einfach um und konnte nicht mehr aufstehen. Am Tag zuvor hatte er noch eigenhändig Schlachtvieh zerlegt, doch jetzt mussten ihn seine Kollegen auf eine Trage wuchten. Die Ärzte im Krankenhaus waren ratlos, und es sollte lange dauern, bis sie herausfanden, was mit ihm geschehen war. Watermans Immunsystem hatte eigenartig auf einen Grippevirus reagiert, indem es nicht nur den Krankheitserreger vernichtete, sondern auch all jene Nervenbahnen, die für unseren fünften, sechsten und siebten Sinn zuständig sind: das Fühlen von Berührungen, von Bewegungen und den Gleichgewichtssinn. Seitdem leidet Waterman an einer *sensorischen Nervenstörung*, von der es weltweit nur eine Handvoll Fälle gibt. Vom Nacken herab spürt er rein gar nichts auf der Hautoberfläche: weder Wärme, Kälte, Druck noch Schmerz. Auch seine *Tiefensensibilität* ist ausgelöscht, das Gefühl für die Lage der Gliedmaßen im Raum, für die Anspannung der Muskeln und für das Fühlen von Bewegungen. Ihm fehlt damit jede Form von *Propriozeption*, das Gefühl dafür, wo er sich im Raum befindet. Waterman ergeht es also wie vielen Querschnittsgelähmten. Mit einer Ausnahme: Seine motorischen Nerven sind vollkommen intakt. Die Nervenimpulse für Bewegungen laufen also nach wie vor vom Hirn zu den Muskeln. Da Waterman allerdings beim Ausbruch der Krankheit nicht spürte, wo seine Gliedmaßen waren, konnte er sie auch nicht bewegen.

Die behandelnden Ärzte prophezeiten dem neunzehnjährigen Waterman ein Leben im Rollstuhl. Sie hatten allerdings nicht mit seiner Willensstärke gerechnet. Er wollte ein Leben als Behinderter einfach nicht akzeptieren. Eines Tages lag er im Krankenbett und nahm sich vor aufzustehen. Er konzentrierte sich auf seine Körpermitte und dachte daran, den Bauch zusammenzuziehen und die Arme nach vorne zu werfen. Plötzlich saß er aufrecht da. Vor Freude über diesen Erfolg ließ seine Konzentration nach, und er fiel sofort wieder zurück ins Bett. Doch der erste Schritt war getan. Und echte Schritte folgten.

Nach einem Jahr intensiver Physiotherapie konnte Waterman wieder gehen. Das sieht jedoch ganz anders aus als bei gesunden Menschen. Wenn wir spazieren gehen, können wir uns gleichzeitig unterhalten. Unsere Beine bewegen sich wie von selbst. Waterman muss sich nicht nur auf jeden Schritt konzentrieren, er muss auch seine Füße beim Gehen beobachten. Er kann daher nicht über die Ballen abrollen, sondern spaziert mit starren Schritten, die Fußspitzen nach außen gerichtet, ein bisschen so wie ein Pinguin. Während unsere Körpersinne ganz automatisch unser Gleichgewicht steuern, tut Waterman alles mit äußerster Konzentration. Wenn wir durch einen Raum schreiten und das Licht plötzlich ausgeht, bleiben wir stehen. Waterman stürzt sofort, denn ohne visuelle Informationen, weiß er nicht, wo oben und unten ist. Daher schläft er auch nie im Dunkeln, denn beim nächtlichen Aufwachen würde er sonst nicht wissen, wo seine Arme und Beine sind. Schlimmer noch: Würde er falsch einschlafen, könnte er sich im Schlaf den Arm brechen, ohne es zu merken. Wir fallen nicht vornüber, sobald wir im Supermarkt eine Honigmelone vom Obststand nehmen, denn all unsere Muskeln passen sich unmittelbar an das kleine Ungleichgewicht an. Waterman fällt inzwischen auch nicht mehr hin, aber nur, weil er den anderen Arm nach hinten ausstreckt. Er weiß, wie er sein Gleichgewicht hält. Er muss es wissen. Wir müssen nur fühlen.

Der Neurophysiologe Jonathan Cole hat Watermans Krankheit jahrzehntelang begleitet und dessen Erfolgsgeschichte aufgeschrieben. Watermans Anstrengungen seien wie ein «täglicher Marathon». Am Abend ist er immer erschöpft, denn die Konzentration funktioniert wie ein Muskel: Irgendwann ist die Kraft verbraucht. Watermans Fall zeigt, wie viel dahintersteckt, wenn wir Treppen steigen oder eine Blume pflücken, was also automatisch in uns abläuft, wenn wir uns auf etwas ganz anderes konzentrieren.

Einige Philosophen vermuten sogar, dass das Körpergefühl einen direkten Einfluss auf unser *Selbstbewusstsein* hat. Im Jargon der Philosophie ist mit «Selbstbewusstsein» nicht wie im Alltag die

Selbstsicherheit gemeint, mit der jemand auftritt, sondern die Fähigkeit, sich seines Bewusstseins bewusst zu sein. Philosophen haben traditionell das *reflexive Selbstbewusstsein* untersucht, also die Fähigkeit des Menschen, über sich selbst nachzudenken. Dazu muss man einen Begriff von sich selbst haben, was man am besten daran erkennt, dass man «ich» sagen kann. Ganz kleine Kinder und Tiere haben keinen derartigen Ich-Begriff. Neben dieser anspruchsvollen Form des Selbstbewusstseins gibt es aber mindestens noch zwei weitere Spielarten. Zum einen das *Spiegel-Selbstbewusstsein*: Kinder können sich oft schon mit einem Jahr selbst im Spiegel erkennen, lange bevor sie «ich» sagen. Man kann vermuten, dass sie in diesem Alter noch nicht über sich als denkende Wesen nachgrübeln. Auch einige Tiere können sich im Spiegel erkennen, beispielsweise Menschenaffen, Raben oder Elefanten. Der Spiegeltest geht ganz einfach: Man malt Farbe an den Kopf der Tiere und schaut, ob sie darauf reagieren, wenn sie vor einem Spiegel sitzen. Während Hunde und Katzen ihr Spiegelbild angreifen oder davor zurückschrecken, wischen Schimpansen die Farbe in aller Ruhe weg.

Der deutsche Philosoph Thomas Metzinger stellt fest, dass Philosophen sich traditionell auf das sprachliche Selbstbewusstsein und das Erkennen des Spiegelbilds konzentriert haben. Dabei gebe es noch eine weitere Form des Selbstbewusstseins, die so grundlegend ist, dass man sie leicht übersieht – wie eine Brille, die man nicht findet, weil man durch sie hindurchblickt. Man könnte diese Form einen nicht gedanklichen *Selbstsinn* nennen, der alle Eindrücke im Bewusstsein so einfärbt, dass man sie als zu sich gehörig empfindet. Diesen Selbstsinn könnten sogar schon Kleinkinder haben und selbst Tiere, die sich nicht im Spiegel erkennen. Angloamerikanische Wissenschaftler bezeichnen diesen Selbstsinn manchmal mit dem Ausdruck «me-ness» oder «mine-ness», also als die «Zu-mir-Gehörigkeit» oder «Meinigkeit» meiner Erlebnisse. Metzinger vermutet, dass unser gefühlter Körper zu diesem Selbstsinn beiträgt.

Aus dieser These scheint zu folgen, dass unser Selbstsinn verschwinden oder sich zumindest verringern müsste, sobald wir unser Körpergefühl verlieren. Dafür spricht unter anderem, dass Christina, eine Patientin des englischen Neurologen Oliver Sacks, die an der gleichen sensorischen Nervenstörung wie Waterman leidet, von sich sagt, sie habe ihr «Ich-Gefühl» und ihre «Individualität» durch ihre Krankheit verloren. Allerdings ist Waterman nun gerade ein Gegenbeispiel zu der Annahme, dass der Selbstsinn ans Körpergefühl gebunden ist, denn er hat ein besonders ausgeprägtes Ich-Gefühl. Sein Arzt Cole vermutet daher, dass eher das Temperament und nicht das Körpergefühl bei beiden den Unterschied macht: Waterman ist agil, während Christina eher lethargisch ist. Wie genau Körpergefühl und Selbstsinn ineinanderfassen, bleibt weiterhin ungeklärt, vor allem, weil es schwierig ist, nach dem Selbstsinn zu fragen. Was würde es heißen, das Gefühl von Individualität zu verlieren? Oder die eigenen Erlebnisse nicht mehr als eigene Erlebnisse zu erleben?

Auf der Suche nach dem Zusammenspiel von Körpererleben und der Zu-mir-Gehörigkeit unserer Erlebnisse stießen Psychologen und Neurowissenschaftler auf noch eigenartigere Störungen.

Raus aus dem Körper

Meist geschieht es im Halbschlaf oder bei epileptischen Anfällen. Einige Personen haben dann den Eindruck, sie verlassen ihren Körper. Oft «entweichen» sie durch den Mund oder die Schädeldecke. Sie fühlen sich leicht und meinen, durch den Raum zu schweben. Dabei haben die Betroffenen den Eindruck, als sähen sie ihren eigenen Körper schlafend im Bett liegen. Der deutsche Neurologe Olaf Blanke hat Daten über diese «out-of-body experiences» gesammelt, also über *außerkörperliche Erfahrungen*. In vielen Kulturkreisen ist dieses Phänomen bekannt und Teil der religiösen Folklore. Es scheint die esoterische Annahme zu bestätigen, dass sich der Geist vom Körper loslösen kann, besonders weil die Betroffenen den Raum aus der neuen Perspektive zu sehen glauben. Ein Epileptiker hatte während eines Anfalls eine außerkörperliche Erfahrung. Ihm war, als schwebe er mitsamt seiner Frau und dem Fernsehsessel nach oben und blicke auf den Raum hinab. Äußerst detailliert beschrieb er danach das Wohnzimmer, von der Decke aus betrachtet.

Natürlich verlassen die Personen nicht buchstäblich ihren Körper. Vielmehr erleben sie eine komplexe Ganzkörperillusion. Bei einigen Epileptikern konnten Blanke und seine Kollegen die außerkörperlichen Erfahrungen wiederholen. Dazu verwendeten sie wiederum die transkranielle Magnetstimulation. Mit einem Instrument, das einer Verkehrskelle ähnelt, erzeugten sie ein schnell wechselndes Magnetfeld, mit dem sie von außen dasjenige Hirnzentrum künstlich aktivierten, das auch bei den Anfällen aktiv war. Blankes Untersuchungen deuten darauf hin, dass eine Störung des Gleichgewichtssinns bei der außerkörperlichen Erfahrung eine Rolle spielt. Spannend an der Illusion ist, wie sehr der menschliche Geist sich selbst etwas vormachen kann: Irgendetwas in uns rekonstruiert, metaphorisch gesprochen, die visuelle Perspektive und passt sie der fälschlich gefühlten Raumposition an. Man staunt zuerst, dass so etwas möglich ist, aber tatsächlich kennen wir alle solch unglaublich real wirkenden Halluzinationen: und zwar aus unseren Träumen.

Blanke und seine Kollegen konnten mit Hilfe der Magnetstimulation auch in gesunden Menschen Illusionen hervorrufen, die mit den außerkörperlichen verwandt sind. Die Probanden haben dabei zwar nicht den Eindruck, ihren Körper zu verlassen, aber sie erleben ebenfalls Störungen der Selbstwahrnehmung, und zwar *autoskopische Halluzinationen*: Ihnen scheint, als säßen sie sich selbst gegenüber. Nicht immer ist das so, als würde man in einen virtuellen Spiegel blicken. Oft sahen die Doppelgänger anders aus als die Versuchspersonen. Einige trugen fremde Kleidung oder hatten eine andere Frisur. Ein Proband berichtet, sein Gegenüber sei eine jüngere und vitaler wirkende Kopie von ihm gewesen, die ihn freundlich angelächelt habe. Diese Beobachtungen deuten darauf hin, dass die Erinnerungen der Versuchsperson zur Illusion beitragen.

In Nietzsches Werk *Also sprach Zarathustra* tritt die Hauptfigur in ein Zwiegespräch mit sich selbst. Mit Hilfe von Magnetstimulation kann jetzt jeder diese meditative Erfahrung machen. Selbst wenn man seinen Doppelgänger nicht kitzeln kann, so kann man doch zusammen das alte Spiel spielen: Wer zuerst lacht, verliert. Oder gewinnt.

Unsere Körper ist nicht nur ein «schutzlos Ding», wie Gernhardt sagt, sondern auch ein seltsames Ding: Er ist immer da und bleibt doch meist unscheinbar im Hintergrund. Unser Fühlen, Berühren und unser Gleichgewichtssinn sind zusammen unverzichtbar, um schon einfachste Bewegungen auszuführen. Gleichzeitig sind sie anfällig für Illusionen über die Grenzen oder gar die Position unseres Körpers. Und obwohl das Sehen oft das Fühlen übertrumpft, kann unser sprachlich verfasstes Wissen unser verzerrtes Fühlen nur mit Mühe geraderücken, denn das sitzt tief. Es ist so ähnlich wie bei einer guten Geschichte: Ganz gleich, was wir dabei denken oder uns vorstellen, am Ende zählt, ob sie uns berührt.

Leben Der Sinn des Todes

Manchmal erfasst mich eine tiefe Wehmut, wenn ich einen Kinofilm aus der Zeit sehe, als ich selbst noch ein Kind war. Vielleicht rufen diese Filme Erinnerungen an das Abenteuerleben von damals wach: Höhlen bauen, über Zäune klettern, heimlich ein Lagerfeuer machen. Vielleicht ist es die Erkenntnis, dass dieses sorglose Erkunden und Entdecken unwiederbringlich vorbei ist, diese Zeit, die noch Mysterien kannte. Aber vielleicht ist es auch beides, Gefühl und Gedanke: die angenehme Erinnerung an die Vergangenheit und die Ahnung der Endlichkeit, die unausgedrückte, allenfalls halbbewusste Einsicht, dass ich zur Zeit des Films ein Kind, doch die Menschen darin so alt wie ich heute waren, und dass ich heute so alt bin wie sie damals und bald so alt sein werde, wie sie es jetzt sind.

Manchmal werde ich nachdenklich, wenn ich Freunde von früher nach Jahren wiedertreffe. Obwohl unsere Lebenswege uns so weit voneinander entfernt haben, obwohl uns kaum noch etwas verbindet, so bleibt doch das Wissen, dass wir einmal eine gemeinsame Kindheit hatten. Und dann verliert sich mein Blick in diesem fast fremden Gesicht: In den Lachfalten sehe ich nur die Spuren der Zeit und damit die eigene Endlichkeit.

Manchmal spüre ich einen Schauder, wenn ich daran denke, dass jedes Ziel so ungeheuer winzig ist im fast leeren Weltall, ganz gleich, wie großartig es erscheinen mag, und dass jedes noch so erfüllte Leben flüchtig und bedeutungslos ist in der ewigen Zeit.

Doch diese Momente der Wehmut verschwinden, die großen Gedanken verfliegen, und alles ist dann wieder so wichtig und dringend, wie es immer war: meine Wünsche und Pläne, meine

Erlebnisse und Taten und mein ganzes Leben. Was könnte wichtiger sein?

Memento mori!

Nietzsche spricht in der *Fröhlichen Wissenschaft* ebenfalls von Wehmut, allerdings als Teil eines gemischten Gefühls: «Es macht mir ein melancholisches Glück, mitten in diesem Gewirr der Gäßchen, der Bedürfnisse, der Stimmen zu leben: wieviel Genießen, Ungeduld, Begehren, wieviel durstiges Leben und Trunkenheit des Lebens kommt da jeden Augenblick an den Tag! Und doch wird es für alle diese Lärmenden, Lebenden, Lebensdurstigen bald so stille sein!» So stellt Nietzsche fest, wie eigenartig es sei, dass die Menschen in ihren Tagesgeschäften so selten an den Tod denken, obwohl er uns allen gewiss ist.

Wenn wir an unsere Sterblichkeit denken, fragen wir selten, ob unser Leben eine Bedeutung hat, die hinausgeht über die Bedeutung, die es in jedem Moment für uns selbst hat. Wir alle wissen, dass wir sterblich sind. Doch dieses Wissen ist abstrakt: Es ist leicht in Worte zu fassen, doch schwer zu begreifen. Selbst wenn wir uns den Tod vor Augen führen, bleibt der Gedanke oft folgenlos. Wir haben bloß eine Ahnung, wir spüren ein Frösteln, wenn uns für einen Moment in dieser besonderen Weise ganz bewusst ist, dass alles ein Ende hat.

Im Alltag werden wir oft an den Tod gemahnt, beispielsweise durch Flutopfer oder Kriegstote in den Nachrichten. Und doch bleiben wir merkwürdig unbeteiligt dabei. Viel stärker trifft es uns, wenn wir die Sterblichkeit nah und direkt, fast körperlich, erfahren: durch einen Unfall vor der eigenen Haustür, eine schwere Krankheit oder den Tod von Verwandten. Vor einigen Generationen starben Menschen noch daheim in ihren Betten: Erwachsene an Tuberkulose oder Altersschwäche, Kinder an Diphtherie oder schon bei der Geburt. Das Sterben war sicherlich so schrecklich wie heute, aber Teil der alltäglichen Erfahrung. Heute ist es meist ausgelagert in Krankenhäuser und Seniorenheime.

Sobald man über das Sterben nachdenkt, das eigene und das der anderen, finden sich überall Anzeichen, dass der Tod das Leben begrenzt. Die Endlichkeit ist seit jeher ein zentrales Thema in den Künsten und der Literatur. Tausendfach variiert die bildende Kunst das *Vanitas-Motiv*, die Vergänglichkeit alles Irdischen: die Sanduhr, der sterbende Schwan, Stillleben mit Trockenblumen, Obst und abbrennenden Kerzen. Schädel auf T-Shirts gedruckt oder diamantenbesetzt am Ringfinger. Haie in Formalin, Skelette in den Reliefs gotischer Kirchen und im Emblem von Nachtclubs. All diese Symbole sagen: «Memento mori!» – Bedenke, dass du sterben musst!

Ob nur versteckt und angedeutet oder deutlich und drastisch: Der Tod ist ebenso Thema der Weltliteratur. Dort verweisen oft schon die Titel auf Unheil und Verfall: *Tod in Venedig, Dantons Tod, Die Pest, In der Strafkolonie, Krieg und Frieden, Verbrechen und Strafe, Les Miserables, Endspiel.* Auf eigenartige Weise erschrecken und faszinieren uns Tod und Tote, sodass wir bei aller Fremdheit nicht von dem Thema loskommen. Doch warum?

Tote und Tabu

In Thomas Manns *Zauberberg* betrachtet der junge Hans Castorp seinen gerade verstorbenen Großvater. Ihn beeindruckt die «feierlich-geistliche» Dimension des Todes: der aufgebahrte Großvater inmitten von Blumen und Palmenwedeln. Gleichzeitig ekelt er sich vor dem Leichnam: «Der kleine Hans Castorp betrachtete den wachsgelben, glatten und käsig-festen Stoff, aus dem die lebensgroße Todesfigur bestand, das Gesicht und die Hände des ehemaligen Großvaters. Eben ließ eine Fliege sich auf die unbewegliche Stirne nieder und begann, ihren Rüssel auf und ab zu bewegen.» Dabei meint Castorp eine «ganz eigentümliche Ausdünstung zu verspüren».

Der französische Anthropologe Pascal Boyer nimmt an, dass der Leichnam schon seit den Anfängen der Menschheit die Hinterbliebenen in dieses von Castorp empfundene Gefühlsparadox gestürzt hat. Die Leiche aktiviert zwei Informationssysteme in unserem Geist. Zum einen das System «Person», denn der Tote hat gerade noch geatmet. Freunde und Verwandte sehen ihn wie einen Lebenden. Der Anblick ruft all die positiven Erinnerungen, die ganze «Personenkartei», ins Gedächtnis, wie Boyer sagt. Gleichzeitig schaltet sich aber auch das System «Gefahr» ein, denn unsere angeborene Scheu vor toten Wesen unterscheidet nicht zwischen Menschen und anderen Tieren. Wer schon einmal einen Kadaver gerochen hat, weiß, wie unmittelbar und körperlich dieser Abwehrmechanismus einsetzt.

So streiten zwei Neigungen in uns: Wir wollen die verstorbenen Verwandten und Bekannten berühren und umarmen, doch gleichzeitig schrecken wir vor dem Leichnam zurück und wollen uns abwenden. Die angeborene Angst vor Toten ist Boyer zufolge evolutionär begründet, denn sie hat befördert, dass Menschen Leichen mit ihren Krankheitserregern mieden. Das Motiv des ansteckenden Un-Toten findet sich übrigens in vielen Kulturgeschichten, bis hin zu den Vampirmythen und Zombiefilmen unserer Zeit.

Wenn wir auf den Leichnam blicken, sehen wir immer noch die Person, obwohl bloß ihr funktionsloser Körper zurückgeblieben ist. Ein Kollege von mir meinte einmal: Vor dem offenen Sarg sagt die Trauergemeinde zwar: «Da liegt Opa», philosophisch korrekt wäre aber: «Da ist die Substanz, die von dem übrig geblieben ist, den wir früher ‹Opa› genannt haben.»

Boyer weist nach, dass sich nur in den wenigsten Kulturen eine Reflexion über die eigene Existenz und die Sterblichkeit findet, auch wenn der Tod überall ein Thema ist. Der Tod war immer der Tod eines anderen als konkretes Ereignis. Boyer vermutet, dass die frühen Jägerkulturen wenig Zeit hatten, den Tod ihrer Verwandten zu zelebrieren. Erst mit der Sesshaftigkeit entwickelten die Menschen Kulte. Dabei sei der Leichnam das zentrale Motiv gewesen. Bestattungsrituale entstanden nicht aus

Furcht vor dem Tod, so Boyer, sondern vor allem aus Furcht vor den Toten.

Der Zwiespalt zwischen Abscheu und Zuneigung zeigt sich besonders deutlich in den aufwendigen Bestattungsmethoden der Kulturgeschichte: Irgendwie wollten die Menschen die Person erhalten und gleichzeitig die Verwesung des Leichnams verhindern oder auslagern. Die altägyptische Kunst der Einbalsamierung kann als Versuch gelten, den Menschen durch Konservierung seiner Überreste zu bewahren. Andere Kulte haben sich weiter vom Leichnam entfernt: Totenmasken aus Ton oder aus Metall, wie die sogenannte «Goldmaske des Agamemnon» aus Mykene, verewigen nur noch das Gesicht des Verstorbenen, während die leiblichen Überreste längst verschwunden sind.

Diese Abstraktion ist über Jahrtausende fortgeschritten: Bald ersetzte die Schrift auf Grabsteinen den Maskenkult. Der Stein konserviert nicht mehr den Menschen oder seine Gestalt, sondern allenfalls die Erinnerung an ihn. Heutzutage finden sich auf Friedhöfen sogar Platten, die nicht einmal mehr einen Namen tragen und so nur die Eingeweihten an die Verstorbenen erinnern. Übrigens hat Groucho Marx den Gräberkult ganz in seinem Sinne gedeutet. In einem Interview meinte er einmal, man solle ihn direkt über Marilyn Monroe begraben mit der Inschrift: «Pardon, aber ich kann nicht aufstehen!» Peter Ustinov wünschte sich als Epitaph: «Rasen betreten verboten!»

Manche Grabesbräuche wirken seltsam und provozieren eine ironische Distanz. Nicht nur im Altertum suchten Angehörige auf ungewöhnlichen Wegen eine besondere Nähe zu ihren Verstorbenen. Dieses Phänomen findet sich auch in unserer Zeit. Angeblich haben Freunde des erschossenen Rappers Tupac Shakur dessen kremierte Überreste geraucht, um ihn damit zu ehren. Das hat im Musikgeschäft Tradition: Keith Richards von den *Rolling Stones* hat in einem Interview behauptet, er habe die Asche seines Vaters zusammen mit einer Prise Kokain geschnupft – auch eine Art, seinen Liebsten ganz nah zu sein.

Nicht nur der Leichnam, auch das Ereignis des Todes war ein starker Kulturgenerator. Der natürliche Tod, bei dem äußerlich sichtbare Einwirkungen fehlen, blieb über Jahrtausende unverstanden. Da Menschen dazu tendieren, das Rätselhafte und Abstrakte durch das Bekannte und Konkrete zu erklären, versinnbildlichten sie den Tod als Killer. In der europäischen Kultur greift der Gevatter daher gerne zur Sense. Noch heute können wir übrigens mit dem Tod wie mit einem Menschen «ringen» und «kämpfen». Dass der personifizierte Tod wie ein Toter aussieht, versteht sich von selbst.

Obwohl die Biologie des Sterbens heute besser verstanden ist als in den Jahrtausenden zuvor, bleibt der Tod eines der letzten *Tabus* unserer Gesellschaft. Ein Tabu ist, worüber man nicht denken und sprechen darf. Die Klassiker waren immer: Götter, Geld, Sex, Ausscheidungen und eben der Tod. Das zeigt sich in den unzähligen *Tabuismen*, also Wörtern, die man anstelle der verbotenen verwendet. Wir sprechen vom «Beischlaf» und «Liebesspiel», wenn es doch nur um Sex geht. Früher sagten die Menschen «Igitt» statt «O Gott», weil sie Angst vor dem Wort «Gott» hatten, oder sie sprachen von dem «Herrn». Und wir «sterben» nicht einfach, sondern wir «entschlafen». Inzwischen scheut sich kaum noch jemand, über Gott, Geld oder Sex zu sprechen. Der Tod ist ein Tabu geblieben, ein Thema, bei dem sich die Stimmen senken und die Rede ins Stocken gerät. Dennoch:

Was ist der Tod?

Nehmen wir an, Onkel Toby stürzt und fällt so unglücklich, dass sein Herzschlag aussetzt. Die Sanitäter treffen schnell am Unfallort ein. Sie reanimieren ihn durch eine Herzmassage. Im Krankenhaus kommt er wieder zu Bewusstsein. Doch eine Woche später hat Onkel Toby einen Schlaganfall. Sein Hirn ist mit Sauerstoff unterversorgt. Er fällt in ein *Wachkoma*, ist also in einem *vege-*

tativen Zustand. Die Ärzte können im Haupthirn keine relevante Aktivität mehr messen. Herz und Lunge arbeiten zwar noch, aber schon bald bekommt Onkel Toby eine Lungenentzündung. Die Verwandten entschließen sich, ihn nicht behandeln zu lassen.

Onkel Toby ist dann zwei Tode gestorben: zuerst den *Herztod*, denn Toby war für einige Zeit «klinisch tot», wie es manchmal heißt. Sein Herz hat nicht mehr geschlagen, und er hat nicht mehr geatmet. Wären die Sanitäter nicht rechtzeitig eingetroffen, wäre er an diesem Herzkreislaufstillstand gestorben. Nach dem Schlaganfall hingegen erlitt er den *Hirntod*: Er hörte auf, eine Person zu sein, obwohl noch wochenlang warmes Blut durch seinen Körper floss.

Man kann den Tod an einem dieser beiden Merkmale festmachen, nämlich an den *Vitalfunktionen*, also Atmung, Herzschlag und Stoffwechsel, oder am *Bewusstsein* einer Person. Beide Merkmale fielen in der Vergangenheit fast immer zusammen, denn sobald die Vitalfunktionen aussetzten, hörte auch das Bewusstsein auf zu arbeiten.

Durch die moderne Medizin kann man jedoch den Hirntod vom Herztod abkoppeln. Intuitiv halten wir Menschen für lebend, wenn sie einen warmen Körper haben. Das sitzt stammesgeschichtlich so tief in unserer Kategorisierung der Welt, dass wir uns zunächst dagegen wehren, einen Menschen mit schlagendem Herzen für tot zu erklären. Der Umgang mit unheilbaren Komapatienten führt daher weltweit zu heftigen ethischen Debatten, denn es fällt uns schwer, unseren Begriff eines körperlichen Todes mit dem eines Todes des Bewusstseins zur Deckung zur bringen.

Allerdings kennen wir die Loslösung des einen vom anderen schon aus Märchen und Filmen: Darin haben Geister ein Bewusstsein, aber keinen Körper, und Zombies einen Körper, aber kein Bewusstsein. Diese Unterscheidung ist noch an anderer Stelle relevant: Wer beispielsweise an Demenz erkrankt, verliert nach und nach seine Vernunft und alle Merkmale seiner Persönlichkeit. Doch die Empfänglichkeit für Sinnesreize bleibt bis zum Schluss. Das unterscheidet den Demenzkranken vom Menschen im Wachkoma.

Der fortgeschrittene Demenzkranke ist ein empfindendes Wesen ohne Vernunft. Der Wachkomapatient ist nicht einmal mehr das.

Heute gehen viele von einer dritten, noch präziseren Todesdefinition aus: Der Tod ist das *unumkehrbare Ende* der Lebensfunktionen. Der Grund ist folgender: Es könnte ja sein, dass die Verwandten Onkel Toby nach seinem Ableben in einen Behälter mit flüssigem Stickstoff überführen lassen. Angenommen, in weiter Zukunft haben Mediziner die Fähigkeit, Hirnschäden vollständig zu reparieren: Dann könnte Onkel Toby wieder zum Leben erwachen. Tot zu sein heißt also weder, nicht mehr zu atmen, noch, kein Bewusstsein mehr zu haben, denn beides könnte nach einem zeitweiligen Aussetzen zurückkehren. Erst wenn das ausgeschlossen ist, kann man wirklich vom «Tod» sprechen.

Wer glaubt, diese Wiederbelebungsphantasien fänden sich nur im Genre der Science-Fiction, wie in der Zeichentrickserie *Futurama*, der irrt. Schon heute liegen Hunderte Menschen in Stickstoffbehältern verwahrt, oder «suspendiert», wie es in der Sprache der *Kryoniker* heißt, deren Name sich von altgriechisch «kryos» für «kalt» herleitet. Vor allem in Amerika bieten Privatunternehmen gegen eine Mietpauschale an, Menschen nach ihrem Tod so lange kühl zu lagern, bis man sie wieder ins Leben zurückholen kann. Waren es in den sechziger Jahren noch die ganzen Körper, bewahren die Experten heute nur noch die Hirne der Verstorbenen in kochtopfartigen Behältern auf. Sollte die Wiederbelebung gelingen, wird es Fälle geben, in denen Menschen nicht mehr leben und trotzdem nicht tot sind.

Nicht mehr atmen, nicht mehr denken, nicht mehr da sein: Diese drei Charakteristika klingen, als würden Philosophen über drei verschiedene Todesbegriffe streiten. Doch bei genauerer Betrachtung haben wir alle denselben vorwissenschaftlichen Begriff: Wer tot ist, steht nicht mehr auf und kommt niemals wieder. Die moderne Naturwissenschaft kann lediglich die biologischen Bedingungen für das unumkehrbare Ende genauer bestimmen und daher den alltäglichen Todesbegriff präzisieren.

In den USA, einem demokratischen Rechtsstaat, sitzen über 3000 Menschen im Todestrakt und warten auf ihre Hinrichtung. Viele Menschen kritisieren nicht nur die tatsächliche Praxis der Hinrichtung als grausam, sondern auch, dass die Verurteilten so lange mit ihrem bevorstehenden Tod konfrontiert sind. Denn bis alle rechtlichen Mittel der Revision ausgeschöpft sind, können Jahre oder gar Jahrzehnte vergehen. Paradoxerweise ist dadurch die Lebenserwartung eines Todeskandidaten höher als die eines Drogendealers in einer amerikanischen Großstadt, der früher oder später bei Territorialkämpfen erschossen wird, wie der indisch-amerikanische Soziologe Sudhir Venkatesh gezeigt hat.

Der Tod verkürzt das Leben. Der zum Tode Verurteilte und der Drogendealer müssen mit einem verkürzten Leben rechnen. Der Verurteilte kann sein verbleibendes Leben nicht wie ein gewöhnlicher Insasse leben, weil er sein Ende immer vor Augen hat. Ein Straßendealer kann auch damit rechnen, dass er nicht länger als zehn Jahre zu leben hat. In diesem Punkt gleichen beide Perspektiven einander. Und dennoch scheint der Gedanke an einen erwartbaren, aber nicht festgelegten Tod leichter erträglich.

Bei Licht betrachtet, sind wir natürlich alle von Geburt an zum Tode verurteilt. Einige Forscher gehen sogar davon aus, dass wir schon mit der Verschmelzung von Samenzelle und Ei zu altern beginnen. Spätestens jedenfalls, wenn wir nicht mehr wachsen, wird das Altern zu einer tödlichen Krankheit: Wir vergreisen. Mit jedem Atemzug, jedem Bissen und jedem Schluck Wasser schaden wir unseren Zellen. Zwar gelangen lebensnotwendige Stoffe in unseren Körper, aber gleichzeitig zerstört dieser Stoffwechsel die Struktur der Zellen. Sie reparieren sich nämlich auf Dauer nur unzureichend: Unser Haar ergraut und fällt aus, die Haut wird faltig und fahl, die Gelenke verschleißen, der Lungenaushub nimmt ab, und das Zahnfleisch bildet sich zurück.

Der Alterungsprozess ist einer der am wenigsten verstandenen Vorgänge der Natur. Weil man die Zellschäden auf Oxidation zurückführen kann, war die *Schadenstheorie* des Alterns lange Zeit dominant in der Biologie. Allerdings kann sie zwar die Mechanismen des Verfalls aufzeigen, aber nicht erklären, warum die Zellreparatur ab einem bestimmten Zeitpunkt nur noch so dürftig funktioniert.

Die Lebenserwartung des Menschen hat sich durch Fortschritte in der Medizin und durch eine bessere Ernährung im letzten Jahrhundert fast verdoppelt. Dennoch sind sich die Forscher einig, dass Menschen heutzutage selbst unter idealen Bedingungen kaum älter als 120 Jahre werden können. Für Langlebigkeit könnte ein seltenes Gen zuständig sein, wie vergleichende Studien an Hundertjährigen gezeigt haben. Doch auch diese hochbetagte Spezialeinheit der Menschheit ist dem Tod geweiht.

Einige Lebewesen altern nicht und könnten daher im Prinzip unendlich lange leben, beispielsweise Süßwasserpolypen, Seegurken, Pilze und die Qualle *Turritopsis nutricula*, die sich in der ewigen Pubertät befindet: Nachdem sie die Geschlechtsreife erreicht hat, kann sie sich wieder in den Zustand der Kindheit zurückentwickeln. Das geht beliebig oft hin und her, wenn nichts dazwischenkommt.

So ist nicht nur das Altern unverstanden, sondern auch dessen evolutionäre Funktion. Denn während sich die ersten Lebewesen auf der Erde bloß teilten, setzte das genetisch gesteuerte Altern erst spät in der Entwicklungsgeschichte ein. Welchen Vorteil könnte es also für unsere Vorfahren gehabt haben? Einem Ansatz zufolge ist der programmierte Tod zwar schlecht für das Individuum, doch gut für die Spezies, denn wer sich schon fortgepflanzt hat, nimmt der nachwachsenden Generation die Rohstoffe weg. Wenn die Alten also von selbst sterben, ist mehr für die Nachfahren da. Problematisch an dieser These ist allerdings, dass viele Beutetiere in der Wildbahn gefressen werden, bevor sie an organischen Ursachen sterben würden. Im Zoo leben sie zwar deutlich länger, sind aber dennoch nicht unsterblich. Die Frage lautet also: Warum läuft selbst bei diesen Tieren der biologische Todesplan ab, wenn sie ihn doch gar nicht benötigen? Vermutlich ist der Grund profaner: Perfekte Zellreparatur kostet viel Energie. Die benötigen komplexe Lebewesen wie Wirbeltiere aber vor allem, um sich gegen Verletzungen durch Angriffe zu schützen. Von unseren Vorfahren haben also eher diejenigen überlebt, bei denen die Außenheilung, beispielsweise die der Haut, im Vordergrund stand. Und das ging dann auf Kosten der Organheilung.

Ewige Jugend garantiert ohnehin nicht Unsterblichkeit, denn jedes Wesen ist tötbar: Es kann durch äußere Umstände ausgelöscht werden. Außerdem folgt das Ende allen Lebens aus dem zweiten Hauptsatz der *Thermodynamik*, der Wärmelehre: Unumkehrbar nimmt nämlich die *Entropie* zu, die *physikalische Unordnung*, also, vereinfacht gesagt, die Gleichverteilung von Materie und Energie im Universum. Um sich das zu veranschaulichen, muss man nur einen Eiswürfel in ein Glas mit Wodka geben und warten, bis er sich auflöst. Vorher hatten Eis und Alkohol einen hohen *Ordnungszustand*: Jetzt sind beide Substanzen bei gleicher Temperatur gleichmäßig vermischt.

Da sich Energien zwischen allen Stoffen auf diese Weise austauschen, kann dem Universum der *Wärmetod* bevorstehen: Irgendwann sind Materie und Energie so gleichmäßig verteilt, dass Temperaturunterschiede oder die potenzielle Energie der Materie nicht mehr in gerichtete Bewegung umgewandelt werden können. Leben kann schon lange zuvor nicht mehr existieren, denn Lebewesen sind besonders *ordentliche*, also komplexe Energieprozesse. Sie widersetzen sich zwar der Entropiezunahme, doch nur innerhalb ihrer kleinen Biosphäre. Um unsere Lebensfunktionen aufrechtzuerhalten, stellen wir Unordnung her: Wir verdauen Pflanzen und Tiere zu Kot, verbrennen Erdöl und Kohle zu Kohlenstoffdioxid und geben bei jeder Bewegung Reibungswärme ab. Dabei entsteht viel Entropie. Unsere Ordnung erhalten wir also auf Kosten größerer Unordnung. Hat die Unordnung im Universum einen Punkt überschritten, ist es nicht mehr bewohnbar.

So wie das Sterben ist auch noch unverstanden, was eigentlich genau ein Lebewesen ist. Hier sind die definierenden Merkmale ebenfalls umstritten, was sich unter anderem in der Frage äußert, ob Viren überhaupt Lebewesen sind. Sie enthalten zwar Gene, haben aber keine Zellstruktur und keinen unabhängigen Stoffwechsel. Als Merkmal des Lebens gilt typischerweise das Zusammenspiel von Wachstum, Fortpflanzung, Stoffwechsel, Selbstregeneration und Bewegung. Doch es ist fraglich, ob wir beispielsweise Maschinen als Lebewesen behandeln würden, wenn sie all diese Kriterien erfüllten.

Ganz gleich, wie weit man den Begriff des Lebens fassen will: Lebewesen unterscheiden sich von unbelebten Dingen vor allem darin, dass sich ihre Bestandteile, also die Zellen, verändern und austauschen. Auch unbelebte Gegenstände können aufhören zu existieren: Ein Stein kann zerbröseln, eine Holzhütte verrotten. Organismen zählen zwar auch zu den physischen Gegenständen, aber sie existieren, grob gesagt, als *Funktionsprozesse*: Nur durch die kontinuierliche Veränderung einzelner Zellen hält sich das Ganze im Gleichgewicht.

Menschen sind eine besondere Art von Organismen, nämlich Personen, also Wesen mit Bewusstsein, Vernunft und Erinnerungen. Diese geistigen Fähigkeiten hängen von der Funktionsweise des Hirns ab. Wenn das nicht mehr funktioniert, hören wir auf zu sein. Das liegt in der Natur, vermutlich sogar in unseren Genen. Doch nicht alles in der Natur ist gut. Wie ist es beim Tod?

Gut, schlecht, egal

«Der Tod ist Entertainment, weil er uns alle angeht. Wir wollen nicht wissen, wann, wir wollen nicht wissen, wie, aber er ist unser Schicksal. Wir müssen alle sterben», sagt der Rapper Curtis James Jackson III, besser bekannt unter seinem Künstlernamen «50 Cent», in einem Interview mit dem Nachrichtenmagazin *Der*

Spiegel. Er steht damit in einer langen philosophischen Tradition, die von Sokrates und Epikur über Nietzsche und Camus bis in die Gegenwart reicht. Sie alle haben darüber nachgedacht, welche Rolle der Tod für das Leben spielt.

Drei Haltungen dem Tod gegenüber kann man unterscheiden: die *positive*, die sagt: «Erst der Tod gibt dem Leben eine Bedeutung», die *negative*, die sagt: «Der Tod ist ein Übel», und die *neutrale*, die sagt: «Der Tod geht uns nichts an.» Die neutrale Position scheint zuerst weit hergeholt, immerhin haben Menschen Angst zu sterben, und immerhin ist der Tod ein großes, wenn auch manchmal tabuisiertes Thema in allen Kulturen. Wie kann man dann behaupten, der Tod sei egal?

Zur Verdeutlichung dieser Haltung ein Beispiel: Vor vielen Jahren hatte ich eine Operation unter Vollnarkose. Schon auf der Fahrt durch die Krankenhausflure war ich von den Beruhigungsmitteln benommen. Im Operationssaal setzte dann die Narkose ein, und die Welt verschwand. Als ich im Krankenzimmer erwachte, war das Letzte, woran ich mich noch erinnern konnte, die große runde Lampe über mir. Vielleicht hatte ich während der Operation Gefühle oder Gedanken. Daran konnte ich mich jedenfalls nicht erinnern. Rückblickend hatte ich den Eindruck, dass mein Bewusstsein während der Narkose ausgelöscht war. Wenn man so will, habe ich für eine Zeit aufgehört zu sein.

Wenn wir über den Tod nachdenken, nehmen wir oft die *Außenperspektive* ein. Wir stellen uns vor, wie wir im Sarg liegen und unsere Freunde und Verwandte um unser Grab herumstehen. Für die Philosophie des Todes ist allerdings die *Innenperspektive* entscheidend, genauer, dass es keine Innenperspektive mehr gibt. Daher können wir uns den Tod auch nicht bildlich vorstellen, denn jede Vorstellung setzt uns als denkende Personen voraus. Wer schon einmal ohnmächtig oder narkotisiert war, kann allenfalls die Zeitspanne des Nicht-Seins rekonstruieren: Da war einfach gar nichts da, an das man sich erinnern könnte. «Den Tod erlebt man nicht», sagt Wittgenstein. Der Tod ist die Negation jeglichen Erlebens.

Wie kann man diese Negation fürchten?, fragt der antike griechische Philosoph Epikur, der prominenteste Vertreter der Todesgleichgültigen. Sein Argument ist ganz einfach: «Das schauerlichste Übel also, der Tod, geht uns nichts an; denn solange wir sind, ist der Tod nicht, und wenn der Tod ist, sind wir nicht mehr.» Wichtig für diese Position ist der Unterschied zwischen *sterben* und *tot sein*. Wer im Sterben liegt, mag Schmerzen oder Angst haben. Aber das Ereignis des Todes ist der Wechsel von Existenz zu Nichtexistenz. Die Person verschwindet. Wenn niemand mehr da ist, der etwas spüren kann, haben auch «negativ» und «positiv» gar keine Anwendung. So zumindest denkt Epikur.

Ein berühmter Vorläufer von Epikur war Sokrates, der den Tod ebenfalls nicht fürchtete, allerdings aus anderen Gründen. Sokrates wird zum Tode verurteilt, weil er angeblich die Jugend verdorben und gegen die Götter gefrevelt habe. Eine Gelegenheit zur Flucht schlägt er aus. In seiner von Platon aufgezeichneten Verteidigungsrede, der *Apologie*, führt Sokrates ein Argument für seine These an, dass Philosophieren heiße, sterben zu lernen. Er kann sich gar nichts Großartigeres vorstellen, als in der Unterwelt mit den Seelen der Toten in alle Ewigkeit zu diskutieren. Seine Rede schließt er mit den Worten: «Jedoch, es ist Zeit, dass wir gehen, ich, um zu sterben, und ihr, um zu leben. Wer aber von uns zu dem besseren Geschäft hingehe, das ist allen verborgen, außer Gott.» Dann trinkt er aus dem Giftbecher und stirbt. Platon zufolge hatte Sokrates keine Angst vor dem Tod – vermutlich weil er an eine Existenz danach glaubte.

Doch für die von uns, die nicht daran glauben: Ist es so abwegig, den Tod zu fürchten? Sicher, ich habe während der Narkose nichts gespürt, aber dennoch bin ich heute froh, dass ich wieder erwacht bin, auch wenn *ich* meinen Tod nicht mitbekommen hätte. Was wäre mir alles vorenthalten geblieben? Epikur hat recht: Wir können das Nichtsein nicht erleiden. Aber wir fürchten ja nicht den Zustand, in dem wir nicht mehr sind, sondern eher die Tatsache, *dass* wir einmal nicht mehr sind.

Ein späterer Verfechter der epikureischen Gleichgültigkeit

ist der römische Philosoph Lukrez, der zur Zeit von Julius Caesar gelebt hat. Lukrez stellt fest, dass jedes Leben zwischen zwei unendlich langen Phasen der Nichtexistenz liegt. Sein *Symmetrieargument* sagt: Wenn uns jetzt die Nichtexistenz vor unserer Geburt nicht stört, warum sollte uns die nach dem Tod stören? Auch dieses Argument klingt zunächst plausibel. Doch irgendwie kann es weder unsere Todesfurcht noch unseren Lebenswillen auslöschen, denn einmal von der süßen Frucht gekostet, möchten wir immer weiter essen.

Außerdem: Was kümmert mich die Vergangenheit? Irgendwie haben wir diese «Voreingenommenheit» gegenüber der Zukunft, wie der englische Philosoph Derek Parfit sagt. Uns ist wichtiger, was kommen wird, und nicht, was war. Wir wollen lieber, dass das Schlechte hinter und das Gute vor uns liegt. Eine Freundin von mir sagt: Der Tod ist demokratisch, denn irgendwann erwischt er jeden. Zugegeben, das ist fair – und trotzdem ungerecht. Warum muss ich gehen, wenn es gerade so schön ist? Das ist ein bisschen so, als dürfte ich nicht mit auf die gemeinsame Klassenfahrt.

Im Gegensatz zu Epikur und Lukrez halten einige moderne Philosophen den Tod für negativ, weil er uns unserer Möglichkeiten beraubt. Mit dem Ende des Lebens verlieren wir alles, was wir wertschätzen: Wahrnehmen, Fühlen, Denken. So argumentiert der amerikanische Philosoph Thomas Nagel. Er behauptet sogar, dass wir diese Bewusstseinszustände selbst dann wertschätzen, wenn sie durchgehend negativ ausfallen, fast so, als lebten wir nach der Devise: Ob Spaß oder Schmerzen – Hauptsache, was erleben. Vermutlich ist das etwas übertrieben, denn ein kranker, einsamer und depressiver Mensch könnte einen guten Grund haben, lieber tot zu sein. Doch normalerweise hängen wir alle an unserem Leben, und sei es nur wegen der kleinen Freuden des Alltags.

Nagels englischer Kollege Bernard Williams argumentiert ähnlich: Zumindest der verfrühte Tod ist schlecht, weil er uns die Möglichkeit nimmt, unsere Wünsche umzusetzen. Und die treiben uns an und geben unserem Leben einen Gehalt. Ein Wesen ohne Wünsche wäre apathisch und gar nicht lebensfähig. Nagel und Williams stellen also dem subjektiv erlebten *Leiden* das objektive *Leid* gegenüber, das auch «Übel» oder «Unglück» genannt wird: Weil er uns etwas nimmt, fügt der Tod uns ein Leid zu, auch wenn wir ihn nicht erleiden.

Wer will ewig leben?

Williams geht noch einen Schritt weiter. Ihm zufolge ist *allein* der zu frühe Tod ein Übel. Erst die Sterblichkeit gebe dem Leben eine Bedeutung. Nur wer weiß, dass alles ein Ende hat, nimmt seine Ziele ernst und will etwas erreichen. Damit vertritt Williams die dritte, die positive Sicht auf den Tod. Um die genauer zu verstehen, muss man sich erst einmal klarmachen, was es heißt, unsterblich zu sein.

Die französische Philosophin und Schriftstellerin Simone de Beauvoir beschreibt in ihrem Roman *Alle Menschen sind sterblich* die Figur Raimon Fosca, der als Unsterblicher schon seit Jahrhunderten auf der Erde wandelt. Fosca hat ein teilnahmsloses Gesicht. Er empfindet alles als langweilig und bedeutungslos: sein Leben und besonders die alltäglichen Aufgeregtheiten der Sterblichen um ihn herum.

De Beauvoir zählt mit ihrem Lebensgefährten Jean-Paul Sartre und mit Albert Camus zu den wichtigsten Vertretern des *Existenzialismus*, einer halb philosophischen, halb literarischen Strömung in der französischen Nachkriegsphilosophie. Die Existenzialisten begeisterten sich für Themen der menschlichen Lebensführung: Freiheit und Zwang, Entfremdung und Authentizität und, wie der Name schon sagt, Sinn und Unsinn der menschlichen Existenz. De Beauvoirs Figur Fosca erlebt die vermeintliche Leere des Lebens besonders eindringlich, weil sich für ihn alles tausendfach wiederholt. Seine Unsterblichkeit ist kein Segen, sondern ein Fluch.

Williams zielt in die gleiche Richtung wie de Beauvoir. Das

Wissen um die eigene Sterblichkeit ließe unser Leben erst bedeutungsvoll erscheinen, denn wären wir unsterblich, würden uns früher oder später Langeweile und Antriebslosigkeit erfassen: Jede Handlung könnten wir aufschieben, nichts müsste erledigt werden, alle Ziele verlören ihre Dringlichkeit. Wer so argumentiert, denkt an Figuren wie Fosca, kennt aber nicht den Film *Highlander* aus dem Jahr 1986, geschweige denn die Science-Fiction-Reihe *Perry Rhodan*, von der mehr als eine Milliarde Hefte verkauft wurden. Der Astronaut Perry Rhodan, geboren im 20. Jahrhundert, erhält von höheren Wesen einen «Zellaktivator», der ihm ewige Jugend garantiert. In den darauffolgenden 3000 Jahren kommt keine Langeweile auf. Im Gegenteil: Er kolonialisiert die Galaxie, wird Präsident der Menschheit und kämpft gegen Riesenameisen und andere bizarre Außerirdische. Warum soll das verlängerte Leben routiniert und langweilig werden?

So fragen auch Nagel und sein amerikanischer Kollege John Martin Fischer. Williams hat auf diesen Einwand allerdings eine Antwort. Ihm zufolge ist es eine Frage der Ereignisdichte und der Länge. Spätestens nach Jahrmillionen würde sich alles wiederholen, weil es nichts mehr zu entdecken gäbe. Auch diese These ist fraglich. Immerhin entstehen jeden Tag aufs Neue grundlegende Wünsche in uns: Von Sex und gutem Essen können wir gar nicht genug kriegen. Schokolade beispielsweise schmeckt immer gleich, und dennoch können wir täglich Lust darauf haben. Warum soll das nicht in alle Ewigkeit so weitergehen?

Auch unsere langfristigen Wünsche und Pläne müssen nicht im Angesicht der Unsterblichkeit verschwinden. Wir wollen ja nicht deshalb studieren oder einen Beruf ergreifen, weil wir immer vor Augen haben, dass wir sterben müssen. Wenn das Wissen um die Sterblichkeit schon im Alltag keine Rolle spielt, warum sollte das ewige Leben davon bestimmt sein? Im Gegenteil: Wir müssen ja gerade schmerzlich erkennen, dass jede Abzweigung in unserem Werdegang andere Möglichkeiten für immer verschließt. Der deutsche Philosoph Hans Blumenberg nennt das die «Schere zwischen Lebenszeit und Weltzeit». Irgendwann erkennen wir, dass unser

Leben niemals ausreichen wird, um alles Erfahrbare der Welt zu erfassen. Als Unsterbliche hingegen könnten wir all die Lebenswege beschreiten, die uns vorher verwehrt blieben: Wir könnten nacheinander Musiker, Vagabunden, Weltreisende, Architekten und Ärzte werden. Übrigens würde uns dann niemand fragen, ob wir unser Studium in der Regelstudienzeit durchgezogen haben.

Williams gibt noch einen anderen Punkt zu bedenken: Unser Verstand und unsere Erinnerungsfähigkeit definieren uns als Individuen, doch beide sind begrenzt. Mit den Jahrtausenden würden wir Altes vergessen und Neues hinzulernen, unsere Interessen und Pläne würden sich allmählich austauschen, bis wir irgendwann völlig andere Personen wären. Dieser Punkt hat sicher etwas für sich. Auf den ersten Blick würde uns der Wandel vermutlich nicht stören. In jedem Augenblick wüssten wir ja, wer wir sind und was wir wollen, auch wenn wir irgendwann keine Ähnlichkeit mehr mit unserem früheren Selbst hätten. Das heißt aber umgekehrt: Irgendwann in der Zukunft wird jemand anderes aus uns hervorgehen und das käme, strenggenommen, unserem Sterben gleich.

Fast alle Menschen finden die Vorstellung ewiger Jugend verlockend, also in der Blüte ihres Lebens nicht mehr zu altern. Umso erstaunlicher, dass die Menschheit nicht all ihr Forschen und Streben gerade darauf konzentriert, das Altwerden zu stoppen. An der tatsächlichen Unsterblichkeit arbeiten bis heute nur wenige Wissenschaftler. Die Kryoniker setzen auf die Wiedererweckung gekühlter Hirne durch die Medizin der Zukunft. In der euphorischen Phase der Künstliche-Intelligenz-Forschung hingegen glaubten viele noch, man könne den Geist ganz einfach wie ein Computerprogramm auf eine Festplatte laden. Diese Unsterblichkeitsträume sind heute zerstoben. Die aussichtsreichsten Ergebnisse liefert inzwischen die Zellforschung. Biologen konnten bereits bei Mäusen den Alterungsprozess umdrehen. Einige vermuten, dass wir noch zu Lebzeiten diesen Effekt bei Menschen erleben werden. Der Jungbrunnen sprudelt dann nicht aus einer geheimen Quelle, sondern aus den Pipetten der Forscher, die unsere DNA behutsam modifizieren.

Bei manchen gehen die Unsterblichkeitsphantasien in eine andere Richtung. Sie wollen durch ihre Taten «unsterblich» werden. Vielleicht treibt sie die Sorge, in Vergessenheit zu geraten, oder der Wunsch, über den Tod hinauszuwirken. So meinte der mittlerweile verstorbene Künstler Jörg Immendorf: «Kunst besiegt den Tod.» Das ist zwar eine schöne Vorstellung, doch sie beruht auf einer Verwechslung: Ewige Bekanntheit ist nicht Unsterblichkeit. Die Kunstwerke mögen bleiben, doch davon hat der Erschaffer nichts. Woody Allen drückt das so aus: «Ich will nicht in den Herzen der Menschen weiterleben, ich will in meinem Apartment weiterleben.»

Das Leben ist schön und sinnlos

Das Wissen um die eigene Endlichkeit hat Einfluss darauf, wie wir über das Leben denken. Zwei Einstellungen kann man unterscheiden: zum einen die *positive*, lebensbejahende, die sagt: «Nach dem Tod kann nichts Besseres mehr kommen. Man lebt nur einmal. Ich will alles rausholen.» Zum anderen die *negative*, hoffnungslose, die sagt: «Alles ist sinnlos. Warum sich anstrengen und kämpfen, wenn doch nichts von mir übrig bleibt?»

Ein besonders eindrückliches Beispiel für die positive Sicht des Lebens ist eine Szene aus der *Odyssee*, in der Odysseus im Hades mit dem toten Achill spricht. Der Sage nach hat Achill das kurze ruhmreiche dem langen gewöhnlichen Leben vorgezogen. Er starb auf dem Schlachtfeld vor Troja. Für die Nachwelt ist er der größte Held der Antike, in der Unterwelt der Fürst der Toten. Doch Odysseus gegenüber erklärt er, wie belanglos der Ruhm gegenüber dem Leben ist: «Nicht mir rede vom Tod' ein Trostwort, edler Odysseus! Lieber ja wollt' ich das Feld als Tagelöhner bestellen, einem dürftigen Mann, ohn' Erb' und eigenen Wohlstand, als die sämtliche Schar der geschwunden Toten beherrschen.»

Auch das *carpe diem* des römischen Dichters Horaz steht in

dieser positiven Tradition. In seinen *Carmina*, den *Liedern*, heißt es: «Sei weise, kläre den Wein und beschneide langfristige Hoffnung auf kurze Dauer. Da wir noch sprechen, ist die neidische Zeit schon entflohen. Ergreife diesen Tag, und am wenigsten traue dem nächsten.» Im *Alten Testament* findet sich ein ähnlicher Gedanke: «Alles, was dir vorhanden kommt zu tun, das tue frisch; denn in der Hölle, da du hinfährest, ist weder Werk, Kunst, Vernunft noch Weisheit.» Das ist lebensbejahend, weil es nicht auf ein Jenseits vertröstet. Die Hölle nach dem Tod scheint kein erfahrbarer Ort wie in Dantes *Göttlicher Komödie*, sondern schlicht die Nichtexistenz zu sein: umso wertvoller das irdische Leben.

Im christlichen Abendland überwiegt allerdings die negative Sicht. Im *Alten Testament* steht auch: «Im Schweiße deines Angesichts sollst du dein Brot essen, bis du wieder zu Erde werdest, davon du genommen bist. Denn du bist Erde und sollst zu Erde werden.» Überspitzt gesagt: Es gibt nur Dreck, und das Leben dazwischen ist auch kein Spaß.

Allenfalls auf das Reich Gottes kann man hoffen, gerade weil die Zeit davor elend und sinnlos ist: «Unser Leben währet siebzig Jahre, und wenn's hoch kommt, so sind's achtzig Jahre, und was daran köstlich scheint, ist doch nur vergebliche Mühe, denn es fähret schnell dahin, als flögen wir davon.»

Das kann nur Shakespeare noch treffender ausdrücken. Macbeth sagt: «Das Leben ist nichts als ein wandelnder Schatten; ein armer Schauspieler, der seine Stunde auf der Bühne stolziert und sich quält und dann nicht mehr gehört wird: Es ist eine Geschichte, von einem Idioten erzählt, voller Schall und Raserei, ohne Bedeutung.» In Woody Allens Film *Annie Hall* aus dem Jahr 1977 findet sich ein ähnlicher Gedanke. Zu Beginn erzählt er einen Witz: «Zwei ältere Damen sitzen in einem Restaurant. Die eine sagt: Das Essen hier ist wirklich furchtbar. Und die andere: Stimmt, außerdem sind die Portionen so klein.» Woody Allen meint, das gelte für seine gesamte Existenz: «Das Leben ist voller Elend, Einsamkeit und Leid, und es ist viel zu schnell vorbei.»

Wer vom sinnlosen «Leben» spricht, lässt meist offen, ob er

sein eigenes Leben meint oder das Leben schlechthin. Vielleicht halten nur die Leidenden und Unglücklichen ihr Leben für sinnlos. Doch wie hängen Glück, Leben und Sinn zusammen?

Drei Stufen des Glücks

Aristoteles zufolge streben alle Menschen nach einem Ziel, der *Eudaimonia*, die traditionell als *Glück* übersetzt wird. Er unterscheidet drei Stufen des Glücks. Die «grobschlächtigen Naturen» erreichen nur die erste Stufe. Sie streben nach sinnlichem Vergnügen: Essen und Sex. Die zweite Stufe erreicht, wer sein Leben dem Staatsdienst verschreibt und nach Ehre strebt. Heute würde man vielleicht sagen: wer seine Wünsche und sein Vergnügen höheren Zielen hintanstellt, weil er etwas leisten will, sei es in Politik, Wirtschaft oder Kunst. Die dritte Stufe, das höchste Glück, definiert Aristoteles als «Tätigsein der Seele im Sinne der ihr vornehmsten Tüchtigkeit». Aristoteles hält das Denken für die vornehmste Aufgabe eines Menschen und somit die Philosophie, oder allgemeiner die Wissenschaft, für das höchste Glück.

Man kann sich fragen, ob Aristoteles als Philosoph in seinem Urteil wirklich hundertprozentig objektiv war. Auf den ersten Blick scheint seine Auffassung nicht nur elitär, sondern unzutreffend zu sein. Sicher, es kann Spaß machen, über die Rätsel der Natur nachzudenken. Aber warum soll es nicht drei gleichwertige Quellen des Glücks geben: die leiblichen Genüsse, den Erfolg im Beruf und das Nachdenken? Auch ein vergeistigter Denker freut sich doch über Lob von Kollegen oder ein schönes Stück Käsekuchen. Bei genauerer Betrachtung ist fraglich, ob «Glück» überhaupt die beste Übersetzung von «Eudaimonia» ist, besonders weil wir mit dem Wort «Glück» vieles meinen können: Genuss, Zufriedenheit oder ein ganzes erfülltes Leben.

Später fügt Aristoteles noch hinzu, es ginge um die Eudaimonia «in einem vollen Menschenleben. Denn eine Schwalbe macht noch keinen Frühling.» Diese Bilanz-Vorstellung des Lebens legt nahe, dass Aristoteles eher von «Erfüllung» spricht. Ihm zufolge könne man ohnehin nur rückblickend die Rechnung aufmachen: Ein Leben ist erst dann erfüllt, wenn es auch den Nachfahren gutgeht. Glück ist also nicht bloß eine Reihe von Momenten des Genusses, der Zufriedenheit und des Denkens, sondern an einem größeren Maßstab abzulesen. Zur Sinnlichkeit des Lebens muss noch etwas hinzukommen: Erfüllung, Bedeutung, Sinn. Aber inwiefern kann man überhaupt von «Sinn» sprechen?

Sinn und Sinnlichkeit des Lebens

Keine Frage gilt als so zentral für die Philosophie wie die nach dem *Sinn des Lebens* und wird dabei tatsächlich so selten diskutiert. Philosophen gehen bei der Beantwortung typischerweise durch vier Phasen. In der naiven Phase zerbricht man sich den Kopf, was nun die Antwort sein könnte: Glück, Kinder zeugen, etwas erschaffen, die Welt retten? In der zweiten, der trotzigen Phase fällt die Antwort kurz und vernichtend aus: «Es gibt keinen Sinn.» In der arroganten Phase weist man die Frage als verwirrt ab, oder als falsch gestellt. Erst in der vierten Phase, der wohlwollenden, fragt man, was «Sinn» und «Leben» eigentlich heißen sollen.

Mit «Sinn» können wir viel meinen, unter anderem den *Wert*, also das, was uns wichtig ist, oder aber den *Zweck*, also das, wofür etwas erschaffen wurde. Auch «Leben» hat mehrere Lesarten. Manche meinen das *eigene Leben*, andere verwenden «Leben» stellvertretend für die *Existenz des Ganzen*.

Bleiben wir beim eigenen Leben. In Anschluss an Aristoteles kann man zwei Diskurse zur Lebensführung unterscheiden: den *Befindlichkeitsdiskurs* und den *Leistungsdiskurs*. Der Befindlichkeitsdiskurs betont die Sinnlichkeit und das Wohlfühlen. Er lebt von der steten Selbstvergewisserung über die eigene Gestimmtheit: Tut mir mein Job gut? Was sagt mein Bauch? Macht mir das

Wetter zu schaffen? Brauche ich eine Massage? Zum Befindlichkeitsdiskurs gehören auch die Ästhetisierung des eigenen Lebens und deren Dokumentation: Beweisfotos auf *Facebook* vom sonnigen Strandurlaub, der lustigen Party, der schönen Stadt und dem feinen Abendessen auf dem perfekten Designtisch.

Den Befindlichkeitsdiskurs bedienen vor allem die Glücksbücher und Wochenendseminare der Lebensberatungsindustrie. In der Antike galt es noch als Aufgabe der Philosophie, anderen Menschen Ratschläge zu erteilen. Heute haben das vor allem Psychologen und psychologisch Interessierte übernommen. Die Empfehlungen reichen vom Seelenfrieden durch Meditation bis hin zu ganz handfesten Anweisungen: «Vereinfache dein Leben – miste den Keller aus!» Die psychologische Glücksforschung, auf die sich die Berater manchmal beziehen, hat übrigens weitgehend bestätigt, was unsere Großeltern schon immer wussten. Die Kurzfassung: kleine Augenblicke bewusst erleben, einen engen Freundeskreis pflegen, Kinder großziehen und die Familie zusammenhalten, die Natur genießen, seinen Mitmenschen eine Freude machen, nicht zu viel auf Äußerlichkeiten geben und sich nicht zu sehr mit anderen vergleichen. Außerdem: Blumen, Musik, Sport und gesunde Ernährung. Klingt wie das totale Spießerleben. Ist aber der sicherste Pfad zum Lebensglück.

Der englische Philosoph John Stuart Mill meinte, der Mensch strebe immer nach Glück. Obwohl er damit nicht ausschließlich hedonistische Lust meinte, hat Nietzsche polemisch bemerkt: «Der Mensch strebt nicht nach Glück; nur der Engländer tut das.» Wenn wir ehrlich sind, suchen wir weit mehr als nur Wohligkeit, nämlich einen Sinn, eine höhere Aufgabe. In diese Richtung argumentiert auch der amerikanische Philosoph Robert Nozick: Kein vernünftiger Mensch würde sich an eine Maschine anschließen lassen, die kontinuierlich Glücksmomente erzeugt, sodass man darüber alles andere vergisst. Nagel macht einen ähnlichen Punkt: Wir wollten uns nicht auf den Verstand eines Kindes zurückstufen lassen, nur um dafür ein ausnahmslos spaßiges Kinderleben führen zu können.

Als Gegenentwurf zum Befindlichkeitsdiskurs kann der Leistungsdiskurs gelten, der bis in die jüngere Vergangenheit dominant war. Der Leistungsmensch definiert sich über Arbeit, Aufgaben und Triebverzicht. Bei Aristoteles ist es die «Tüchtigkeit» des Einzelnen als aktives Moment, nämlich handelnd in die Welt einzugreifen. Der Tüchtige will etwas aus seinem Leben machen, etwas erschaffen. Im Extremfall ist der Leistungsorientierte gerade stolz darauf, vierzehn Stunden zu arbeiten und dabei seine Befindlichkeiten auszublenden. Dazu passt übrigens eine der wenigen Lebensweisheiten des amerikanischen Philosophen Willard Van Orman Quine: «Leben ist, wenn die wenigsten den meisten von uns das Gefühl geben, dass die wenigsten das meiste daraus machen.»

Den Prototyp des Leistungsmenschen hat der deutsche Soziologe Max Weber in seiner *Protestantischen Ethik* beschrieben: Der Kapitalismus habe sich vor allem deshalb verbreiten können, weil in ihm die protestantische Vorstellung weiterlebe, Gottes Segen zeige sich im irdischen Erfolg. Wer also die Askese der Arbeit über Genuss und Spaß setzt, wird auf Dauer immer erfolgreicher sein als seine Konkurrenten. Leistungsmenschen sehen sich traditionell in diesem größeren Rahmen: Sie handeln im Auftrag Gottes, im Dienst des Staates, aus Pflicht oder aus Ehre. Vielleicht konnte der Hedonismus unserer Zeit erst ins Bild treten, als dieser Rahmen irgendwann zerbrach. Seitdem gilt: Weniger tun, mehr erleben.

Lebensberater bedienen übrigens auch den Leistungsdiskurs. Drei Themen kehren immer wieder: Man soll sich Alltagsroutinen vergegenwärtigen, Schicksalsschläge akzeptieren und sein Leben verändern. Alle drei Punkte liegen nahe. Viele unserer über Jahre eingeschliffenen Verhaltensmuster haben ihre Funktion verloren. Manchmal reicht da ein kleiner Augenöffner von Freunden, und man beginnt, an sich zu arbeiten. Manchmal bedarf es vieler Therapiesitzungen. Schon die antiken Stoiker haben übrigens gepredigt, das Unveränderliche hinzunehmen und das Veränderliche zu verändern.

Das Leben aktiv zu führen hat noch einen weiteren Aspekt, von dem die Lebensberatung oft unwissentlich profitiert. Allen Menschen macht es Spaß zu spüren, wie sie auf die Welt einwirken. Schon für kleine Kinder gibt es kaum etwas Schöneres, als die Türen der U-Bahn zu öffnen: kleiner Knopfdruck, große Wirkung. Diese Lust an der eigenen Kausalität sitzt tief in uns, wahrscheinlich ist sie angeboren. So freuen wir uns nicht nur über den aufgeräumten Keller, den uns das Beraterbuch empfiehlt, sondern vor allem darüber, dass *wir* es waren, die den Keller verändert haben. Das ist sozusagen der *Heimwerker-Effekt* der Existenzphilosophie. Es ist auf eine tiefe Weise befriedigend, Veränderungen selbst herbeizuführen: die Küche *selbst* eingebaut, die Wohnung *selbst* renoviert, die Firma *selbst* gegründet, den Job *selbst* gewählt, das Bild *selbst* gemalt, den Text *selbst* geschrieben. An den Produkten unseres Tuns können wir dann unseren Einfluss ablesen. Vordergründig sind wir stolz auf die eigene Leistung: die Küche, den Text, die Firma. Hintergründig genießen wir es zu merken, dass wir gehandelt haben, also der Welt nicht ganz passiv ausgeliefert waren.

So hat schon Aristoteles verdeutlicht, dass wir nicht nur für die eigenen Taten verantwortlich sind, sondern auch für die Umstände, die wir durch Taten beeinflussen können, beispielsweise unsere Gesundheit. Das Gleiche gilt für unsere Lebensführung, unseren Freundeskreis, unsere Kleidung. Camus meinte sogar, ab einem bestimmten Alter sei jeder für sein Gesicht selbst verantwortlich. Er hatte gut reden, denn er sah aus wie der attraktive Bruder von Humphrey Bogart. Der Punkt ist dennoch nicht ganz aus der Luft gegriffen: Wer fröhlich durchs Leben geht, hat später sympathische Lachfalten. Nur: Man kann seinen Mitmenschen nicht vorhalten, sie hätten das Gesicht, das sie verdienen. Viele Menschen haben einfach nichts zu lachen, weil sie ums tägliche Überleben kämpfen müssen. Dann ist es auch nicht ihre Schuld, wenn Ängste und Sorgen tiefe Furchen in ihr Gesicht graben.

Wir sind in diese Welt gestolpert und müssen das Beste draus machen. Unser Leben hat einen Sinn für uns: «Sinn» im Sinn von Bedeutung. Vielen reicht es nicht, glücklich und zufrieden zu sein, sie wollen auch etwas leisten. Doch wozu? Der amerikanische Schriftsteller Walt Whitman meint: «Damit das Spiel der Kräfte weitergeht und du deinen Vers dazu beitragen wirst.» Doch ist das wirklich der Antrieb? Und was kümmert die Kräfte, was ich tue?

Wir können unserem eigenen Leben einen Sinn verleihen, doch wie sieht es mit dem Sinn des Ganzen aus? «Sinn» als «Zweck» scheint nicht auf natürliche Dinge anwendbar: Bäume, Kometen, das Leben und schon gar nicht das Universum. Hier ist tatsächlich der Vorwurf der Begriffsverwirrung angebracht: Wir schauen aus einem zu menschlichen Blickwinkel auf das Universum, wenn wir annehmen, es sei zu einem Zweck geschaffen wie ein Toaster. In seinem Werk *Götzen-Dämmerung oder Wie man mit dem Hammer philosophiert* drückt Nietzsche das so aus: «*Wir* haben den Begriff «Zweck» erfunden: in der Realität *fehlt* der Zweck … es gibt nichts, was unser Sein richten, messen, vergleichen, verurteilen könnte, denn das hieße das Ganze richten, messen, vergleichen, verurteilen … *Aber es gibt nichts außer dem Ganzen*!»

Dem Weltall fehlen Zweck und Bedeutung. Diese Erkenntnis schlägt auf unser Leben zurück. Nichts, was wir heute tun, hat in Millionen von Jahren noch irgendeine Relevanz. Weltraum und Weltzeit sind einfach ein viel zu großer Maßstab. Unser kleines Leben erscheint uns bedeutend und ist doch bedeutungslos im Großen und Ganzen. Nagel nennt dieses Phänomen das *Absurde*. Damit nimmt er einen Gedanken auf, den der Literaturnobelpreisträger Camus in seinem *Mythos des Sisyphos* geschildert hat, allerdings mit einem etwas anderen Akzent. Camus meint, wir suchen Sinn in einer Welt, die sinnlos ist, weil es Gott nicht gibt. Symbolisch dafür steht die antike Sagenfigur Sisyphos, der in der Unterwelt als Strafe für einen Verrat an den Göttern einen Stein auf einen Berg wuchten muss. Kurz vorm Gipfel rollt er mit Donnergepolter hinunter. Wie Sisyphos müssen auch wir Menschen die Absurdität unserer Existenz erkennen. Warum wählen wir dann nicht gleich den Freitod? Camus zufolge ist der Freitod das einzige «wirklich ernste» Problem der Philosophie. Er meint, wir müssten die Absurdität erkennen und als gegeben akzeptieren: Die leidenschaftliche und doch illusionslose Bejahung des Lebens sei der schieren Verzweiflung des Freitods vorzuziehen. Camus nennt diese Haltung etwas eigenwillig die *Revolte* gegen die Absurdität der Existenz. David Hume, der Philosoph der englischen Aufklärung, hat übrigens schon lange zuvor das Absurde auf den Punkt gebracht: «Das Leben eines Menschen hat für das Universum keine größere Bedeutung als das einer Auster.» Helge Schneider formuliert diesen Gedanken als rhetorische Frage: «Was heißt das eigentlich: Leben ... Ist der Mensch mehr wert wie der Wurm, wie die Amöbe, das Geschnätz, die Suppe?» Schneiders Annäherung an das Thema ist ganz auf Nagels Linie. Nagel betont, dass wir dem Absurden nicht mit Gelassenheit begegnen sollten, sondern mit Humor und Ironie.

Welche Strategie wir auch wählen: Aus der Erkenntnis, dass die eigene Existenz absurd ist, kann die positive Haltung dem Leben gegenüber folgen, aber ebenso die negative. Wir changieren oft merkwürdig zwischen beiden. Wenn unsere Gedanken weit ins Weltall hinauswandern, können wir uns so winzig vorkommen, dass uns angst und bange wird. Gleichzeitig spüren wir eine Faszination gegenüber dem Ganzen und schöpfen eine ungeheure Stärke: Warum sich um Kleinigkeiten Sorgen machen, wenn die Galaxien noch in Äonen glühen werden? Die englische Komikergruppe Monty Python zeigt in ihrem Film *Der Sinn des Lebens* aus dem Jahr 1983, wie eine Hausfrau verzweifelt, weil ihrem Ehemann gerade bei lebendigem Leib die Leber entnommen wurde. Plötzlich steigt ein Mann aus dem Kühlschrank und singt den *Galaxy Song*. Dessen Botschaft lautet: Wenn das Leben dir übel mitspielt, denk daran, wie viele Millionen Galaxien es im Weltall gibt. Wie unwahrscheinlich und großartig ist daher deine Existenz.

Und wie seltsam – könnte man hinzufügen. Leibniz meint, die Frage sei, warum es eher etwas als nichts gibt. Wittgenstein drückt das so aus: «Nicht wie die Welt ist, ist das Mystische, sondern *dass* sie ist.» Wir können über diese Tatsache nachdenken, sie aber nicht so richtig erfassen. Und doch verspüren wir etwas, nämlich das, was Kant die *Erhabenheit* nennt: Als kleine Menschen empfinden wir im Angesicht der großen Naturkräfte einen Anflug von Furcht und Schaudern, gemischt mit Wohlgefallen. Kant stellt fest: «Zwei Dinge erfüllen das Gemüt mit immer neuer und zunehmender Bewunderung und Ehrfurcht, je öfter und anhaltender sich das Nachdenken damit beschäftigt: der bestirnte Himmel über mir und das moralische Gesetz in mir.»

Im Wunderland sagt Alice, noch ganz benommen vom ständigen Schrumpfen und Wachsen: «Ich wollte fast, ich wäre nicht in das Kaninchenloch gefallen – und doch – es ist schon merkwürdig, dieses Leben hier!» So wie das Wunderland für Alice erscheint uns manchmal die Wirklichkeit «merkwürdig und merkwürdiger»: Wir wissen nicht, was das alles soll, und staunen.

Wir sind endlich und wollten doch, wir wären ewig jung und glücklich. Kein Argument kann uns dann davon überzeugen, dass der Tod bedeutungslos oder gar wünschenswert ist. Im großen kalten All machen Ironie, Humor und vielleicht sogar Gelassenheit unsere Existenz erträglich, jedenfalls für den kurzen Augenblick, der uns wie eine Ewigkeit vorkommt.

Einmal war eine Konferenz über die Philosophie des Todes auf einem E-Mail-Verteiler angekündigt. Bei der Bewerbungsfrist stand: «deadline extended». Das lässt aufatmen. Doch nur für einen träumerischen Moment. Denn das Ende ist uns allen gewiss.

— Ende —

Literaturliste

Einleitung

S. 7 «Alice» Carroll, Lewis (1865) *Alice's Adventures in Wonderland* und (1871) *Through the Looking Glass and What Alice Found There*
S. 8 «sich im Denken orientieren»: Kant, Immanuel (1786) *Was heißt: Sich im Denken orientieren?*
S. 8 «ich kenne mich nicht aus»: Wittgenstein, Ludwig (1953) *Philosophische Untersuchungen*, § 123
S. 8 «Ausweg aus dem Fliegenglas»: Wittgenstein, Ludwig (1953) *Philosophische Untersuchungen*, § 309
S. 8 «Reisen»: Sinngemäß in Proust, Marcel (1923) *À la recherche du temps perdu*, Kapitel 5 «La Prisonnière»
S. 10 «Ideenlehre»: Platon: *Politeia*, 514a–517a und 553d, *Politikos*, 261e
S. 10 «Staunen»: Aristoteles: *Metaphysik* I, 2, 982b 12
S. 11 «Zwerge auf den Schultern von Riesen»: Bernhard von Chartres zugeschrieben in Salisbury, Johannes von: *Metalogicon* 3, 4, 46–50
S. 13 «Micky-Maus-Philosophen»: John Searle, persönliche Kommunikation
S. 15 «Aspirin und Kopf abhacken»: Jerry A. Fodor (1986) «Banish Discontent» in Butterfield, Jeremy (Hg.) (1986) *Language, Mind, and Logic*. Cambridge: Cambridge University Press, S. 1–23, S. 1
S. 16 «die Philosophie als Sonne»: Austin, John L. (1956) «Ifs and Cans» in Austin, John L. (1979) *Philosophical Papers*. Oxford: Oxford University Press, S. 205–232, S. 232
S. 17 «Warum Philosophie?»: Fodor, Jerry (1994) «Self-Profile» in Guttenplan, Samuel (Hg.) (1994) *A Companion to the Philosophy of Mind*. Oxford: Blackwell, S. 292–299, S. 299
S. 18 «Verhexung des Verstandes»: Wittgenstein, Ludwig (1953) *Philosophische Untersuchungen*, § 109
S. 18 «die Eule der Minerva»: Hegel, Georg Wilhelm Friedrich (1820) *Grundlinien der Philosophie des Rechts*, Vorrede

S. 20 «Bezug»: In der Fachsprache «Intentionalität» genannt; einen Überblick gibt Searle, John (1983) *Intentionality*. Cambridge: Cambridge University Press

S. 21 «frühe Körpertheorien»: Darwin, Charles (1872) *The Expression of the Emotions in Man and Animals*. New York: Oxford University Press (Wiederabdruck 1998)

S. 22 «James-Lange-Theorie»: James, William (1894) «What is an Emotion» *Mind* 9, 34: 188–205; Lange, Carl G. (1885) *Om Sindsbevaegelser et Psyko-Fysiologisk Studie*. København: Jacob Lunds

S. 23 «Schmetterling und Taucherglocke»: Bauby, Jean-Dominique (1997) *Le scaphandre et le papillon*. Paris: Robert Laffont

S. 24 «Gefühl und Gefühlserleben»: «Gefühl» ist «emotion», Gefühlserleben ist «feeling» bei Damasio, Antonio R. (1999) *The Feeling of What Happens: Body and Emotion in the Making of Consciousness*. New York: Harcourt

S. 25 «Angst-Schaltkreise»: LeDoux, Joseph (1998) *The Emotional Brain. The Mysterious Underpinnings of Emotional Life*. London: Weidenfeld and Nicolson

S. 26 «Gedankentheorie»: Nussbaum, Martha (2001) *Upheavals of Thought: The Intelligence of Emotions*. Cambridge: Cambridge University Press

S. 27 «Bewertungstheorie»: Lazarus, Richard (1991) *Emotion and Adaptation*. Oxford: Oxford University Press

S. 28 «Bündeltheorie»: Ben-Ze'ev, Aaron (2001) *The Subtlety of Emotions*. Cambridge (MA): The MIT Press

S. 29 «Theorie der verkörperten Bewertungen»: Prinz, Jesse (2004) *Gut Reactions. A Perceptual Theory of Emotions*. Oxford: Oxford University Press

S. 30 «Smiley»: Scott E. Fahlmans Originalnachricht findet sich hier: www.cs.cmu.edu/~sef/Orig-Smiley.htm; Vladimir Nabokovs Interview erschien in der *New York Times*: «I often think there should exist a special typographical sign for a smile – some sort of concave mark, a supine round bracket, which I would now like to trace in reply to your question» (19. 04. 1969)

S. 30 «Gesichtserkennung»: Slater, Alan und Quinn, Paul C. (2001) «Face Recognition in the Newborn Infant» *Infant and Child Development* 10: 21–24

S. 31 «Augenringmuskel»: Ekman, Paul (2003) *Emotions Revealed*. New York: Holt Paperbacks

S. 31 «Pingelap-Atoll»: Sacks, Oliver W. (1997) *The Island of the Colourblind*. New York: Vintage Books

S. 32 «Lebenserwartung und Lebensdauer»: Vaupel, James W. (2010) «Biodemography of Human Ageing» *Nature* 464, 7288: 536–542;

Gavrilov, Leonid A. und Gavrilova, Natalia S. (1991) *The Biology of Life Span: A Quantitative Approach*. New York: Harwood Academic

S. 32 «universelle Gefühle»: Ekman, Paul et al. (1969) «Pan-cultural Elements in Facial Displays of Emotions» *Science* 164, 3875: 86–88; einen aktuellen Überblick bieten Ekman, Paul und Friesen, Wallace V. (2003) *Unmasking the Face: A Guide to Recognizing Emotions from Facial Clues.* Cambridge (MA): Malor Books

S. 32 «sozialer Konstruktivismus»: Beispiele sind Harré, Rom (1986) *The Social Construction of Emotion*. Oxford: Blackwell; Averill, James (1980) «A Constructivist View of Emotion» in Plutchik, Robert et al. (Hg.) (1980) *Emotion: Theory, Research and Experience.* New York: Academic Press, S. 305–339

S. 33 «Grundgefühle»: Ekman, Paul (1999) «Basic Emotions» in Dalgleish, Tim und Power, Michael (Hg.) (1999) *The Handbook of Cognition and Emotion*. New York: Wiley, S. 45–60

S. 33 «Blind Geborene»: Beispiele sind Matsumoto, David et al. (2009) «Spontaneous Facial Expressions of Emotion of Congenitally and Noncongenitally Blind Individuals» *Journal of Personality and Social Psychology* 96, 1: 1–10; Galati, Dario (2001) «Judging and Coding Facial Expression of Emotions in Congenitally Blind Children» *International Journal of Behavioral Development* 25, 3: 268–278

S. 33 «Schlangen im Gras»: Öhman, Arne et al. (2001) «Emotion Drives Attention: Detecting the Snake in the Grass» *Journal of Experimental Psychology: General* 130: 466–478; Öhman, Arne et al. (2003) «The Malicious Serpent: Snakes as a Prototypical Stimulus for an Evolved Module of Fear» *Current Directions in Psychological Science* 12: 5–8

S. 34 «Angst im limbischen System»: LeDoux, Joseph (1998) *The Emotional Brain. The Mysterious Underpinnings of Emotional Life*. London: Weidenfeld and Nicolson

S. 34 «vor 500 Millionen Jahren»: Allman, John (1999) *Evolving Brains*. New York: Scientific American Library

S. 34 «Überleben der Gefühlvollsten»: Einen Überblick bietet Nesse, Randolph (1990) «Evolutionary Explanations of Emotions» *Human Nature* 1: 261–289

S. 35 «Ekel»: für einen Überblick siehe Rozin, Paul et al. (2008) »Disgust« in Lewis, Michael et al. (Hg.) (2008) *Handbook of Emotions* (dritte Auflage) New York: Guilford Press, 757–776

S. 35 «Guter-Arzt-Böser-Arzt-Experiment»: Tranel, Daniel und Damasio, Antonio R. (1993) «The Covert Learning of Affective Valence Does Not Require Structures in Hippocampal System or Amygdala» *Journal of Cognitive Neuroscience* 5: 79–88

S. 36 «Spucke»: Einen humorvollen Überblick über die Körpersekrete geben Bartens, Werner und Herrmann, Sebastian (2009) *Herrlich eklig*. München: Knaur; siehe auch Rozin (2008)

S. 37 «Tränen und Stresshormone»: Frey, William (1985) *Crying: The Mystery of Tears*. Minneapolis: Winston Press

S. 37 «Tränen und Hilfsbedürftigkeit»: Cornelius, Randolph (1995) *The Science of Emotion*. Upper Saddle River: Prentice Hall

S. 37 «evolutionäres Duett»: Barrett, H. Clark, Cosmides, Leda und Tooby, John (2010) «Coevolution of Cooperation, Causal Cognition and Mindreading» *Communicative and Integrative Biology* 3, 6: 522–524

S. 37 «Aufrichtigkeit und Durchschaubarkeit»: Beispiele finden sich in Maynard Smith, J. (1972) *On Evolution*. Edinburgh: Edinburgh University Press; Axelrod, Robert (1984) *The Evolution of Cooperation*. New York: Basic Books

S. 37 «Heider-Simmel-Versuch»: Heider, Fritz und Simmel, Marianne (1944) «An Experimental Study of Apparent Behavior» *American Journal of Psychology* 57: 243–259; der Originalfilm auf YouTube: www.youtube.com/watch?v=sZBKer6PMtM, eine moderne Version: www.yale.edu/perception/Brian/demos/causality-Basics.html

S. 38 «Gedankenlesen»: Einen Überblick gibt Ravenscroft, Ian (2010) «Folk Psychology as a Theory» in Zalta, Edward N. (Hg.) (2012) *The Stanford Encyclopedia of Philosophy 2012 Edition*

S. 38 «Asperger-Syndrom»: Baron-Cohen, Simon und Klin, Ami (Hg.) (2006) «Special Issue: The Cognitive Neuroscience of Asperger Syndrome» *Brain and Cognition* 61, 1

S. 38 «Soziopathen»: Für die Liste der Kriterien siehe *International Statistical Classification of Diseases and Related Health Problems (ICD 10)*, Kapitel V

S. 39 «10 000 Ausdrücke»: Ekman, Paul (2003) *Emotions Revealed*. New York: Holt Paperbacks, S. 53

S. 39 «Mikro-Ausdrücke»: Ekman, Paul und Friesen, Wallace F. (1969) «Nonverbal Leakage and Clues to Deception» *Psychiatry* 32: 88–105; Mikro-Ausdrücke wurden unabhängig von Ekman schon früher entdeckt von Haggard, Ernest A. und Isaacs, Kenneth S. (1966) «Micro-momentary Facial Expressions as Indicators of Ego Mechanisms in Psychotherapy» in Gottschalk, Louis A. et al. (Hg.) (1966) *Methods of Research in Psychotherapy*. New York: Appleton-Century-Crofts, S. 154–165

S. 40 «die Sau rauslassen»: Newman, Philip L. (1964) «‚Wild Man' Behaviour in New Guinea Highlands Community» *American Anthropologist* 66: 1–19

S. 41 «Mischgefühle»: Robert Plutchik (2001) «The Nature of Emotions» *American Scientist* 89: 344–350

S. 42 «Liebe als Erfindung»: Lewis, C. S. (1936) *The Allegory of Love: A Study in Medieval Tradition*. Oxford: Oxford University Press

S. 42 «nie verliebt»: Duc de La Rochefoucauld, François (1664) *Réflexions ou Sentences et maximes morales*, § 137

S. 43 «Skript»: Der Erfinder, selbst kein Konstruktivist, ist Tomkins, Silvan (1978) «Script Theory: Differential Magnification of Affects» in Deinstbier, Richard A. (Hg.) (1978) *Nebraska Symposium On Motivation*. Lincoln (NE): University of Nebraska Press, 201–236

S. 43 «romantische Komödien»: Den kulturellen Rahmen unseres Partnerschaftsverhaltens beschreibt Illouz, Eva (1997) *Consuming the Romantic Utopia. Love and the Cultural Contradictions of Capitalism*. Berkeley: University of California Press

S. 44 «Hohelied Salomos»: *Bibel*, Hohelied Salomos

S. 44 «Odysseus»: Homer: *Odyssee*

S. 44 «Äneas»: Vergil: *Äneis*

S. 45 «Spielkartentest»: Bechara, Antoine; Tranel, Daniel; Damasio, Hanna; Damasio Antonio R. (1996) «Failure to Respond Autonomically to Anticipated Future Outcomes Following Damage to Prefrontal Cortex» *Cerebral Cortex* 6, 2: 215–225

S. 46 «emotionale Intelligenz»: Salovey, Peter und Mayer, John D. (1990) «Emotional Intelligence» *Imagination, Cognition and Personality* 9: 185–211

S. 46 «Gefühlen vertrauen»: Beispiele, in denen es gut funktioniert, finden sich in Gigerenzer, Gerd (2007) *Gut Feelings. The Intelligence of the Unconscious*. New York: Penguin Books

S. 46 «Aggression junger Männer»: Pinker, Steven (2011) *The Better Angels of our Nature. The Decline of Violence in History and Its Causes*. New York: Allen Lane

S. 47 «Cowboys am Lagerfeuer»: Michael Conrad, persönliche Kommunikation

S. 48 «negative Gefühle im Film»: Eine Diskussion am Beispiel der Angst findet sich in Hanich, Julian (2010) *Cinematic Emotion in Horror Films and Thrillers. The Aesthetic Paradox of Pleasurable Fear*. New York: Routledge

Kapitel 2 – *Sprechen*

S. 46 «Aggression junger Männer» Pinker, Steven (2011) *The Better Angels of our Nature. The Decline of Violence in History and Its Causes*. New York: Allen Lane

S. 50 «Dummdeutsch»: Eine Auswahl findet sich in Henscheid, Eckhard

(1993) *Dummdeutsch. Ein Wörterbuch*. Stuttgart: Reclam (beträchtlich erweiterte Neuausgabe)

S. 50 «Shoshone»: Gehört zum Typ der sogenannten «polysynthetischen Sprachen» Miller, Wick R. (1996) «Sketch of Shoshone, a Uto-Aztecan Language» in Goddard, Ives (1996) *Handbook of North American Indians* 17, *Languages*. Washington (DC): Smithsonian Institution, S. 693–720

S. 51 «Sprachfähigkeit»: Chomsky, Noam (1980) «Rules and Representations» *Behavioral and Brain Sciences* 3: 1–61

S. 52 «Dialekt mit einer Armee»: Das jiddische Zitat «A shprakh iz a dialekt mit an armey un flot» findet sich in Weinreich, Max (1945) «Der YIVO un di problemen fun undzer tsayt» *YIVO Bleter* 25, 1

S. 53 «Humpty Dumpty»: Carroll, Lewis (1871) *Through the Looking Glass and What Alice Found There*, Kapitel 6 (eigene Übersetzung)

S. 53 «Humpty-Dumpty-Theorie»: Eine Diskussion der These von Humpty Dumpty findet sich in Davidson, Donald (1991) «James Joyce and Humpty Dumpty» *Midwest Studies in Philosophy* 16: 1–12

S. 54 «Symbole und Anzeichen»: Grice, H. Paul (1957) «Meaning» *The Philosophical Review* 66: 377–388

S. 55 «Gebrauchstheorie der Bedeutung»: Entwickelt von Wittgenstein, Ludwig (1953) *Philosophische Untersuchungen*

S. 55 «Museumsmythos» in Quine, Willard Van Orman (1968) «Ontological Relativity» *The Journal of Philosophy* 65, 7: 185–212, S. 186

S. 56 «Pionier der Sprachwissenschaft»: Saussure, Ferdinand de (1916) *Cours de linguistique générale*. Lausanne/Paris: Payot

S. 56 «mentales Lexikon»: Einen Überblick gibt Aitchison, Jean (2012) *Words in the Mind: An Introduction to the Mental Lexicon*. Oxford: John Wiley and Sons

S. 56 «Konventionen»: Brandom, Robert (1998) *Making it Explicit: Reasoning, Representing, and Discursive Commitment*. Cambridge (MA): Harvard University Press

S. 58 «Eigenleben der Sprache»: Ein klassischer Vertreter dieser These ist Barthes, Roland (1968) «La mort de l'auteur» *Manteia* 5: 12–17

S. 59 «Gavagai!»: Quine, Willard Van Orman (1960) *Word and Object*. Cambridge (MA): The MIT Press

S. 61 «einen Satz verstehen»: Wittgenstein, Ludwig (1922) *Tractatus logico-philosophicus*, 4.024

S. 61 «radikale Interpretation»: Davidson, Donald (1984) *Inquiries into Truth and Interpretation*. Oxford: Oxford University Press; Davidson, Donald (2005) *Truth, Language, and History*. Oxford: Oxford University Press

S. 62 «Wahrheitsbedingungen»: Tarski, Alfred (1936) «Der Wahrheitsbegriff in den formalisierten Sprachen» *Studia Philosophica* 1:

261–405; Tarski, Alfred (1944) «The Semantic Conception of Truth» *Philosophy and Phenomenological Research* 4: 341–375

S. 62 «Zeitformen»: Entwickelt von Reichenbach, Hans (1947) *Elements of Symbolic Logic*. New York: Macmillan; einen Überblick gibt Klein, Wolfgang (1994) *Time in Language*. London/New York: Routledge

S. 62 «Tankwart»: Gerald C. Gardner (1994) *Campaign Comedy: Political Humor from Clinton to Kennedy*. Detroit, Michigan: Wayne State University Press, S. 26

S. 63 «mögliche Welten»: Lewis, David (1986) *On the Plurality of Worlds*. Oxford/New York: Basil Blackwell

S. 63 «Vagheit»: Einen Überblick geben Keefe, Rosanna und Smith, Peter (1996) *Vagueness: A Reader*. Cambridge (MA): The MIT Press

S. 64 «ja, ja»: Sidney Morgenbesser in *The Independent* «Professor Sidney Morgenbesser: Philosopher celebrated for his withering New York Jewish humour» (06. 08. 2004)

S. 65 «Sprachspiele»: Wittgenstein, Ludwig (1953) *Philosophische Untersuchungen*, § 7

S. 65 «Sprechakte»: Austin, John. L. (1962) *How to Do Things With Words*. Cambridge (MA): Harvard University Press; ausgearbeitet in Searle, John (1969) *Speech Acts. An Essay in the Philosophy of Language*. Cambridge: Cambridge University Press

S. 65 «Man kann nicht nicht kommunizieren»: Der Grundgedanke findet sich in Watzlawick, Paul et al. (Hg.) (1969) *Menschliche Kommunikation – Formen, Störungen, Paradoxien*. Bern: Verlag Hans Huber

S. 66 «Doppel-Absicht»: Grice, H. Paul (1957) «Meaning» *The Philosophical Review* 66: 377–388

S. 66/67 «Kooperationsprinzip und Implikatur»: Grice, H. Paul (1975) «Logic and Conversation», wieder abgedruckt in Grice, H. Paul (1989) *Studies in the Way of Words*. Cambridge (MA): Harvard University Press, S. 22–40

S. 67 «kooperative Hörer»: Davidson nennt diese kooperative Haltung das «principle of charity» in Davidson, Donald (1984) *Inquiries into Truth and Interpretation*. Oxford: Oxford University Press

S. 68 «Wxrtxr xhnx Vxkxlx»: Das Beispiel stammt aus Pinker, Steven (1994) *The Language Instinct: How the Mind Creates Languages*. New York: William Morrow

S. 68 «Buhcsteaben vrederht»: Es funktioniert, ist aber anstrengend, siehe Rayner, Keith et al. (2006) «Raeding Wrods With Jubmled Lettres There Is a Cost» *Psychological Science* 17, 3: 192–193

S. 68 «Helen Keller»: Keller, Helen et al. (1903) *The Story of My Life*. New York: Doubleday, Page and Company

S. 69 «meistzitierter lebender Autor»: siehe *MIT News* (15. April 1992)

S. 69 «Universalgrammatik»: Chomsky, Noam (1957) *Syntactic*

Structures. The Hague/Paris: Mouton; Chomsky, Noam (1965) *Aspects of the Theory of Syntax*. Cambridge (MA): The MIT Press; Chomsky, Noam (2000) *New Horizons in the Study of Language and Mind*. Cambridge: Cambridge University Press

S. 69 «Behaviorismus»: Skinner, Burrhus Frederic (1957) *Verbal Behavior*. Acton: Copley Publishing Group; Chomsky, Noam (1957) «Review of Skinner's Verbal Behavior» *Language* 35: 16–58

S. 70 «unendlichen Gebrauch»: Humboldt, Wilhelm von (1836) *Über die Verschiedenheit des menschlichen Sprachbaues*. Berlin: Dümmler, S. CXXII

S. 71 «Armut des Stimulus»: Chomsky, Noam (1980) «Rules and Representations» *Behavioral and Brain Sciences* 3: 1–61

S. 71 «Sprachinstinkt»: Pinker, Steven (1994) *The Language Instinct: How the Mind Creates Languages*. New York: William Morrow

S. 72 «Genie»: Rymer, Russ (1994) *Genie: A Scientific Tragedy. An Abused Child's Flight from Silence*. New York: Harper Perennial

S. 72 «Williams-Beuren-Syndrom»: In der angloamerikanischen Forschung nur «Williams Syndrome», siehe Bellugi, Ursula et al. (2000) «The Neurocognitive Profile of Williams Syndrome: A Complex Pattern of Strengths and Weaknesses» *Journal of Cognitive Neuroscience* 12, 1: 7–29

S. 73 «Kooperation»: Tomasello, Michael (2003) *Constructing a Language. A Usage-Based Theory of Language Acquisition*. Cambridge (MA): Harvard University Press; Tomasello, Michael (2008) *The Origins of Human Communiction*. Cambridge (MA): The MIT Press

S. 74 «linguistic turn»: Popularisiert durch Rorty, Richard (1967) *The Linguistic Turn. Essays in Philosophical Method*. Chicago: University of Chicago Press

S. 75 «Begriffe»: Einen Überblick geben Laurence, Stephen und Margolis, Eric (1999) *Concepts. Core Readings*. Cambridge (MA): The MIT Press

S. 75 «Philosophie als Therapie»: Wittgenstein, Ludwig (1953) *Philosophische Untersuchungen*, § 255

S. 75 «Sinn von Sein»: Heidegger, Martin (1927) *Sein und Zeit*. Tübingen: Niemeyer

S. 76 «Hingehören eines Zeugs»: Heidegger, Martin (1927) *Sein und Zeit*. Tübingen: Niemeyer, S. 102

S. 76 «Spätwerk»: Beispiele aus Heidegger, Martin (1962) *Die Technik und die Kehre*. Pfullingen: Verlag Günther Neske

S. 76 «die Sprache feiert»: Wittgenstein, Ludwig (1953) *Philosophische Untersuchungen*, § 38

S. 76 «Fachjargon»: Popper, Karl (1984) *Auf der Suche nach einer besseren Welt. Vorträge und Aufsätze aus dreißig Jahren*. München: Piper, Kapitel 6 «Gegen die großen Worte»

Kapitel 3 – *Glauben*

S. 80 «Leibniz»: Leibniz, Gottfried Wilhelm (1710) *Essais de Théodicée sur la bonté de Dieu, la liberté de l'homme et l'origine du mal*

S. 80 «Newton»: Newton, Issac (1687) *Philosophiæ Naturalis Principia Mathematica*, Book III

S. 82 «Theodizee»: Leibniz, Gottfried Wilhelm (1710) *Essais de Théodicée sur la bonté de Dieu, la liberté de l'homme et l'origine du mal*

S. 84 «Atran»: Atran, Scott (2002) *In Gods We Trust. The Evolutionary Landscape of Religion*. Oxford: Oxford University Press

S. 84 «Boyer»: Boyer, Pascal (2001) *Religion Explained. The Evolutionary Origins of Religious Thoughts*. New York: Basic Books

S. 85 «religiös unmusikalisch»: Weber, Max (1909) «Brief an Ferdinand Tönnies, 19. Februar 1909» in Max Weber: *Gesamtausgabe*, Abteilung II, Band 6, Briefe 1909–1910. Tübingen: Mohr, S. 65

S. 86 «Nachttischwecker»: Persinger, Michael (2001) «The Neuropsychiatry of Paranormal Experiences» *The Journal of Neuropsychiatry and Clinical Neurosciences* 13, 4: 515–524

S. 86 «Magnetfelder»: Persinger, Michael (1995) «Out-of-body-like-Experiences are More Probable in People with Elevated Complex Partial Epileptic-like Signs during Periods of Enhanced Geomagnetic Activity: A Nonlinear Effect» *Perceptual and Motor Skills* 80: 563–569

S. 86 «Gott-Helm»: Persinger, Michael et al. (1990) «Enhancement of Temporal Lobe-Related Experiences During Brief Exposures to Milli-Gauss Intensity Extremely Low Frequency Magnetic Fields» *Journal of Bioelectricity* 9, 1: 33–54

S. 87 «Michael Shermer»: www.michaelshermer.com/1999/09/out-of-body-experiment/

S. 87 «Richard Dawkins»: www.bbc.co.uk/science/horizon/2003/godonbrain.shtml (17.04.2003)

S. 87 «religiöse und sexuelle Wörter»: Ramachandran, Vilayanur S. und Blakeslee, Sandra (1998) *Phantoms in the Brain: Human Nature and the Architecture of the Mind*. New York: William Morrow and Company, S. 185 f.

S. 87 «Nonnen des Karmelitenordens»: Beauregard, Mario und Paquette, Vincent (2006) «Neural Correlates of a Mystical Experience in Carmelite Nuns» *Neuroscience Letters* 405: 186–190

S. 87 «Placebo-Effekt»: Granqvist, Pehr et al. (2005) «Sensed Presence and Mystical Experiences are Predicted by Suggestibility, not by the Application of Transcranial Weak Complex Magnetic Fields» *Neuroscience Letters* 379, 1: 1–6

S. 88 «Einswerden»: Newberg, Andrew (2009) *How God Changes Your Brain*. New York: Ballantine Books

S. 88 «Drogen»: James, William (1902) *The Varieties of Religious Expe-*

rience: A Study in Human Nature. London: Longmans, Green and Company, Lecture XVI und Lecture XVII

S. 88 «DMT»: Strassmann, Rick (2001) *DMT. The Spirit Molecule*. Rochester, Vermont: Park Street Press

S. 91 «das ontologische Argument»: Canterbury, Anselm von: *Proslogion,* Kapitel 2

S. 91 «das kosmologische Argument»: Aquin, Thomas von (1272) *Summa Theologica*, 1. Teil

S. 91 «Spaten und Stein»: Wittgenstein, Ludwig (1953) *Philosophische Untersuchungen*, § 217

S. 92 «Abbruch, Zirkel, Regress»: Die Wahl zwischen Zirkelschluss, unendlichem Regress oder dogmatischem Abbruch nennt man «Münchhausen-Trilemma». Dazu Albert, Hans (1968) *Traktat über die kritische Vernunft*. Tübingen: Mohr

S. 92 «Ockhams Klinge»: Auch «Ockhams Rasiermesser» genannt; dem Philosophen William von Ockham zugeschrieben, bekannt in der Formulierung «entia non sunt multiplicanda praeter necessitatem» (oder «sine necessitate»)

S. 92 «sparsam»: Ein Verteidiger der ontologischen Sparsamkeit ist Quine, Willard Van Orman (1948) «On what there is» in Quine, Willard Van Orman (1953) *From a Logical Point of View*. Cambridge (MA): Harvard University Press, S. 1–19

S. 92 «Walter Brandmüller»: Interview auf *Spiegel online* «Sechs Gretchenfragen: Monsignore, gibt es Gott?» (28. 05. 2007)

S. 93 «warum gibt es eher etwas als nichts»: Leibniz, Gottfried Wilhelm: *Principes de la nature et de la grâce* in: Leibniz, Gottfried Wilhelm (1961) *Die Philosophischen Schriften*, Band 6, herausgegeben von Carl Immanuel Gerhardt. Hildesheim: Georg Olms, S. 598–606, S. 602

S. 95 «Herodes, Matthäus, Lukas»: Flynn, Tom (2004) «Matthew vs. Luke. Whoever Wins, Coherence Loses» *Free Inquiry Magazine* 25, 1: 34–45

S. 96 «Autoritätsargument»: Gründlich widerlegt in Dawkins, Richard (2006) *The God Delusion*. London: Bantam Press, S. 123 f.

S. 96 «Magnete»: Über den «animalischen Magnetismus» spricht Schopenhauer in «Versuch übers Geistersehen und was damit zusammenhängt» in Schopenhauer, Arthur (1851) *Parerga und Paralipomena* I, Erster Teilband

S. 97 «der Heilige Geist»: *Bibel,* Markus 13, 11

S. 97 «schizophrene Gedankeneingebung»: Mullins, Simon und Spence, Sean A. (2003) «Re-examining Thought Insertion: Semi-structured Literature Review and Conceptual Analysis» *The British Journal of Psychiatry* 182: 293–298, S. 293

S. 97 «Elektrogerät»: Diese Beobachtung findet sich schon bei Jaspers,

Karl (1913) *Allgemeine Psychopathologie. Ein Leitfaden für Studierende, Ärzte und Psychologen*. Springer: Berlin

S. 99 «die Vernunft als Hure des Teufels»: Luther, Martin (1525) *Wider die himmlischen Propheten, von Bildern und Sakrament*. Weimarer Ausgabe 18, S. 164

S. 99 «das goldene Zeitalter»: Ovid, *Metamorphosen*, Buch 1, 107 f.

S. 99 «der Körper als Grab der Seele»: Platon, *Gorgias*, 493a und *Kratylos*, 400c

S. 101 «Götterliste»: Dawkins, Richard (2006) *The God Delusion*. London: Bantam Press

S. 102 «Kreationisten in Amerika»: Der Anteil der reinen Kreationisten liegt in den letzten 20 Jahren bei 40 bis 47 Prozent; der Anteil der Amerikaner, die ausschließlich die Evolutionstheorie für wahr halten, liegt bei unter 20 Prozent (www.gallup.com); Miller, Jon D. et al. (2006) «Public Acceptance of Evolution» *Science* 313, 5788: 765–766

S. 102 «kreationistische Biologielehrer»: Berkman, Michael B. et al. (2008) «Evolution and Creationism in America's Classrooms: A National Portrait» *Plos Biology* 6, 5: 920–924

S. 102 «serbische Bildungsministerin»: Ljiljana Colics Thesen und die Reaktion finden sich hier: news.bbc.co.uk/2/hi/europe/3642460.stm (09.09.2004)

S. 102 «Polens Bildungsminister»: Roman Giertychs Thesen und die Reaktion finden sich hier: www.heise.de/tp/artikel/23/23844/1.html (30.10.2006)

S. 102 «hessische Kultusministerin»: Karin Wolffs Thesen und die Reaktion finden sich hier: www.spiegel.de/schulspiegel/0,1518,445487,00.html (31.10.2006)

«**S. 102** 1,3 Millionen Kreationisten in Deutschland»: Ulrich Kutscheras Schätzung findet sich hier: http://www.spiegel.de/schulspiegel/wissen/0,1518,437733,00.html (19.09.2006)

S. 102 «Theogonie»: Hesiod, *Theogonie*

S. 103 «Spaghettimonster»: Erfunden (oder entdeckt) von Henderson, Bobby (2005) «In the Beginning There was the Flying Spaghetti Monster» *The Daily Telegraph* (11.09.2005)

S. 104 «Seid fruchtbar und mehret euch»: 1. Moses 1, 22

S. 105 «Kriminalitätsrate»: Einen Überblick über die Kriminalitätsentwicklung in Deutschland findet sich hier: www.ki.uni-konstanz.de/kik/

S. 105 «Fluch des Christentums»: Schnädelbach, Herbert (2000) «Der Fluch des Christentums. Die sieben Geburtsfehler einer alt gewordenen Weltreligion. Eine kulturelle Bilanz nach 2000 Jahren» *Die Zeit* (11.05.2000)

S. 107 «Augenöffner»: Dawkins, Richard (2006) *The God Delusion*. London: Bantam Press, S. 25

S. 109 «Psychoanalyse»: Freud, Sigmund (1900) *Die Traumdeutung*. Frankfurt am Main: Fischer (Wiederabdruck); Freud, Sigmund (1994) *Schriften über Traum und Traumdeutung*. Frankfurt am Main: Fischer

S. 111 «Schlaf»: Hobson, Allan (1995) *Sleep*. New York: Scientific American Library

S. 111 «REM»: Aserinsky, Eugene et al. (1953) Regularly Occurring Periods of Eye Motility and Concomitant Phenomena during Sleep» *Science* 118: 273–274

S. 112 «Durchblutung»: Karacan, Ismet et al. (1976) «The Ontogeny of Nocturnal Penile Tumescence» *Waking and Sleeping* 1: 27–44

S. 112 «Zoo»: Hobson, Allan (1995) *Sleep*. New York: Scientific American Library, Kapitel 2 und 3

S. 112 «95 Prozent aller Menschen»: Hobson, Allan (2002) *Dreaming. An Introduction to the Science of Sleep*. Oxford: Oxford University Press, S. 11

S. 113 «Schlafphasen»: Hobson, Allan (2002) *The Dream Drugstore. Chemically Altered States of Consciousness*. Cambridge (MA): The MIT Press, S. 49 f.

S. 114 «REM-Schlafstörung»: Schenck, Carlos H. et al (2002): «REM Sleep Behavior Disorder: Clinical, Developmental, and Neuroscience Perspectives 16 Years after its Formal Identification» *Sleep* 25: 120–138

S. 114 «Der Verrückte ist also ein Träumer im Wachen»: Kant, Immanuel (1765) *Versuch über die Krankheiten des Kopfes* in Kant, Immanuel (1983) *Werke*, Band 2. Darmstadt: Wissenschaftliche Buchgesellschaft, S. 887–901; der Gedanke findet sich auch bei Schopenhauer in «Versuch übers Geistersehen und was damit zusammenhängt» in Schopenhauer, Arthur (1851) *Parerga und Paralipomena* I, Erster Teilband

S. 116 «Trink mich!»: Carroll, Lewis (1865) *Alice's Adventures in Wonderland*, Kapitel 1

S. 117 «imaginäre Freunde»: Taylor, Marjorie (1999) *Imaginary Companions and the Children Who Create Them*. New York: Oxford University Press

S. 117 «Schwarzweiß oder Farbe?»: Hobson, Allan (2002) *Dreaming. An Introduction to the Science of Sleep*. Oxford: Oxford University Press, S. 43

S. 118 «Botschaften»: Platon: *Kriton*, 441a–c

S. 118 «Nachwehen der Blutbeschaffenheit»: Aristoteles: *Kleine naturwissenschaftliche Schriften*

S. 118 «Seelenwagen»: Platon: *Phaidros*, 246 f.

S. 118 «Freuds Psyche»: Freud, Sigmund (1923) *Das Ich und das Es*

S. 119 «Homunkulus-Fehlschluss»: Kenny, Anthony (1991) «The Homunculus Fallacy» in Hyman, John (Hg.) (1991) *Investigating Psychology*. London: Routledge, S. 155–165; Bennett, Max und Hacker, Peter (2003) *Philosophical Foundations of Neuroscience*. Oxford: Blackwell

S. 120 «100 Prozent daneben»: Stickgold, Robert (2000) «The Interpretation of Dreams/Dreaming Souls: Sleep, Dreams, and the Evolution of the Conscious Mind» *The New England Journal of Medicine* 342: 899–900

S. 120 «Traumdeutung»: Freud, Sigmund (1900) *Die Traumdeutung*. Frankfurt am Main: Fischer (Wiederabdruck); Freud, Sigmund (1994) *Schriften über Traum und Traumdeutung*. Frankfurt am Main: Fischer

S. 120 «Kokainismus»: Freud, Sigmund (1884) «Ueber Coca» *Centralblatt für die gesamte Therapie* 2: 289–314

S. 121 «Interpretation»: Grünbaum, Adolf (1984) *The Foundations of Psychoanalysis. A Philosophcial Critique*. Berkeley: University of California Press

S. 122 «falsifizierbar»: Popper, Karl R. (1935) *Logik der Forschung*. Wien: Springer

S. 124 «Aktivierungs-Synthese-Theorie»: Hobson, Allan J. (2002) *The Dream Drugstore. Chemically Altered States of Consciousness*. Cambridge (MA): The MIT Press

S. 125 «Neo-Freudianer»: Solms, Mark und Turnbull, Owen (2002). *The Brain and the Inner World: An Introduction to the Neuroscience of Subjective Experience*. New York: Other Press; Solms, Mark (1997) *The Neuropsychology of Dreams*. Mahwah (NJ): Lawrence Erlbaum Associates

S. 127 «Spandrillentheorie»: Flanagan, Owen (2000) *Dreaming Souls: Sleep, Dreams and the Evolution of the Conscious Mind*. New York: Oxford University Press; die Idee der Spandrillen findet sich in Gould, Stephen Jay und Lewontin, Richard (1979) «The Spandrels of San Marco and the Panglossian Paradigm» *Proceedings of the Royal Society of London: Biological* 205: 581–598

S. 128 «letale familiäre Insomnie»: Montagna, Pasquale (2003) «Familial and Sporadic Fatal Insomnia» *Lancet Neurology* 2, 3: 167–217

S. 129 «mentales Lexikon»: Einen Überblick gibt Aitchison, Jean (2012) *Words in the Mind: An Introduction to the Mental Lexicon*. Oxford: John Wiley and Sons

S. 129 «Vertrautheit»: Block, Ned (1995) «On a Confusion about a Function of Consciousness» *Behavioral and Brain Sciences* 18: 227–247

S. 130 «Klarträume»: LaBerge, Stephen (1985) *Lucid Dreaming: The Power of being Aware and Awake in your Dreams*. New York: Ballantine Books; Erlacher, Daniel et al. (2010) «Practicing a

Motor Task in a Lucid Dream Enhances Subsequent Performance: A Pilot Study» *The Sport Psychologist* 24, 2: 157–167

S. 131 «Online-Träumen»: Llinás, Rodolfo und Paré, Denis (1991) «On Dreaming and Wakefulness» *Neuroscience* 44: 521–535

S. 133 «Flashbacks»: Penfield, Wilder (1975) *The Mystery of the Mind*. Princeton: Princeton University Press, S. 96

S. 135 «Erinnerungen als wohlwollende Nacherzählungen»: Wilson, Anne E. und Ross, Michael (2003) «The Identity Function of Autobiographical Memory: Time is on Our Side» *Memory* 11: 137–149

S. 135 «Drehbuchautoren»: Die Annahme eines unbewussten Drehbuchautors im Traum macht McGinn, Colin (2004) *Mindsight: Image, Dream, Meaning*. Cambridge (MA): Harvard University Press

S. 135 «Sommernachtstraum»: Shakespeare, William (1600) *A Midsummer-Night's Dream* (übersetzt von August Wilhelm Schlegel)

Kapitel 5 – *Handeln*

S. 137 «Willensfreiheit und Handlungsfreiheit»: Einen Überblick geben Keil, Geert (2007) *Willensfreiheit*. Berlin/New York: Walter de Gruyter, Kapitel 1; Kane, Robert (2002) *The Oxford Handbook of Free Will*. Oxford: Oxford University Press

S. 138 «mentale Handlung»: Mele, Alfred (1997) «Agency and Mental Action» *Philosophical Perspectives* 11: 231–249

S. 138 «das Tun in unserer Gewalt»: Aristoteles, *Nikomachische Ethik*, III, 7, 113, b, 7

S. 140 «absichtlich»: Davidson, Donald (1980) *Essays on Actions and Events*. Oxford: Oxford University Press

S. 140 «Absicht versus absichtlich»: Diskutiert von Bratman, Michael (1984) «Two Faces of Intention» *Philosophical Review* 93, 3: 375–405; Davidson, Donald (1980) *Essays on Actions and Events*. Oxford: Oxford University Press

S. 141 «Ohrenwackeln»: Zuerst untersucht von Bair, Joseph H. (1901) «Development of Voluntary Control» *Psychological Review* 8: 474–510; lokalisiert von ter Meulen, Bastiaan et al. (2006) «Wiggling Ears: An Unusual EEG Artifact Caused by Muscle Activity» *Clinical Neurophysiology* 117, 6: 1403–1404

S. 142 «traditionelles Freiheitsproblem»: Kane, Robert (2002) *The Oxford Handbook of Free Will*. Oxford: Oxford University Press

S. 143 «Determinismus»: Einen Überblick gibt Hoefer, Carl (2010) «Causal Determinism» in Zalta, Edward N. (Hg.) (2012) *The Stanford Encyclopedia of Philosophy 2012 Edition*

S. 143 «Laplace'scher Dämon»: Laplace, Pierre Simon (1814) *Essai philosophique sur les probabilités*

S. 144 «Zenons Sklave»: Sinngemäß in Diogenes Laertius: *Leben und Meinungen berühmter Philosophen*

S. 144 «Libertarier»: Klassiker sind Chisholm, Roderick (1964) «Human Freedom and the Self» in Watson, Gary (Hg.) (1982) *Free Will*. Oxford: Oxford University Press, S. 24–35; van Inwagen, Peter (1983) *An Essay on Free Will*. Oxford: Oxford University Press

S. 145 «Naturgesetze»: Cartwright, Nancy (1983) *How the Laws of Physics Lie*. Oxford: Clarendon

S. 145 «Tatsache und Spekulation»: Suppes, Patrick (1994) «Voluntary Motion, Biological Computation, and Free Will» *Midwest Studies in Philosophy* 19: 452–467, S. 462

S. 148 «Quantenphysik und Freiheit»: Penrose, Roger (1889) *The Emperor's New Mind: Concerning Computers, Minds and The Laws of Physics*. Oxford: Oxford University Press; verteidigt auch von Kane, Robert (1996) *The Significance of Free Will*. New York/Oxford: Oxford University Press, S. 128–130 und S. 172–174

S. 148 «Epikur»: in Lukrez: *De rerum natura*, Buch II

S. 149 «Ordnung, Notwendigkeit, Zufall»: Keil, Geert (2000) *Handeln und Verursachen*. Frankfurt am Main: Vittorio Klostermann, S. 151 f.

S. 149 «Die Verliese des Vatikan»: Gide, André (1914) *Les Caves du Vatican*. Paris: Éditions Gallimard

S. 150 «acte gratuit»: Ein Beispiel findet sich in Camus, Albert (1942) *L'Étranger*. Paris: Éditions Gallimard

S. 150 «ohne Grund»: Diesen Punkt macht Davidson, Donald (1980) *Essays on Actions and Events*. Oxford: Oxford University Press

S. 150 «Verrückte und Narren»: Locke, John (1690) *An Essay Concerning Human Understanding*, Kapitel 21, § 50

S. 152 «keine Willensfreiheit»: Schopenhauer, Arthur (1839) «Über die Freiheit des Willens» in Schopenhauer, Arthur (1839) *Die beiden Grundprobleme der Ethik*

S. 152 «stoische Gelassenheit»: Das Gleichnis von Hund und Wagen findet sich bei Zenon und Chrysipp, siehe Long, Arthur A. und Sedley, David N. (Hg.) (1987) *Die hellenistischen Philosophen. Texte und Kommentare*. Stuttgart/Weimar: J. B. Metzler (übersetzt 2000 von Karlheinz Hülser)

S. 153 «anarchische Hand»: Marchetti, Clelia und Della Salla, Sergio (1998) «Disentangling the Alien and Anarchic Hand» *Cognitive Neuropsychiatry* 3: 191–207; Marcel, Anthony (2003) «The Sense of Agency: Awareness and Ownership of Action» in Roessler, Johannes und Eilan, Naomi (2003) *Agency and Self-Awareness*. Oxford: Oxford University Press, S. 48–93, S. 77

S. 154 «Hund mit anarchischem Hinterbein»: www.youtube.com/watch?v=f4A1WV9hHl0

S. 155 «Kompatibilisten»: Einen Überblick gibt Kane, Robert (2002) *The Oxford Handbook of Free Will*. Oxford: Oxford University Press

S. 155 «frei, wenn nicht in Ketten»: Hume, David (1748) *Enquiry Concerning Human Understanding*, Section VIII, «Of Liberty and Necessity»

S. 155 «Zwangsneurosen»: Strawson, Peter Frederick (1960) «Freedom and Resentment» *Proceedings of the British Academy* 48: 1–25

S. 156 «positive und negative Freiheit»: Keil, Geert (2007) *Willensfreiheit*. Berlin/New York: Walter de Gruyter, S. 105 f.

S. 156 «Locked-In-Syndrom»: Bauer, Gerhard (1979) «Varieties of the Locked-in Syndrome» *Journal of Neurology* 221, 2: 77–91

S. 156 «auf Nummer sicher gehen»: sinngemäß in Keil, Gert (2007) *Willensfreiheit*. Berlin/New York: Walter de Gruyter

S. 157 «Libet-Experiment»: Libet, Benjamin et al. (1983) «Time of Conscious Intention to Act in Relation to Onset of Cerebral Activity (Readiness Potential): The Unconscious Initiation of a Freely Voluntary Act» *Brain* 106: 623–642

S. 158 «das verbesserte Libet-Experiment»: Haggard, Patrick und Eimer, Martin (1999) «On the Relation between Brain Potentials and the Awareness of Voluntary Movements» *Experimental Brain Research* 126: 128–133

S. 159 «Datierungsproblem»: Dennett, Daniel und Kinsbourne, Marcel (1992) «Time and the Observer: the Where and When of Consciousness in the Brain» *Behavioral and Brain Sciences* 15: 183–247

S. 159 «Kritik»: Libet, Benjamin, and Commentators (1985) «Unconscious Cerebral Initiative and the Role of Conscious Will in Voluntary Action» *Behavioral and Brain Sciences* 8: 529–566; mehr Kritik in Ciba Foundation Symposium (1993) *Experimental and Theoretical Studies of Consciousness*. Chichester: John Wiley and Son

S. 159 «Willensruck als Erfindung»: Dennett, Daniel (2003) *Freedom Evolves*. New York: Viking Books, S. 241

S. 160 «Handlungssteuerung»: Haynes, John-Dylan et al. (2007) «Reading Hidden Intentions in the Human Brain» *Current Biology* 17: 323–328; Haynes, John-Dylan et al. (2008) «Unconscious Determinants of Free Decisions in the Human Brain» *Nature Neuroscience* 11, 5: 543–545

S. 161 «Verschaltungen»: Singer, Wolf (2004) «Verschaltungen legen uns fest: Wir sollten aufhören, von Freiheit zu sprechen» in Geyer, Christian (Hg.) (2004) *Hirnforschung und Willensfreiheit. Zur Deu-*

tung der neuesten Experimente. Frankfurt am Main: Suhrkamp, S. 30–65

S. 161 «Reform des Strafrechts»: Ein Beispiel ist Roth, Gerhard (2004) «Worüber dürfen Hirnforscher reden – und in welcher Weise?» in Geyer, Christian (Hg.) (2004) *Hirnforschung und Willensfreiheit. Zur Deutung der neuesten Experimente*. Frankfurt am Main: Suhrkamp, S. 66–85; eine Kritik dazu findet sich in Keil, Geert (2009) «Muss Strafe sein, auch wenn der Wille unfrei ist? Das Schuldprinzip und die Willensfreiheit» in Schnädelbach, Herbert et al. (2009) *Was können wir wissen, was sollen wir tun? Zwölf philosophische Antworten*. Reinbek: Rowohlt, S. 147–167

S. 162 «Galgentest»: Kant, Immanuel (1788) *Kritik der praktischen Vernunft*, A 54

S. 163 «Ich muss, ich habe keine Wahl»: Isaac Bashevis Singer, zitiert nach Cathcart, Thomas und Klein, Daniel (2007) *Plato and a Platypus Walk into a Bar – Understanding Philosophy Through Jokes*. New York: Abrams Image

Kapitel 6 – *Wissen*

S. 165 «Bullshit»: Frankfurt, Harry G. (2005) *On Bullshit*. Princeton: Princeton University Press (Wiederabdruck des 1986 erschienenen Aufsatzes)

S. 165 «Lügen»: Dass man lügen und dabei trotzdem etwas Wahres sagen kann, bemerkt schon Augustinus in *De Mendacio* und *Contra Mendacium*

S. 166 «Das sind meine Prinzipien»: Groucho Marx, zitiert nach Cathcart, Thomas und Klein, Daniel (2007) *Plato and a Platypus Walk into a Bar – Understanding Philosophy Through Jokes*. New York: Abrams Image

S. 167 «Pilatus»: Austin, John L. (1950) «Truth», wieder abgedruckt in Austin, John L. (1970) *Philosophical Papers* (2nd edition). Oxford: Oxford University Press, S. 117–133

S. 167 «Ordinary Language Philosophy»: Neben John L. Austin sind Ludwig Wittgenstein und Gilbert Ryle die wichtigsten Vertreter; über das «Nichts» sprechen beispielsweise Martin Heidegger und Jean-Paul Sartre

S. 167 «Wahrheitswertträger»: Eine Diskussion findet sich in Künne, Wolfgang (2003) *Conceptions of Truth*. Oxford: Oxford University Press, S. 249 f.

S. 168 «der verrückte Hutmacher»: Carroll, Lewis (1865) *Alice's Adven-*

tures in Wonderland und (1871) *Through the Looking Glass and What Alice Found There*

S. 168 «Aristoteles' Wahrheitsdefinition»: Aristoteles: *Metaphysik*, IV, 6, 1011b, 23–27

S. 169 «Korrespondenztheorie»: Aquin, Thomas von: *Summa contra gentiles*, Kapitel 59; Kant (1781 / 1787) *Kritik der reinen Vernunft*, B 82 f.; siehe auch Wittgenstein, Ludwig (1921) *Tractatus logico-philosophicus*, 4.01, 4.462 und 4.06

S. 169 «Kritik an der Korrespondenztheorie»: Frege, Gottlob (1918) «Der Gedanke» in Frege, Gottlob (1966) *Logische Untersuchungen*. Göttingen: Vandenhoeck und Ruprecht, S. 30–53

S. 170 «Evidenztheorie»: Brentano, Franz (1930) *Wahrheit und Evidenz*. Hamburg: Meiner

S. 170 «pragmatische Wahrheitstheorie»: James, William (1909) *The Meaning of Truth: A Sequel to ‹Pragmatism›. The Works of William James, II*. Harvard: Harvard University Press

S. 170 «Kritik»: Sidney Morgenbesser in *The Times* «Sidney Morgenbesser: Erudite and Influential American Linguistic Philosopher with the Analytical Acuity of Spinoza and the Blunt Wit of Groucho Marx» (08. 11. 2004)

S. 170 «Konsenstheorie» Peirce, Charles Sanders (1878) *How to Make Our Ideas Clear*; Habermas, Jürgen (1973) «Wahrheitstheorien» in Habermas, Jürgen (1984) *Vorstudien und Ergänzungen zur Theorie des kommunikativen Handelns*. Frankfurt am Main: Suhrkamp, S. 127–183

S. 172 «Redundanztheorie»: Ursprünglich entwickelt von Ramsey, Frank (1927) «Facts and Propositions» in Ramsey, Frank (1990) *Philosophical Papers*. Cambridge: Cambridge University Press, S. 34–51; die modernen Spielarten heißen oft *deflationäre* oder *minimalistische* Theorien, ein Beispiel ist Horwich, Paul (1990) *Truth*. Oxford: Blackwell

S. 172 «Wahrheit undefinierbar»: Davidson, Donald (1984) *Inquiries into Truth and Interpretation*. Oxford: Oxford University Press

S. 172 «Wahrheitsbegriff und Wahrheitsdefinition»: Frege, Gottlob (1918) «Der Gedanke» in Frege, Gottlob (1966) *Logische Untersuchungen*. Göttingen: Vandenhoeck und Ruprecht, S. 30–53, S. 32; Davidson, Donald (1984) *Inquiries into Truth and Interpretation*. Oxford: Oxford University Press; Davidson, Donald (2005) *Truth, Language, and History*. Oxford: Oxford University Press

S. 172 «unzerlegbare Begriffe»: Strawson, Peter Frederick (1992) *Analysis and Metaphysics: An Introduction to Philosophy*. Oxford: Oxford University Press, Kapitel 2

S. 172 «Wahrheitsbedingungen»: Tarski, Alfred (1936) «Der Wahrheitsbegriff in den formalisierten Sprachen» *Studia Philosophica*

1: 261–405; Tarski, Alfred (1944) «The Semantic Conception of Truth» *Philosophy and Phenomenological Research* 4: 341–375

S. 173 «halbe Wahrheit»: Dass die Wahrheit kein «Mehr oder Minder» vertrage, vertritt Frege, Gottlob (1918) «Der Gedanke» in Frege, Gottlob (1966) *Logische Untersuchungen*. Göttingen: Vandenhoeck und Ruprecht, S. 30–53, S. 37

S. 173 «Wahrheitsrelativismus»: Nietzsche, Friedrich (1873) *Über Wahrheit und Lüge im außermoralischen Sinne* (aus dem Nachlass)

S. 174 «Protagoras»: in Diels, Hermann und Kranz, Walther (1903) *Die Fragmente der Vorsokratiker*. Hildesheim: Weidmann

S. 174 «Rorty»: Rorty, Richard (1979) *Philosophy and the Mirror of Nature*. Princeton: Princeton University Press

S. 175 «Sokrates»: Platon: *Theaitetos*

S. 176 «Gettier»: Gettier, Edmund (1963) «Is Justified True Belief Knowledge?» *Analysis* 23: 121–123

S. 178 «Kontrast»: Davidson, Donald (2001) *Subjective, Intersubjective, Objective*. Oxford: Oxford University Press, S. 193 f.

S. 178 «Wissen zählen»: Den Unterschied zwischen echten und potenziellen Überzeugungen betont beispielsweise Block, Ned (1995) «The Mind as the Software of the Brain» in Osherson, Daniel N. et al. (Hg.) (1995) *An Invitation to Cognitive Science. Vol. 3: Thinking*. Cambridge (MA): The MIT Press, S. 377–426, S. 406

S. 179 «Fundament»: etwas irreführend auch «erkenntnistheoretischer Fundamentalismus» genannt; der bekannteste Vertreter ist Descartes

S. 180 «Kohärenztheorie»: Davidson, Donald (2001) *Subjective, Intersubjective, Objective*. Oxford: Oxford University Press, S. 137 f.

S. 180 «Geflecht von Überzeugungen»: Quine, Willard Van Orman und Ullian, Joseph S. (1970) *The Web of Belief*. New York: Random House

S. 180 «Verlässlichkeit»: Einen Überblick gibt Goldman, Alvin (2008) «Reliabilism» in Zalta, Edward N. (Hg.) (2012) *The Stanford Encyclopedia of Philosophy 2012 Edition*

S. 181 «Höhlengleichnis»: Platon: *Politeia*, 514a–517a

S. 182 «Fledermäuse»: Thompson, Hunter S. (1971) *Fear and Loathing in Las Vegas: A Savage Journey to the Heart of the American Dream*. New York: Random House

S. 183 «Cogito ergo sum»: Auf Französisch in Descartes, René (1637) *Discours de la méthode*, IV; auf Latein als «ego cogito, ergo sum» in Descartes, René (1644) *Principia philosophiae* I, 7

S. 183 «radikaler Zweifel»: Descartes, René (1641) *Meditationes de prima philosophia*

S. 184 «Menschen im Ernährungstank»: Die «brains in the vat» finden sich in Putnam, Hilary (1981) *Reason, Truth, and History*. Cambridge: Cambridge University Press, S. 1–21

S. 185 «Radikaler Konstruktivismus»: Schmidt, Siegfried J. (Hg.) (1987) *Der Diskurs des Radikalen Konstruktivismus*. Frankfurt am Main: Suhrkamp

S. 185 «Solipsismus im Irrenhaus»: Schopenhauer benutzt den Ausdruck «theoretischer Egoismus» statt «Solipsismus», der nur im «Tollhause» zu finden sei, in Schopenhauer, Arthur (1819) *Die Welt als Wille und Vorstellung. Erster Teilband*, § 19

S. 185 «Korintherbrief»: *Bibel*, 1. Korinther 13, 12

S. 185 «Heidegger»: Heidegger, Martin (1953) *Die Technik und die Kehre*. Stuttgart: Klett-Cotta

S. 185 «Laotse»: Laotse, *Tao-de-King*

S. 185 «Matrix»: Andrew und Lana (vormals Laurence) Wachowskis Film *The Matrix* aus dem Jahre 1999 (eigene Übersetzung der Szene, die von der deutschen Synchronisation abweicht)

S. 187 «Faust»: Goethe, Johann Wolfgang von (1808) *Faust. Der Tragödie erster Teil*

S. 187 «Avogadro-Zahl»: Perrin, Jean (1909) «Mouvement brownien et réalité moléculaire» *Annales de Chimie et de Physique*, 8e Série 18: 1–114

S. 188 «Naturwissenschaftler von Kindesbeinen an»: Baillargeon, Renée (2004) «Infants' Physical World» *Current Directions in Psychological Science* 13, 3: 89–94

S. 188 «falsifizierbar»: Popper, Karl R. (1935) *Logik der Forschung*. Wien: Springer

S. 188 «Erklärungen»: van Fraassen, Bas (1980) *The Scientific Image*. Oxford: Oxford University Press

S. 189 «Aberglaube und Pseudowissenschaft»: Weitere Beispiele finden sich in Gardner, Martin (1957) *Fads and Fallacies in the Name of Science*. New York: Dover; Sagan, Carl (1997) *The Demon-Haunted World: Science As a Candle in the Dark*. New York: Ballantine Books; Shermer, Michael (1997) *Why People Believe Weird Things: Pseudoscience, Superstition, and Other Confusions of Our Time*. New York: Henry Holt

S. 190 «Homöopathie»: Shang, Aijing et al. (2005) «Are the Clinical Effects of Homoeopathy Placebo Effects? Comparative Study of Placebo-controlled Trials of Homoeopathy and Allopathy» *Lancet* 366, 9487: 726–732

S. 191 «Erkennungssystem»: Für Ursachen siehe Michotte, Albert (1946) *La Perception de la Causalité*. Louvain: Institut Superieur de Philosophie; für Handlungen siehe Barrett, Justin L. (2000) «Exploring the Natural Foundations of Religion» *Trends in Cognitive Science* 4, 1: 29–34

Kapitel 7 – *Genießen*

S. 193 «Symposion»: Platon: *Symposion*

S. 196 «Cola-Test»: Einen Überblick gibt Oliver, Thomas (1986) *The Real Coke, the Real Story*. New York: Random House; eine ähnliche Studie findet sich in Hoyer, Wayne D. und Brown, Steven P. (1990) «Effects of Brand Awareness on Choice for a Common, Repeat-purchase Product» *Journal of Consumer Research* 17: 141–148

S. 197 «kognitive Dissonanz»: Festinger, Leon (1957) *A Theory of Cognitive Dissonance.* Stanford: Stanford University Press

S. 197 «Bewertung»: Sibley, Frank (1959) «Aesthetic Concepts» *The Philosophical Review* 67: 421–450

S. 199 «kausale Theorie»: Eine wichtige Vertreterin ist Mothersill, Mary (1984) *Beauty Restored.* Oxford: Clarendon Press

S. 199 «interesseloses Wohlgefallen»: Stammt wie auch alle weiteren Zitate aus Kant, Immanuel (1790) *Kritik der Urteilskraft*

S. 201 «Herzkönigin»: Carroll, Lewis (1865) *Alice's Adventures in Wonderland*, Kapitel 5

S. 203 «hell, klein, durchsichtig oder glatt»: Burke, Edmund (1757) *A Philosophical Enquiry into the Origin of Our Ideas of the Sublime and Beautiful*

S. 204 «mathematische Formeln»: Beispiele sind Stephen Hawking in www.guardian.co.uk/science/2011/may/15/stephen-hawking-interview-there-is-no-heaven (15. 05. 2011); Dawkins, Richard (1998) *Unweaving the Rainbow Science, Delusion and the Appetite for Wonder.* Boston: Houghton Mifflin

S. 204 «Vertrautheit» Cutting, James E. (2007) «Mere Exposure, Reproduction, and the Impressionist Canon» in Brzyski, Anna (Hg.) (2007) *Partisan Canons.* Durham (NC): Duke University Press, S. 79–93

S. 205 «Schönheit zweiter Stufe»: Zajonc, Robert B. (2011) «Mere Exposure: A Gateway to the Subliminal» *Current Directions in Psychological Science* 10, 6: 224–228

S. 205 «Angst vor Schlangen und Spinnen»: Öhman, Arne et al. (2003) «The Malicious Serpent: Snakes as a Prototypical Stimulus for an Evolved Module of Fear» *Current Directions in Psychological Science* 12: 5–8; LoBue, Vanessa et al. (2010) «Threat Perception Across the Life Span: Evidence for Multiple Converging Pathways» *Current Directions in Psychological Science* 19: 375–379

S. 205 «Partnerwahl»: Miller, Geoffrey (2000) *The Mating Mind. How Sexual Choice Shaped the Evolution of Human Nature*. New York: Doubleday

S. 205 «Taille-Hüfte-Verhältnis»: Singh, Devendra (1993) «Adaptive Significance of Female Physical Attractiveness: Role of Waist-tohip Ratio» *Journal of Personality and Social Psychology* 65, 2: 293–307

S. 206 «Kreuzbeinabknickungswinkel»: Englisch «pelvic tilt» in Grammer, Karl (1995) *Signale der Liebe. Die biologischen Gesetze der Partnerschaft*. München: dtv, S. 301

S. 207 «Savannenlandschaft»: Wypijewski, Joann (Hg.) (1997) *Painting by Numbers: Komar and Melamid's Scientific Guide to Art*. New York: Farrar, Straus and Giroux

S. 207 «Auenland»: Tolkien, J. R. R. (1954/55) *The Lord of the Rings*. London: George Allen and Unwin

S. 207 «Unterkiefer»: Rhodes, Gillian (2006) «The Evolutionary Psychology of Facial Beauty» *Annual Review of Pychology* 57: 199–226

S. 207 «Blondinen bevorzugt»: Frost, Peter (2008) «Sexual Selection and Human Geographic Variation» *Journal of Social, Evolutionary, and Cultural Psychology* 2, 4: 169–191

S. 208 «Attraktivität der Jugendlichkeit»: Griffith, Paul E. (1997) *What Emotions Really Are.* Chicago/London: University of Chicago Press, S. 110

S. 209 «Symmetrie»: Polak, Michal (Hg.) (2003) *Developmental Instability: Causes and Consequences*. New York: Oxford University Press; Kritik an der schlichten Symmetriethese findet sich unter anderem in Zaidel, Dahlia W. et al. (2005) «Appearance of Symmetry, Beauty, and Health in Human Faces» *Brain and Cognition* 57, 3: 261–263

S. 211 «Beuys' Badewanne»: Einzelheiten in «Rasierter Kaktus» in *Der Spiegel* 12 (17. 03. 1975)

S. 211 «Kunst kommt von Können her»: Herder, Johann Gottfried von (1800) *Kalligone*, S. 1

S. 211 «Wunst»: Karl Valentin soll «Wunst» gesagt haben; in der Variante «Wulst» in Fulda, Ludwig (1894) «Sinngedichte» *Das Magazin für Literattur* 15

S. 212 «aber du musst der Erste sein»: Eine humorvolle Soziologie des Kunstmarktes präsentieren Saehrendt, Christian und Kittl, Steen T. (2007) *Das kann ich auch! Gebrauchsanweisung für moderne Kunst*. Köln: DuMont Literatur und Kunst

S. 213 «die Axt für das gefrorene Meer in uns»: Kafka, Franz (1904) «Brief an Oskar Pollak, 27. Januar 1904» in Kafka, Franz (1958) *Briefe 1902–1924*. Frankfurt am Main/Hamburg: Fischer, S. 28

S. 214 «Nachdenken»: Levinson, Jerrold (2006) *Contemplating Art. Essays in Aesthetics*. Oxford: Oxford University Press

S. 214 «Bewunderung»: Walton, Kendall L. (2008) *Marvelous Images. On Values and the Arts.* Oxford: Oxford University Press

S. 214 «Staunen und Überraschung»: Prinze, Jesse (2011) «Emotion and Aesthetic Value» in Schellekens, Elisabeth und Goldie, Peter

(2011) *The Aesthetic Mind: Philosophy and Psychology*. Oxford: Oxford University Press, S. 71–88

S. 215 «Neuroästhetik»: Ramachandran, Vilayanur S. und Hirstein, William (1999) «The Science of Art: A Neurological Theory of Aesthetic Experience» *Journal of Consciousness Studies* 7, 6/7: 15–51; Ramachandran, Vilayanur S. (2004) *A Brief Tour of Human Consciousness*. New York: Pi Press, S. 40–59

S. 217 «Hammer des Auktionators»: Ramachandran, Vilayanur S. (2004) *A Brief Tour of Human Consciousness*. New York: Pi Press, S. 41

S. 217 «Superstimulus»: Möwen in Tinbergen, Nikolaas (1954) *Curious Naturalists*. New York: Basic Books; das Beispiel mit den Ratten stammt aus Ramachandran, Vilayanur S. und Hirstein, William (1999) «The Science of Art: A Neurological Theory of Aesthetic Experience» *Journal of Consciousness Studies* 7, 6/7: 15–51, S. 18

S. 219 «Beispieldiät»: Wittgenstein, Ludwig (1953) *Philosophische Untersuchungen*, § 593

Kapitel 8 – *Denken*

S. 222 «Blindsicht»: Pöppel, Ernst et al. (1973) «Residual Visual Function after Brain Wounds Involving the Central Visual Pathways in Man» *Nature* 243, 5405: 295–296; Weiskrantz, Lawrence (1986) *Blindsight: A Case Study and Implications*. Oxford: Oxford University Press

S. 222 «Zugang zu Informationen und Erlebnischarakter»: Block, Ned (1995) «On a Confusion about a Function of Consciousness» *Behavioral and Brain Sciences* 18: 227–247; Chalmers, David (1996) *The Conscious Mind. In Search of a Fundamental Theory*. Oxford: Oxford University Press

S. 223 «phänomenales Bewusstsein»: Der «Wie-es-ist-Charakter» geht zurück auf Nagel, Thomas (1974) «What Is It Like to Be a Bat?» *Philosophical Review* 83: 435–450

S. 226 «Ich-Perspektive und Subjektivität»: Searle, John (1992) *The Rediscovery of the Mind*. Cambridge (MA): The MIT Press; Metzinger, Thomas (2003) *Being No One. The Self-Model Theory of Subjectivity*. Cambridge (MA): The MIT Press; Kriegel, Uriah (2009) *Subjective Consciousness: A Self-Representational Theory*. Oxford: Oxford University Press

S. 227 «ich denke»: Kant, Immanuel (1781/1787) *Kritik der reinen Vernunft*, B 131

S. 227 «Hintergrundsummen»: Beispiele sind Burge, Tyler (1997) «Two

Kinds of Consciousness» in Block, Ned, Flanagan, Owen und Güzeldere, Güven (Hg.) (1997) *The Nature of Consciousness. Philosophical Debates.* Cambridge (MA): The MIT Press, S. 427–433, S. 429; Chalmers, David (1996) *The Conscious Mind. In Search of a Fundamental Theory.* Oxford: Oxford University Press, S. 11

S. 229 «Strom des Bewusstseins»: James, William (1890) *The Principles of Psychology. Volume 1.* New York. Dover Publications, S. 224 f. und S. 451 f.

S. 229 «Zeitbewusstsein»: Husserl, Edmund (1925) *Phänomenologische Psychologie: Vorlesungen Sommersemester.* Den Haag: Nijhoff, S. 202 f. (Wiederabdruck 1961)

S. 229 «Akinetopsie»: Rees, Geraint et al. (2002) «Neural Correlates of Consciousness in Humans» *Nature Reviews Neuroscience* 3, 4: 261–270; Zihl, Josef et al. (1983) «Selective Disturbance of Movement Vision After Bilateral Brain Damage» *Brain* 106: 313–340

S. 229 «TMS-Versuch»: Théôret, Hugo et al. (2002) «Repetitive Transcranial Magnetic Stimulation of Human Area MT / V5 Disrupts Perception and Storage of the Motion Aftereffect» *Neuropsychologia* 40, 13: 2280–2287

S. 230 «Gedankenexperimente»: Einen Überblick geben Brown, James Robert und Fehige, Yiftach (2011) «Thought Experiments» in Zalta, Edward N. (Hg.) (2012) *The Stanford Encyclopedia of Philosophy 2012 Edition*

S. 232 «Fledermaus»: Nagel, Thomas (1974) «What Is It Like to Be a Bat» *Philosophical Review* 83: 435–450

S. 232 «Mary»: Jackson, Frank (1986) «What Mary Didn't Know» *The Journal of Philosophy* 83, 5: 291–295

S. 233 «Zombies»: Chalmers, David (1996) *The Conscious Mind. In Search of a Fundamental Theory.* Oxford: Oxford University Press

S. 235 «Dualismus»: Descartes, René (1641) *Meditationes de prima philosophia*

S. 235 «Supervenienz»: Eingeführt von Davidson, Donald (1970) «Mental Events» in Davidson, Donald (1980) *Essays on Actions and Events.* Oxford: Oxford University Press, 207–227; einen Überblick gibt McLaughlin, Brian (2005) «Supervenience» in Zalta, Edward N. (Hg.) (2012) *The Stanford Encyclopedia of Philosophy 2012 Edition*

S. 237 «Tiefe Hirnstimulation»: Tarsy, Daniel et al. (2008) *Deep Brain Stimulation in Neurological and Psychiatric Disorders.* Totowa / Heidelberg: Humana Press, Springer

S. 237 «Parkinson»: Hübl, Julius et al. (2011) «Modulation of Subthalamic Alpha Activity to Emotional Stimuli Correlates with Depressive Symptoms in Parkinson's Disease» *Movement Disorders* 26, 3: 477–483

S. 237 «Gelächter»: Krack, Paul et al. (2001) «Mirthful Laughter Induced by Subthalamic Nucleus Stimulation» *Movement Disorders* 16, 5: 867–875

S. 238 «unbegreiflich»: Im Original «ignoramus et ignorabimus» in du Bois-Reymond, Emil (1872) *Über die Grenzen des Naturerkennens*

S. 238 «Erklärungslücke»: Levine, Joseph (1983) «Materialism and Qualia: The Explanatory Gap» *Pacific Philosophical Quarterly* 6: 354–356

S. 238 «schweres Problem»: Im Original «the hard problem» in Chalmers, David (1996) *The Conscious Mind. In Search of a Fundamental Theory*. Oxford: Oxford University Press

S. 238 «Perspektive»: Searle, John (1992) *The Rediscovery of the Mind*. Cambridge (MA): The MIT Press

S. 240 «Behaviorismus»: Ryle, Gilbert (1949) *The Concept of Mind*. London: Hutchinson and Company

S. 241 «Identitätsthese»: Die Klassiker sind Place, Ullin T. (1956) «Is Consciousness a Brain Process?» *British Journal of Psychology* 47: 44–50; Smart, John J. C. (1959) «Sensations and Brain Processes» *Philosophical Review* 68: 141–156

S. 241 «Neuronaler Chauvinismus»: Block, Ned (1978) «Troubles with Functionalism» in Savage, C. Wade (Hg.) (1978) *Perception and Cognition. Issues in the Foundations of Psychology* (Minnesota Studies in the Philosophy of Science, Volume 9). Minneapolis: University of Minnesota Press, S. 261–325

S. 241 «Innenperspektive»: Die berühmteste Kritik an der Identitätsthese findet sich in Kripke, Saul (1972) «Naming and Necessity» in Davidson, Donald und Harman, Gilbert (Hg.) *Semantics of Natural Language*. Dordrecht: D. Reidel, S. 253–355

S. 241 «Epiphänomenalismus»: Kim, Jaegwon (1993) *Supervenience and Mind*. Cambridge: Cambridge University Press

S. 242 «Erklärungspessimisten»: Einer ist McGinn, Colin (1991) *The Problem of Consciousness*. Oxford: Blackwell

S. 242 «Fundamentalkräfte»: Dieser Gedanke findet sich in Bieri, Peter (1992) «Was macht Bewußtsein zu einem Rätsel?» *Spektrum der Wissenschaft* 10: 48–56

S. 243 «Roboter»: Steels, Luc und Hild, Manfred (Hg.) (2012) *Language Grounding in Robots*. New York: Springer

S. 245 «Frankenstein»: Shelley, Mary (1818) *Frankenstein; or, The Modern Prometheus*

S. 245 «Künstliche Intelligenz»: McCarthy, John, Minsky, Marvin, Rochester, Nathan und Shannon, Claude (1955) «A Proposal for the Dartmouth Summer Research Project on Artificial Intelligence» (www.formal.stanford.edu/jmc/history/dartmouth/dartmouth.html)

S. 246 «Turing-Test»: Turing, Alan (1950) «Computing Machinery and Intelligence» *Mind* 59, 236: 433–460

S. 247 «Chinesisches Zimmer»: Das «Chinese Room Argument» findet sich in Searle, John (1980) «Minds, Brains and Programs» *Behavioral and Brain Sciences* 3, 3: 417–457; ausführlich in Searle, John (1984) *Minds, Brains and Science*. Cambridge (MA): Harvard University Press

S. 248 «Gesamtbewusstsein»: Die These, es sei nur eine Frage der Größe, vertreten Churchland, Paul und Churchland, Patricia (1990) «Could a Machine Think?» *Scientific American* 262, 1: 32–39; Searles Gegenthese findet sich in Searle, John (1990) «Is the Brain's Mind a Computer Program?» *Scientific American* 262, 1: 26–31

S. 248 «berechnen»: Searle, John (1990) «Is the Brain a Digital Computer?» *Proceedings and Addresses of the American Philosophical Association* 64: 21–37

Kapitel 9 – *Berühren*

S. 251 «kitzeln»: Blakemore, Sarah-Jayne, Wolpert, Daniel M. und Frith, Chris D. (2002) «Abnormalities in the Awareness of Action» *Opinion in Trends in Cognitive Science* 6, 6: 237–242

S. 253 «Leibfeindlichkeit»: Nietzsche, Friedrich (1883) *Also sprach Zarathustra. Ein Buch für Alle und Keinen*

S. 253 «der Körper als Grab der Seele»: Platon: *Gorgias*, 493a und *Kratylos*, 400c

S. 254 «flach dein Gesäß»: Aristophanes: *Die Wolken* (übersetzt von Ludwig Seeger, leicht verändert)

S. 254 «schwitzen»: Dazu Ritzel, Wolfgang (1985) *Immanuel Kant: Eine Biographie*. Berlin/New York: de Gruyter, S. 690

S. 254 «Tennis»: Entnommen aus Aubrey, John: *A Brief Life of Thomas Hobbes, 1588–1679*

S. 254 «Russell»: Spencer-Brown, George (1969) *Laws of Form*, wieder abgedruckt in Spencer-Brown, George (1997) *Laws of Form – Gesetze der Form*. Lübeck: Bohmeier

S. 255 «Ehe und Fleischeslust»: Augustinus: *Confessiones*

S. 256 «Denken als Bewegungsprogramm»: Campbell, John (1999) «Schizophrenia, the Space of Reasons, and Thinking as a Motor Process» *The Monist* 82, 4: 609–625; Cohen, Barry H. (1986) «The Motor Theory of Voluntary Thinking» in Davidson, Richard J. et al. (Hg.) (1986) *Consciousness and Self-Regulation, Volume 4*. New York: Plenum, S. 19–54

S. 256 «Warnsysteme»: Prinz, Jesse (2004) *Gut Reactions. A Perceptual Theory of Emotions*. Oxford: Oxford University Press

S. 256 «Wahrnehmung»: Noë, Alva (2004) *Action in Perception*. Cambridge (MA): The MIT Press

S. 257 «Gummihandillusion»: Botvinick, Matthew und Cohen, Jonathan (1998) «Rubber Hands ‹Feel› Touch That Eyes See» *Nature* 391: 756; Armel, K. Carrie und Ramachandran, Vilayanur S. (2003) «Projecting Sensations to External Objects: Evidence from Skin Conductance Response» *Proceedings of the Royal Society of London: Biological* 270, 1499–1506

S. 258 «multisensorische Illusion»: Tsakiris, Manos, Prabhu, Gita und Haggard, Patrick (2006) «Having a Body versus Moving Your Body: How Agency Structures Body-Ownership» *Consciousness and Cognition* 15: 423–432

S. 258 «Müller-Lyer-Täuschung»: Müller-Lyer, Franz Carl (1889) «Optische Urteilstäuschungen» *Archiv für Physiologie*, Supplement: 263–270

S. 259 «Körper und Leib»: Husserl, Edmund (1907) *Ding und Raum. Vorlesungen. Husserliana XVI*. The Hague: Martinus Nijhoff; Husserl, Edmund (1973) *Zur Phänomenologie der Intersubjektivität II und III. Husserliana XIV und XV*. The Hague: Martinus Nijhoff

S. 261 «entbergen»: Heidegger, Martin (1927) *Sein und Zeit*. Tübingen: Niemeyer

S. 261 «Flugzeug»: Noë, Alva (2004) *Action in Perception*. Cambridge (MA): The MIT Press

S. 263 «richtig sauer»: Katz, Jack (1999) *How Emotions Work*. Chicago: University of Chicago Press, S. 18 f.

S. 264 «Trialismus»: Merleau-Ponty, Maurice (1945) *Phénoménologie de la perception*. Paris: Éditions Gallimard

S. 265 «Mein Körper ist ein schutzlos Ding»: Gernhardt, Robert (1987) «Siebenmal mein Körper» in Gernhardt, Robert (1987) *Körper in Cafés*. Zürich: Haffmans

S. 265 «ich als Person»: Diesen Punkt machen Strawson, Peter Frederick (1959) *Individuals: An Essay in Descriptive Metaphysics*. London: Methuen, S 105 f.; Wittgenstein, Ludwig (1953) *Philosophische Untersuchungen*, § 573; Wittgenstein, Ludwig (1958) *The Blue and Brown Books*. New York: Oxford, S. 66–67

S. 265 «zwei Nasen»: Aristoteles: *Metaphysik*, IV, 6, 1010b

S. 266 «Vibrator»: Manos Tsakiris, persönliche Kommunikation

S. 267 «Anorexie»: Legrand, Dorothée (2010) «Subjective and Physical Dimensions of Bodily Self-consciousness, and their Dis-integration in Anorexia Nervosa» *Neuropsychologia* 48: 726–737

S. 268 «Taucheranzug»: Grunwald, Martin und Weiss, Thomas (2005) «Inducing Sensory Stimulation in Treatment of Anorexia Nervosa: A Case Report» *Quarterly Journal of Medicine* 98: 379–380

S. 268 «Alice-im-Wunderland-Syndrom»: Todd, John (1954) «The

Syndrome of Alice in Wonderland» *Canadian Medical Association Journal* 73: 701–704

S. 268 «Fremde-Hand-Syndrom»: Eine Beschreibung findet sich in Beaumont, J. Graham et al. (Hg.) (1996) *The Blackwell Dictionary of Neuropsychology*. Oxford: Blackwell, S. 108 f.; nicht zu verwechseln mit dem Syndrom der *anarchischen Hand*, siehe Marchetti, Clelia und Della Salla, Sergio (1998) «Disentangling the Alien and Anarchic Hand» *Cognitive Neuropsychiatry* 3: 191–207

S. 270 «Anosognosie»: Fotopoulou, Aikaterini et al. (2009) «Self-observation Reinstates Motor Awareness in Anosognosia for Hemiplegia» *Neuropsychologia* 47: 1256–1260; siehe auch Ramachandran, Vilayanur S. und Blakeslee, Sandra (1998) *Phantoms in the Brain: Human Nature and the Architecture of the Mind*. New York: William Morrow and Company, S. 127 f.

S. 270 «Frau ohne Gliedmaßen»: Brugger, Peter et al. (2000) «Beyond Re-membering: Phantoms Sensations of Congenitally Absent Limbs» *Proceedings of the Naticonal Academy of Science USA* 97: 6167–6172

S. 271 «Phantomschmerz»: Melzack, Ronald (1992) «Phantom Limbs» *Scientific American* 266, 4: 120–126; Ramachandran, Vilayanur S. und Hirstein, William (2008) «The Perception of Phantom Limbs: The D. O. Hebb Lecture» *Brain* 121, 1: 1603–1630

S. 272 «Ian Waterman»: Cole, Jonathan (1995) *Pride and the Daily Marathon*. Cambridge (MA): The MIT Press

S. 272 «Konzentration funktioniert wie ein Muskel»: Muraven, Marc et al. (1998) «Self-control as Limited Resource: Regulatory Depletion Patterns» *Journal of Personality and Social Psychology* 74: 774–789

S. 273 «Selbstbewusstsein»: Shoemaker, Sydney (1968) «Self-Reference and Self-Awareness» *The Journal of Philosophy* 65, 19: 555–567; Searle, John (1992) *The Rediscovery of the Mind*. Cambridge (MA): The MIT Press

S. 274 «Spiegeltest»: Beckoff, Marc (2002) *The Cognitive Animal. Empirical and Theoretical Perspectives on Animal Cognition*. Cambridge (MA): The MIT Press

S. 274 «Selbstsinn»: Blanke, Olaf und Metzinger, Thomas (2009) «Full-body Illusions and Minimal Phenomenal Selfhood» *Trends in Cognitive Sciences* 13, 1: 7–13; Metzinger, Thomas (2009) *The Ego Tunnel: The Science of the Mind and the Myth of the Self*. New York: Basic Books

S. 275 «Christina»: Sacks, Oliver (1995) *The Man Who Mistook His Wife for a Hat*. London: Picador, Pan Macmillan, S. 51

S. 275 «Temperament»: Jonathan Cole, persönliche Kommunikation

S. 275 «außerkörperliche Erfahrungen»: Blanke, Olaf et al. (2005) «The Out-of-body Experience: Disturbed Self-processing at the Temporo-parietal Junction» *Neuroscientist* 11, 1: 16–24

S. 276 «autoskopische Halluzination»: Blanke, Olaf et al. (2004) «Out-of-body Experience and Autoscopy of Neurological Origin» *Brain* 127, 243–258; Blanke, Olaf et al. (2005) «Linking Out-of-Body Experience and Self Processing to Mental Own-Body Imagery at the Temporoparietal Junction» *The Journal of Neuroscience* 25, 3: 550–557

S. 277 «Zwiegespräch»: Nietzsche, Friedrich (1883) *Also sprach Zarathustra. Ein Buch für Alle und Keinen*

Kapitel 10 – *Leben*

S. 280 «melancholisches Glück»: Nietzsche, Friedrich (1882) *Die Fröhliche Wissenschaft*, § 278

S. 281 «Hans Castorp»: Mann, Thomas (1924) *Der Zauberberg*. Frankfurt am Main: Fischer, S. 44 f. (Wiederabdruck Hardcover 1986)

S. 282 «Tod und Tote»: Boyer, Pascal (2001) *Religion Explained. The Evolutionary Origins of Religious Thoughts*. New York: Basic Books

S. 283 «Pardon, aber ich kann nicht aufstehen!» Groucho Marx soll gesagt haben: «Excuse me, I can't stand up!»

S. 283«Rasen betreten verboten!»: Im Original «Keep off the grass!», siehe news.bbc.co.uk / 2 / hi / entertainment / 3578415.stm (29. 03. 2004) **S. 283**

S. 283 «Tupac»: www.independent.co.uk / news / people / news / tupac-shakurs-ashes-smoked-2346879.html (31. 08. 2011)

S. 283 «Richards»: www.guardian.co.uk / uk / 2007 / apr / 04 / drugsandalcohol.musicnews (04. 04. 2007)

S. 284 «Todesdefinition»: Einen Überblick gibt DeGrazia, David (2011) «The Definition of Death» in Zalta, Edward N. (Hg.) (2012) *The Stanford Encyclopedia of Philosophy 2012 Edition*

S. 286 «Kryoniker»: Einer der Marktführer ist www.alcor.org

S. 287 «Todesstrafe»: www.deathpenaltyinfo.org / death-row-usa

S. 288 «Schadenstheorie des Alterns»: Harman, Denham (1956) «Aging: A Theory Based on Free Radical and Radiation Chemistry» *Journal of Gerontology* 11: 298–300

S. 288 «Lebenserwartung»: Venkatesh, Sudhir (2008) *Gang Leader for a Day: A Rogue Sociologist Takes to the Streets*. New York: Penguin Books

S. 288 «Gen für Langlebigkeit»: Slagboom, P. Eline et al. (2011) «Genomics of Human Longevity» *Philosophical Transaction of the Royal Society, B: Biological Sciences* 12: 35–42

S. 288 «Süßwasserpolyp»: Auch «Hydra» genannt, siehe Martinez,

Daniel E. (1998) «Mortality Patterns Suggest Lack of Senescence in Hydra» *Experimental Gerontology* 33: 217–225

S. 288 «Turritopsis nutricula»: Piraino, Stefano et al. (1996) «Reversing the Life Cycle: Medusae Transforming into Polyps and Cell Transdifferentiation in Turritopsis nutricula (Cnidaria, Hydrozoa)» *Biological Bulletin* 190, 3: 302–312

S. 288 «Rohstoffe»: Einer der ersten Verfechter dieser Position war Weismann, August (1882) *Ueber die Dauer des Lebens*. Jena: Verlag G. Fischer

S. 289 «Organheilung»: Goldsmith, Theodore C. (2009) «Mammal Aging: Active and Passive Mechanisms» *Journal of Bioscience Hypotheses* 2, 2: 59–64

S. 289 «Thermodynamik»: Thomson, William (1851) «On the Dynamical Theory of Heat, with Numerical Results Deduced from Mr Joule's Equivalent of a Thermal Unit, and M. Regnault's Observations on Steam» Reprinted in *Mathematical and Physical Papers* i, XLVIII, S. 174

S. 290 «der Tod ist Entertainment»: 50 Cent in *Der Spiegel* 32/2007 (06. 08. 2007)

S. 291 «den Tod erlebt man nicht»: Wittgenstein, Ludwig (1922) *Tractatus logico-philosophicus*, 6.4311

S. 292 «wenn der Tod ist, sind wir nicht»: Epikur: *Brief an Menoikeus* (eigene Übersetzung)

S. 292 «Apologie»: Platon: *Die Apologie des Sokrates*, 42a

S. 293 «Symmetrieargument»: Lukrez: *De rerum natura*

S. 293 «Voreingenommenheit gegen der Zukunft»: Parfit, Derek (1984) *Reasons and Persons*. Oxford: Clarendon Press

S. 293 «der Tod als Leid»: Nagel, Thomas (1970) «Death» in Nagel, Thomas (1979) *Mortal Questions*. Cambridge: Cambridge University Press, S. 1–10

S. 293 «der zu frühe Tod»: Williams, Bernard (1973) «The Makropulos Case: Reflections on the Tedium of Immortality» in Williams, Bernard (1973) *Problems of the Self*. Cambridge: Cambridge University Press, S. 82–100

S. 294 «Alle Menschen sind sterblich»: de Beauvoir, Simone (1946) *Tous les hommes sont mortels*. Paris: Éditions Gallimard

S. 295 «Perry Rhodan»: Erscheint mit wechselnden Autoren bei Pabel-Moewig

S. 295 «Kritik an Williams»: Nagel, Thomas (1986) *The View From Nowhere*, Oxford: Oxford University Press, S. 224; Fischer, John Martin (1994) «Why Immortality Is Not So Bad» *International Journal of Philosophical Studies* 2: 257–270

S. 295 «Schere zwischen Lebenszeit und Weltzeit»: Blumenberg, Hans (1986) *Lebenszeit und Weltzeit*. Frankfurt am Main: Suhrkamp

S. 297 «Kunst besiegt den Tod»: Jörg Immendorf in *Der Spiegel* 49/2004 (29.11.2004)

S. 297 «im Apartment weiterleben»: Woody Allen im *Rolling Stone Magazine*: «Someone once asked me if my dream was to live on in the hearts of people, and I said I would prefer to live on in my apartment» (09.04.1987)

S. 297 «Trostwort»: Homer: *Odyssee*, Elfter Gesang, 488 (übersetzt von Johann Heinrich Voß)

S. 297 «carpe diem»: Horaz: *Carmina* I, 11 (eigene Übersetzung)

S. 298 «Göttliche Komödie»: Dante Alighieri: *Comedia*

S. 298 «Im Schweiße deines Angesichts»: *Bibel*, 1. Mose 3, 19

S. 298 «Unser Leben währet siebzig Jahre»: *Bibel*, Psalm 90, 10

S. 298 «Macbeth»: Shakespeare, William (1623) *The Tragedy of Macbeth*, V, 5 (übersetzt von Barbara Rojahn-Deyk und Jobst Christian Rojahn)

S. 298 «Annie Hall»: Woody Allens Film aus dem Jahre 1977 heißt im Deutschen *Der Stadtneurotiker* (eigene, gekürzte Übersetzung der Szene)

S. 299 «Eudaimonia»: Aristoteles: *Nikomachische Ethik*, 6

S. 301 «Glück als Lust»: Mill, John Stuart (1879) *Utilitarianism*, Kapitel 2

S. 301 «nur der Engländer»: Nietzsche, Friedrich (1889) *Götzen-Dämmerung oder Wie man mit dem Hammer philosophiert*, «Sprüche und Pfeile», 12

S. 301 «Maschine»: Nozick, Robert (1971) «On the Randian Argument» *The Personalist* 59: 184–205; ähnlich Nagel, Thomas (1986) *The View From Nowhere*, Oxford: Oxford University Press

S. 302 «Leistungsdiskurs»: Weber, Max (1904/05) *Die protestantische Ethik und der Geist des Kapitalismus*

S. 303 «Gesundheit»: Aristoteles: *Nikomachische Ethik*

S. 303 «Gesicht»: «après un certain âge, tout homme est responsable de son visage» in Camus, Albert (1956) *La Chute*. Paris: Éditions Gallimard, S. 50

S. 304 «Vers beitragen»: Whitman, Walt (1855) «O Me! O Life!» in Whitman, Walt (1855) *Leaves of Grass* (eigene Übersetzung)

S. 304 «Zweck»: Nietzsche, Friedrich (1889) *Götzen-Dämmerung oder Wie man mit dem Hammer philosophiert*, «Die vier großen Irrtümer», 8

S. 304 «das Absurde»: Nagel, Thomas (1971) «The Absurd» in Nagel, Thomas (1979) *Mortal Questions*. Cambridge: Cambridge University Press, 11–23

S. 304 «Sisyphos»: Camus, Albert (1942) *Le Mythe de Sisyphe*. Paris: Éditions Gallimard

S. 305 «Revolte»: Camus, Albert (1951) *L'homme révolté*. Paris: Éditions Gallimard

S. 305 «Auster»: Hume, David (1783) *Essays on Suicide and the Immortality of the Soul*. Zitiert nach Hume, David (2000) *Die Naturgeschichte der Religion, Über Aberglaube und Schwärmerei, Über die unsterbliche Seele, Über Selbstmord*. Hamburg: Meiner, S. 93 (übersetzt von Lothar Kreimendahl)

S. 305 «Geschnätz»: Aus Helge Schneiders Stück «Philosophie» auf der 2004 erschienenen Audio-CD *29 sehr, sehr gute Erzählungen («The Best of»)*

S. 306 «warum gibt es eher etwas als nichts»: Leibniz, Gottfried Wilhelm: *Principes de la nature et de la grâce* in: Leibniz, Gottfried Wilhelm (1961) *Die Philosophischen Schriften*, Band 6, herausgegeben von Carl Immanuel Gerhardt. Hildesheim: Georg Olms, S. 598–606, S. 602

S. 306 «Erhabenheit»: Kant, Immanuel (1788) *Kritik der praktischen Vernunft*, A 288

S. 306 «merkwürdiger»: Im Englischen «Curiouser and curiouser!» in Carroll, Lewis (1865) *Alice's Adventures in Wonderland*, Kapitel 2

Personenregister

A

Adorno, Theodor W. 76
Alighieri, Dante 298
Allen, Woody 17, 297 f.
Aquin, Thomas von 91, 169
Aristophanes 193, 254
Aristoteles 10, 12, 17, 69, 112, 118, 138, 142, 168, 172, 266, 299 f., 302 f.
Aserinsky, Eugene 112
Atran, Scott 84
Augustinus 92, 254
Austin, John L. 16, 64 f., 167

B

Bauby, Jean-Dominique 23 f.
Beauvoir, Simone de 294
Becher, Bernd 218
Becher, Hilla 218
Benedikt XVI. (Joseph Aloisius Ratzinger) 18
Ben-Ze'ev, Aaron 28
Bergerac, Cyrano de 237
Beuys, Joseph 211
Blakemore, Sarah-Jayne 251
Blanke, Olaf 275 f.
Block, Ned 241
Blumenberg, Hans 295
Bogart, Humphrey 117, 303
Bois-Reymond, Emil du 238, 242
Botticelli, Sandro 205
Boyer, Pascal 84, 282 f.
Brandmüller, Walter 92, 94
Brandom, Robert 56
Brentano, Franz 170
Burke, Edmund 203 f.
Burton, Tim 236

C

Caesar, Julius 67, 182, 293
Campbell, Naomi 205
Camus, Albert 149, 291, 294, 303 ff.
Canterbury, Anselm von 91
Carroll, Lewis (Charles Lutwidge Dodgson) 7, 116, 268
Cartwright, Nancy 145 ff.
Chalmers, David 233 f., 238
Chartres, Bernhard von 11
Chomsky, Noam 69 ff., 73 f.
Clinton, Bill 62
Clinton, Hillary 62 f.
Clooney, George 202
Cole, Jonathan 273, 275
Conrad, Michael 47
Craig, Daniel 109, 121, 124, 126, 128, 132 f., 135
Cutting, James E. 204 f.

D

Dalai Lama (Tendzin Gyatsho) 83
Dalí, Salvador 117
Damasio, Antonio R. 24 f., 29, 35, 45 f.
Darwin, Charles 22, 32
David 95
Davidson, Donald 61 f., 67, 172, 180, 235
Dawkins, Richard 87, 96, 101, 103, 107
Dennett, Daniel 159
Descartes, René 183 f., 235

E

Einstein, Albert 96, 231
Ekman, Paul 32 f., 39 ff.
Emin, Tracy 211
Epikur 148, 291 ff.

F

Fahlman, Scott E. 30
Fischer, John Martin 295
Flanagan, Owen 127 ff.
Fodor, Jerry 15, 17
Fotopoulou, Aikaterini 269 f.
Frankfurt, Harry G. 165 f.
Frege, Gottlob 59, 169
Freud, Sigmund 10, 109 f., 112, 116–126, 134
Friedrich, Caspar David 47
Frith, Chris D. 251

G

Galen 118
Garbo, Greta 117
Gehry, Frank 209
Gernhardt, Robert 265, 277
Gettier, Edmund 176 f.
Gide, André 149
Goethe, Johann Wolfgang von 50, 58, 186
Grammer, Karl 206
Grice, H. Paul 54, 65 ff.
Griffith, Paul E. 208
Grünbaum, Adolf 122
Grunwald, Martin 268

H

Habermas, Jürgen 76
Haggard, Patrick 158, 266
Hauser, Kaspar 72
Haynes, John-Dylan 160
Hegel, Georg Wilhelm Friedrich 18, 69
Heidegger, Martin 75 f., 185, 260 f., 263 f.
Heider, Fritz 37 f.
Helmholtz, Hermann von 120
Henscheid, Eckhard 50
Herder, Johann Gottfried von 211 f.
Herodes 95
Hesiod 102
Hippokrates 118, 269
Hobbes, Thomas 254
Hobson, Allan 114, 120, 124 ff., 130, 133 f.
Homer 42, 44, 95
Horaz 297
Howard, Ron 98
Humboldt, Alexander von 88
Humboldt, Wilhelm von 70
Hume, David 155 f., 203, 305
Husserl, Edmund 229, 259 f., 264, 267, 269

I

Immendorf, Jörg 297

J

Jackson III, Curtis James (50 Cent) 290
Jackson, Frank 232
James, William 22–26, 29, 88, 170, 229
Jesus 81, 95, 104, 167, 173
Jung, Carl Gustav 120

K

Kafka, Franz 213
Kant, Immanuel 8, 85, 91, 114, 162, 169, 199 f., 202 f., 226 f., 254, 306
Karl der Große 58
Katz, Jack 263
Keil, Geert 156
Keller, Helen 68 f., 72
King, Martin Luther 18

Klimt, Gustav 213
Kubrick, Stanley 153, 244

L

LaBerge, Stephen 130
Lange, Carl G. 22, 24
Laotse 185
Laplace, Pierre-Simon 143–146
Lazarus, Richard 27, 29
LeDoux, Joseph 25
Lee, Bruce 18
Leibniz, Gottfried Wilhelm 80 f., 93, 306
Levinson, Jerrold 214
Lewis, C. S. 42, 44
Lewis, David 62 f.
Libet, Benjamin 157 f., 160
Llinás, Rodolfo 130 ff.
Locke, John 150
Lukas 95, 98
Lukrez 293
Lumière (Auguste Marie Louis Nicolas und Louis Jean) 181
Luther, Martin 18, 58, 98

M

Maher, Bill 101, 103
Mann, Thomas 58, 281
Maradona, Diego 120
Marx, Groucho 166, 283
Marx, Karl 69
Matthäus 95, 98
McGinn, Colin 242
Merleau-Ponty, Maurice 264
Metzinger, Thomas 274
Mill, John Stuart 301
Morgenbesser, Sidney 64, 170
Mozart, Wolfgang Amadeus 202

N

Nabokov, Vladimir 30
Nagel, Thomas 232, 293 ff., 301, 304 f.
Nash, John 98
Newberg, Andrew 88
Newton, Issac 80 f., 145
Nietzsche, Friedrich 10, 173 f., 253, 277, 280, 291, 301, 304
Noë, Alva 261 f.
Nolan, Christopher 35
Nozick, Robert 301
Nussbaum, Martha 26 f., 29

O

Ockham, William von 92, 94
Öhman, Arne 33
Ovid (Publios Ovidus Naso) 99

P

Peirce, Charles Sanders 170, 173
Penrose, Roger 148
Perrin, Jean 187
Persinger, Michael 86 ff.
Picasso, Pablo 213
Pinker, Steven 71
Platon 10, 69, 99, 118 f., 125, 175, 181 ff., 185, 193, 200, 235, 253 f., 292
Plutchik, Robert 41
Pöppel, Ernst 222
Popper, Karl R. 76 f., 122
Prinz, Jesse 29, 214 f.
Protagoras 174
Proust, Marcel 8
Putnam, Hilary 184, 186

Q

Quine, Willard Van Orman 55, 59 ff., 180, 302

R

Ramachandran, Vilayanur S. 87, 216–219
Ramsey, Frank 171
Richards, Keith 283

Rochefoucauld, François Duc de La 42
Rorty, Richard 174
Russell, Bertrand 12, 103, 254 f.

S

Sacks, Oliver 275
Sartre, Jean-Paul 149, 264, 294
Saussure, Ferdinand de 56
Schnabel, Julian 23
Schnädelbach, Herbert 105 f.
Schneider, Helge 305
Schneider, Romy 114, 129
Schönberg, Arnold 195
Schopenhauer, Arthur 96, 152, 185
Searle, John 13, 247 f.
Serra, Richard 212
Shakespeare, William 135, 298
Shakur, Tupac 283
Shelley, Mary 245
Sherman, Cindy 194
Simmel, Marianne 38
Singer, Isaac Bashevis 163
Singer, Wolf 161
Sokrates 176, 254, 291
Solms, Mark 125 f.
Spencer-Brown, George 254 f.
Steels, Luc 244
Stickgold, Robert 120
Strassmann, Rick 88 f.
Strawson, Peter Frederick 155, 265
Suppes, Patrick 147

T

Tarantino, Quentin 93
Tarski, Alfred 62, 172
Thompson, Hunter S. 182
Tinbergen, Nikolaas 217
Tolkien, J. R. R. 207
Tomasello, Michael 73 f.
Tsakiris, Manos 266
Turing, Alan 246 f.

U

Ustinov, Peter 283

V

Valentin, Karl 212
van Gogh, Vincent 200, 213, 217
Venkatesh, Sudhir 287
Vergil 42, 44

W

Wachowski (Andrew und Lana, ehemals Laurence) 7, 183
Wagner, Richard 197
Walther von der Vogelweide 58
Walton, Kendall L. 214
Waterman, Ian 272 f., 275
Watzlawick, Paul 65
Weber, Max 85, 302
Weinreich, Max 52
Weiß, Thomas 268
Whitman, Walt 304
Williams, Bernard 293–296
Wittgenstein, Ludwig 8, 18, 55 f., 61, 64 f., 74–77, 91, 219, 291, 306
Wolpert, Daniel M. 251
Wundt, Wilhelm 120

Z

Zenon von Kition 144

Sachregister

A

Absurde, das 304
Absurdität der Existenz 305
Acetylcholin 124
acte gratuit 150
Akinetopsie 229
Aktivierungs-Synthese-Theorie 124 f.
Alice-im-Wunderland-Syndrom 268
Analytische Philosophie 12 f., 15, 64, 167
Anarchie 104
anarchische Hand 153 ff.
Anderskönnen 142
Andeutung/Anspielung 67
Anosognosie 270
anterograde Amnesie 35
Anthropomorphismus 94
Apokalypse 106
Aporie 176
arbiträr 54
Aristoteles' Illusion 266
Armut-des-Stimulus-Argument 71
Asklepieion 118
Asperger-Syndrom 38
Ästhetik 13, 194 f., 198 f., 210
Atheismus 79 f., 87, 92, 101, 103, 105, 107
Aufmerksamkeit 71, 227 ff.
außerkörperliche Erfahrung 275 f.
automatische Einschätzung 21
Automatismen 140
Autonomie der mentalen Grammatik 71 f.
Autoritätsargument 96
autoskopische Halluzination 276

B

Bedeutung 8
Bedeutungstheorie 62
Befindlichkeitsdiskurs 300 f.
begriffliche Intuition 232
Behaviorismus 69 ff., 73, 240 f.
Bereitschaftspotenzial 157
Bewertungstheorie 27
Bewusstsein 8, 11, 234 ff., 285
Bezug 21
Bildtheorie der Bedeutung 55
Blindsicht 222, 225, 233
böser Dämon 183
Bullshit 165 f.

C

Chinesisches-Zimmer-Argument 247 f.
Computertheorie 49

D

Determinismus 142–147, 149, 151, 155 f., 161
dissoziale Persönlichkeitsstörung 38
dogmatischer Abbruch 92
Dopamin 43, 126
Doppelblindstudie 190
doppelte Dissoziation 125
Dualismus (Körper-Geist; → Gehirn-Bewusstsein-Problem) 100, 235, 237, 256, 264 f.

E

Einschlafphase 113
embodiment 255
emotionale Intelligenz 46
emotionales Gedächtnis 35
Empathie 37 ff.
Entropie 289
Entscheidungen 8
Epileptiker 86 f.
Epiphänomenalismus 241 f.
Erhabenheit 306
Erkenntnistheorie 175, 177, 179, 187
Erklärungslücke 238
Erklärungsoptimist 242
Erklärungspessimist 242
Erlebnisbewusstsein 223, 232
Erlebnisqualität 223
Es 119
Etymologie 57 f., 212
Eudaimonia 299
Evolution 206
Evolutionstheorie 22, 102, 106
ewige Jugend 296
Existenz 76, 93
Existenzialismus 149 ff., 294
Existenzphilosophie 303
Externalismus 184

F

Falsifizierbarkeit 101 f., 122, 188
Frankfurter Schule 76
Freiheit 155 ff.
Freiheitsproblem 142
Fremde-Hand-Syndrom 268 f.
Freud-Bashing 120
Frontalhirn 45
Frontallappen 39
Funktionalismus 256
Funktionsprozesse 290

G

Galgentest 162
Ganzkörperillusion 276
Gebrauchstheorie 55 ff.
Gedankenexperiment 11, 23, 143, 184, 186, 230–234, 247
Gedankenlesen 38
Gefühlsparadox 282
Gehirn-Bewusstsein-Problem 234
Gerechtigkeit 10
Gettier-Fälle 176
Gewohnheitshandlung 140
Gleichstellung 104
Glück 299 ff.
Gott 10
Gottesbeweis 89–95, 103
Gott-Helm 86–89, 97
Grammatiktheorie 49
Großhirnareale 25
Grundgefühl 33, 39 ff., 84, 214 f.
Gummihandillusion 257 ff., 262
Gymnasion 254

H

Halluzinationen 86 f., 114
Handlung
- intuitiv 140
- mental 138, 159

Handlungsfreiheit 137 ff., 152
Hebammentechnik 175
Hedonismus 200, 301 f.
Heißluftballonphilosoph 14 f.
Herzkreislaufstillstand 285
Herztod 285
Hinterhauptslappen 222
Hirnrinde 229, 233
Hirntod 285
Höhlengleichnis 181, 183
Holismus der Bedeutung 60
Homunkulus-Fehlschluss 119
Humpty-Dumpty-Theorie 53

I

Ich 119
Ich-Perspektive 226, 239
Ideenlehre 10
Ideentheorie 181
Identität 76
Identitätsthese 241
Idiolekt 53
Illusion 7, 258 ff.
imaginäre Freunde 117
Implikatur 67
implizite Norm 56
Indeterminismus 149
Innenperspektive 227, 239, 241
Insomnie 128
intelligentes Design 94
Intelligenz 71
Intertextualität 213

J

James-Lange-Theorie 22, 24

K

Kausalität 303
Kausalprinzip 147
Kernthemen 27 f.
Klartraum 130, 132
kognitive Dissonanz 197
kognitive Theorie 21, 26
Kohärenztheorie der Erkenntnis 180
Kommunikation 50 ff.
Kompatibilismus 155 f.
Konditionierung 69 f., 96
Konfabulation 270
Konventionen 56
Kooperation 73 f.
Kooperationsprinzip 66
Körper (erlebt/objektiv) 259
Körpertheorie 21 f., 24, 35, 45
Korrespondenztheorie 169
kosmologisches Argument 91
Kreationismus 102
Kryonik 286, 296
künstliche Intelligenz 244 ff., 296

L

Lautmalerei 54
Lebenskraft 239
Leibfeindlichkeit 253
Leib-Seele-Problem
→ Gehirn-Bewusstsein-Problem
Leistungsdiskurs 300 ff.
Libertarismus 144, 156
Libet-Experiment 158
limbisches System 34, 125, 241
linguistic turn 74
Linguistik 50, 52, 62, 69
Locked-In-Syndrom 23, 156
Logik 7, 12, 49, 59, 62, 64 f., 90, 114, 124, 169, 172, 254
Luzidtraum → Klartraum

M

Mandelkern 124
Masking-Experiment 24
Meinigkeit 274
Meinungsfreiheit 104
Menschenwürde 104
mentales Lexikon 56 f., 75, 129
Metaphysik 99, 145
metaphysisch 89 f.
Micky-Maus-Philosoph 13 ff.
Mikro-Ausdrücke 39
mind reading 38
Mischgefühle 41
Mischtheorie 21
Mitgefühl 45
mögliche Welten 63
Monotheismus 80, 82 f.
– Deismus 80 f.
– Pantheismus 80 f.
– Theismus 80, 103
motorische Nerven 272
motorischer Kortex 154
Müller-Lyer-Täuschung 258
Museumsmythos 55, 58

N

Naturgesetze 17, 143 ff.
natürliche Sprache 50
Netz der Überzeugungen 180
Neuroästhetik 215 f., 219
neuronale Netze 248
neuronaler Chauvinismus 241
Neurowissenschaft 13 f., 24, 87, 115, 130, 157, 160 f., 222, 251, 253, 275
Non-REM-Phase 113
normativ 56

O

obscurum per obscurius 93
Ockhams Rasiermesser 92, 94
Online-Träumen 131
ontologisches Argument 91
Ordinary Language Philosophy 167
Out-of-body experience → außerkörperliche Erfahrung
Oxytocin 43
ozeanische Gefühle 85

P

Panadaptionismus 127
Pastafarianismus 101 ff.
Pawlow'scher Hund 69 f.
phänomenales Bewusstsein 223, 234, 239
Phänomenologie 260 ff.
Phantomschmerz 271
philosophische Zombies 233
physikalische Unordnung 289
Physikalismus 237 f.
Placebo-Effekt 87 f., 190 f.
Pragmatik 49, 64
Proposition 168 f.
Propriozeption 272
Pseudowissenschaft 189–192
Psyche (Modell) 118–123
Psychoanalyse 109 f., 112, 119–122, 124

Q

Qualia 223
Quantenphysik 148, 242

R

radikale Interpretation 61
radikaler Konstruktivismus 185
radikaler Zweifel 183
radikale Übersetzung 59, 61
Reinkarnation 100
rekursiv 70
REM-Phase 112 f., 122, 124, 128
REM-Schlafstörung 114
Rotweinphilosoph 14 f.
rubber hand illusion 257 ff.

S

Schadenstheorie des Alterns 288
Scheitellappen 88
Schizophrenie 97 f., 251
Schläfenlappen 87
Schönheit 9, 193 ff.
schweres Problem 238 ff.
Seelenwagen 118 f.
Seherleben 222
Sehzentrum 222
seitlicher Kniehöcker 233
Sekundärtugenden 104
Selbstbewusstsein 228, 273 ff.
Selbstsinn 274 f.
Selbsttäuschung 98
Semantik 49, 64
sensorische Nervenstörung 272, 275
Serotonin 43
Sinn des Lebens 300
Skeptizismus 16, 186 f.
Skript 43
Solipsismus 185

soziale Gefühle 40 ff.
sozialer Konstruktivismus 32, 42
Spandrillentheorie 127
Spiegel-Selbstbewusstsein 274
Spiritualität 84 ff.
Sprachfähigkeit 41, 50 ff., 69, 71–74, 77
Sprachhandlung → Sprechakt
Sprachinstinkt 71
sprachliche Wende → linguistic turn
Sprachspiel 65 f.
Sprechakt 65
Stammhirn 125
Stiftung Weltethos 102
Stoa 152
stoische Gelassenheit 152
Strohmann-Argument 256
Subjektivität 226
Substanz-Dualismus 235
Substanz-Dualist 235
Superstimulus 217
Supervenienz 235 f.
Symmetrieargument 293
Syntax 51 f., 71 f.

T

Tabu/Tabuismus 284
Tao-de-King 185
teleologisches Argument 94
Theodizee-Problem 82 f.
Thermodynamik 289
tiefe Hirnstimulation 237
Tiefensensibilität 272
Tod 9
Tötungsverbot 104
transkranielle Magnetstimulation 229, 271, 276
Traumsymbol 121
Turing-Test 246 f.

U

Über-Ich 119
Unbestimmtheit der Übersetzung 60
unbewegter Beweger 93
Unbewusste, das 109 f.
unbewusste Informationsverarbeitung 123
unendlicher Regress 92
Unfehlbarkeit 177
Universalgrammatik 69 f., 73
Unsagbarkeit 185
unsterbliche Seele 99 f.
unumkehrbares Ende der Lebensfunktionen 286

V

Vagheit 63
vegetativer Zustand 284 f.
Verdrängung, passive → unbewusste Informationsverarbeitung
verkörperte Bewertung 29
Verkörperung 255 ff.
Vernunft 11, 46, 83
Verursachung 11
vis vitalis 239
Vitalfunktionen 285

W

Wachkoma 284
Wahrheit 11
Wahrheitsbegriff 172
Wahrheitsdefinition 168
Wahrheitsprädikat 172
Wahrheitsrelativismus 173
Wahrheitstest 169
Wahrheitstheorien 167–175
Wahrheitswertträger 167 f.
Wärmelehre 289
Wärmetod 289
Welterklärung 84 f.
Werte 104

Widerlegbarkeit 90
Widerspruchsfreiheit 90
Wiedergeburt 100
Willensfreiheit 8 f., 13, 137 f., 152, 157, 163
Williams-Beuren-Syndrom 72
Willkürhandlung 150

Z

Zeichen (natürlich/symbolisch) 54
Zensor 119
Zirkelschluss 92
Zwischenhirn 233